刘静窗 著

刘静窗文存

刘念劬 主编
刘述先 刘任先
刘震先 刘昭华 编

图书在版编目(CIP)数据

刘静窗文存/刘念劬主编;刘述先等编. —上海:
上海古籍出版社,2017.12
ISBN 978-7-5325-8596-0

Ⅰ.①刘… Ⅱ.①刘… ②刘… Ⅲ.①刘静窗(1913—1962)—文集 Ⅳ.①B261-53

中国版本图书馆CIP数据核字(2017)第215083号

责任编辑:高克勤、刘海滨
封面设计:黄　琛
技术编辑:伍　恺

刘静窗文存(全二册)
刘念劬　主编
刘述先、刘任先、刘震先　等编
上海古籍出版社出版、发行
(上海瑞金二路272号　邮政编码200020)
(1) 网址: www.guji.com.cn
(2) E-mail: guji1@guji.com.cn
(3) 易文网网址: www.ewen.cc
常熟新骅印刷有限公司印刷
开本 635×965　1/16　印张 42.25　插页 28　字数 529,000
2017年12月第1版　2017年12月第1次印刷
印数:1—1,300
ISBN 978-7-5325-8596-0
B·1031　定价:166.00元
如有质量问题,请与承印公司联系

纪念刘静窗先生百年诞辰

四十题照

1948年　独游无锡，在太湖鼋头渚

1951年　肾结石手术后，在上海

1951年　与应慈法师（时值法师八十寿辰）

1940年末，在上海　父母68寿辰，题写二首忆江南词记之

1949年，在上海　与夫人王蕴聪，儿女述先、任先、震先、念劬、昭华

平生好讀書樂之以求衷心脈慰者唯在發掘真理而聽之睦之以愚者殷在如何而可提高朝文化生活水準使損益之間欣然共邁陶然忘機而已

余快意刻治中心深信人如我者亡必假辛以脈勞世間攻婆既久石可謂有所思之此者齊石累

設於辛則人事繁散困緣本安可勉強耳

行年近四十盡有雛而實安所獻於斯世人間但自邑勉而已設燒之去請以一衣蔽體而焚投骨於海矣

寡憾無因純時間莫能畫一物真墨一難朋念余者

合余平生所志烏市背之行之斯真舉余者矣

庚寅首夏書於上海仁濟醫院病室之前夕即一九五〇年

五月十六日

盧陵劉靜然遺筆

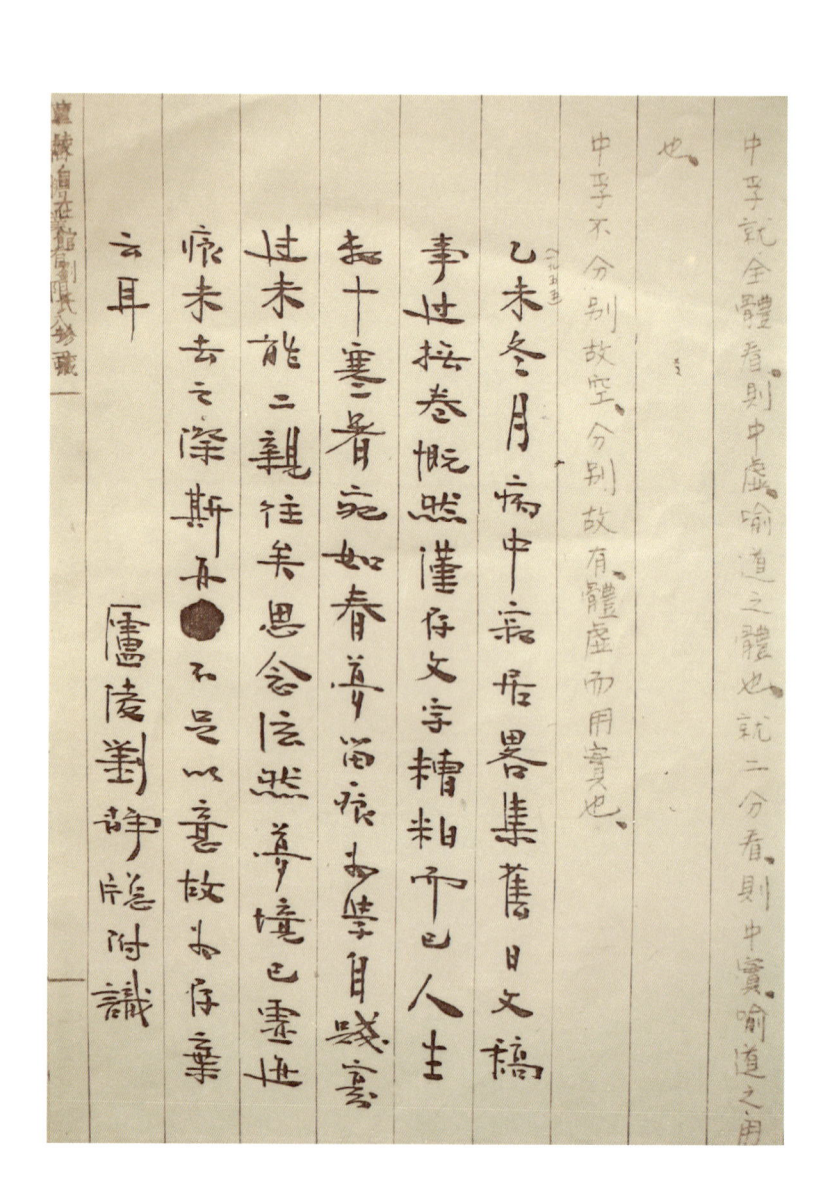

中子記全體者則中虛喻道之體也記二分者則中實喻道之用也、

中子不分別故空、分別故有體虛而用實也、

乙未冬月病中竟居暑集舊日文稿（記其事）率世撿卷慨然謹存文字精粗而已人生去十寒暑宛如春夢消痕無堊自咲實也未能二親往矣思念怪然夢境已塞世痛未去之深斯存不呂以意故本存棄云耳

廬陵劉詩能附識

豐城涂莊龍有劉明氏珍藏

1955 年冬　集稿附识

旋澓颂　　唐终南山释法顺撰

夫小乘六识修,根境十二名内外。法性真如实未知,
亦未曾闻普法器。设念心中一念空,返照内寂以为
契。我证小乘局是禅,我同龟角终成外。我嫌大乘
不萃焉,不信真如境智大。听说圆宗心不欣,闻
说偏空殷重拜。

若人欲识真空理,心内
真如远遍外。情与非情共一体,处处皆同真
法界。不离幻色即是空,即是真如含一切。祇用
一念观一境,一切诸境同时会。于一境中一切智,
一念照入于多劫。一切智中诸法界,一念劫
收一切。时处帝网说重重,一切智通云罢瞥。

书法顺《漩澓颂》，载 1951 年版《华严观要》

癸巳重陽節日微雨寒卽偶憶摩詰東坡舊句（註）感懷一首示幼

翹兒去病復去災 不望出卿不望才
擧世須常開口笑 茱萸偏插四方來

附註：摩詰重九有詩云。獨在異鄉為異客。每逢佳節倍思親。遙知兄弟登高處。徧插茱萸少一人。東坡詩云。人皆生子望聰明。我被聰明誤一生。但願生兒愚且魯。無災無難到公卿。老父誌。

癸巳（1953年）重阳示幼

人生贵有真诚,诚明在我,深观自证。平日之向,但能一片真诚,尽己爱人,自然一切处本地风光,安之若素,道在此,学问在此。拾却日常实践,游心别求,终日扣壶雕零,其失也堂矣。学向道也,岂是易事。滴水长流,有恒不断,精诚日至,金石为开。久之厚熟,左逢右逢原之不匮,左不贯通,毕生之事也。浮躁之求,岂足与论哉。愚之。

己亥长夏

己亥（1959年）长夏题词

正直相扶无倚傍

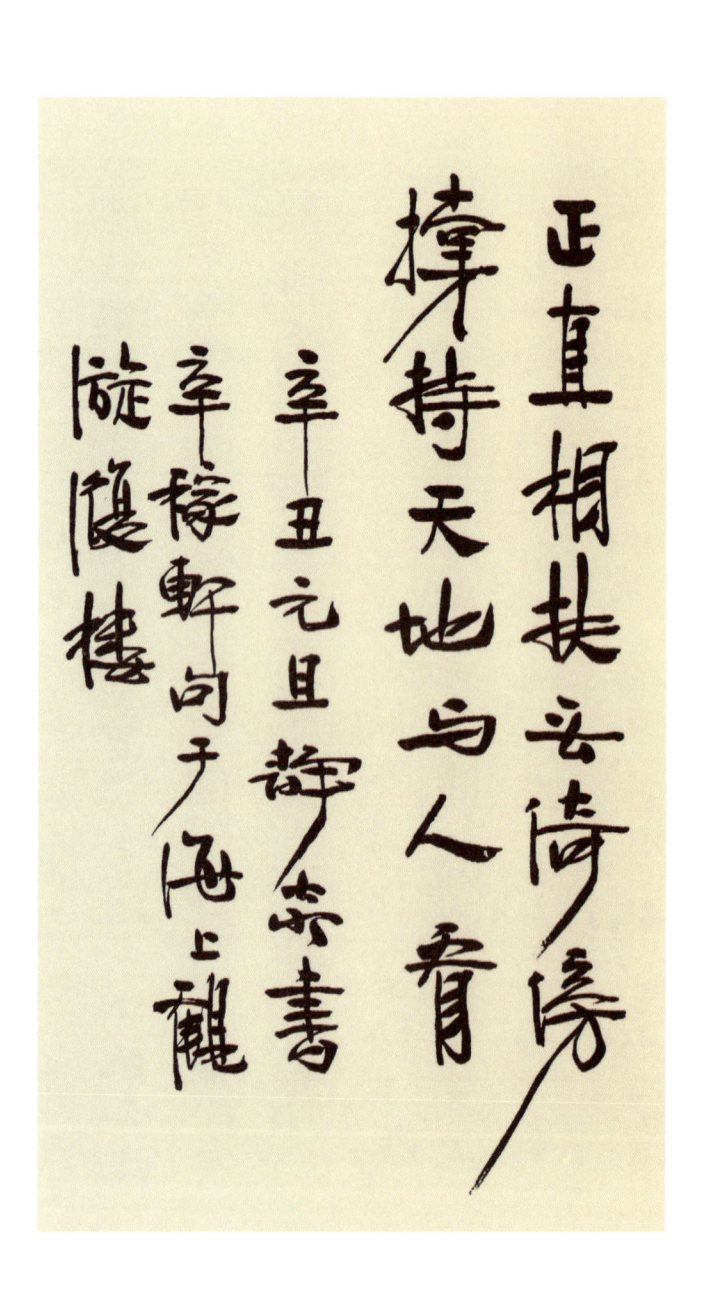

撑持天地与人肴

辛丑元旦挥毫书

辛稼轩句于海上

旋复楼

辛丑（1961年）元旦书辛稼轩句

大牢牢书楷郡曾
期胸怀真诚始有
基理重新证家
旧学道通物理造

神奇体融空有
深深证用倚人天宝
思来土新传谁
善继杜公法岁后

省作
七余如苹一首示儿旧
稿别有自注七则文
繁不录偶应舍同义

犹可质评事于七
当世参改

辞心岫
真于鹤陇
随楼

自题诗作《为学一首示儿》

述觉：

青年求学时期，身体健康，龙眈注意？敢舍起居恒恒寒暑否？终身书作重等佳案情远，安岳祥念。

宇宙人生，冲漠岳朕而森象森罗，森象森罗而冲漠岳朕。七是佛法大总持，亦是真ㄨ义撲不破真ㄨ义理，可深思也。淡冲漠岳朕盡立法身。浸森象森罗盡立报化二身。报身德相，化身别相。法身依真谛说，报化依俗谛说。七是言诠名别方便，若论实际，其俗交俙。三身乞能，重之，重之，岳盡。非言所及，非解所到。唯是行境，自证方知。夫学由想入但由但入微微但，，，唯禾完诗，而不至於言语道断心行盡减境地。

1954年中秋寄述先家书（之一）

任尔说得十分,终是隔靴搔痒,门外汉子也。佛法於身心真实受用处,诠理义以投心,诠禅定以促行,终於一念智慧相应,刬断妄想,时来豁明,岂量自任解脱。还定宇宙身心目家的一个本来面目。此其所以尚矣,不然,庄生所谓生也有涯,此也涯,以涯怀入山採宝之志,帝不至於说食者少。唐劳法功首,寒矣,思之,深思之。女言西人科哲之求,道向学帝心,非放髭之也。佛法三藏十二部,皆东文献法临,论说玄谈,皆任言题法言,令人目眩能眩,畢意证入法身实际理地。(善體用不二,亦必须法體身本本,彰化其末,辞得明白,不许儱侗。)西人

1954年中秋寄述先家书(之二)

科学之学,虽取金石同。其中道破,安不信名副此重得耒传戒说得轍化二并相似。於法身边修其安名也。冲漠安朕故,佛法於世间一切愚惷文化,了安所能。羌豪森罗故,佛法於世间一切愚惷文化,亦安所捨。故佛法於一切时,一切处,安不融贵也。帝其精神所至,於安住安著,诸约安可见。安住安著,其安命的积极义、精进义、向上义。帝体行用、胜义安窮。世间一切学术,一切文化,無不一浸其著处,住处,重、建立。行佛安窮,"有住有著"故,第一义体,自成體系,誕一,是二有阻。悟解安得安住安著义,方其體甲交徹。

3. 安尽重?印有阻行安法,行安法行有阻也。悟之。

1954年中秋寄述先家书(之三)

後世間文化論，古學●精而粗矣，而能簡括大體。今學惡乎精微，而亟嫌枝葉。能於古學觀其●大矣，於今學究其精細，兩得之矣。而未易也。希臘諸學，為後世科學之所自出。精用心於是，保原始末，大矣。而吾不喜曾當立希臘古學於吾師●者歟？學古中外，安古今。晗城由人，希異同同，而曳而眠。同宇宙，同人去，同真際。胸量汪洋，睿思獨到，精誠所至，如彌勒棲南，指彈南，十方一切世界，安不覩前，抑何歟耶？以喜於中西輕重者，斯失之矣。安不思之。

4.
能心新論，原是一家之言。必於學新十年，於傳辭兩家義理，甚極探研，於此豪體會处，遠過宋儒，而其如学基本态度仍未免宋儒窠臼也。必佛学暨讲後,从欧阳渐宜黄得来。宜黄专研法相唯识,法相学者,主真如不能随缘,必研之而不以为然。谓其将"生灭,不生灭"截成二片,遂昔论难之。唯法相学者,则或然矣。而竟以此诋佛家全体,斯惑也。恢复真首判法相与大乘始起之义,以其为不了义。而大乘信小乘出不深味小乘宗义不知大乘也。小乘是出世间法,必须老於"衷灭"去灭两端截断判得明白,方能厌辞世情,清绝孤往,涅槃独证。大乘更须於一层次。观室市不证,弊劫步有,严土熟情,行所无事,乃至完竟菩提,七真所以为大乘难也。圆融不二,不须信身体力行,壁立千仭中得来,方是真实,不然,尽研论多方,逻辑戏论而已矣。法相却近小如披论书,犹犹存。向上圆相,却义又具一番精采。不曾言之也。

1954年中秋寄述先家书（之五）

猶未之信也。言語文字、尔其方便之譚。古人不得耏用之、豈枫寡信圆到、未免偏頗。洸果於自信者乎。释迦说袓の十九年、乃曰：若人谓我有所说法、是未谤佛。予亦逸世深思也。
研论世间文化学術、須长治史、世知时代嬗递、圖像。近世科学自哲理出、帝有逸を勝前之势。（今世论学、諸科学思志尔坡、諸有所知、进不障膝。改进看眼蹈完论斷、有否么磨也。）我围工業诺逸、諸长是評上、出时看重理工科技、有文然之想。但楷学畢竟信高一曾。人類支配自进力量能增、生産技机念进、社會經濟面貌、日益改觀。一切思想学術乃至种々文化向斯、因運而生。激祥哎潮、牛文然之势於。廿が二十世纪人间一大课题、又有者苍之智慧、去作之、愛全心全力、势、去巻。世裁東西化交流、新所通、相诚共处、如文世、如是爭多利益、出入大事情、新社会动态發展、导所调適均衡。尋有艾乎遇如哩擎經道、持平須有去量理直實書、發情明在籽、日进於疆坦勉。史闻新仕生民福祉、寧有去量乘儯、影不離、一念及せ、遑有怵惕者年。

致熊十力函（之一、之二）

致熊十力函（之三）

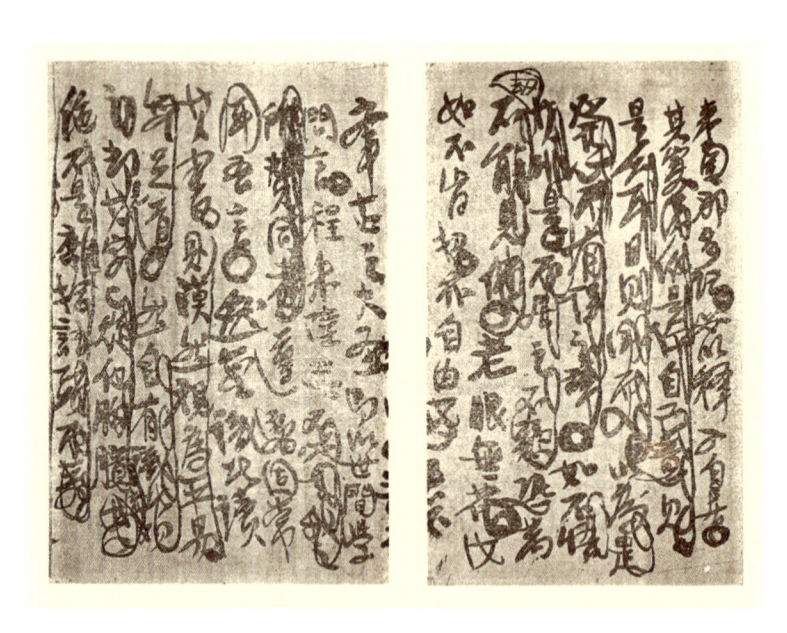

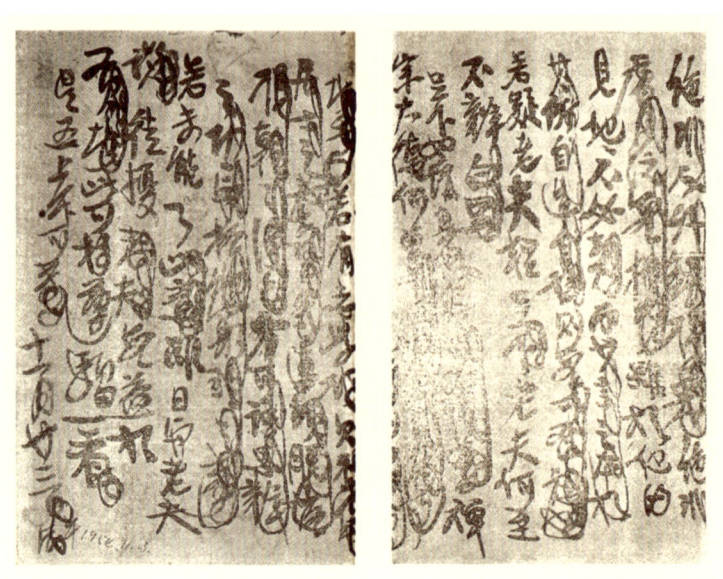

熊十力来函

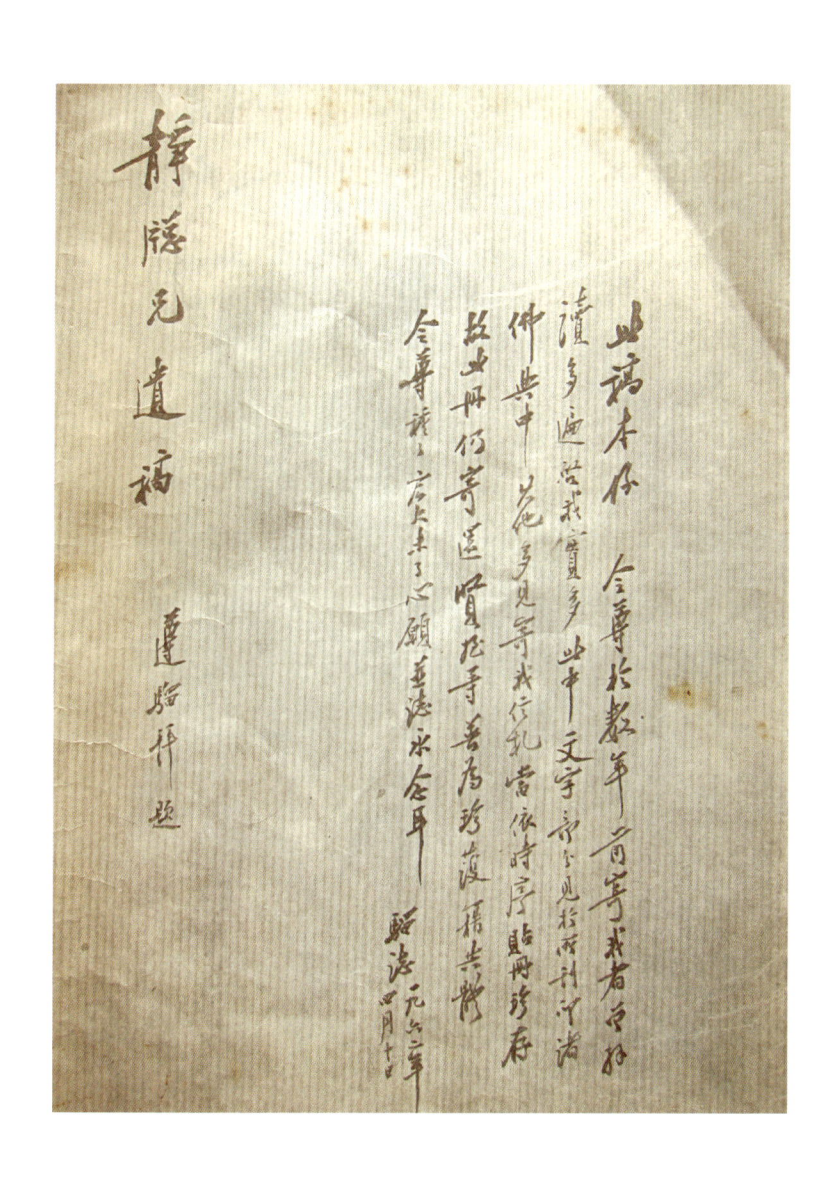

此稿本存舍弟处教年尚奉我者不於讀多遍證我實多此中文字常不见於諸刊物诸件奧中花多年我行乱當依時序貼册珍存益此冊何等還貴花等善為珍護請共體含尊諸兄宏大秉公心願主速承舍弟
驌渡一九六二年四月十三

静勝兄遗稿
遵驌拜題

张遵骝回赠《静窗集稿》题字

序　言

刘述先

2014年8月，幼弟念劬倡议出一本父亲诞辰百年的纪念文集，我加以首肯，嘉许他的动议并身体力行加以支持，稍后即获任弟、震弟及昭妹的一致附议。此举的实施，一则使尘封五十余年的父亲遗稿得以刊出，再则可各凭心意撰写纪念文章追忆父母养育教诲之恩。这便是兄传弟及，共同实现了我三十年来想完成的为父出书的意愿。

因我年过耄耋、又受眼疾之累，故请幼弟念劬助我收集过去撰写的有关文字辑录连缀成章，以示对家父的怀念之情。今乐见兄妹五人编撰的《刘静窗文存》问世，以慰平生！

一

1978年夏，我回到老家（上海）。阔别了近三十年的时间，这才回到母亲膝下。离家时我自己还只是个中学生，弟妹们正当稚龄，如今却各自早已成家，有了自己的子女，真有恍如隔世之感。所遗憾的是，父亲早在1962年逝世。在谈不完的话中,我才知道父亲晚年的境遇。

父亲在那样的逆境之下,能够锲而不舍,用自己的生命去印证所信奉的真理,实在是把握到儒佛的一段真精神。此乃吾父之诤诤学子风骨,颇值得大书一笔!

在学术界,父亲除在佛学界外鲜有人知,他法名大照,曾编《华严观要》《华严法界玄镜》《正法眼藏》诸书。校刊出版《贤首探玄记》《清凉疏钞》等大书,他也是一个主要的人物。后来他又校雠出版《大小品般若经》。最可惜的是,他毕生的心血,读般若的心得,因"文革"的浩劫而丧失。所幸还留下随感沉思录、与友人论佛学书简、诗词文集,将来我希望将它们整理出来,分册出版。

二

回想我提倡新儒家的理想,都自有其渊源。如果父亲不通信和我谈儒释的义旨,介绍我看熊先生的书,大概我不一定会走上今日的道路。他总是说"儒释之道如日月经天",在肯定儒家之余,最后归宗华严。"如果推到最后的终极关怀,都是自己内在的抉择,无法妥协";但"在抉择之后,不必要采取排他主义,你依然可以肯定别人的优点"。父亲写信说他最佩服熊十力,便体现了他学术上的兼容气度。我今礼赞父辈拒绝依违于时流,以赤子的心境去追求真理的精神,略尽我为人子的责任。而饮水思源,则也可以清楚地看到我自己的思想与精神之所自来。

下摘引1954年中秋父亲家书的几则经典语录与读者分享,其对时为大四学子的我而言,留下诸多十分精辟的训谕,亦可以看出父亲思想之一斑:

"庄生所谓生也有涯、知也无涯,虽怀入山采宝之志,而不至于说食数沙、唐劳无功者,思之。"

"从世间文化论,古学稍病粗略,而能简括大体。今学虽多精微,而每嫌在枝叶。能于古学观见大略,于今学究其精致。两得之矣,而未易也。"

"学无中外、无古今,畛域由人而兴,亦由人而泯。同宇宙,同人生,同真际,胸量汪洋,睿思独到,精诚所至,如弥勒楼阁,弹指得开,十方一切世界,无不现前,抑何碍耶?以意为中西轻重者,斯失之矣。思之。"

"少年埋首读书,持身须有无量谦光,为学须有无量虚怀,庶几清明在躬,日进无疆也。勉之,勉之。"

三

劭弟在1978年告诉我,1961年秋天在他十六岁生日的那一天,父亲嘱他抄录家书上述片段,并在抄件下批曰:"此乃吾之示儿信,汝可抄而读之自勉。前时病体违安,震信未复,可抄赠代复。"是晚父亲赠劭弟巴托克名作琴谱,亲自用牛皮纸包书,并在封面直书"献给孩子们",用此标题隐喻深情。并在扉页夹片书赠一谒,曰:"学无难易,贵在自觉:才觉退,便是进也;才觉病,便是药也。静翁。"

四

父亲谈古今,通中外,论释儒,教后学,无一不尽显其通今博古、学贯中西的大学问家风范!这是我家最为难得的家学,他的学说,引领和造就了我们兄弟这一代人。

父亲说:"家学渊源,家学泛指家教、蒙学、习俗,渊源泛指传承及传承对后人的影响力,这种影响力体现在传人的第一念想。这种人的未经改造的与生俱来的第一念想,控制了人在早期未经受教时的思维和行动。"

譬如出身在书香门第,第一念想便有读书的氛围,不惧读书;而出身在黑帮世家,第一念想便有血腥意识,不怕打斗。这便是家学的传承了。

父亲赞成天下大同、有教无类。因此也说:"家学是既可靠又不可靠的,因为书香门第也出奸臣。虎穴狼窨常出孝子,因此后学比家学更重要!"

在篇末我想说:"我一贯相信,生命乃完成于不完成之中。同时在这么些年来,我一直谨记父亲的训诲:湖海才情不足恃,乃有必要勤以补拙,努力不懈,这样才不会辜负天地和父母给我们的宝贵生命。"

五

孟子:"君子所过者化,所存者神,上下与天地同流。"再伟大的人只是有限的个人,再伟大的功业也是及身而止,但天理常存,道才是无限。所以孔子才说:"朝闻道,夕死可矣。"父亲多年来,不止一次对我们四兄弟讲述了个中的哲理,深入浅出,百听不厌,学而不忘。

(上文摘自刘述先《儒学的复兴》《熊十力与刘静窗论学书简》及刘念劬《我的艺术人生》)

编前寄语:献给父亲的百年文存

刘念劬

一、百 年 长 卷

从 1913 年至 2013 年,是属于父亲刘静窗先生的叙事诗。

这部叙事诗的前五十年,是父亲真实往迹的画卷,他记述了一个学者上下求索宇宙生命的哲思,是先哲人文精粹的积淀;它化作了引领我们兄妹踽踽前行,探寻人类终极真理的动因,记录了我们由家父哲学理念陪伴的成长历程,从而得以延伸这部百年叙事诗的后五十年。这便是家父维系百年的重要家学渊源!

2013 年的 11 月 24 日是父亲百年诞辰纪念日,何以为祭?

我提议出一本纪念文集,向世人打开尘封的父亲遗卷,写下我们对他的珍贵回忆,告慰父母在天之灵!这成为日后推出父亲文存的动因。

年届八十的长兄刘述先,率先站出来支持这件事,继而另三位兄妹任先哥、震先哥和昭华妹均慨然允诺,公推我为父亲文存的主编。

父子的血脉和同胞的深情,赋予我们灵感,我们决意迈步世纪的跨越,去完成对父亲上溯百年的追踪。

二、哲思传递

是父亲哲思的灵动,唤醒我们鲜活的记忆。

1962年的4月,对我们来说是忧伤的,灰蒙蒙的天总是欲雨还休,这一年我们失去了最敬爱的父亲!日后我正式传世的处女作《摇篮曲一号》,便是写于父亲去世后一个月。这首恬静中带着忧郁的悲歌,十五年后易名《甜梦》,体证了爱的回归和生命循环的哲理。父亲的真知灼见引领我们五十年,他给我神来之笔,让我书写出《生命宇宙的春天》!这部清唱剧挟父亲的哲理传承,向世人宣示了父亲的夙愿。他在《庚寅遗言》中说:"平生好读书,孳孳以求,衷心服膺者,唯在发掘真理……"他用生命守护信仰,体证人生真谛,令人难以忘怀。

多少年后,我方能体会《诗经·小雅》中"哀哀我母,生我劬劳"的大性大情,父亲因对祖母的深爱为我改名"念劬",让周而复始的大爱,伴我人生。可见,真理无所不在,小到为幼子命名,大至穷宇宙生命。

父亲哲思的薪火相传、华光似炬,映照了我们兄妹的人生求知之旅。

三、家学渊源

长兄述先写道:"父亲,让孩子们可以自己选择自己的学业和志向,绝不勉强,令我们四兄弟各有所长、均有建树。"他在《儒学的复兴》中说:"日后我会走上新儒家的道路,无疑是父亲播下的种子。"我们兄妹五人的学业,亦无一不是父亲播下的种子。这是因果,不是偶合。

长子刘述先(字衍言),美国南伊利诺斯大学博士,先后任教于南伊利诺斯大学、香港中文大学,为当代新儒家第三代代表人物,台湾中研院文哲所研究员;次子刘任先(字衍行),毕业于西安交通大学,为西安建筑科技大学教授;三子刘震先(字衍通),毕业于清华大学工程化学系,高级工程师;四子便是愚下(字衍诚),是忝列英国剑桥第54届世界文化名人年鉴的音乐家;下面还有一个承继孝悌与诚信的妹妹昭华。

我们的不同个性和造就,体现了全然不同的面向,父亲尊重孩子们的志向,给我们施以不同的知识启蒙,因材施教,浑然天成。父亲对四子的培育,是一份全优的成绩单,这便有了"一门四教授"的谐称。这是父亲教子有方的实证。

四、文存始末

这是一个父终子袭、兄传弟承、薪火相继的漫长故事。

《刘静窗文存》实现了父亲的遗愿。早在1955年,他便有"集稿"的意愿,他对友人写道:"乙未冬月,病中寂居,略集旧日文稿,事后抚卷慨然。人生数十寒暑,宛如春梦留痕,为学自践,寡过未能。"可是,他生前的"集稿"被束之高阁,令人唏嘘。

1984年,述哥编著出版了第一本有父亲列名的著作《熊十力与刘静窗论学书简》,始引起世人对父亲的关注。述哥惋惜父亲的部分文稿在"文革"中失落,"只有等我慢慢整理出来(余稿)再找出版的机会了"。可见,长兄为父出书的念想,起自于三十余年前,如今,长兄将接力棒传给小他十一岁的幼弟。《文存》的问世,不正是实现了再续述哥意愿的兄弟接力吗?

父亲遗稿的收集整理是旷日持久的。家父去世后的第四年,桎梏文化的全民浩劫,席卷了父亲的所有藏书,幸而在家中阁楼上残留下部分父亲遗稿。任先哥的远见卓识,成了他保护、收藏这批遗稿的动力,他用了两年时间,初步完成了对父亲这部分遗稿的整理。1978年述先哥由海外回沪的破冰之旅,开启了对遗稿的研究及使用。1991年至今,父亲遗稿的搜集互动扩大至震先哥和本人。

　　从2014年9月初,由念劬同上海古籍出版社签约启动的《刘静窗文存》,便是延续几十年收存整理的结果,也是兄弟接力作业的产物。这个刘家兄弟团队的"掌门人"是述先哥,他对幼弟主编一以贯之的支持,成为团队的精神支柱,这个团队成员最年长的八十一岁,最年轻的七十岁,实在是一个超龄的工作班子,但大家被共同的心愿所驱动,尽人子之道的应有之义,做了该做之事。

　　从出一本纪念文集的动因到今日文存的成书,历经了编撰构思渐次演进的艰苦过程,终于形成以父著为主体,一枝前引,吾等兄妹的追忆纪念文字为别册,众星拱月的态势,从而完成了一部同属于父子两代人的叙事诗。

　　《刘静窗文存》对于我们来说,发掘和重温父亲的哲学理念成了我们人生求证的课题。作为子女,我们今天来纪念他,便着力将我们所触及的家父史迹及文字记录下来,填补史卷的空白,让读者有机会走近这位先贤的精神世界。

　　百年钩沉,钩出沉封的历史遗卷,展示了父亲十几万字的论著、自述、随笔、书简和诗文。其实,他早该面对当今大众和学人了,这便算是我们兄妹对世人的一个交代!深信,假以时日,父亲的著说必为后世学人所重视。

　　这部历经百年的生命长歌终于面世了,《刘静窗文存》便是这部恢宏长歌的终曲!

目　录

序言 …………………………………… 刘述先　1
编前寄语:献给父亲的百年文存 …………… 刘念劬　1

自述三章 ……………………………………… 1
　三十自述 ………………………………………… 2
　庚寅遗言 ………………………………………… 6
　示子侄 …………………………………………… 7

印经序跋 ……………………………………… 10
　重印华严法界玄镜跋 …………………………… 12
　印经后记 ………………………………………… 14
　华严法界观门书后 ……………………………… 15
　观海钩玄 ………………………………………… 15
　　附:废话一束(古禅德语录) ………………… 19
　华严观要读法 …………………………………… 20
　集华严观要杂记 ………………………………… 22

集华严观要再记 …………………………………… 24
　　集华严观要三记 …………………………………… 25
　　校印地藏三经叙 …………………………………… 25
　　校刊小品般若经跋 ………………………………… 27
　　校刊大品般若经跋 ………………………………… 29
　　修华严奥旨妄尽还源观附记 ……………………… 33
　　普现行愿品经疏节录合刊本叙 …………………… 34
　　刊行唐裴休劝发菩提心文、今虚云和尚参禅警语结缘跋语 … 35
　　刊行唐裴休劝发菩提心文、唐百丈怀海禅师坐禅仪结缘跋语 … 35
　　正法眼藏编余嚼语一 ……………………………… 36
　　正法眼藏编余嚼语二 ……………………………… 37
　　楞伽笔记叙 ………………………………………… 38

默识随笔 ……………………………………………… 39
　　默识随笔一 ………………………………………… 40
　　默识随笔二 ………………………………………… 43
　　默识随笔三 ………………………………………… 48
　　默识随笔四 ………………………………………… 50
　　读易偶感 …………………………………………… 53
　　日记及偶感 ………………………………………… 55
　　静窗随笔 …………………………………………… 58
　　语录数则 …………………………………………… 67
　　语录补遗 …………………………………………… 69
　　庚子信笔 …………………………………………… 71

诗词偈颂 ……………………………………………… 99
　　普陀避暑口占　并序 ……………………………… 99

目 录

滇中闻姊丈逝世寄唁储姊 并序	100
自呈贡之昆明道中微雨口吟寄蕴代书	100
蛟龙篇	101
淑华侄女与汪容斋君订婚占句贺之	102
读七步诗感世纷纷为一慨然	103
先姒遗像题词	103
读卑卑勿谖二集 并序	103
儿辈将春游昆山,示怀吊顾亭林先生一首	104
与少年僧	105
读虚云老和尚禅七法语记事	106
读破庵禅师句偶感	106
奉和应慈上人原韵	107
应师常以三圈表三身示人,奉呈一笑	107
读史偶咏	107
癸巳七巧节日率题三章震儿存勉	108
述先二十生辰示幼勉怀八首	108
重阳节感怀示幼	110
公逸宪钿伉俪北行赠别	110
熊子真先生京中度七旬寿辰赋寄奉贺 并序	111
癸巳严亲八一生辰感怀	112
芸陔自沪返汉赋句送别	112
示诸侄	113
芸陔次汉寄意浦江友人询问病中起居感此奉呈 附书	113
寄怀莆哥 并序	114
病中遣怀	114
七夕感怀	115
奉贺公逸四十生辰 并序	115

3

秋夜偶感	115
中节感怀	116
示幼勉怀二首	116
示达侄	117
示诸侄	117
甲午暑期达侄丹阳实习农事过沪小聚送别	118
静中遣怀	118
病中杂感	118
书室偶感	119
病中读剑南诗钞	119
挽姜大心居士	119
秋日偶怀奉应师、云公二老	120
感怀	120
奉贺叔父七旬晋九寿辰	120
论再生缘有感戏题二首	121
简振镛	121
寄芸陔　并序	121
春日感怀	122
寄芸陔	123
题帕	123
为学一首示儿	124
渔家傲·寄介儒	125
苏幕遮·旧影题词	126
忆江南　二首并序	126
满江红·辛巳岁首感怀	127
雨霖铃·辛巳除夕感怀	127
青玉案·卅七生辰感怀	128

目　录

浣溪沙	128
鹧鸪天·辛卯暮春偶怀	129
鹧鸪天·送别	129
诉衷情·寒夜怀旧之一	129
江城子·寒夜怀旧之二	129
水调歌头·寄新婚儿妇	130
山寺远钟	130
参毗舍浮佛偈	132
应慈老和尚八旬世寿相赞	132
无题	133
三十八岁题照	133
四十岁题照	133

札记题赠 ············ 135

庚寅元日试笔	136
壬辰元日试笔	136
乙未元日试笔	136
静窗集稿附识	136
书室自警	137
宋人语录一则略释	137
书读经示要后	138
读新唯识论	138
读论张江陵	139
书王船山读通鉴论后	141
书钱谦益文后	141
书思辨录辑要后	141
读谭嗣同集	142

题宋元明儒学案 …………………………………………… 142
题木板芥子园画谱赠景书 ……………………………… 143
东塾读书记书后 ………………………………………… 143
书杨氏易传 ……………………………………………… 143
读老后记 ………………………………………………… 144
节录大般若经第四百十一卷譬喻品 …………………… 144
地藏忏仪圆满愿文 ……………………………………… 145
毗舍浮佛偈略释 并序 ………………………………… 146
挽范古农居士联 并序 ………………………………… 147
赠应慈上人联 并序 …………………………………… 147
书大乘理趣六波罗密多经后赠蒨哥 …………………… 148
述儿有台北之行题此以勉 ……………………………… 148
生日示儿辈 ……………………………………………… 148
戊戌夏月为念劬书勉之一 ……………………………… 149
戊戌夏月为念劬书勉之二 ……………………………… 149
己亥长夏题词 …………………………………………… 150
己亥之秋震儿考取清华大学将行书此示勉 …………… 150
庚子秋震儿还沪录鹤林玉露一节留念 ………………… 151

与熊十力论学书简 ………………………………………… 152
  2014年阅校前言 ……………………………………… 刘述先 154
  致熊十力先生 一九五一年八月二十日（辛卯七月十八日
    上海） ………………………………………………… 161
  与熊十力先生 一九五一年九月十三日（辛卯八月十三日）
    ………………………………………………………… 162
    附九日来书 ………………………………………… 163

目　录

与熊十力先生　一九五一年九月二十一日（辛卯中秋后六日）
·· 163

与熊十力先生　一九五一年九月廿四日（辛卯八月廿四日）
·· 165

　附熊十力先生八月廿六日来书 ················ 165

熊十力先生来书　一九五一年九月廿五日（辛卯八月廿五日）
·· 166

复熊十力先生　一九五一年九月廿九日（辛卯八月廿九日）
·· 169

与熊十力先生　一九五一年十月六日（辛卯九月初六日）······ 172

　附熊先生十月三日来书 ···························· 172

复熊十力先生　一九五一年十月十二日（辛卯九月十二日）······ 173

　附熊先生十月九日来书 ···························· 174

与熊十力先生书　一九五一年十一月十二日（辛卯十月十四日）
·· 175

熊十力先生来片　一九五一年十一月十六日 ············ 177

复熊十力先生　一九五一年十一月廿日（辛卯十月廿二日）··· 178

熊十力先生来片　一九五一年十一月廿四日 ············ 178

复熊十力先生　一九五一年十一月廿七日（辛卯十月廿九日）
·· 179

熊十力先生来片　一九五一年十二月二日 ·············· 180

复熊十力先生　一九五一年十二月八日（辛卯） ········ 181

熊十力先生来片　一九五一年十二月十八日 ············ 181

复熊十力先生　一九五一年十二月廿一日（辛卯） ······ 182

熊十力先生来片　一九五二年十一月十七日（壬辰） ···· 182

熊十力先生来函　一九五三年四月下旬（癸巳） ········ 182

7

与熊子真先生书（由公逸转达） 一九五三年四月廿七日
（癸巳三月十四日） ………………………………………… 183
熊十力先生来函 一九五三年四月廿四日（癸巳三月十一日）…… 183
复熊十力先生 一九五三年十月卅日 ………………………… 184
　附熊先生十月廿三日来书 …………………………………… 184
　附熊先生十月廿六日来片 …………………………………… 185
复姚翰园书 一九五三年十一月十三日（癸巳十月初七日）…… 185
与张遵骝 一九五三年十一月十五日（癸巳十月初九日）…… 186
与熊十力先生 …………………………………………………… 187
　附熊十力来片 ………………………………………………… 187
与张遵骝 一九五三年十一月廿三日（癸巳十月十七日）…… 187
熊十力先生来函 一九五四年二月十六日 …………………… 188
熊十力先生来函 ………………………………………………… 189
熊十力先生来函 一九五四年二月初九日（甲午春） ………… 189
熊十力先生来函 一九五四年二月十八日 …………………… 189
复熊十力先生 一九五四年三月廿六日（甲午二月廿二日）…… 190
熊十力先生来片 一九五四年六月十日 ……………………… 190
熊十力先生来片 一九五四年六月十九日 …………………… 190
张公逸来函摘录 一九五四年八月廿二日 …………………… 191
又十一月一日来函摘录 ………………………………………… 192
　寄述先家书 …………………………………………………… 192
熊十力先生来片 一九五四年十一月一日 …………………… 195
与熊十力先生 一九五四年十一月三日（甲午十月初八日）… 195
与熊子真先生 一九五四年十一月七日（甲午十月十二日）… 197
　附录 …………………………………………………………… 198
与姚翰园 一九五四年十一月七日（甲午十月十二日）……… 198
复熊子真先生 一九五四年十一月十日（甲午十月十五日）
　………………………………………………………………… 199

目 录

复熊子真先生 一九五四年十一月廿二日（甲午十月廿七日） …………………………………………………………… 200

　附来书 ………………………………………………… 201

复熊子真先生 一九五四年十一月廿四日（甲午十月廿九日） …………………………………………………………… 202

与张公逸 一九五四年十一月廿四日（甲午十月廿九日） …… 202

再与张公逸 一九五四年十一月廿五日（甲午十一月初一日） …………………………………………………………… 203

与熊子真先生 一九五四年十一月廿八日（甲午十一月初四日） …………………………………………………………… 204

熊十力先生来函 一九五四年十一月 ………………… 207

张公逸来函 一九五四年十一月廿八日 ……………… 207

张公逸来函 一九五四年十二月四日 ………………… 209

熊十力先生来函 一九五四年 ………………………… 211

熊十力先生来函 一九五四年十二月一日 …………… 212

熊十力先生来函 一九五四年 ………………………… 213

复熊子真先生 一九五四年十二月二日（甲午十一月初八日） …………………………………………………………… 213

熊十力先生来片 一九五四年十二月四日 …………… 214

熊十力先生来函 一九五四年十二月七日 …………… 215

复熊子真先生 一九五四年十二月八日（甲午十一月十四日） …………………………………………………………… 216

与熊子真先生 一九五四年十二月十六日（甲午十一月廿二日） …………………………………………………………… 217

复张公逸 一九五四年十二月廿四日（甲午十一月卅日） …… 217

熊十力先生来片 一九五四年十二月卅日 …………… 218

熊十力先生来函　一九五五年二月十八日 …………… 218
与熊十力先生　一九五五年二月廿八日（乙未二月初七日）… 219
熊十力先生来函　一九五五年二月廿八日 …………… 220
熊十力先生来片　一九五五年三月三日 ……………… 220
复熊十力先生　一九五五年三月七日（乙未二月十四日）
　………………………………………………………… 220
熊十力先生来片　一九五五年四月四日 ……………… 221
熊十力先生来函　一九五五年五月四日 ……………… 221
复熊子真先生　一九五五年五月五日（乙未,闰三月十四日）
　………………………………………………………… 221
熊十力先生来片　一九五五年五月十八日 …………… 222
熊十力先生来片　一九五五年六月廿八日 …………… 223
熊十力先生来片　一九五五年七月廿二日 …………… 223
熊十力先生来片　一九五五年十月一日 ……………… 223
熊十力先生来片　一九五五年十月十日 ……………… 224
熊十力先生来片　一九五六年二月十五日 …………… 224
张公逸来函摘录　一九五六年三月九日 ……………… 225
与熊子真先生　一九五六年九月廿四日 ……………… 226
熊十力先生来片　一九五八年一月四日 ……………… 227
熊十力先生来片　一九五八年一月廿二日 …………… 228
与熊子真先生　一九五八年一月廿四日 ……………… 228
熊子真先生复函　一九五八年一月廿五日 …………… 229
熊十力先生来片　一九五八年一月廿六日 …………… 231
熊十力先生来函　一九五八年一月廿八日 …………… 231
熊十力先生来片　一九五八年二月二日 ……………… 234
熊十力先生来片　一九五八年二月九日 ……………… 235
熊十力先生来片　一九五八年五月二日 ……………… 235

目　录

熊十力先生来片　一九五八年五月廿日 …………… 235

熊十力先生来片　一九五八年七月七日 …………… 236

熊十力先生来片　一九五八年十月十五日 ………… 236

熊十力先生来片　一九五八年十一月廿六日 ……… 237

熊十力先生来片　一九五八年十二月廿四日 ……… 237

熊十力先生来片　一九五八年十二月廿九日 ……… 237

熊十力先生来片　一九五九年一月二日 …………… 237

熊十力先生来片　一九五九年一月十六日 ………… 238

熊十力先生来片　一九五九年一月廿二日 ………… 238

熊十力先生来片　一九五九年二月十五日 ………… 238

熊十力先生来片　一九五九年二月廿一日 ………… 239

熊十力先生来函　一九五九年二月廿七日 ………… 239

熊十力先生来片　一九五九年四月六日 …………… 239

熊十力先生来片(青云寓)　一九五九年五月十三日 ………… 240

熊十力先生来片　一九五九年五月卅一日 ………… 241

熊十力先生来片　一九五九年六月十日 …………… 241

熊十力先生来片　一九六〇年三月九日 …………… 241

熊十力先生来片(青云寓)　一九六〇年三月十七日 ………… 242

　　附:熊先生祭侄子远文 ……………………………… 242

熊十力先生来片(青云寓)　一九六〇年四月十四日 ………… 243

熊十力先生来片(青云寓)　一九六〇年五月三日 ………… 243

熊十力先生来片　一九六〇年五月六日 …………… 243

熊十力先生留条　一九六〇年五月十日 …………… 243

熊十力先生来片　一九六〇年七月四日 …………… 244

熊十力先生来片　一九六一年一月廿四日 ………… 244

熊十力先生来片(青云寓)　一九六一年二月十四日 ………… 245

熊十力先生来片(青云寓)　一九六一年三月一日 ………… 245

熊十力先生来片　一九六一年三月十五日 …………… 246

熊十力先生来片　一九六一年三月廿六日 …………… 246

熊十力先生来片　一九六一年三月卅日 ……………… 246

熊十力先生来片（青云寓）　一九六一年四月八日 …… 247

熊十力先生来片（青云寓）　一九六一年五月九日 …… 247

熊十力先生来片　一九六一年六月廿一日 …………… 247

熊十力先生来片　一九六一年七月廿八日 …………… 248

熊十力先生与张遵骝便条　一九六一年七月廿九日 … 248

熊十力先生来函　一九六一年九月十八日 …………… 249

熊十力先生来函　一九六一年九月廿日 ……………… 249

熊十力先生来片与任先　一九六一年九月廿六日 …… 251

熊十力先生来片　一九六一年十月十六日 …………… 251

熊十力先生来片　一九六一年十一月十七日 ………… 252

熊十力先生来片　一九六一年十一月廿三日 ………… 252

熊十力先生来片　一九六一年十二月十一日 ………… 253

熊公示勉任先震先　一九六二年八月九日 …………… 253

熊公邮片示任先震先　一九六二年八月十一日 ……… 254

附录　1984年版《熊十力与刘静窗论学书简》序跋 …… 256

序 …………………………………………… 刘述先 256

先父刘静窗先生与熊十力先生在晚岁通信论学与交游的经过

　………………………………………… 刘述先 257

1984年版《熊十力与刘静窗论学书简》校阅后记（节录）

　………………………………………… 刘述先 283

与张遵骝论佛学书 …………………………………… 285

复张公逸　一九五三年十二月十六日（癸巳十一月十一日）… 286

复张公逸　一九五四年元月（癸巳十二月） ………… 288

目　录

复张公逸　（1954年）三月廿六日即甲午二月廿二日 ………… 291
复张公逸　（1954年）四月十八日即甲午三月十六日 ………… 292
复张公逸　一九五四年五月廿六日（甲午四月廿四日）……… 292
复张公逸　（1954年）七月十五日即甲午六月十六日 ………… 294
复张公逸　（1954年）七月十八日即甲午六月十九日 ………… 294
复张公逸　（1954年）七月廿六日即甲午六月廿七日 ………… 295
复张公逸　（1954年）七月卅日即甲午七月初一日 …………… 296
张公逸来书　一九五四年九月十八日 ………………………… 296
复张公逸书　一九五四年九月廿四日（甲午八月廿八日）…… 298
复张公逸　一九五四年九月廿六日（甲午八月三十日）……… 301
复张公逸　一九五四年九月廿八日（甲午九月初二日）……… 302
复张公逸　一九五四年十月一日（甲午九月初五日）………… 304
复张公逸　一九五四年十月五日（甲午九月初九日）………… 305
复张公逸　一九五四年十月十四日（甲午九月十八日）……… 306
复张公逸　（1954年）十二月一日即甲午十一月初七日 ……… 309
复张公逸　（1954年）十二月五日即甲午十一月十一日 ……… 310
复张公逸　一九五四年十二月七日（甲午十一月初十三日）… 311
复张公逸　一九五四年十二月廿四日（甲午十一月卅日）…… 311
复张公逸　一九五五年一月五日（甲午十二月十二日）……… 312
复张公逸　（1956年）一月九日即乙未十一月廿七日 ………… 312
复张公逸　（1958年）二月十日即丁酉腊月二十二日 ………… 313
复张公逸　（1960年）三月十日 ………………………………… 314

与师友论学书简 ……………………………………………… 317

致应慈上人　甲午十一月初五日（1954年11月29日）……… 317
与蒋维乔先生　辛卯十月二日（1951年10月31日）………… 317
与蒋维乔先生　辛卯十月十二日（1951年11月10日）……… 319

与蒋竹庄先生　甲午六月十一日(1954 年 7 月 10 日) ········· 319
　　与蒋竹庄先生　甲午十二月二十日(1955 年 1 月 13 日) ······ 320
　　与蒋维乔先生　甲午七月初三日(1955 年 8 月 20 日) ········ 321
　　与张忠孙伯　辛卯中秋前夕(1951 年) ····················· 322
　　唐慧镜居士致意欲相见，书此答之　甲午十月廿日
　　　(1954 年 11 月 24 日) ·································· 322

寄长子述先家书 ································· 324

传略祭文及族谱序 ······························ 371
　　印经后记(晚年修订稿) ································· 371
　　先妣传略 ··· 372
　　祭先妣文 ··· 373
　　先妣逝世十周年祭 ····································· 374
　　先父逝世记略 ··· 375
　　祭先考文 ··· 376
　　祭姐丈文 ··· 377
　　先姐周年祭文 ··· 378
　　八修清水刘氏族谱序 ··································· 379
　　　附录：刘氏世系简表　静窗录存······················· 380

附录一：刘静窗年表 ···························· 387
　　附：刘静窗先生位下齿序表 ···························· 401
附录二：刘静窗集稿目次 ······················ 402
附录三：《华严观要》目次 ···················· 405

编后存言 ·································· 刘念劬 406

自 述 三 章

主编按：本辑从 1942 年至 1961 年，跨越近廿载，乃父亲心路历程之写照：道出了自述三十而立之大志向、四十不惑之生命观及年近五旬之经纶大义。

《示子侄》乃父亲去世前一年寄语后辈的家训，曰："我子我侄，正当少壮，深望竖起脊梁骨，直立天地间，读世间第一等好书，做世间第一等好人。至嘱。"语重心长，力贯经纬。落款辛丑（1961）七月初二，正值长兄述先生日。二兄任先推测为未寄出之家书，但更有可能是父亲于述先生日有感、遍示诸子侄之训示，乃晓喻刘氏后人之共函。然长兄述先见此文，已在父亲谢世后的第十六个年头。当年家父命三兄震先抄录留存，遍示子侄。同年深秋，余十六生辰，家父又令我小楷抄录赠堂兄表兄，同时还抄录另一封家书（即 1954 年中秋寄述先），他告之均为示儿书。可见家父临终遗言同上述摘录精神相若，记录了一个堂堂正正的中国当代学人的风骨气节。

1950 年《庚寅遗言》"唯在发掘真理"一语便印证了家父生存的全部意义，也是他穷毕生心力求索的哲理归宿。《刘静窗文存》以此为起点，展示了其鲜为人知的人生与学说。

三十自述

去年余生日时,尝扃户自讼,忆念生平,徒觉铺啜世间,一无可道,具形尘壤,几希鹿豕,追寻昔来,惭竦难安,为写廿九自讼一篇,半留泥痕,半作省惕焉尔。今岁复逢此日,矢华浪度,依稀犹旧,而齿与时增,学与时减。一怀四方之板荡,二念父母之劬劳,三怵此身之闲度。一时百虑毕集,感触尤多,更就忆省,率尔操觚,不外旧自讼意也。尝记儒书,以三十当而立之年,以止至善为大学之道,余怀乡往,而至未能。自今而后,其将屹然砥砺,以进于斯耶!汤《盘铭》言:"日新,又新。"夫以今我而望昔我,依然故耳。以他日而望今日,复何如哉!一念及此,为之踯躅旁皇者,宁有已焉!

余家庭训素严,持己接物,莫不礼尚,无少逾者。余母四十始生余,行辈中最幼稚,多病而好学,以是独得矜怜。而严君色庄辞厉,亦未尝有所宽假。余则规蹈矩守,故处夏如冬,亦笃爱日长温之趣。独书丛之中,辄任余游肆,且需索随许,曾不少制,余得泛览百家,恣意舍取者,盖深受惠矣。余少好为性理之学,尝出入朱、王,旁收张、陆。昕夕浸淫,略识大端。年来复好留意明清间,如顾、黄、王、戴诸儒,与桴亭、蕺山、二曲、习斋之学。于中操守坚贞,余最师心宁人;而析理精微,不觉折服船山也。旧尝有愿遍读二十四史,研其文物制度,考其政理得失。而因循岁朝,迄未能偿。近始务读《资治通鉴》,并取《纪事本末》相为参寻,于世事颠沛,邦国飘摇之际,辄掩卷黯然,不忍览焉。治经济学,尝搜罗古今泉币学说,而出入之,慨然于天下蹙苦,思有以庶教致平之道,而患未能。或闻而以杞人故事进者,终无以自解嘲也。

岁春夏中,多思坐病,几濒殆,茶铛药炉间,偶得英儒 B. Russell书,欣尝玩索,颇解寂寥。海上丁福保先生者,操仲景术有清名,余偶造之。其人年七旬，精神矍铄，和蔼易亲，立说以不医医、不药药为却病还生宗旨，余雅韪之，遵行其言，而病良已。岁六月，始谒武进蒋竹庄先生门，习静坐法，蒋师习儒习释，并有心得。所传静坐，即远近以"因是子"名者是也。师今年亦古稀，道貌清健，弃冕卧云，盖怡然有不待于外者，余复因之闻瞿昙大意，初览《起信论》，微解旨义，次得江味农居士遗著《金刚经讲义》一书，欣喜持览，由是渐得悟解般若，契会真如。讲义为江氏遗稿，终世未及编正，既卒，蒋师恐其散佚，遂入其家，尽搜集所得，编排付印。初版故有残缺，此后蒋师复得数纸，遂刊补遗。从此洛阳纸贵，不久售罄。余乃更请蒋师就原书依次补入，以为再版。至此全稿存者什九，全豹可窥，亦一快心法缘也。同时范古农居士者，究心法藏瞿昙，多闻称胜，一日余趋访之，请询唯识大意，讲谭晌午，始通姓氏。自后蒋师为余讲《百法明门》，范居士讲《二十唯识》，余皆依时往听，絫是渐悟相宗纲领。蕲水陈微明先生者，以精太极拳术，时余久怀之。岁七月中，始获从习。太极拳者，道拳也。动变静凝，无一不浑洽自然，盖出于老氏专气致柔之旨者。陈师以儒士习此垂三十载，今年过六十矣。童颜银髯，精神内固，而言行慷慨，飘然超世，谓非有得于个中三昧者而然哉！自是余乃涤除杂虑，参契动静，偶怀从昔扑朔合尘、与世悠悠者，迨将哑然失笑矣。

余母于戊寅岁次湘避乱滇中。未习地气，右腿遂患疯痹。前岁余侍还歇浦，多方疗治，渐渐康复，今已不假杖扶，行坐都安。曾记往日居昆奉侍时，寻医问药，栖遑奔走。友辈相谓："君情至矣！而尊堂年事愈高，能望复健如昔时耶？"余闻悲不自胜，然望治之愿，曾不少减。今幸天慰其心，二老康泰，家道和顺。为之子者，承志周旋其间，融泄之趣，可胜为外人道哉！年来独以天下多故，四方之众，相率麇避沪隅。至于觅居之难，喻如登天，余初至此，经营再四，仅获行窝小居，以安妻子。二亲别处，虽有佣者执役服事，余与妻儿亦日常往来省清，而街巷悬隔，终难期十二时中爱日亲之乐，此念萦心，思恒怅惘，而格于事势，一时无如之何也。

余姐自民国二十八年罹折翼之痛，青灯凄楚，思念悄然。近岁大甥女娟儿复病，益苦累无宁日，斯时遭际，怆恻可想，余辄邮语慰之，间或邮寄膏资，终未能略尽吾心也。复寻思一游乡里，省问大姐以及诸甥，籍解平日相念之苦。而道阻时艰，诸多未能，偶一怀及，愈感泫如。迩日复闻娟甥秋来竟殇，嗟夫！天之所以取于吾姐者，亦已多矣。娟甥性慧黠，令人一见怜爱。自姐丈之丧，余方望其能慰颜吾姐，亦抚其诸弟，今复命薄如此。吾悲吾姐之悲，竟不及自省其悲也，可慨也已。吾姐生有至性，温柔敦厚，一如吾母，余故敬爱之。今独茕茕居乡，抚育三子一女。大甥宗禔，今年十一岁；二甥宗禴，今年九岁；三甥宗韶，今年八岁；甥女韵华最稚，才离襁抱耳。十年中一门无可治生者，余故为之稍事筹虑，俾维生计，初于城南略置房产，近来同乡诸君创新新化学公司于吉，约余来股，并分与之。余惟有姐一人，性厚而运独蹇。私心所念，但冀其能籍兹养生，善抚诸甥成立已耳，他何所望哉！

余妇蕴聪，憨拙如恒，未易乡曲故态，遇事依违无执见，家人辄以糯粢称之，盖戏喻言其柔顺如此，而余性固刚鲠，以是得无一言相左，恰成如宾之侣焉。尝共侍膝下，慈亲笑谓之曰："此吾偏怜幼女耳。"余曾举褐衣藜羹、鹿车共挽故事为言，欣欣然若将行之者，此岂若挽近以龟婿金藏为平生得意者比类哉。余时右袒名教，不务风尚，以此持身，虽若未足与世争一日短长，而一家之中，朴拙相与，泄泄真情，亦不屑轻为非我道也。余妇少遭丧乱，流转失学，比见余恣情册籍，心恒慕之，余因择诗文短简，为之讲解，意或不相应，余辄戏谓："顽石胡不点头？"则曰："正讶生公不似耳。"相与掷卷大笑而罢。自后余负笈迁徙，聚少离多，此事遂尔间断，而延师课读，则以家务儿女分神，终难遂意精进，偶读古人"书到今生读已迟"句，掩卷黯然曰："余岂类是耶？"余亟慰之，谓："我特嗜痂成癖耳，卿即不似，庸何伤！若教杯棬以为，徒泪性灵而已，岂有取耶？"意乃稍解。独于缝纫编结之事，过目若所夙悟,且匠心出奇,无不如意。余乃谓曰:"男读女织,此殆可以互胜也已。"

岁正初三日(从夏历计),复举一男,字曰震先,玲珑善笑,天真流畅,时时逗动人颐。大儿述先,亦颇解人,读书成诵,粗识义理。尝读《西游记》,爱之尤笃,几忘卧食,既竟,疑情大作曰:"千古神仙之事,奈何承恩一人独了了耶?"二儿任先,今年五岁,教之识字,浑尔都忘。而指挥佣役,俨然如主者,众皆故示服从,逗为笑乐。性好施与,得饵必遍贻同人,常至己无所存,终不吝悔。或婉却,即变色,强使受而后已。亦一异禀也。

余向爱书成癖,一卷在握,尽捐世虑。书林旧肆,闲中辄复尚羊,偶获赏心佳作,倾囊相与,欣狂怀归。余母矜惜余甚,唯恐书痴习深,会当不了家务,余窃敛悔,思补其过,而狂狷性成,意终廓如也。自余前岁离校奉母东还后,同辈多星散四方。虽时艰道塞,音问匪易,然泰半娶妻生子矣。偶怀工部《赠卫八处士》长句,深有等闲白头之惧。今年夏间,照阳偕妻女次长安之浙西,道经沪渎,过从叙论,为言坚白病热,携资去蓉城,依居其兄医院中,偶沾便利,嫂辄以为侵己,大嫉之。拂然回渝,遂致不救,人言沸沸,以为嫂实杀之。余抚然为间曰:"死生命耳,嫂恶能夺之哉?"坚白沉毅有治才,颇与余契。曩居昆病时,余与诸友共护之,而卒不克生行其志,可慨也已!尝论人生于世,刹那迁流,庄周、蝴蝶,谁为梦醒? 彭祖、殇儿,孰作寿夭? 独以悠悠忽忽,未闻大道,此身一败,遂可惋惜耳。余向为学,常多外求,内省不切,偶见明道对上蔡论读史一节,不觉恍然自失。考亭尝言:"目前为学,只是读史传,说世变,于自己份上,无毫发得力处,今日正当痛省。"梨洲亦云:"读书不多,无以证斯理之变化。多而不求于心,则为俗学。"余尝窃赜其说,以为贤者为学,自尔会心今古。而今而后,其亦知所指趋已哉。余少好作山水游,陶然景物,忘心世外。有时兀坐峰首,独吊今古,引吭啸歌,若有击楫中流之意。连年避乱播徙,每过田家,藁目民瘦，江左风趣，大为杀减。年来侍亲息居，此意益复索然，而终南、峨嵋之胜，不免犹系怀念。会当攀临绝顶，一洗平生胸际也。尝记幼时读湘乡家训，志其语曰："凡功名富贵，皆有命定，半由人力，半由天事。惟学作圣贤，全由自己作主，不与天命相干涉。"三十岁来，时时以此提撕，迄今虽愧浪荡无成，而反身自省，差幸尚无大过，今当而立之年，蹈世应务，正为其渐。明知万物备我，欲仁斯仁，而登高自卑，漫漫长途，益自凛然于蹞足蚁垤之戒。昔贤高远，宁敢接踵项望，但书绅自存，冀于朝夕痛砭，日新又新，以进于善，他年此日，重作检点时，不如今之汗下无容者，斯亦愈已。若或以画拙自传为言，殆非所以知我也！

庚寅遗言

平生好读书，挚挚以求，衷心服膺者，唯在发掘真理，而昕夕睠睠以思者，厥在如何而可提高人类文化生活水准，使相互之间，欣然共处，陶然忘机而已！

攻蹉既久，不可谓有所得，然不可云无所思也。比者，肾石累余，决意刲治。中心深信，人如我者，天必假年，以服劳世间。设不幸，则人事聚散因缘，亦无可勉强耳！

行年近四十，虽有愿，而实无所献于斯世人间，但自黾勉而已。设从此去，请以一衣蔽体而焚，投骨于海，庶寡憾然。困绌时间，莫妄费一物，莫累一亲朋。念余者，念余平生所志焉，而习之行之，斯真慰余者矣。

庚寅首夏，肾石施术之前夕，即一九五〇年五月十六日，
书于上海仁济医院病室
庐陵刘静窗遗笔

示 子 侄

人生聚散，事属无常。骨肉之亲，假日重逢，同叙伦常，虽一日之欢，亦可以为平生之慰耳。

二亲往矣，向日承欢膝下之情，偶一念及，跃然眼前，俨如在今，不觉涕泪之长流也。二亲在日，尝望我为学矣，未能也。尝望我成人矣，未能也。慈悲音容，长流胸腑，思之，思之。有以一言报慰者乎？无有也。呜呼！甚可悲矣。

我平生所学，释迦、孔子之学也。存心，释迦、孔子之心也。释迦之学，首重《般若》；孔子之学，集于《大易》。斯二者，可谓极尽天下空有妙理，而其思想根柢不同。学者未有大智深识，未能极深研几。徒于皮毛耳目之际，论异说同，其失之者辽矣。二家为学，趣涂各异。原其心，释者慈悲一切众生，儒者爱众亲仁，在吾深深恻然一片至诚处，莫之或异也。岂惟儒、释二家不能异，后之为学者，于吾心深深恻然一片至诚处，又岂能异哉？异此者，其端异矣。端异者，为学不源于吾心深深恻然一片至诚，紬绎所及，忍人之言，横人之行，无弗至矣。夫如是，吾心深深恻然一片至诚有所蔽而不行，是之谓心死。心死，存于人者寡矣。求为建立人道者，难矣。是故释迦、孔子为学之迹，境变时移而可更；释迦、孔子存心之实，虽历万古而常新。慈悲爱人之道，终天地之间，不可须臾离也。为学之迹可更，释迦已先言之矣。其言曰：我法经正法、像法、末法三期而替，以俟后圣重出。境异时移，法亦不可不因之而变也。次就为学之迹言之，释迦、孔子之道，广被中国，上下历数千年。论中学者，释迦、孔子之学也。考中国传统文化者，久经释、孔教化熏陶之文化也。身为中华民族儿孙，将承先以启后，鉴古而开来，则于儒、释两家之学，无论赞成与否，都不可不虚心研究，三致意焉。学者于祖国文化、学术思想传授源流，一切懵然罔知，而谓能挚爱其国家，弘大其族类者，吾不能卒信也。

晚近格物之道愈精，科技进展，一日千里。霄壤相期，瞬息可通。昔之悬为山海神话者，今可一一形于事实。持此以为厚生利用之道，四海一家，同享太和之乐，不亦近可攀欤。是自有人类以来，凡有心者，莫不深所望也。佛言一切众生，形异体同，自当相互敬爱，情洽无间，如父母，如子女，如兄弟，如姐妹，尚矣。然群生苟不能于吾心深深恻然一片至诚处立定脚跟，不能胜残去杀，克己复礼。嗔念才萌，障门齐开，几微蠢动，势成颓山。以今日科技之力，演至集体屠杀，为祸惨烈，远越前代，斯不待智者而后可知。孟子曰："君子不以其所以养人者害人。"言经千载，其响犹雷。后之殚心竭虑，以从事原子、核子科学者，将以养人也欤，抑亦害人也欤？良知未全泯，斯亦不可以不深思也。此心深深恻然一片至诚，实为通古今中外一切学术文化立基。诚存，天地存，人道存，一切学术、一切文化亦可因之而存，然后经纬可辨，是非可衡。此之谓大原则，大根本。诚之不存，浊乱滔滔，人道废，天地毁矣，而何文化、学术、是非曲直之有？皮之不存，毛将焉附？前贤于此，见之审矣。佛氏说同体大悲，儒者言仁，千经万论，其文不一，莫不同喻斯旨。耳提面命，苦口婆心，诲之谆矣。而俗学以之为迂，今世以之为远，此无他，心有所不存，思亦有所不能及耳。皓日当空，生盲仰首而不得见，亦不之信，斯可哀悯者也。肆智识于权力，终为人类之祸；原科技于吾心深深恻然一片至诚，以为厚生利用之资，人道之光也。则向之所谓迂远，不亦今日造道之端，当务之急者乎？可三思也。

庐陵向称文章节义之乡。吾家世代清白淳朴，孝友相传，不图显宦，不谋厚藏。吾父幼遭孤苦，平生力志不息，故能卓立闾阎，人服德行。往年望余兄弟能为学成立，督责甚严。吾母慈爱，尤非常人可及，于余兄弟钟爱之情，靡所不至，今偶一思及，俨然目前。而余一生前后为二石所苦，幼患膀胱结石，中年患肾结石，皆施刀刲，而后得治，疾病虽除，体迭巨创,竟难有复健之望矣。常在病中,虽犹力志读书,终无可以奉慰高堂,深负慈恩,惭竦极矣。去岁秋冬之交,病体垂危,免于死亡与瘫患者才一线耳。今虽仍能照常起居饮食,而气血不贯,上下牵痛,四肢百骸,势如瓦解。尤可厌者,脑后常呼呼作响,使人学思不继。虽复存神自持,恐亦不久住世矣。陶令有云:"人生本幻化,毕竟归空无。"此是生理之常情,亦无可勉强耳。喜我子侄,一一长大成人,虽不见有奇才异禀,然大抵率能循序向学,清白为人,斯可慰矣。昔庐山远公诫其弟子谓:"桑榆之光,理无远照。但愿朝阳之晖,与时并明耳。"今余所望于吾子侄者,亦犹是也。未知有能以此自爱、自重、自勉者乎?往日吾乡贤文信国公自许此生不负庐陵。今广其意,愿我子侄立志,此生不枉为人,不枉为中国人,不枉为庐陵人,更不枉为我庐陵刘氏的好儿孙。我子我侄,有是吾意,许我者乎?语云:"鸟之将死,其鸣也哀;人之将死,其言也善。"吾将往矣!我子我侄,正当少壮,深望竖起脊梁骨,直立天地间,读世间第一等好书,做世间第一等好人。至嘱。

  辛丑七月初二日晨,庐陵刘静窗书于海上观漩澓楼

注:此文落款辛丑七月初二(1961年8月12日),系长兄述先生日。次年春,二月廿九(1962年4月3日)、清明前二日上午卯时,家父逝世。

印 经 序 跋

主编按：本辑汇集家父历年编印佛经所作序跋文字，大体按照写作时间排列。前半部分作于1944年至1951年间，是家父归心华严之后的作品，在家父著作中占有特殊的地位。其中前两篇乃家父印行《华严法界玄镜》所作，详述家父从杨式太极拳传人陈微明先生学拳、从"因是子静坐法"创始人蒋维乔教授学静坐有相当造诣后，一日黄昏初临"境界"，得范古农居士、蒋维乔教授点拨；因读紫柏老人"七佛偈"释文触发疑情，赴沪南慈云寺与应慈法师际会，棒喝皈依、师授华严法界观门的历程。从第三篇《华严法界观门书后》至《集华严观要三记》乃家父辑校的《华严观要》中所附的一组文字。《观海钩玄》系统阐述研修华严三观门四法界心得。其后三重"华严观要"顾名思义为读《华严观要》要领，概述三篇经论关系，读《心经略疏》以知"般若"、学《五蕴观》而解"空有"，谓研"观门"之基础。家父归纳为"即五蕴见二空，依二空显般若，依般若明观旨"。

署"大照辑"的《华严观要》是家父1951年，肾结石手术后在家调养时，编校出版的诠释华严之力作。是秋，家父以此著作献礼恩师临济宗四十二世传人、华严座主应慈法师八十寿秩。《华严观要》以华严宗初祖杜顺《华严法界观门》、三祖法藏《心经略疏》、四祖澄观《五蕴观》作为文轴；撰写《华严法界观门书后》《华严观要读法》《华严观要杂记》《二记》和《三记》等五篇心得力作；并请应慈法师题写封面、书写两幅墨宝；自书《漩澓颂》，蔚然成观。

此系列著作是家父身体力行、注重实证的心声，修持华严经典之明灯。家父的由儒入佛，服膺华严，虽乃穷其心证所致，但受应慈上师影响亦有迹可寻，我们不难寻觅他的心路历程。张遵骝先生盛赞家父"玄思力强，而力践之功尤为一般友辈所不及"。并告之念劬："吾不礼佛，却崇佛理，虽阅经百卷亦未得其要领，后稍能融通，实乃汝父经年授疏之功，日久乃感悟个中玄机。故其拜应师膺佛法，自与一般信众不可同日而语。"此乃一位佛门槛外学者的中肯述评。

又按：华严座师应慈上人晚年驻锡上海城隍庙校场路之慈云寺（沉香阁）印月禅室。

吾父母潜心礼佛服膺华严宗，拜应慈上人为师，法名大照、大珠；为此，沉香阁成为吾众兄妹少年时代的重要去处，差不多每隔一周的星期天上午，均会举家赴该寺参加法事礼拜，维持经年，直至父亲逝世。我们对佛教的初识便源于此。幼时见童颜鹤发的应慈上人，众徒环绕请教佛法的情景十分清晰；应慈和尚用带一点江苏口音的徽语讲释佛理，虽外表慈眉善目，论佛却出口成章、铿锵有力！众皆拜服。

应慈法师（1873—1965）出身安徽歙县殷富盐商，晚清秀才，因两次娶妻均早夭，遂被乡里称"和尚命"，乃勘破尘世披剃出家，八指头陀释敬安为其授戒。后随法兄月霞拜入常州天宁寺禅宗大德冶开门下，传临济宗第四十二世；自习华严教法后，随月霞法兄凡十二年，敬事如师，协创上海华严大学、清凉学院、华严速成师范学院等。其一生谨记法兄遗训："力弘华严，不当方丈。"归避僧众冗务，潜心研佛。1949年开讲华严初祖杜的《法界观门》，家父曰："信众趋之若流，乃释门盛事！"从1908年至1958年，应师讲经三十余次，众进"华严座师"尊号决非浪得虚名！作为有道高僧心存正义，其积极参加僧俗抗日明志等弘法筹款救国活动，深得僧俗爱戴。后获选为中国佛教协会副会长、公推为名誉会长兼上海佛教协会名誉会长。

应慈法师为一代高僧。家父曰："应师早年亦精修儒学，讲习佛理常融儒入释，深入浅出。"故其友俦及徒众中不乏儒学高士，蒋维乔先生和家父便是其中的佼佼者。如此，我们很容易窥得家父"由儒入佛"的渊源。

应慈法师于1965年圆寂，世寿九十三岁，僧腊六十七。其后沉香阁渐见式微，1964年春节我曾陪家母造访，印月禅室已无昔日光采。"文革"中，僧众遭强制还俗迁还原籍，大雄宝殿封门，配殿沦为里弄加工厂。"文革"后十多年才落实政策，于1989年获"边修复、边开放"，震哥和昭妹曾去法会为父母念经超度；我1992年重访沉香阁献功德，虽见佛殿金身重塑，修葺翻新，但无有道高僧驻锡，实乃物事人非，不禁触目伤情。

重印华严法界玄镜跋

曩岁销夏中庭，夕阳既西，凉风微引，杯茗缕香，幽怀独欣。忽尔身心豁朗，冲融无际。翛焉而我一一镕会于虚空，翛焉而虚空一一销归于我。卷舒弥藏中，心潜其境，莫道所以。少小喜作山游，攀临危峰，俯仰两间，亦多此趣，意恒在林泉外也。

庚辰之夏，侍亲沪渎。值天下板荡，朋侣星散，闲居寂寥，渐渐游心内典，始知有佛。既而谒见嘉兴范古农居士，窃道所以。曰："是殆所谓华严境界者欤！"余默识之，始知有华严；自后从蒋竹庄先生游，先生数称道拈华老人，始知有本师。一夕冬夜，读《紫柏老人集》，至《释毗舍浮佛偈》文，遽触疑情，坐卧俱非，至忘寝馈者，浃旬而后已。繇是参访之忱，炽然不可遏止。

癸未蒲月，初谒师于城南慈云寺，师慈悲摄受，如故相识，以二箧篮，分置东西，具示权实微旨。一承棒喝，不觉有三日耳聋之概。既而从师受杜祖法界观门，昕夕研穷，孳孳靡间，演及一尘不坏而遍法界时，拍案惊叫，叹为希有。至于周遍含容摄入无尽奥义，触露旧境，若归故物。一时悲喜并集，不自知其涕泪之奚从也。繇是稽首毗卢，服膺华严教海。赖师钳锤时加，痛切愤悱，终以暗钝，辄惭故封。常思希世瑰典，焉任久阔，志切弘传，悬系于怀久矣！

甲申之秋，值华严疏钞编印会校刊《清凉疏钞》及其他著述告成，而同岁腊月，上人复有重演《大经》玄谈之议，遂假斯编，单印流通，庶几游心教义之士，并修观门，不徒琐琐章句间也。昔虞山钱氏尝读贤首《心经略疏》，钻研既勤，豁然与真空法界相契，遂辑《蒙钞》，传为佳典。末流何幸，得师重加演秘，吾知必有千百虞山踵其后者。圆宗教旨，浩瀚何穷，大机顿超，岂劳筌罤。孔子曰："天何言哉，四时行焉，百物生焉。"是知解义聊以启信，证理端在忘情，无心而大智萌，虑绝斯真源显。洎其至也，荡荡乎庶类无以名，巍巍乎天地莫与京。寂寥一尘，动用万化，无身而身遍于十方，无土而土穷于刹海。依正双融，鸿纤靡隔。珠光帝网，辉映重重。参学之士，依此发阿耨多罗三藐三菩提心。生生世世，究竟普贤行海。一念圆明，三观齐致。若斯缘起不思议境，岂聚须弥之笔、海水之墨，而能传其旨味万一者哉！末附《五蕴观》一章，可资初门启钥。游心幽玄，赖在智者。

民国三十三年，甲申重阳月，观音菩萨圣节日，

吉安大照于自在馆

注：民国三十三年，即公元1944年，家父时年32岁。

印经后记

余家先世耕读，恬然园居，不是外求。先高祖范九公岁征谷，豫纳槠斗中而后斠量，贷人则去之。平生隐德微行，类多如此。家人秉习彝则，出入之际，兢兢焉笃守醇厚。先王父母皆蚤世，四壁萧然。至余父理堂公，遭境最困苦。十五岁负装徒行六百里，投亲长沙。既而历涉鄂粤港沪间，出入阛阓者，垂五十年。一家生计，勉得温饱。晚岁将归隐田园，经筹梓里，稍遂先民老安少怀之志，辄以世乱未能。久寓浦江，盖不得已也。性刚介，崇礼，重儒学。行已清简而多恤人困苦，人故敬畏之。尝以为学望余，多令读书。余亦浸久成癖，而伏案积岁，略无取材，至愧也。

余母王孺人，谷塘村桃庭公次女。于时谷塘王氏为邑中望族。既来归，尽去饰弁，灌园汲水，乐之不倦，乡之长者率以桓少君称之。余与伯兄蕡窗、姊储英，幼皆荏弱，病至濒死者数。孺人茹苦鞠育，废眠食者恒匝月而后保全。劬劳深恩，思之怵然，未易以言尽也。母自少奉佛，仁爱腑诚，一出天性。清俭持躬，忍劳任重。于今一家二十余人，而纲纪整肃，内外无间言，实亦懿德潜化有以致之。晚岁向道益勤，年来与余父参礼本师应慈上人，引导同皈三宝。一家团圞融泄之趣，又可知已。

昔者子舆氏以父母俱存、兄弟无故归乐于君子，至王天下不可为方。余自惭不肖，独幸父母慈爱，兄弟贤良，所乐乃有甚焉者。辛巳之岁，堂上初度古稀，亲朋纷然致词，以为宜有祝嘏之会。值天下鼎沸，二亲蒿目时艰，严斥弗许。余与伯兄默承其意，盖将有待焉。时余姊远居故乡，清节抚诸幼甥。彼此萦结，相望五年而不得见。今复悠悠三载矣。四方板荡，栖遑流离者犹是也。高廑客思，能无慨乎哉。今余父晋岁七旬又二，余母亦逾古稀一龄。海隅生计日困，以言祝嘏，益非时宜，尤非二亲之所许也。于心不无慊慊焉。会沪城诸君子校刊藏经，窃附印若干种，或贻亲友同好，互资参究；或赠华严印经会，俾广流传。且冀以是为二亲康强期颐左券。他年幸值承平，余兄弟姊氏骨肉重聚，奉娱膝下，以视此一日瞆瞆之思者，复何如哉。故并记之。

中华民国三十三年，岁次甲申十一月十八日，吉安大照于自在馆

注：此文附在《重印华严法界玄镜跋》之后。

华严法界观门书后

右《华严法界观门》一卷，华严宗初祖法顺和尚述。祖俗姓杜，亦称杜顺，雍州万年县杜陵人，生于陈武帝永定元年，唐贞观十四年示寂，世寿八十有四。传详续法《法界宗五祖略记》。本文清凉澄观有法界玄镜，圭峰宗密有注，并可参释。若夫探析幽微，深思泯契，犹存乎其人也。

释尊降世第二五一二年诞辰纪念，岁次丁亥四月初八日，
吉安大照敬识于自在馆

注：本文作于1947年5月27日。

观 海 钩 玄

贤首《般若心经序》云："真源素范，冲漠隔于筌罤；妙觉玄猷，奥赜超于言象。[1]虽真俗双泯，二谛恒存；空有两亡，一味常显。[2]良以真空未尝不有，即有以辨于空；[3]幻有未始不空，即空以明于有。有空有，

故不有；空有空，故不空。[4]不空之空，空而非断；不有之有，有而不常。[5]四执既亡，百非斯遣。般若玄旨，斯之谓欤。"[6]如上玄义，涵咏于中，久而涣释，庶几优游性海，不致茫然。叙意已竟，略诠观旨。

夫以凡夫执有，故徇生而不化；二乘沦空，斯滞途以忘归。网见虽殊，暗理则一。初观[7]四句者：首句会色归空，于以涤其凡情；次句明空即色，于以荡厥偏空。凡情瓦解，空见铄亡。由知即色之空，俗不离真，即空之色，真何别俗，空色平等，无碍圆融。观云："菩萨观色无不见空，观空莫非见色，无障无碍，为一味法，思之可见。"以是生死涅槃，涅槃未欣；涅槃生死，生死安弃。二谛双彰，中道义成。此第三句，大乘菩萨所趣，可知矣！然至理冲微，玄猷深远，匪形象所喻，岂言思可几。真俗两泯，唯一真实。生佛冥契，本在斯欤。观云"谓此所观真空，不可言即色不即色，亦不可言即空不即空，一切法皆不可，不可亦不可，此语亦不受，迥绝无寄，非言所及[8]，非解所到[9]，是谓行境"[10]者也。约上四句，真空观成。

复次，色空圆融，二谛烛彰，密迹文理，显成事象。此第三句。然此事象，虽复繁形万化，究尽冲微，显唯一理。理本绝言，神冥真极。古德有言："唯此一事实，余二皆非真。"又云："信手所扪，无非真如。"[11]玄圃深源，游者应知。复又法身植本，亦报、亦化，不待次第而至矣！初观四句既成，遂尔镕融理事，二三递乘，妙合本然，不劳凿想。或喻三观如登楼阁，层层转胜。然本末之辨，精于毫厘，习焉而察，当不伔侗。又初观四句：先之以拣情显解，次之以洞解蹑行。[12]约厥旨归，要在解终以趣行，行起而解绝也。一篑之止，为山不成，倘夸多才，徒劳算沙，亦如买椟，遗诮还珠者矣！学者切己自求，知所警策可也！

次来理事无碍观第二。夫法界三观，虽宛然次第，而脉络天成，通唯一体，一而二三，二三而一。若凭意解，时其先后，命其方所，名似析玄，恐劳智凿。涉念支离，见成颏山，习焉知慎可也。由初观色空，显泯无碍，遂来理事镕融，层游而上，益穷千里。若以事喻，初观如释尊自王子出家，雪山六年苦行，乃至腊八日豁尔明星，顿证菩提，斯为立本，谓之自觉。从兹二、三诸观，现身报、化，[13]说《华严》以至方等诸部，四圣六凡，妙应无方，谓之觉他。自他双融，觉行圆满，般若玄旨，味在斯欤！说云："无不从此法界流，无不还证此法身。"约儒家言："上天之载，无声无臭，自明明德以至天下平。"亦通斯旨。学者勿泥门户，切己融会，可知其故矣。

上来泛说大意，以次略释本题：夫理不空悬，托事方显。事无虚起，因理得成。故知理涵于事，极差别而尽圆融；事镕于理，义冲玄而位行布。观初明以理望事，则一一纤尘皆摄无边真理，无不圆足。即事契理，则一尘不坏而遍法界也。动静交参，隐显一如，镕融十句，同时俱成，妙合本然，匪由造作，如实之谈，体究当知。倘或成心未尽，私意微存，疑难难安，凿智思解，恐望影而驰，终何底止也已。杜氏元凯有云："优而柔之，使自求之，餍而饫之，使自趋之，若江海之浸，膏泽之润，涣然冰释，怡然理顺，然后为得。"玄游智者，将有取于斯欤！

上来明理事无碍观，如理之事，成坏交参，如事之理，隐显圆融，环应无端，通明顿现，约会十句，同一缘起，荡荡难名，唯厥事实[14]。事事相重[15]，交参自在，珠光帝网，摄入何穷，故来周遍含容观，亦曰事事无碍法界。性融于事，事象皆彰，如性融通，重重辉显，弥勒楼阁，弹指顷开，百城烟水，胜义行行，鸿纤交涉，圆明毕具，观亦十门，详文可见。古贤深衷，旨趣悠远，切怀愤悱者，其或庶几乎！清凉有言："圣远乎哉，体之则神。"孔子亦云："欲仁斯至。"知音玄契，畅怀今古，斯亦待乎其人也已。前贤释《华严法界观门》者，约有清凉澄观大师《法界玄镜》，圭峰宗密大师《法界观门注解》诸书，并传正旨，习者知参契焉。

自注：

[1] 显体。谓非言思所到，形象所及，迥绝无寄，唯一真实，契会可知。

[2] 色空无碍，体用一如，即体之用用在体，即用之体体在用，散殊奚啻万方，泯契

不逾当人。以下次第重重,辨真空,明幻有,反之复之,自求得之,有存乎其人者矣。

[3] 此辨真空。

[4] 二、不二,不二、二。悲智并运,寂照同时,思之可知。

[5] 非断、不常,不常、非断,双即、双遣,贯彻融通,可知。

[6] 归显本题。如是般若实相、生佛本源,究而明之,深体会之,真空之观,常现在前矣。

[7] 第一真空观法。

[8] 言语道断。

[9] 心行处灭。

[10] 唯自证故。

[11] 泯绝无寄。至此虽生佛两亡,要知源头命脉所在,莫作一潭死水会也。深思之。

[12] 至理未融,笃行未至,或强遏睿思,或虚张情解,遽以为得者,玩弄精神,作坑自陷。细味于此,殆或知勉欤!

[13] 二观喻报,三喻化身。

[14] 唯厥一事,众生所同,诸佛所显,东圣西圣,默尔同揆。超情离见,言思不至,《大经》所谓聚须弥为笔,海水作墨,终难殚述。虽然,穷玄至此,当能心通其意,知所荷担者矣。

[15] 非一、非多,非二、非异,习焉毋以辞害意可也。

注:《观海钩玄》写成于辛卯(1951年)三月,附于《观门》之后,全称《唐杜顺大师集华严法界观门附观海钩玄》。在1951年4月4日寄述先家书中提及:"余于《观门》,时咏于心,近病中作《观海钩玄》一文,思启初机,缓或可能寄阅。"(详见后《寄长子述先家书》第10函。)《观海钩玄》初稿有附识一则,抄存本未收,现抄录如下:

明月之怀自勉,则品日高;

海天之量与人,则德日大;

切磋之谊取友,则学日精;

悲悯之行度世,则道日远。

使眼目不足觑破千古，则亦春草一时，未可语松柏也。

仿《寒茄集》意

附：废话一束（古禅德语录）

1. 有问南阳忠禅师："如何是诸法实相？"师曰："把将虚底来。"曰："虚底不可得。"师曰："虚底尚不可得，问实相作么？"

2. 有问于山智坚禅师："如何是本来身？"师曰："举世无相似。"

3. 有问石头迁禅师："如何是解脱？"师曰："谁缚汝！""如何是净土？"师曰："谁垢汝！""如何是涅槃？"师曰："谁将生死与汝！"

4. 有问神鼎禅师："拨尘见佛时如何？"师曰："佛亦是尘。"

5. 赵州从谂问南泉："如何是道？"泉曰："平常心是道。"州曰："还可趣向也无？"泉曰："拟向即乖。"州曰："不拟争知是道？"泉曰："道不属知，不属不知。知是妄觉，不知是无记。若真达不疑之道，犹如太虚，廓然虚豁，岂可强是非邪？"

6. 有问景岑禅师："如何是平常心？"师曰："要眠即眠，要坐即坐。"曰："意旨如何？"曰："热即取凉，寒即取火。"

7. 李翱参谒药山禅师："如何是道？"师以手指上下，曰："会吗？"翱曰："不会。"师曰："云在青天水在瓶。"

8. 有问大珠慧海禅师："儒释道三教同异如何？"师曰："大量者用之即同，小机者执之即异。"

9. 有问赵州："如何是佛法的的意？"师曰："庭前柏树子。"曰："和尚莫将境示人！"师曰："我不将境示人。"曰："如何是佛法的的意？"师曰："庭前柏树子。"

10. 有问洞山良价："寒暑到来如何回避？"师曰："何不向无寒暑处。"曰："如何是无寒暑处？"师曰："寒时寒煞阇黎，热时热煞阇黎。"

11. 百丈怀海禅师普请众镢地次，一僧闻鼓鸣，荷镢大笑便归。师曰："俊哉！此是观音入理之门。"师归院，乃唤僧问："适来见甚么道理，便怎么？"曰："适来肚饥，闻鼓声，归吃饭。"师乃大笑。

12. 释尊一日升座说法，大众才集定。文殊白椎曰："谛观法王法，法王法如是。"释尊便下座。

13. 法界三观，若能了然，以上公案皆同儿戏，否则仍自返用功，不得以意逆测，强作解人也。

辛卯三月

华严观要读法

《华严观要》以杜祖《法界观门》为本，文少义赅。首宜熟读，涵咏于中，反复寻味，久而涣焉。得旨忘言，有不胜喻趣者矣。

传记杜祖息止终南，依《华严经》义，作《法界观》文。集成，投火祷曰："若契合圣心，令一字无损。"忽感华严海会菩萨现身赞叹，后果无毁。嗟夫！杜祖以二千七百五十三言而括圆顿奥旨，字经锤炼，文尽珠玑，理遍虚空，头头辉显。虽历千劫无损一毫可也。学者知用心焉。则亦详文索义，字敲句酌，反复参味，无令虚过。观初即空、不即空、即色、不即色诸义，宜先明辨。次至一尘不坏而遍法界，乃至同时交参普融无碍等句，尤宜鞭辟近己，恳切以求。所谓"反身而诚，乐莫大焉"者矣。如此用功，庶免唐劳。

裴公美序《观门注》，谓释尊初成正觉，称法界理，说《华严经》，有杜顺和尚叹曰："大哉法界之经也！自非登地何能披其文，见其法哉！吾设其门以示之。"于是著《法界观》。而门有三重：一曰真空门，简情妄以显理；二曰理事无碍门，融理事以显用；三曰周遍含容门，摄事事以显玄，使其融万象之色相，全一真之明性，然后可以入华严之法界矣。观有三重，真空为基。经云："知一切法，即心自性；成就慧身，不由他悟。"应如是学，庶乎不远。观初四句十门，义当玩索。初二句八门，皆拣情显解。色拣实色，空拣断空，句参句味，乃见陶融。以次三句双彰，四句双泯，行起解绝，方成正体。虽冥心顿证，而次第厘然，不容紊也。《宝性论》：道前菩萨观真空妙有，而启三疑。重重勘破，始成正解。初学妙观未融，梯磴未窥，或张悬解，或遏睿思，见成颓山，则亦自蔽而已。

初观行者，应学般若。般若贯果彻因，一切诸佛菩萨莫不依之而证菩提。以无智无得而显。比之初观，犹泯绝无寄也。故贤首《心经略疏》，不啻真空枢门，观音行法。谛照二空。清凉《五蕴观》文，于蕴空旨，又门之门也。思之。经云："善能分别诸法相，于第一义而不动。"论云："众因缘生法，我说即是空。"一切菩萨皆从身心蕴界差别而入第一义谛，是故不坏假名而说实相，不动真际建立诸法。照空宛然而有，即有明空；照有宛然而空，即空辨有。真俗镕融，显泯自在。二边双遣，中道义成。即五蕴见二空，依二空显般若。依般若明观旨。学者知参昧焉。

初观既明，基础以立。次详二三，循文应见。清凉以从心之岁，诠出《玄镜》。圭峰有《观门注》，慧解圆明。并资参取，冰释理顺，触途成通。事以性融，体因用彰。随举一尘，重重辉显。经云："华藏世界所有尘，一一尘中见法界。"裴公美云："法界者，一切众生身心之本体也。从本以来，灵明廓彻，广大虚寂，唯一真之境而已。无有形貌而森罗大千，无有边际而含容万有。昭昭于心目，晃晃于色尘。佛佛如是，生生亦然。普融无碍，莫非当人如如之境也。"行者勉之。

上来约明读法，琐琐辞繁。圆宗叵测，实相奚名。但有言说，究无实义。设教明观，抑亦贤首所谓"病起药兴，妄生智立"者矣。病除药遣，妄灭智泯。斯篇之集，望岸思筏，渡流即舍。犹谓实有岸与筏者，非吾俦也。

辛卯六月吉安大照于自在馆

附注：

一、初学蕴空义，五蕴行相，宜略知解。如先未明，世亲《五蕴》《百法明门》、安慧《广五蕴》诸论，可资参释。

二、清凉《玄镜》，圭峰《观门注》，坊有流通。宜备参究。《玄镜》，有《华严疏钞》编印会本。黄公幼希校正，海内称善。晋水净源《普贤行愿修证仪》，亦附清凉《疏钞》流通。文中"端坐思惟"一节，甚可读。如修忏仪，应知依取。

三、习华严经教，云华智俨、贤首法藏、清凉澄观、圭峰宗密，以及枣柏李长者通玄诸家疏论著述，并宜博究。于中贤首《探玄记》，清凉《疏钞》及《行愿品疏》诸作，并有黄公幼希校本流通。繁征博引，阙讹均正焉。千百年来，经疏重开生面。古义可昭，为世忻幸。举告同学，知所珍视。复次，习经教者，务以得无所得，会意忘言为归。若徒琐琐章句，恐滞见累。贤首有云："实相居于目前，翻成名相之境。"语谓"离经一字，如同魔说；依经解义，三世佛冤"者。幸详慎焉。

集华严观要杂记

唐白居易见鸟窠禅师请示法要。师曰："诸恶莫作，众善奉行。"白漫之曰："此三岁小儿也道得。"师曰："三岁小儿道得，八十老翁行不得。"白为之惕然。只此八十老翁行不得处，坚定脚跟，绵密着力，便是悲智之基，大愿之门。不然，悬解圆融，虚推圣境，任是舌翻莲花，犹是

印经序跋

三岁小儿边事,则何益矣。孔子曰:"吾未见能见其过而内自讼者也。"清凉引经云:"若于虚空,终不能成。"有以哉!

从上古德,无不事理冲融,戒行高洁,门风峻极,壁立千仞。居则圆明在躬,出则宗风奕世。岂少因缘而可语哉!末世干慧愈炽,解行益偷。自佛法随顺人情,而三藏十二部沦为希世取容,驰逐粥饭之资。呜呼!识海情波,漭漫何穷。斯道难见,可胜慨哉!

惠能大师有云:"佛法在世间,不离世间觉。"在世间故,相不当坏。知一切恶必止,知一切善必修。由是伦常之道依之可建,格致之义依之可立。且菩萨行世,曰慈,曰悲,慈以与乐,悲以拔苦。凡顺斯义,一切世间学术乃至种种施设,皆可得而究也。世间觉故,即此身心世界,洞见真源。依境起行,依行证果。境则曰五蕴,曰十二处,曰十八界,行者了了于此万别千差法中,荡其习,遣其执,悟缘生法,行般若行,证菩提果。圆明在躬,辉映重重。真俗镕融,诤论奚致。至于妄执所当遣而未遣,法相不当坏而竟坏,咎在凡小,不在法也。

贤首判教,曰小,曰始,曰终,曰顿,曰圆。善财童子,历百城烟水,遍参诸大智识,一生成办。而以发菩提心为因果彻融之道。是知佛法之要。极行布乃圆融,极圆融乃行布。寂寥万化,动用一虚。于无差别中显差别,于次第中见无次第。可以略知趣矣。世有读《坛经》者,闻"本来无一物"语则喜,闻"时时勤拂拭"语则慢。宁知果由因彻,体随用现。成则双成,败则俱败。二老话头,同彰圣教。身非过来,可轻议哉!且不悟本来,何从拂拭;不勤拂拭,安见本来。是非扰攘,见坠毒藏。虽有算沙之劳,难竟成塔之愿。惜矣!

杜祖《法界观门》,以寥寥二千七百五十三言而括圆顿奥旨。千古极唱,无逾于斯。余于癸未蒲月,谒本师应慈上人,得受此书。昕夕研穷,叹为观止。嗣读钱谦益氏《心经略疏小钞》,则宗贤首《略疏》。《钞》附《连珠》《慧灯》诸记,以见义焉。钱氏比无智无得于泯绝无寄,而以《略疏》为初观枢钥,于以见杜祖贤宗,血脉连贯,诚笃论也。夫习教不至于无智无得，般若不现。修观不至于泯绝无寄，真空不成。李公通玄所谓："达本情忘，知心体合"者是也。趣菩提者，率由二空。证二空者，谛观五蕴。则清凉《五蕴观》文于《心经》蕴空之旨，亦针血之论也。是故本杜祖《法界观门》为宗，次贤首、清凉，重重趣入。枢钥在握，肩键皆张。忘言之乐，可胜喻欤！余于观门，三复涵咏。终以拙钝，究无所得。仰师法乳，惭咎时深。因习教观，体念微旨。勉集贤作，思当骥图。首杜祖《华严法界观门》，次贤首《心经略疏》，次清凉《五蕴观》。汇兹数作，陶融一味，脉络宛然，庶洽元旨。题曰："华严观要"，明所自也。清凉有言："圣远乎哉！体之则神。"古贤深衷，旨趣遥远。岂余末学，能探幽微。譬彼村人，聊当曝献。庶体真之士，知所依止。繇兹解证圆宗，斯亦存乎其人也已。

辛卯暑月吉安大照于自在馆

集华严观要再记

少依庭训，长有师承。赖兹抚育，勉寡尤悔。系身世网，常惭铺缀。岁月扰扰，深恩难酬，可胜惧哉。余少淹病，形体瘠癯。年十六七，犹赖慈亲翼抚，劬劳甚深，钟怜益至，不能忘也。慈亲仁爱天禀，俭己而厚人。虔奉观世音菩萨，数十年如一日。与余父刚介之资，适成宾侣。其课诸子，必以励品笃行为学之始。璇玑在胸，毫发难渝。可见其为人矣。余之入佛，自有因缘。而母潜化，不为无故也。岁乙酉慈亲弃养，至情所钟，撒手溘离，痛念无常，悲仰何及。今复悠悠七易岁矣。曩余从应（注：1955年自定文稿无"应"字）师习华严，蒙慈悲摄受，许勉力几及。瞬息亦已九度寒暑，钝置依然。与世悠悠，一也；作辍无定，二也。日月淒淒，虚负初期，咎可辞乎。今岁师与严亲同登世寿七旬有九，杖履康强，窃忻怀愿。独念世出世法，无可慰者。俯仰两间,惭竦靡容。时集《观要》,并抒睠睠。托辉前贤,系慕终身。亦诚不自量也已。

辛卯六月观世音菩萨纪念日
吉安大照再记

集华严观要三记

集《观要》并记,呈应师上人(注:1955年自定文稿将"应师上人"改为"拈华老人")鉴阅。师曰:"华严观要四字,题意已明。《杂记》《再记》,犹剩语耳。明眼人应依观行,一切菩萨皆从身心蕴界差别而入第一义谛。真空观者,自觉也。从兹门入,方是究竟到家慈航。不然,纵历千劫,尘劳而已,以次二观,乃起觉他大用。此是千佛万祖不二模楷,思之,勉焉。复次,行者习观,当知承荷自分法身、法性、法界毗卢事。上与诸佛菩萨,下共一切众生,依普贤行愿故,彻因该果,生世尘刹,同愿同行。千劫万难,永不舍离。此谓不退转于阿耨多罗三藐三菩提也。又曰,观者,药也,所以却病也。解为遣情,说但破执,病去药除,观于何有。释尊说法四十九年,原未说得一字。但有言说,都无实义。执解求相,咫尺辽矣。"仰师婆心,不厌谆谆。孟轲有言:"予岂好辩。"天地悠悠,系慨今昔。流水高山,琴绝久矣。知音有人,执鞭从之。

辛卯孟秋月地藏菩萨纪念日
吉安大照三记于自在馆

校印地藏三经叙

民国建初前后,师拈华老人与月霞尊者同倡华严。二人者,皆嗣法天宁冶老,盖有本于南宗,而弘如来大教者也。自来宗匠不言教,教家不谈宗,遂使圆顿极旨,千百年来,几成绝响,以一身而兼会融通,纵横无碍者,自唐圭峰而下,不图于今复见其人,猗欤盛哉!余生世晚而闻道迟,于月霞尊者,仅得景行其人,而不及见。庚辰,次滇来沪,时寇氛方烈,慈亲衰病,惕然长侍左右,未敢倡志言游。师亦以行脚五台,折道浦江,始获亲近,并得闻杜祖法界观门,欣然相与。数载以来,沉浸法味,肩门侍亲,一卷长随,虽海角陷落,萍旅索居,亦几悠然不知魏晋矣!师与人慈蔼,悲悯之怀,恒溢言表。芦桥军兴而后,师依众请,避兵沪域,既演唐贞元译于玉佛寺矣,复创华严学院,重阐晋经。岁必集在门诸弟子,肩户讽诵,回向植祜,祈求民族复兴,国运隆盛,冀解斯民陷溺倒悬之痛。尝曰:"此土人根基深厚,弘大乘者,舍此无以为。今虽内外忧患重重,龙天必呵护中华,令无忧也。"又曰:"佛法理事深玄,非埋首数载,参之于己心,验之于躬行者,曷有济乎?今之学佛者,染污不了,而欲求净土,生死大事不明,而欲以佛之不思议境界为逃薮,妄也。"又曰:"发菩提心,行菩萨行,生生世世,愿堕苦趣,誓以利生为己事者,吾闻之矣。未闻舍一众生能成佛道者也。"师之行谊,可以一端窥矣。

师毕生弘演大教,晚岁兼倡余经,尤惓惓于《地藏本愿》。年来尝倡导地藏忏仪于慈云寺,复徇弥陀精舍之请,敷座开演,闻者踊跃,赞叹请益。此刊印地藏三经之由来也。三经者:一曰《地藏本愿经》,三卷,唐实叉难陀译;二曰《大乘大集地藏十轮经》,十卷,唐玄奘译;三曰《占察善恶业报经》,一卷,隋菩提登译。尝谓世尊一期演化,初七日悟道而后,二七日始为法身大士阐演《华严》,自余诸经教言说,莫不根源于是,所谓"无不从此法界流,无不还证此法界"是已。释迦示寂,弥勒未降。此土众生,率以地藏菩萨作依怙,盖同文殊、普贤、观音等诸法身大士,依华严海印三昧,现身示事事无碍境界者也。地藏、地藏,功德名号,不可思议,学者其究心于是欤。于此觑得破,不妨拈一毫端而尽十方无边刹海，寂寥一尘，动用万化，莫非当人本分如如之境，是则师之以宗师倡华严，依一乘启三乘者，其行愿为不虚矣。

余凤障深重，自惭鄙鲁，近岁亲师，方幸向道有门。夏间，复罹先妣之丧，平生爱慕，一朝撒手。痛念无常，悲怆何及。仰师慈悲，七七日中，诵《地藏本愿》诸经于慈云寺，以资回向。未几，弥陀精舍暨师门下诸仁者，发起刊印此书，乃约孟定常居士同任校事，昕夕之间，不遑宁息，越二月而告成，盖亦师之愿力，诸仁者之期待，有不容已者焉。此书付排之初，海上风鹤频惊，殷忧徙迁者累累，说者以为事必难成，师三蓍决于华严菩萨，皆蒙印可，遂付剞劂。不数日而和讯传来，国家胜利，大局底定矣。论者以为是亦地藏菩萨威神圣德感召，有以致之，要其乾坤纽转之际，因缘偶合之迹，亦不可泯也，故并识之。

校刊小品般若经跋

释尊垂教，戒德为基，止一切恶，修一切善，恶止而体清净，善生而体庄严。菩萨依不思议解脱境界，行一切世间，大悲以为体，方便为法门，世界无尽，众生无尽，烦恼无尽，悲愿重重，亦无尽无尽，若一众生不成佛，誓不于中取泥洹。此是三世一切如来因行正轨。习摩诃衍法者，当如是。背此者，非外凡，则亦沉空自醒，焦芽不殖之类而已。为智者，至颐，颐者不可以言象。悲者，至著，著者得以行显。因至颐，行至著；因至著，见至颐。是故微之，曾不足于一言。充之，无量波罗蜜，无量生死海，莫能喻也。经云："三世诸佛，依般若波罗蜜多故，得阿耨多罗三藐三菩提。"贤首疏谓："三世诸佛，唯此一门，更无异路。"语重如山，言断如刚，确乎不移。般若之因，发菩提心；般若之行，应三三昧；般若之果，无上菩提。般若无所有，不可说，无缚无著，无取无证，不受不住，而能严土熟情。众生为根，诸佛菩萨为华为果。布施乃至万行，不容瞬止。般若为导为目，诸度为行为足，互摄融贯，疾趣菩提。得夫目，不得足，曰鸒空。得夫足，不得目，曰煮沙。鸒空煮沙，饭俱不成。以此应诸佛萨婆若，邈焉辽矣！夸夸之言，遑遑之行者，不其慎欤。六波罗蜜是诸佛菩萨无尽法藏。阿耨多罗三藐三菩提，乃至一切世出世间法，皆从般若波罗蜜生。释尊于是，赞深其义，较量其德，而复惕之以魔防，严之以相似，慈怀悯切，所以为人天眼目者，可谓无微而不至矣。本经嘱累，佛告阿难，我是汝大师，汝是我弟子，汝以身口意业，于今现在供养、恭敬、尊重于我，我灭度后，汝当以是供养、恭敬、尊重般若波罗蜜。第二第三，亦如是说，我以般若波罗蜜嘱累于汝，慎莫忘失，莫作最后断种人也。其人如见，其声如响，为之后者，能不恻然知痛，怦然思勉已乎。

师拈华老人与月霞尊者，蚤岁同参天宁冶老，为得法弟子。二人同倡华严，尊者示寂，师一肩力行，明月清风，泽及南北，传讲三译，终始无间，杂华经教，浩瀚何穷。师乃指归在心，究于无言，宗明、教见，融贯无二，不其难乎。师今世寿八旬，杖履康强，宏法悲愿，精进无已。余向亲教，示读《大般若经》六百卷。日月荏苒，悠悠未就。去岁初，师复命及门诸子，诵《大品经》三十卷，且函示余，期以一月。余求书未得，因循又置，思之愧竦。仲夏月，师驻锡杭城花坞眠云山屋，时当迁徙，积年旧箧堆中，突出本经，拂拭灿然，文简义洽，读诵咸忻。师意在弘通，求其版于扬州，十年燹烬，搜罗存书，亦复寥寥，师乃恻恻遑遑，发起重刊。同门姜大良、江大机诸子，力为襄赞，勉以期成，师书属余校字。时养疴浦江，踌躇难胜，值黄妙悟长者，居城东南隅，校订大藏，谒见偶及，欣然愿以导诲相成，乃得依教参订旧本，为之句读，为之音释，为之校勘异同，呈请长者正其纰缪，芟其杂芜，补其不足，更番厘订，面目焕然。长者复出其频年校勘般若诸经异译，所编品目对照，并附卷末，一斑之窥，全豹毕现，殊胜法益，不有加额之庆者欤？经始于旧岁仲冬，观成于今年暮春，余碌碌其间，负师之愿，尸长者之劳，惭竦靡止。独念书出而句读易诵,文义可亲,辄亦忻然忘情蒭陋也已。

中间,师复书示《菩萨处胎经》,令记娑诃世中庄严劫,乃至星宿劫,三世诸佛行海,并资警策。呜呼!诸佛悲愿重誓,荡荡奚名,四海未足以容大,双照不得以扬辉。裂时空,摧世情,如怒潮澎湃,万军奔赴。般若以生,菩提是趣,此岂言墨可为之地也哉。思惟辗转,难赞一辞,而窃有所慨矣。昔奘师译《大经》六百卷,既藏,感叹此土众生,般若缘深,而恐卷帙过多,诵者寥寥。《心经》之传,家喻户晓,《大经》果高阁庋藏矣。什师先译《大品》三十卷。数年,复出本经,用心良苦,知者寂然。今幸十卷重弘,其或推至三十,推至六百,融归己分,无智无得,以报于师,将亦所以慰婆心眷眷者之一道乎!书告同学,辄怀黾勉。

校刊大品般若经跋

诸佛境界毕竟空,[1]一切经教无戏论。[2]毕竟空者,如:法性、法相、法住、法位、实际、涅槃。[3]无戏论者,非有之有,不可以为有,非无之无,不可以谓无。[4]言思匪至,断常离非。[5]大明导其行,六度齐其功,行起而四句绝,[6]功深斯群异泯。一味既融,万行同彻,体深者用微,勋博者源邃,故乃六地涌动于说法,十千扬辉于按指。斯非穷神般若沤和之士,孰由致欤?不有渊匠,俦复启之。

什师诞生龟兹,流风汉国,天发睿资,传译总持,[7]百世畅龙树之怀,三论开震旦之宗。[8]于时关中高弟,道融、道生、僧叡、僧肇,并称高贤,因兹地之文风,[9]来西竺之妙理,大乘根性,泱泱中土,不其验欤。[10]什师弘始六年甲辰,[11]始译本经,从事大德五百余人,易稿再四,推敲精微,比翌年乙巳,《智论》译成,[12]而后文定,慎之至矣。[13]弘始十年戊申,复出《小品》。[14]其睠怀于《般若》者,不有多哉。[15]身植焰海之华，[16]教启隋唐之胜，[17]论法乳源流者，庶可见也。

会昌厄后，疏著多佚。[18]教天寥落，晨星稀微。[19]清石埭杨公，求书海外，千载阕遗，始见渐复。[20]而弘教之门，专宗之学，寂焉寡值，斯亦系乎为人矣。四生慧命之所攸托，千秋文物之所宝藏，或僧或俗，为之后者，不当勉乎！

师拈花老人，归宗般若，演教华严，八十老翁，愿切神强，靡息靡止。今岁《小品》初成，旋与四众敷座，探研微要，说法之际，神明萃集，澎湃如潮，征辟如电，唯恐人之不能见其心也。悲切已哉！讲余，有论及本经者，谓十年前外祸兵燹，砖桥存版，已与《小品》同烬矣。师闻而恻恻，发起重刊。门下诸子，愿集沙塔。筹划护持者，姜居士大良、江居士大机。主校雠者，黄长者妙悟，余从学焉。十月之交，而经重出，抚卷悠然，怀古情生，时不自己，关中风旨，犹有复见者乎？启请贤哲，盍当斯仁！

自注：

[1] 行者依空趣门，不可以得空。自初发心、三十七道品、六波罗蜜，以至阿耨多罗三藐三菩提。空之事，筏之事也，执筏不舍，迟徊中流，望于彼岸，邈其辽矣。是故观空而不证，证则有取，取非毕竟，沉滞二地之流耳。毕竟者，观一切法空已，是空亦空，无能得，无所得，无得法，了了如实，荡荡难名。菩萨依般若波罗蜜多故，穷劫涉有，严土熟情，而行所无事，是为甚难。得言者忘象，得意者忘言，见空而取，非吾俦也。

[2] 诸法自性寂灭无所有，一切经教，唯以言显无言，令诸有情，开示悟入。菩萨大智慧成就，安住诸法性中，心乐默然，不乐言说。是故维摩丈室语绝，文殊赞称："是乃真入不二法门。"慧可求法达摩，觅心了不可得，达摩印可，谓："与汝安心竟。"释尊于燃灯佛所，自檀施以至阿耨多罗三藐三菩提，实无有法可得，即受远记。而菩提道成，说法四十九年，犹云未曾说得一字。经言："非所有，非无所有，无诸戏论，是名得道。"行者未能以智证如，豁然契入真空法界，说法常与无常，苦之与乐，我及非我，有为无为，寂灭不寂灭，说四谛、十二因缘，三十七助道法，六波罗蜜，乃至十八不共法，说具足修行四禅，四无量心，

八解脱,十遍处,三三昧,乃至一切种智,百八三昧乃至无量陀罗尼门,言思蔓衍,辗转无穷,皆戏论也。

[3] 涅槃义为圆寂。贤首疏云"德无不备称圆,障无不尽称寂",此是当人如实理地。有佛无佛,法性常住,昔人所谓斯理常在,不为尧存,不为桀亡者也。情绝、见泯,庶几乐趣。一翳障目,空华乱坠。咫尺天涯间,学者辨焉。

[4] 本经云:"诸法无所有,如是有,如是无所有。是事不知,名为无明。"学者于此,宜时切己寻味。不然,直如儒者所云"执德不弘,信道不笃",焉能为有,焉能为无。夸夸清谈者,亦可以发深省矣。

[5] 贤首《心经疏》云:"真空未尝不有,即有以辨于空;幻有未始不空,即空以明于有。有空有,故不有。空有空,故不空。不空之空,空而非断。不有之有,有而不常。四执既亡,百非斯遣。"

[6] 四句者,谓:有、无、亦有亦无、非有非无。

[7] 什师于姚秦弘始元年辛丑至长安,先后译《般若》《法华》《弥陀》《梵网》《弥勒》《维摩》《楞严》《思益》《十住》诸经,《十诵律》《十二门》《中》《百》《大智度》《成实》诸论,凡三百余卷,为古译内典大成。

[8] 什师弘龙树学,师承沙车王子,精研三论,传译我国,遂为此宗先河。隋嘉祥吉藏大师,起称宗主。唐贤首大师,盛唱华严,亦尝从地婆诃罗习三论。龙树遗风,泱泱中土,不得不以什师为大辂椎轮也。三论者:《百论》《十二门论》《中论》,吉藏俱有疏释行世。贤首著《十二门论宗致义记》,并可参研。

[9] 什师门下群哲,于中国文化,凤殖根底,并有深契,东西睿思,揆本无二,泊与什师相值,故能水乳和融,文光蔚勃,如芬陀利华,美茂难言,后启隋唐诸宗之盛,非偶然也。什师尝语叡、肇诸子曰:"吾传译经论,得与子相值,真无所恨矣。"师弟相与之情,悠然可见。

[10] 大乘龙树学,关中师弟,最传精旨,四论入怀,情涧本洽,《百论》以辟外,《门论》以斥小,《中论》以双破,《智论》以释成。《般若》微义,有如日丽中天,具目咸睹矣。嘉祥谓上观师居山,临无常年,诸学士请讲《涅槃》,师云:"诸人解《般若》,那复欲讲《涅槃》耶!但读三论与《般若》自足,不须复讲余经。"亦谛语哉。此土弘传大乘,宜宗龙树。理渊而气壮。汪洋万顷,不足喻也。四论以通《般若》,《般若》以出《华严》,疑执胥祛,则清净本然。性德既著,斯万行通显,即圆融而行布,极大用而全体,举足下足,莫非如如,重重无尽,此其所以为盛也。《般若》义淹,四论时晦,伈伣其辞,颠顸其行,侈谈大乘而不为龙树罪人者,谁乎? 旷怀日月,慨念靡从。

31

[11] 距今一千五百四十九年。(任注:甲辰年对应于西元404年,加1549,推断本文之作应在西元1952年至1953年间,又,应慈法师1873—1965年驻世,则当年正届八旬。)

[12]《大智度论》,龙树菩萨造,铨解本经。原文千有余卷,什师以汉人好简,芟其繁博,略成百卷。

[13] 苻秦建元间,沙门昙摩蜱先出此经,道安作序,中有"五失本""三不易"之言,睿文所称引者是也。什师神鉴渊府,复能汉语,览诸旧籍,义多格滞,乃集群贤,案本重译。渭滨逍遥,跻跻跄跄,一时盛况。文未卒定,已辗转钞传。于今校勘诸古本,同异甚众,与《智论》经文,亦出入互见,什师最后定本,殆未及得,惜矣!

[14]《大品》《小品》,义事略同,并称《摩诃般若波罗蜜经》,文有详简,因名大、小,本经约当《大般若》二分三分,与《放光》《光赞》诸经同系。《小品》约当四分五分,与《道行》《明度》《佛母》诸经同系。殆什师译经之逗机善巧也。

[15] 此后奘师译全经六百卷,蒇事,尝叹此土般若缘深。前代大德宗师,靡不眷眷于此。本经嘱累有云:"若有善男子、善女人,受持般若波罗蜜,则为受持过去、未来、现在诸佛阿耨多罗三藐三菩提。"又云:"诸欲不舍佛,不舍法,不舍僧,不舍过去、未来、现在诸佛阿耨多罗三藐三菩提者,慎莫舍般若波罗蜜。"又云:"般若波罗蜜中,生诸佛阿耨多罗三藐三菩提。过去、未来诸佛阿耨多罗三藐三菩提,皆从般若波罗蜜生。今现在东方、南方、西方、北方,四维上下诸佛阿耨多罗三藐三菩提,亦从般若波罗蜜生。以是故,若人忘失余经,其过尚少。若或忘失《般若》,乃至一句,其过甚重。"贤首所谓:"三世诸佛,唯此一门,更无异路。"学者知本,当所慎矣。

[16] 什师值南北纷衡之际,天下扰攘,杀戮无虚日,孝友之情,淳笃之行,澌焉殆尽。独什师唱道关中,远公结隐庐山,为一时道德之居,焰海双莲,遥相辉映。

[17] 佛法东传,至隋唐诸宗,人文蔚起,如日丽中天。

[18] 唐武会昌之厄,藏外流传本,及诸宗经疏,散亡殆尽,继之以五代纷扰,泥犁人间,救死无及,一时遂难恢复。欲海滔天,横乱遍地,民族文化,两遭塞难,人道或几乎熄矣。前史阴礉,可深哀思。盛唐之时,高丽、扶桑人士,纷至求学,此土文物,多有流出,前贤疏述,不期以保存强半。末法因缘中,亦可谓一不思议事矣。吴越国王,尝求天台教典于高丽。宋时,《清凉疏钞》亦重归故国。清海禁开,石埭杨公留情古逸,浦珠益还,斯文一脉犹在,前贤创继

艰辛,后学者其念诸。

[19] 衰唐以后,惟禅宗不立文字,巍存弗坠,教下义理,渐趋衰落,能宗说兼通、以见于世者,宋永明延寿,最为其选。永明有《宗镜录》一百卷、《心赋注》四卷、《万善同归集》五卷等书行世。

[20] 清末,杨公文会,字仁山,安徽石埭人,初治科学,善工程。因读《大乘起信论》入佛,舍南京延龄巷私宅,创金陵刻经处,刊印藏籍,收罗海内外古佚著述,不遗余力。徐蔚如居士继起,主天津、北平二刻经处,续有增益。欧阳竟无居士主南京支那内学院,刊辑《藏要》,校雠精湛,亦仁公遗志也。外此,上海频伽精舍重刊弘教,涵芬楼影印《续藏》,宋版藏经会影印《碛砂》,华严疏钞编印会校印《清凉疏钞》,并为法运盛事。近年上海大藏经会校勘历代大藏,集合国内外刊本、写本、古佚本及流通本,文献既足,参证取材亦富,雠订精严,堪称善本。

修华严奥旨妄尽还源观附记

妄无自性,当体皆空,源本己心,无在不有。释尊腊八日证道,乃曰:"奇哉!一切众生,皆有如来智慧德相,但以妄想执著,不能证得。"以本有故,不还而还,因执著故,须假观门以为陶冶净尽之方便也。经云:"无碍清净慧,皆依禅定生。"可知矣。观者,三昧之门,菩提之路也。此之一观,贤首依《华严》说,尤为无上之圆机,一切三昧之根本。学者详焉。心垢若开,清净现前,如《智论》所云:"以佛眼观一切十方国土中一切物,尚不见无,何况有法。"由是日用寻常,莫非如如。则亦妄智齐息,药病俱泯也夫。师拈华老人,曩于华严学院时,曾印此《观》千册。十年前,复出晋水净源《疏钞补解》会本,以为学者参考。今《观》文分散殆尽。同门大良、大心二居士,法界眷侣,于贤首教,夙契因缘,承师慈抱,檀资重印流通,以广以续,智者取焉。

刘静窗文存

普现行愿品经疏节录合刊本叙

昔有禅者持《般若波罗蜜多心经》。一日，诵至"无智亦无得"句，欣然跃起，曰："得、得、得，俊哉！此入理之门也。"夫如是，始可与语《华严》矣。释尊不云乎，"一切众生，皆有如来智慧德相"，我今奚为其不似也？不有至可悲者存欤？悲亦何及，愤悱从之，惟日孳孳，庶几有焉。不然，冷水浸石头，千秋万年，抑何益矣。贤首判教，曰小，曰始，曰终，曰顿，曰圆，因果交彻，重重无尽，极圆融而行布，未尝遗次第，极行布而圆融，亦未尝有边际也。后之谈空论玄者，多有弃人天、鄙三乘者矣，奚为其与古人复不相似耶？吾窃疑焉。五戒不持，十善不修，溃堤决篱，徇私顺欲，以为无碍者，果无碍也乎？呜呼！法门之衰，苟寻其由，有不惕然自警者哉！

皖泾无倦老居士，蚤岁曾参石埭仁老，晚岁始以《普贤行愿品》为日课，其得力句，在"诸佛如来以大悲心而为体故，因于众生而起大悲，因于大悲生菩提心，因菩提心成等正觉"。呜呼！此一切觉者之所道同也。居士其有焉。已而以为未足，乃持诵增刊本，增刊者，视流通本增入贞元译经第三十八卷之下半至第三十九卷全卷。而普贤菩萨称赞如来胜功德九十五偈偈文，全在目矣。复以为未足，益楷书徐文霨居士所订《普贤行愿品》第四十卷《清凉疏》节录。又依其例，补附第三十八卷下半至第三十九卷"闻佛胜德难思"一科《清凉疏》文，末附弘一法师《华严经读诵入门次第》，合为一册，用便自持，兼欲溥利。呜呼！可谓勤而不私者矣。书成，问叙于余。余非知言者也，始闻佛法，思于人生日用寻常践履间，求寡过焉，犹未能尔。因述自所惭感者，以就正于居士，且以为写经功德随喜赞叹之资，未知有所许乎？

印经序跋

刊行唐裴休劝发菩提心文、今虚云和尚参禅警语结缘跋语

曩读紫柏尊者释毗舍浮佛"假借四大以为身,心本无生因境有"半偈,三百余年,慈悲垂手,于以知有。比年从本师拈华老人参习教观,时承婆心,虽有愤悱,究无一得,愧竦难言。师示当代大德,有虚老其人,窃怀乡往,千里迢迢,世缘辄左,未尝如愿参谒。顷于竹师得《云门山志》,捧读欣然,其中语录,大有益学人,惜未尽别行,而《山志》一书,浦江亦不可求得。法缘难周,益滋耿念,谨录取其中《参禅警语》一节,举向同学共勉。倘法缘不尽,得见长老,孟浪知非,自宜负荆致罪。圆宗因源果海,赅彻无穷。初发菩提,等同正觉。裴公美师事圭峰,凤契正印,略抒其意,绰约称旨。余初谒师,示读斯文,钝拙时咎,念念难忘。爰置篇首,诚请学人,互资参证。以斯因缘,普愿见者闻者,于怦然恻然自发心处,千百世无量葛藤,一时顿断。并愿垂愍大照以及六道众生,长劫沦湑苦海,于一念顷,拔济脱离,同登觉路。馨香有忱,虚空无尽。

刊行唐裴休劝发菩提心文、唐百丈怀海禅师坐禅仪结缘跋语

姐储英,法名大愿,壬辰十二月十三日病逝沪寓。遗命长甥禔,依佛制茶毗,并以遗物可易得少许资,印唐裴休《劝发菩提心》文,结身后缘,外此于世间情俗,略无留恋,盖泊如也。

先妣多育,而仅存者三人,蕃哥为长,姐次之,余最幼出,体皆孱

弱。先妣钟怜甚,惟恐其或失之,以是抚育劬苦,无以形容。今慈容溘逝八易岁矣,思之如在目前,可慨也哉!

姐事父母最孝,毕生无一违语,聚少离多,先妣眷念愈深,而尘世因缘,辄难尽如愿也。先姐丈不能自调身心,至于肺病,淹缠十载,三十五岁而殁。姐服侍其间,劳瘁无容。而长甥女娟,复于其间患骨痨,迍遭病榻,先后亦及十载。死时,尾脊之间,细虫累累而下,气味难忍。娟性婉顺玲珑,最得姐心,护病至此,辛酸之情可知矣。时外祸方殷,余侍先妣僻居西南,遥念垂涕而已。战氛既戢,重聚浦江,先妣已弃养,相向而哭,不知所以为慰也。聚一载,复还家居,自兹数年之间,虽讯候不绝,而无以尽情。

前岁,褆甥来沪就学,仍依余居,讯姐状,谓如常,心少慰。去秋有信至,告近病,拟来医,语焉不详,余读而悚然曰:"莫非癌乎?"速其至,至而就医,果癌症也。病已深矣。至沪年余,奔走医门,镭锭既施,中西医药遍投,稍愈而复作,终于群医相望,不可为治。悲哉!

姐平生以柔德著,自忍劳苦,终身未尝以一重语尤人,而蹇迍毕生,亦未稍得展眉之乐,命也夫!姐平日信奉观世音菩萨,未及研求义理。及见应师,欣然契洽,遂于今秋皈依三宝。时余为严亲说《金刚经》大意,姐闻而喜,旁听之余,孜孜自讲求,且断肉食,尝自慨曰:"此次来沪,病恐终难得愈,然及闻佛法,多生业种,略得开解,亦大幸矣。"病革,为略提三皈四宏愿意,并嘱放下世缘,一心念佛,颔首了了,丑时而逝,享年四十八岁。子三:曰褆,曰(禘),曰韶,女一:曰华。丧事既毕,褆甥以母遗命请,因出裴文,附百丈《坐禅仪》,以为增上善因,并略记其始末,志余哀思耳!

正法眼藏编余赘语一

教如画龙,禅如点睛,云龙绘成,首尾若应,不有点睛妙手,岂能传飞舞跃如之趣。然未见龙，夸言点睛，鸦涂而已。抑何取焉。教家游谈无根，禅门束书不观，皆未可也。况互为轻诋乎。以接引机宜言，教乘大小，自是方便。玄要君臣，宁外方便哉？至于究竟，威音且是儿孙，禅之一字，安著何处？学者不自究心，纷然门户，益苦而已。中峰禅师有言："岂佛法果有禅、教之二哉？以其神悟，教即是禅；以存所知，禅即是教。"可谓谛语矣。斯篇所集，教约于贤首，语出于南宗，犹不逾吾师应公本怀耳。编撷简要，以便行者。故多节略，学者谅之。博约从心，取舍由人，亦无碍焉，故不具论也。

任注：所编书全称为《释尊七十九世法裔华严座主应慈老和尚八旬世寿纪念集——正法眼藏》。

正法眼藏编余赘语二

佛法虽理极深微，实不出本分寻常间。庞公家人难易之唱，可见也。为此学者，要以禅那为本，十波罗蜜是趣，不思议为门，庶乎不远。不思者，心行处灭；不议者，言语道断。若得境智双泯，法尔真常体露。大道目前，触处皆真。倘或恃己情深，见存内外，纵著功勋，亦没尘劳。古今探寻旨要者，千百其途，著论无穷，持故成理。然率循解径，纷落言诠。窠臼不破，昔人诃为钻纸弄神之事。则亦未免求之弥勤，去之弥远也已。唐药山禅师谓李翱云："太守，欲得保任此事，直须向高高山顶立，深深海底行。闺阁中物舍不得，便为渗漏。"旷怀日月，出没往来者，孰为其人哉？世有贤者，犹念斯文，圆顿余音，缵传无绝。兹篇之集，聊当引玉。不止于为藏山覆瓿之资，抑幸也夫。

楞伽笔记叙

癸巳十月（任注：1953），本师应慈老和尚演《楞伽经》于玉佛寺，华山、明瑞二师侍座，四众弟子，一堂同参，法喜充满。曩岁丁丑（任注：1937）春，师尝演此经于虞山兴福，随讲入观。昔初祖达摩传心于二祖，并授四卷《楞伽》，宋蒋之奇所谓"佛与禅并传，玄与义俱付"者。师倡华严，实承南宗，入于文字之中，而出于文字之外，祖意不遗，百世如见焉。于时从学者，有唐慧镜居士。唐氏以所得闻者，退而记之，自为寻究，今悠悠十七年矣。江妙机、周妙祥居士知其事，遂请假焉。华山法师于教观之余，为之钞本。钞而喜，喜而示余。曰："斯记明白晓畅，晦冥可开，若得梓而存之，以为法益者，不已多乎！"余韪其说，取归而读之，读而喜，朗朗心目间，殆与华山法师无以异也。依文解义，记不必详，依义会文，记有取焉者。且师以宗师倡教，称性而谈，如江河泻地，如闪电交驰，夫又安得而尽记之哉。得其一滴以概其余，不亦可乎。故一存其旧，不为求备，恐贻画蛇之诮也。依文求备者，世有明《通润合辙》，宋《善月通义》，亦无难也。因记而求意，因意以通经，因经而入禅，因禅而登宝山。盖刹那际，百八俱遣，四句无存，自觉圣智，不求而自现在前矣。彼拘拘文字以终身者，可以休矣。华山法师复约余以一言为叙，法师宗教兼融，岂有以文字为事者哉？而余因有慨焉。经云："无碍清净慧，皆依禅定生。"又云："毗尼不清净，三昧不现前。"慧依定生，戒为定本，千古不刊之论也。此经以诸佛无上心要为宗，而以谆谆戒人断肉食终卷，不有深意存焉者乎！后世学者，辄奇经义之高，而略戒行之本。酒肉既饱，寻僧说禅。滔滔诟病，抑何已焉！斯道一线，终古如晦。言念及此，涕泗无从矣！

默 识 随 笔

主编按: 这是家父的随笔漫谈集萃,共收十篇,包含了极丰富的外沿及内涵,笔锋所向,警句叠出,令人目不暇接。《默识随笔》四则系列随笔,如天马行空,显示了对人类哲理的包容:其一、其四,解析释儒精要、评述东学西说,尽显精致独到。其二,以妙论善恶起兴,经数度立言,篇末复归华严,极论体用不二、圣凡不隔之旨。其三,具论佛教大小乘之异同,而归本于躬行实证。

《读易偶感》及《静窗随笔》立意深广,殊不作妄议;《日记与偶感》作于1956(丙申)年间,因现实的触动,引发对社会和人生的沉思,语调深沉。亦是对我哲思、艺思有重大影响力的重要家训。

《庚子信笔》,顾名思义为1960年信手拈得神来之笔,家父曾谦称为"思想过程之迹痕,非思想结果之确论"。共计22节,不立标题(每一节前,编者另加"§×",以示分隔),用无形的思辨之线,连成一串光彩夺目的论学珍珠,文贯中西、深入浅出、层层推进,有理有据诠释了他的诸多哲学观点和人生感悟,概括了家父一生为学的心得精髓,亦是由现实触动的有感而发。

1954年7月26日家父回复张遵骝函云:"弟之从学,以般若为宗，华严为行，征会多门，时为抉择。假我以年，不为境累，当有可能以现代的语言意识，将东西一些分歧论点，判其各个层次，融摄成片，将来或者作为《法界观门》注解的形式写出。此时难定，着墨之期尚遥远也。"这就是日后他编撰的"庚子信笔"，此文从1954年酝酿到1960年成稿，前后思考历经七年之久，真呕心沥血之作也。

撰写此文之1960年，正值三年困难时期，家父身患浮肿，行走蹒跚，为肾胃病困扰，终未形成"《法界观门》的注解"，家父称之为"姑且存之，略备日后参考"的草稿。这是他一生中最后一篇论文。

默识随笔一

中华文化，以涵养德性为内容，以融洽人与人的关系、进世大同为旨趣。

天竺文化，以德性为初基，以洞彻身心世界大体大用为内容，以不思议解脱境界为归趣。

所谓中华文化，乃以孔子及其流派为代表。天竺文化，以佛陀及其流派为代表。

孔子先肯定人，而人之所以为人者，不在其智能，而在其德性。德性为永恒之真，而人之价值于以建立，由是以调融人与人间相互之关系，至于如诗之优美，乐之和谐，以进全人类于世界大同，而儒之体用圆满，理想成就。

儒家的理想世界，是道德的，是可以思议的。佛家的理想世界，则须超出此一层次，迥非一切世间常情所可拟议。故是不思议的，然非虚妄。以依于现前身心，毕竟可证信故。

自彻法源底言，佛家是极高明的，而儒有所不及。自致世治平言，儒家似较切近可行也。

儒家肯定世间，但于人心深处，指出德性之真，从而体认扩充，以证于鸢飞鱼跃的自在境界，以与世大同。

佛家却须先从自家身心世界彻究一回。故于人世，初无所肯定。亲证真如之后，此中境趣，别是一般，体唯不思议，可证而不可说。昔人所咏为"只可自怡悦，不堪持赠君"也。用亦不思议，强为描摹，如华严说"重重无尽境界"。此就世俗人言，依然是如天之高，不可攀仰也。

佛家彻底改造人生，重重胜进，以证于自性圆融，摄入无尽、不思议境界。自是迥然有别于儒之大同治世。然儒佛两家，俱是切己为学，反躬自证。务言高远，或世间名利有所未尽者，不足以知佛，亦不足以知儒。

反躬自证之学，必须是理性自由，必须是自悟自证，不由外铄。由外铄者，断非家珍，东施傅粉，未足为美，以其外之也。佛家只是直指人心见性；儒家只是就伦常日用处，指出良知，令人自解。孟子所谓"由仁义行，非行仁义"也。由仁义行，便是理性的自由显现，便是大同的真实基础。行仁义，便是以善强人，不由自主，弊之所至，便是戴东原所谓"以理杀人"也。此中分际，丝毫含混不得，差之毫厘，谬以千里。学者不可不慎也。遍观史乘，治乱纷纷，阴忍斫杀、残暴相逞者，无论矣，偶见治平之世，亦只是行仁义。由仁义行者，殆未之见也。斯民之痛，千古常夜，其有已乎？

儒学所以为人，为人之学，必从尊德性入。即其道问学，亦所以尊德性也。故其为学的根本态度，是道德的，是超越于功利的。科学偏重治物，治物之学，比类排分，剖理析微，开工成务，灿然文明，而其治学的根本态度是智识的，功用的。二者所向不同，方法互异。中国科技之事，比较落后，而人生哲学，文献丰富异常，此可略觇其故。以为人之学治物，物理难明，以治物之学为人，必也栖桼仁义，戕贼性情，至于以理杀人，而人道苦矣。

佛家有实智、权智之分，实智者，所谓根本智、无师智、自然智、无分别智是也。此所以自证体性者。经云："成就慧身，不由他悟。"深思之，可知也。权智者，所谓后得智、分别智是也。循名析理，非师不传，绝想难分，科哲之学，百工之事，皆是也。一经一纬，条理判然，不可稍紊。或有以为，性分之事，教之可至，挞之可从者，大谬也。或复以为科哲之学，百工之巧，可不虑而知，不思而能者，亦大谬也。是故为学之始，须明体用，辨本末。体用明，本末分，以从学焉，可以寡过矣。

体用一源，显泯无间，喻如波水，学者宜辨。体绝名言，唯证自知。用则万象森罗，重重无尽。是故与时变易者，可以谈进化。至于理体，迥出世间一切言思形相，未可以进化论也。如彼波水，波状虽变化万般，而卒无以自异于水。水唯是一，平实无奇。斯喻善巧，学者深思，可得其故矣。

东方之学，偏于明体，明体之学，自无分别智入，洎其至也，万物与我同根，天地与我一体。廓如自证，不可方比。而不善用无分别智者，证体不得，斯有入于优统、颠顶、百工俱废者矣。西方之学，偏于致用，致用之学，自分别智入，析理入微，事用繁兴，炫于事功，流而忘返。花枝茂盛，根源渐迷。知万而不知一，知用而不知本，知物而不知人。竞技逞智，角强争长，无所底止。奔驰所至，祸亦随之。庐舍成墟，而有惶然不知其故者矣。

东学之病易见，而或尽弃其学焉，所谓因噎而废食者也。西学之病难明，凿智务深，则于人情融洽之道，往往求之弥切，而去之弥远，所谓饮鸩而止渴者也。夫体用一源，本末靡间，东学足以救西方之穷，西学亦可以济东方之偏。学无畛域，人尚和同。苟有廓然大公之心，岂无熙熙治平之效？然而执见横于中，利欲牵于外，尽天下聪明才智，相争相夺，而腥红遍地，十方屠场，搔首望天，吾无言矣。

或曰："子言西学偏于致用，以言乎近世科学则然矣，西哲亦多谈体，宜当别论。"曰：就其大体论之，西方之学，虽科哲名分，实相互而为有用之学也，此于其科哲思想在史的发展中相互影响间见之。西哲于无分别智廓然自证之方，鲜有所得，焉能证体。其古今诸家，析理精微，攻错辩证，用心良苦。然莫不与科学荡激互资，以为致知之方、有用之学而已。东方学者，以德性为基础，反躬自证，身心廓然，彻法源底，迥然别是一个路子。西学欲以穷性命之源，通神化之极者，非求教于东方不可。不然，其所谓科哲之学，增益人类智识而已矣，增益人类能力而已矣。于自体性何有焉？体性不明，万法不能归一，人不自得其安身立命之道，即人且不自知其所以为人，而人类社会的幸福，亦无从谈起，故不可不究也。

近世工业之兴，科学之效也，科学文明灿烂，哲学实鼓荡之，辅成之。工业既兴，近代的国家形式亦与之俱起，形影相倚，资赖互成。国家之威力，因工业发达而益甚。工业之进展，以国力护持而滋张，从而时时刻刻，在在处处，人与人竞，国与国争，一著当先，便为刀俎；一筹输后，便为鱼肉。此一时代，贪欲与疑怖二重心理，实为社会动源。欲、怖心理牵于中，科学工业震于外，互为因果，炫耀人寰，有不气夺神眩、俯伏奴从者，鲜矣。利之所在，理之所昧，而势之所向，天下奔赴以为荣，亦无足怪也。

或曰："西哲亦有悟此，而主回到自然者矣，子亦韪于其说者乎？"曰：吾未尝为此言，未尝有此意也。儒者明体不忘达用，释者证真不遗世谛，体用一如，偏废难成。吾意只在本末宜辨，分际宜明，庶几人为学主，不蔽于理，不累于物而已。人类之间，如能泯除一切畛域，彼此相互敬爱，如父母，如兄弟，如姐妹，陶然忘机，亲诚共处，学理互通，令兹浊土，转成诗一般的优美，音乐一般的和谐的人间，斯厚望矣。佛家华藏世界，理境尤高，兹不具论。

默识随笔二

周濂溪云："诚无为，几善恶。"诚无为，其体源；善恶、其发用也。

体不可见，用识其微。几也者，善之端、恶之倪也。环中枢纽，唯在于是，善乎其几者，斯无往而不善矣。远公有言："一微涉动境，成此颓山势。"当人独知之地，不可不慎也。

老云："道生一。"夫道无在无不在，一亦无在无不在也。道唯无在故，不可见，不可形，不可思，不可议。唯无不在故，虽形相思议，竖穷横遍之中，而亦不可尽也，强为喻者，其唯一乎！语大莫过于其全，一者，数之全也，大之至矣。语小莫极于不可分，一者，数之不可分也，微之甚矣。至大极小，泯会于一，形万类千，无以别也。是之谓入不二门。穷玄尽奥，理事交涉，无尽重重，至于一，而言语之路断，心行之径灭，庶几近道矣。虽然，此中大有事在，学者不能自以身证。徒向文字边领取，可惜孰甚焉。

一为无穷，无穷为一，非大小之所量，内外之所分，先后之所别。无大非小，无外非内，无后不先，反之亦然，法尔如是，非意之也。一进于无穷，无穷大，莫非一也。退于无穷，无穷小，亦莫非一也。知一之为无穷，始可与语无穷。见无穷之为一，始可与语一，法尔如是，非分合也。明见于此，《华严》六相十玄之义，或可窥欤？融会身心而非内，放弥六合而不外。佛说于一毛端而现无边刹海，交相辉映，无尽重重，岂虚语哉！学不至此，拘拘于根尘中，芸扰数十年，讨求世间生活，自弃而已！自弃而已！

一非一，万之一也。万非万，一之万也。或谓之理，或谓之气。万一不二际，理气未他殊。明乎此，尊理以论气，可也。据气以明理，亦可也。本末交彻，用源互显，一之万之，理之气之，庸何伤乎？不明乎此，论理者偏，论气亦偏，乃至折衷和合者，摸索影响而已矣。学者当反躬自见真伪。夸夸之言，可以欺人，倘几希之念尚存，终无以自谩也。

举一而万齐张，显万而一挺出。即事即理，即色即空，即平等即差别，即行布即圆融，二者二于一，一者一于二，未尝二也，未尝一也。或一之,或二之者,一元论、多元论。见也,非实也。

即大化之流行,灼然以见吾身,身非身也。即流行之神妙,的然以见吾心,心非心也。非身之身,普融十方;非心之心,穷贯三际。摄方际无边之身心于一尘,而尘不大;融一尘之身心于无边方际,而身非小。法尔如是,非玄通也。理本如是,非分合也。不观其行,而执其止,不得其要,以碍其神,摩顶放踵百十斤,昕夕攀缘千万念,数十寒暑,衣食扰攘,通者塞之,神者贼之,置之死地而竟死矣,其犹未者,滔滔尸行肉走间,不亦至可哀乎!

身者形于事,心者融于理,理事无二,身心无二也。就理之发用处言之为身,就事之精微处说之为心,即身即心,即理即事,二者若或歧之,而未尝二也。即事以言理者,物或先焉,故本于身。即理以言事者,物或成焉,故主于心。知其意者,正反相成,融贯善通,莫之碍也。不会意者,执心身丧,执身、心亡。身丧者,心奚以自见;心亡者,身何以能彰。一执而俱失,未可也。或复和合身心,主为后先伯仲之论者,盖意之也,非知言也。今夫身融于化,心几于神,交彻隐显,用源无间,主伴无际,后先镕融,唯其所适,是非心行、言说之境也。大行不加,穷居无损,百姓日用而不知。高山流水中,知音者或鲜矣。

体不思议,用不思议,心不思议,身亦不思议也。强以名分,谓本、谓末,或摄用而归体,或因体以明用,显其义味,要归一际,可也。意存先后,故作低昂,不可也。夫有得于偏者,必遗于全。遗全者,偏亦复失。废体者,不足以为用;废用者,体亦不可见矣。一往之谈,两败之道也。

心有真妄,学须切辨。体唯一味,复须确知。从行布言,真心、心也,妄心、非心也。舍妄以存真,遣虚而就实。睿照明通,日几淳厚,为学之事也。从圆融论,真心、心也,妄心、亦心也。用出假名,泯归一际,是故真该妄末,而波用繁兴,妄彻真源,而冲漠无朕。凡有归圣之功,圣无绝凡之路。即体即用,即微即显,镕融一味,应化无穷。

圆融者体，体唯不思议，故不可说。行布者用，用亦不思议，而有化迹存焉。此为学所以从入之途也。

用之则行，格之，致之，正之，诚之，修之，齐之，治之，平之。无不从此法界流也。舍之则藏，平思治，治思齐，齐思修，修思诚，诚思正，正思致，致思格，无不还归此法界也。散之六合，微之一身。无二也，无别也。确然见此，始可与语即行布即圆融。

宇宙非外，吾身呼吸之间耳。吾身非内，乾坤辟合之际耳。观于宇宙，吾身行焉；观于吾身，乾坤通焉。灼然见此，庶可与语大人之学。

极行布乃圆融，极圆融乃行布，非人为也，非意度也，非分合也。孔子曰："天何言哉？四时行焉，百物生焉！"确信乎此，而后礼乐之治可期，作圣之域可至。

人群社会之间，自身而家、而国、而天下，东西无二致也。身至家、国、天下之中，有天然之分际存焉。群己以之相洽而无间，自由之至也，理则之极也。即圆融即行布之用也。儒者之治，曰诗礼，曰礼乐。诗以象其优美，乐以通其和谐。人中社会之圆融也。礼以协其节奏，群己社会之行布也。节奏因诗与乐而施，诗乐因礼而成。自一身，以至家、国、天下之际，群己相投，一一恰如其分，一一各得其所，熙熙和乐，而忘人我之"相"与"见"，大同之世，何以加乎？是之谓即圆融之行布，即行布之圆融，主伴镕融，自他辉映，交涉重重，儒者理想之极则，华严应世之小验也。孰谓佛法不可以为天下哉？盖向上有事，不止于为天下耳。释迦宁舍转轮王位而趣正觉，其于天下苍生之故，可深味哉！可深味哉！

人生社会中，自一身以至家、国、天下，群己之间，分限自然。有所未安者，斯或倾矣，不自由矣，争乱生焉。从史化迹而观，先行者渐衰，后起者递强。强弱相形，推荡无尽。先先禅替而不尽，后后潮兴而无穷。自其前者，吾见夫灭亡之不旋踵也。自其后者，吾见夫生生之无尽也。或以之悲，或以之欣。或谓之仁，或谓之不仁。繁沤万象，化用之迹而已。抑奚取焉？智者彻妄而全真，因用以明体。体明故，圣本自然。妄彻故，作圣之功，久而不废也。

吾华自昔之教在孝，其行在家，其制在宗法。至于久，宗法不得不移，封建不得不废。用之所充，化之所见，势之所必然也。虽然，宗法移矣，而孝弟之道犹存；封建废矣，而家族之制未替。繁育六亿众，绵延五千载，其文有在，其事可征也。自人生亲子，一念良知发端之际，推其伦常，以至于天下。本末交彻，理事相融，犹未可以轻议也。行久而迁，俗靡而移，多有私其家，而不知有国与天下矣。私于己，而不知有群众社会矣。萎颓之风，数穷之世，必变之道也。近代西洋，自工业革命，而国之形式大备而兴，殖固以经济，竞夺以国力，势勃如也。科哲文物，如油济焰，灿烂烛天，不可遏止。以方兴日强之国家组织，与行久弊出之家族型式相遇，破竹拉朽者，不亦宜乎！繇是而纷纷效尤，孝之教移于忠，凡百科学之讲求，工业之繁兴，所以爱国家、爱民族者，率忠之事也。孝之道，微而远；忠之道，著而强。前者病在萎颓，后者病在奔激。今天下相竞，斯忠之事尚矣。倡之甚者，至以国为一有机体焉。此义成就，则元元毕献细胞之功，世界止供驰骋之场，大私其国，乃不知有天下，抑复不知自有其身矣。晚近仅仅二十年间，而有两次世界大战，血流遍地，十方屠场，不亦至可哀乎？孝忠之推承，家国之递嬗，斯复化迹之所彰，势用之所必然，莫之或行，莫之或止者也。激而不已，穷变动易，国之弊极。果仁智未丧，乾坤不坠，其将有起而见于世界之一际者欤？人之所以为人者毕同，自身而家、而国、而天下，本一万殊，条理通畅，无二致也。群己之分胥泯，自由之风始行。人类社会，融洽一际，畛域皆泯，斯无复有高下之倾，形相之歧。彼此相互间，宜若诗乐之行乎天籁，鱼鸟之忘于海空。性德交彰，化用毕显。于中或家或国者，不过枢机运行间，天然际限之事象显现过程而已。不以意为宰割，复奚滞焉？去家之私，而孝弟之道存；去国之私，而忠贞之事不废；去身之私，而溥天之下，民无不胞，物无不与。机虑尽忘,和衷互济,庶或可以觇大同之世也欤?《大易》始《乾》,终于《未济》。佛子菩提发心,而《华严经》言:"众生无尽,世界无尽,烦恼无尽,我愿重重,无尽无尽。"深味之,当有知所以自勉者矣。

一本不得不万殊,非分也。万殊不得不一本,非合也。深契乎此,乃见宇宙与吾身匪隔,圣境与凡途不二也。清凉有言:"圣远乎哉?体之则神!"孔子曰:"我欲仁,斯仁至矣!"人患不己立耳,复何疑焉!复何疑焉!

默识随笔三

小乘大乘者,小车大车也。大小则异,为车则同。所以运载众生,出世间烦恼苦海者也。

出世之出,作超胜义,谓出于一切世间相、世间见也。譬如世间无量种形色,差别相也。无量种学说,差别见也。或反或成,错综万端。观其会通,察其神变,乃归于平等一际,而一切相见息、差别泯。是已出于常情世间一层矣。进而诘究微妙,即此平等一味,不碍万象森罗;即此差别万端,无异平等一味。身心交彻,性用通显,于前复出一层。如是胜进,无量重重。就次第论,谓之出世,复谓之出出世。就含义论,出世二字,已可包罗兼尽矣。

谓佛法出世,为看破红尘,或可也。谓之为消极,为向后,斯失之矣。吾人身心境界,果已超出常情世间一层,则向之孳孳希求计较物,至是已琐屑不足道,斯谓之看破,可也。看破红尘者,于世间名利勘得破,于世间是非争执勘得破,于世间生死关头勘得破也。何以能如此?以实已出世间故。此正是生命的积极义、向上义、前进义,推陈日新,化腐为神。世以为消极、向后云者,见其不与常情名利相争、是非权益竞忤而已。

世出世间，枢机在一我字，此所谓我者，生之私也。三藏十二部，浩瀚难穷，斩关要道，在于破我。我执若泯，现前身心，豁然别是一番境界。此唯粉碎无始时来油面世情，真发菩提心，勇猛精进之士能之。语云："不经一番寒彻骨，怎得梅花扑鼻香。""闺阁中物放不下，倪倪仦仦。"拟向世智言句门头讨分晓者，辽矣。

无我者，无我相、无我见也。无我相者，说似一物即不中。无我见者，觅心了不可得。只一无我，而身心世界，迥然改观，触途成通，莫非当人如如之境矣。

无我而我存，相用之事不废。古语有云："动用一虚之中，寂寥万化之域。"谛语也。

执我之我，是谓识。行于世间，碍难重重。无我之我，始谓智。迥出世情，无在不通，圣凡交彻，一转之事耳。

西人学说，多从识上立脚。世间一切众生，原不离识。则其所论，亦自头头有理，处处若洽也。出世智者，未足一哂。

近世物理学，穷极推微，亦几于说似一物即不中矣。心理学精研形用，亦几于觅心了不可得矣。然终无以豁然自证于身心大源者，用智之过也。世智之用，有用不神。

凡圣一途，同此身心。向上成圣，向下成凡。枢机一转之间而已矣。执念成滞，滞即世间。世间依识、依身、依欲、依食得存，名色之坐标已立，进退之轨迹可寻。因其利害，推其事行，根其思虑，制其死生，执一驭万，因图索骥，可以遁形天地间者，鲜矣。转念成通，通即出世，依智不依识，依定不依食。法界为体，太空为境，逍遥游处，唯吾自适，虽欲自异于圣境，不可得也。

以智引人者，齐登圣域；以识制人者，同归刍狗。故君子必善自反也。

世之知偏胜者，入佛多为小乘机，小乘主智，智近于知也。世之情意胜者，入佛多大乘机，大乘主悲，悲近情意也。悲智双运，融镕无间，唯佛为能。

知之充，客观事理以之而彰，推究其极，廓然至于出世智，而偏空理见，小乘因之证涅槃门。情意之充，主观神味由之而显，悯怀群生，力愿重重。惟智悲兼运者，乃能观空不证，利生无穷，尽未来际，永无疲厌，可谓行之至矣。

小乘推客观理至于究极，而灰身灭智，空寂现前。理之至，无我之至也。无我则同，事相大异。理事镕融，主客交彻，其圣者欤！不至身证，徒以意为大小轩轾者，瞽说而已。

大乘小乘者，具也，用也。反躬自证，犹在当人，仅在文字边说得相似，于自家本分大光明藏，了没交涉，依旧生灭门头，滑溜溜地，抑何益矣。

默识随笔四

经云："诸法从本来，常自寂灭相。"此是斩钉截铁语。何则？繁波万象，虽诡变无穷，智者观之，终无可须臾间自异于水也。

水喻体，波喻用，水波不二，体用不二也。释者逆顺观十二因缘：逆观证体，顺观成用。逆顺自在，体用互存，深思可知。

即波而见水，不得不寂；即水而观波，不得不动。波而恒水，动而常寂，舒卷自在，谁曰不宜。

《易》者，谈用之书。乾坤二子，水之波用耳。引拒辟阖，动反相成之故，今略治力学者能言之矣。夫法无孤起，乾坤互变，乾因坤显，坤以乾成，相待交互而成变化。既绝偏胜之因，应彰平等之义。《易》演六十四卦，三百八十四爻，皆明乾坤互交，阴阳变化之妙。王道荡荡，无偏无陂。大用流行，法尔如是。诎伸无碍，健顺自然，可谓得之。若抑一扬一，西人论心物者，多堕此过。变成跛道，斯难行矣。譬如行路，双足并动，左右定位，前后成行。前后互变，乃能

默识随笔

致远。今从方便,谓人行时,一足向前,一足在后。前者若引,后者若随。交互无间,于以成行可耳。若定谓某足常前为引,某足在后当随,而行者苦矣。又谓某足常在前者为主,其在后者为从。主从定位,高下势分,欲令行而不跛,其可得乎?**乾坤二子,一母同生**。天地依之建立,人道赖以继成。神变无方,妙应自然。非以高下相倾、长短相较为事者也。《诗》曰:"伯氏吹埙,仲氏吹篪。兄弟既翕,和乐且耽。"游心于此,庶几可与观乾坤之奥,通天地之变,证人生之美。乾坤互交,变化无穷,天地之德,生生不已,此从大用流行立言。就体用一如说,体可方便随缘,亦许言生。若克论体,只许言寂,不许言生。此理昭然,不言自喻。儒者每从而难之,足见其不知类也。

注:以下为未定草稿。

和乐且耽,以此而观乾坤,庶几通天地之故,证人生之美。

或以乾画一,一为独体;坤画二,二表相用。坤亦乾也,乾之变以自见其用者也。若从此说,则乾为体、为母;坤为用、为子。体者,用所从出;母者,子所当尊。立名既异,取义不同,而实无改。

中学所究者,曰天人不二,曰知行合一。前者,通摄宇宙;后者,约践人生。一乾坤而赅贯无余矣。西人心物之诤,斯乃析理凿智、往而不复之谈,盘根交错,上下垂数千年,自有其独特之历史文化背景,非中学之所得而具论也。以乾坤喻心物,虽勉可会通,实难于比附。

儒者之大同,释者之极乐,虽观生观寂,趣径若殊,同此真际,同此人生,其所向往终极者,果得从而异乎?然释于极乐,期于往生。儒于大同,迫在现实,是其蔽耳。往者,远离染污世间;生者,亲证万德圆明。往而后生,不往决定不生也。拨云雾而后见青天。云雾不拨,青天虽在,决定不见也。若迫就世间现实而言,征之于史,验之于今,观之于十方,杀盗淫妄,充塞两间,惑业相循,苦而已耳。染污世间不出,而欲赞扬天地之德,人生之美,终是痴情梦语。

宇宙人生，森罗万象，刹那生灭，诡变无穷。于中观生为易，观寂为难。观生者，顺常情而可几，于中虽证会深浅有异，终属同一类型。观寂者，非独张睿眼、力排俗情、深入法性者不能也。

进化一辞，只依俗谛而得建立，非穷玄极理之论也。今日科学进化之效，仅得表现于器世间，克就人生实用所需，限在一定时空范围内，取其因果可契，理则可立者，比类排列，相继发明而已。若夫人生道德之崇高，怀抱之宏远，今人何尝逾古人哉。

自原子能、电子计算机之学兴，往昔人类体力之所负荷，与夫非创造性脑力之所造作者，机器率皆优为之矣。然而，人毕竟还是人，犹可挺然立于两间，不为机器所夺者，何哉？行尸走肉，熙攘往来，弗思故耳。

《周官》真伪，聚讼纷纭，先儒有论治斯学者，谓苟无《关雎》《麟趾》之心，法不可行，实针血之论也。法制详密，内外严明，虽纪纲秩然，治道可观，而栖桼仁义，人道或苦矣。

仲尼之有孟轲，犹释尊之有龙树也。血脉相传，以此为正。孟子直探造化之奥，证人生之美，胸怀宏远，识度雄厚，挺然天地，莫之与京。荀卿虽亦造论精到，睿智可师，比于孟氏，犹夫小家气派耳。孟子依良知良能，指出孝弟为仁义之实，人人亲其亲，长其长，而天下平，人人充其自家良知，亲亲长长，以至于四海。天性流行中，彼此相望，主伴圆融，摄入无碍，即此世间，略见华藏世界周遍含容之妙。大道简易，匹夫匹妇，可与共证，万世不易之论也。本于天性以言父子，舜尽事亲之道，斯可以视弃天下如弃敝屣。君臣依职位分，桀纣残贼仁义，则为人人可得而诛之匹夫。亲亲为本，君臣为末，一扫世间权威俗见，大公平等之治，揭然如在目前，司马温公从而疑之，是其隘耳。后世帝王，因假君父之名，窃行统治之实。朱元璋始移孟子出孔庙，后复从而尊之，帝者私心，昭然共见，其于孟学，直如冰炭之不同器，风马牛之不相及也。时贤非难帝王专制，并议及孟子孝论，可谓不知本矣。责噎而废食，噎非食也，专制可弃，孝论不可夺也。

默识随笔

学术思想，首重自由，宜如霁月清风，庶几泛应曲当，意必既绝，人我相泯，万物并育，大道畅行，始观天地之大，人情之美。不然，此一是非，彼一是非，利欲隔于中，争攘形于外，生民之痛，如焚益薪，亦何已哉！人生真际，旷如太虚，荡若河海，谁得竞智逞力，增减一毫。蜉蝣憾树，辄不自量，长劫漂流，惑缚难脱，亦末如之何也已矣。

丙申初冬

读易偶感

《易》赞三义：易简为首；变易与不易耦，出于易简者也。

道生一，一生二，二生三，三生万物。一者，乾元也。二者，乾之变、以自见其用者也。至于三，而卦象成万物可见矣。

老氏，深于《易》者也，深而不弘，故其用亦不足于刚健之道焉耳。

以大地言，宇宙论也；以性情言，人生论也。知其不二而人道立，知其不二而上下与天地同流。《易》之义备矣。

乾坤者，庶物之首，事用之几也。能用此者，谁乎？此处确然见得，岂但六经注脚而已哉！不然，纵是六十四卦、三百八十四爻穿说得妙，戏论而已矣。

辅嗣得意忘言，得言忘象之说，至论也。繇斯言也，象可以妙极而亡，非有意于废象也。象且不识，而有忘言之趣者，可乎？然亦不为泥象者袒耳。

为学先立大源，生生之健，行乎其中矣。《易》之神变，皆吾心之妙用也。不然，纵玩得卦爻消息盈虚道理，恐不免于鬼家活计，生死流转而已。孟子言学，先立乎大，万世不易之论也。

或问朱子，交易、变易如何？曰："阴阳有个流行底，有个定位底。"所谓流行底，时间是也；所谓定位底，空间是也。世间一切现象，无不依于时空而见,近世爱因斯坦以时空相对言事,殆可喻《易》此义。

《易》之道,天道也,自然之妙者也。儒者得之以立人,天人之道合,体用之学明矣。得于天,立于人,参赞化育,吾无间焉。不得于天而侈于人者,苦而已矣。

论《易》道者,多著扶阳抑阴之义,吾疑而思之,有理存焉。夫阳之为言,乾元也,一也。阴也者,乾之变耦、以自见其用者也。是故,阳拟实体,阴喻虚象。明夫体用本末之道,扶抑之间,事出本然,非以意为之者,斯可以解惑矣。世儒谀世取容,附会人事,以为牵强之说者,非吾所论也。

圣人作《易》,以天地之自然,明人事之当然也。观此身与天地为一,非合也;为二,非分也。会自己归天地,自然之理成焉;会天地归自己,当然之道出焉。本然之妙如是,非意之也。造化诚通,镕融不二,证于此,其圣者乎?跂于天人,非知道者也。

从体言,迥出言思,万世不易者也。从用言,乾变无穷,无在不在者也。《易》之道,即流行以见大体,随时随处,活泼泼地,道妙无穷。仁者见仁,智者见智,取之不尽,用之不竭,一无尽藏焉耳。注《易》者,或不得意,力智用辨,俨然体系周密,逻辑无缝,乃曰:"《易》之道,我知之矣。必也如是,必不如是也。"一义孤悬,众明俱蔽,无以复观物育道行之盛、默尔无言之美,易之事或几乎息矣。禅德有言:"我不坐在明白里。"又云:"倒却门前刹竿著。"可味乎哉!

体无穷尽,用无穷尽,深观义趣,反躬自证,其不断灭也,明矣。无住无著,始成乎大,惑缚未除,永劫坐五蕴山中,无明颠倒,苦而已矣。

论体,乾坤不得不一;明用,乾坤不得不二。心之可得而拟,口之可得而议者,皆二也。然体无不用,用无不体,即一而二,二而一矣。物从神运故,首《乾》;神托物显故,首《坤》。识得个中真趣,语言文字,方便而已矣。抑何诤论之有哉?禅德有言:"境由能境,能由境能,欲知两段,原是一空。"造道之论也。

《中孚》就全体看,则中虚,喻道之体也。就二分看,则中实,喻道之用也。

《中孚》不分别故空,分别故有,体虚而用实也。

日记及偶感

1956年(丙申)3月27日

残害众生,而谓能爱人;不博爱人,而谓能爱国者,皆虚语也。鼓粥饭气,感情用事而已耳。充其所至,乱而已矣。

世间悲剧,莫过于自以为是,作恶而不自知。故学贵存养,念念之间,虚己省察。

1956年(丙申)

人情之所向往的,实是一片天真无邪的童心。但是,当人们饱经忧患之后,渐渐能够体会一些生命的真实意义时,他已开始老了。葬地的火焰,也就迫近在他身边了。人无论如何,本来是要死的,但能抓住一些生命的真意义,死又算得什么呢?

人生的幸福,决定是由于爱,决定不是由于恨而得完成。爱便是幸福,便是生命。虽然人生在爱的历程中,可能是十分艰困,十分苦痛的。然而,只要一秒钟失去了爱,立刻就失去了生命,也就失去了幸福。因此,人生世间,惟有尽自己的本分,努力去爱吧!爱吧!爱吧!真正的爱,是没有条件、也没有保留的。从这样普遍的、纯洁的爱中,培养出来的花,才是我们的生命、我们的幸福、我们的世界。这种世界的基础是坚固的,没有人能够破坏的。

人除了努力尽自己的本分,去爱一切人而外,他丝毫也没有权利去看轻别人、欺负别人、统治别人、侵犯别人,乃至杀害别人。人不能制造自由,怎能剥夺别人的自由;人不能制造生命,怎能剥夺别人的生命!

丙申十月　静窗偶感

1956年(丙申)12月8日

驯良的羊群,为什么需要牧人以及他的鞭子呢?这对于羊群,是必要的吗?为什么羊群要服从它们的牧人和鞭子,而最后的结果,只是望着自家,一批一批的被送进屠场集体屠杀。诚然,牧人是曾经关心过他的羊群的。至于鞭子,的确也为羊群起了一些似乎维持秩序的作用。但究竟是为了什么?假如没有牧人,也没有鞭子,从羊群自身说来,会发生些什么害处呢?

养猪人对于它的一群猪,也是十分关怀的,唯恐猪儿饿了、冻了、病了、死了,尽心尽意地时刻照顾着,究竟是为了什么呢?是为了猪儿们自身的幸福吗?假如不去追究养猪人的动机,和猪们本身的结局,答案会是肯定的。养猪人也就是猪们唯一的、可以感恩的上帝了。

整个人类历史,便是这么一个大悲剧。每个时代,总有一个或几个不同的上帝,骑在人们的脖子上宰制他们,像牧猪赶羊一样,上帝们费那么大劲,自然是劳苦功高的了。羊们、猪们纵然剥皮抽筋、煮肉挖心,不足以报上帝。况且还有许多渊博的理论根据,自然可以心服口服,死而无怨了。人们几时才能彻底打破那个有史以来的不平等的假像呢?几时才有智慧发现,而且有勇气承当每个人自己便是一个不折不扣的创天立地的上帝,从而把那脖子上的傀儡消灭呢?那样,人人即是上帝的世界,会多么美好啊!

通观人生,情与理二字尽之矣。情理相融为幸福,情理互夺成悲剧。比比然也。世终难见平情之理,洽理之情,熙往攘来,故多苦耳。

1956年12月9日(丙申十一月初八日)

情感为动力,理智为范围,两者生克相互,而世间万象层出不穷。理智常欲范围情感,而情感常欲冲破理智。理不依情,便成桎梏;情违于理,复致泛滥。世间所见,大率如此。从心所欲,情也;不逾矩,理也。以孔子之圣,学至七十,才得个情理相融境界,呜呼!其不易也。

没有情感的理,只是个空架子、死东西,可谓一文不值。再想拿这个空架子、死东西,硬套在有真实情感的活人头上,而伤亡累累,不忍睹矣。戴东原所谓"以理杀人"者是也。世之喜欢说大道理、而不重真实情感者,自陷于大屠夫、大刽子手而不自觉,同时枉死城中,也就有了无量鬼魂,莫名其妙,无冤可伸,悲哉!

1956年12月10日

重读《大乘起信论》贤首《义记》,循文入观,法味入神,湛寂之乐,世无伦比。古德泽被,后学诚感,不足言也。

丙申腊月

《易》者,谈用之书。乾坤二字,只是表示大化流行中的两个主要符号。天地间森罗万象,皆从此出。中学探天人不二之理,通摄宇宙,约归身心,一乾坤而赅贯无余矣。至于将心物析成两片,与夺短长,争论无穷,自是西哲本领。中学主流似无如此看法。是故将心物喻乾坤,终疑未当。而且,把乾坤作心物看,似乎也嫌太落实些,难尽易学阴阳交变、神化不测之意。

静窗随笔

一　随笔一则

大用不彻，大寂难见，释者之教，首般若而用方便。般若为母，方便为父。比于《易》，其或近于《归藏》之类也欤[1]。《易》之道，乾坤互蕴，体用交彻。坤因于乾穷其奥，乾资于坤尽其妙。首坤而用乾者，坤表寂理，乾喻化用。寂象虚凝，疑于有物，彻其健用[2]。大钧化行无息，斯缘生义显，寂体灼然矣[3]。二乘滞寂而遗用，焦芽败种，斥于死物。老氏主坤[4]，虽不全遗用[5]，而用乾不彻，周行未尽[6]，虚象凝存，疑若有物[7]。疑于有物者，玩弄光景。大公廓然之趣，微滞难通，斯不免于堕也。堕者，徇生而用私[8]。比于释儒大道，邈焉天渊[9]。释者之言曰："本来无一物，何处染尘埃。"盖深于乾坤相彻之由，善能穷其奥妙故耳。儒者之教，宗主《周易》。《周易》，乾为首、为导、为神，资用于坤，刚健大行不息，而生生之事无穷。形色天性，靡不即真。其昭著于人耳目之间者，造化迹象之粗焉者耳。粗迹宛存，疑若有物，物化斯坠，贤者奚取焉？观于孟子"所过者化[10]，所存者神[11]，上下与天地同流[12]"，横渠"万物形色，神之糟粕[13]"之言，独可喻也。或曰："释儒两家，同破形气之私，共彻大化之原。着眼略殊，宗趣迥别。"千古断断，诤异论同，终难取是。今以善巧观于《归藏》《周易》，首坤、首乾之故[14]，两家语言，若有可共，然则其可会通欤？其终不可会通欤？曰：实无可通，无不通也。无可通者，精义入神有独到；无不通者，生民之实无二本。

丁酉冬月静窗手稿

默识随笔

自注：

[1] 《归藏》首坤而用乾,其书不行,因于《周易》,其义犹可见也。《周易》首乾,而资用坤。乾坤交彻,互尽其蕴。观乾自初九至上九,皆因《坤》六爻而显,比推可知。

[2] 蕴无不如。

[3] 龙树《中论》："众因缘生法,我说即是空。"《法华经》："诸法从本来,常自寂灭相。"皆不绝化行,而灼见真体。

[4] 《归藏》之属。

[5] 老氏语有:道常无为,而无不为。

[6] 大用不周,阴界不尽。

[7] 老氏云："惚兮恍兮,其中有象;恍兮惚兮,其中有物。"可证。

[8] 昔药山惟俨禅师谓李翱曰："太守,欲会此事,须向高高山顶立,深深海底行。闺阁中物舍不得,便为渗漏。"此意深微,不善用心返观者,鲜能知味。

[9] 老氏主虚无而不免于滞堕。此意肇公洞见,事详肇传。

[10] 物无不化,刚健之至也。

[11] 至诚如神,乾德之彰也。

[12] 体用一如,圆通无碍矣。

[13] 耳目所见,化迹之粗,非糟粕而何?滔滔忘反,共贵糟粕,而遗神化。吾其谓之何哉?

[14] 乾主健动,动无非事。《易》之道,乾坤互蕴而交彻,理含于事,则理虚而事实,然谓是事而不谓理。如水动相,全水皆波,观于波者不名为水。俗间八月,海宁观潮,若云观水非所习耳。儒之言曰："未知生,焉知死。"曰："夫子之文章可得而闻,夫子之言性与天道不可得而闻。"此意跃然可见。坤喻实智,实智虚凝。事含于理,则动相胥泯,唯一寂理,挺然露现。有如波涛万千,终无以自异于水也。曰："无不从此法界流,无不还归此法界。"抑可知矣。孔子有云："智者乐水,仁者乐山。智者动,仁者静。智者乐,仁者寿。"旨哉言乎!余读《大易》,于尼圣之学,竭诚倾仰。然平生所好,实在《般若》《华严》二经,玩文观义,怛恻之忧,廓如之趣,契怀难舍,毕竟以大涅槃为宗趣,不二于释迦也。

注：此篇作于1957年底1958年初。

二　1958年（戊戌春月）

孟子见道正大。庄生能不为身心小己所拘，放荡形骸，游心物外，独与天地精神往来，所见则大矣，恐未足以言正也。他有大智，世间浮名浮利，自不值他一顾。

三

《般若》谈空极其真，《大易》论有穷其妙。真空非空也，而不可以为有；妙有非有也，而不可以为空。两家共彻大原，着眼略殊，而风旨迥别，究其实，无可同、无不同也。无可同者，精义有独到；无不同者，生民无二本。正反相成，同别互彰。如日月经天，江河丽地，育行无害，不亦可乎？学者或攻异端，或諵同异，枝辞乱辙，两失意趣，斯末矣。

篇后附记：生生者，自不生，且若实有生，抑何待于生生而不已也。又，不将有漫塞虚空之患欤！味此，则儒家谈生与佛家空义，复有密意可通。善观化者，可知耳。

篇顶附记：深得无生义者，可以善巧谈生，纵横无碍。不得无生义而谈生，虽妙，犹是儿孙边事耳。

不生之生，此真所以生生而不已也。

论体用是第一义，论心物是第二义。

四

《大易》，谈用之书也。用必依生。无生，用云何显？故生之一字，实为易学宗主。知生,可知《易》矣。然生必与惑俱[1]。推惑之极,穷生之源,无生法理,如日中天,其可隐乎[2]?无生是寂灭义,是清净义,是无染义,是究竟解脱义。虽身智相资,寂照一如,而法为报、化本,二所依故[3],离体不能有相用故。《大易》谈生,乾坤交彻而业用层出无穷。其深有得于智照,而未造极乎寂理者欤[4]?佛法,出世法也。世间之极,始是出世[5]。

丁酉十二月十六立春日静窗随笔

自注:

[1] 释家言:"真该妄末,妄彻真源。"盖喻此义。

[2] 孔子曰:"二三子以我为隐乎?吾无隐乎尔。"

[3] 二谓报、化,依于法身而得显现。

[4]《易》亦言"寂然不动",义旨终与佛家不同。参读《般若》诸经可知。以释学观儒,每不禁有"百尺竿头而止"之叹。

[5] 须力透彻此义,然后许言即世即出世。不然,瞽说而已。余向日亦好泛谈即世即出世,后为熊子真先生所诃,而后知悔。今日所见,犹非先生意也。然学不悬鹄,不划境,求自解惑耳。解未真到,于前辈长者,存敬而不苟同。为学便于颟顸自昧,尚可以为人乎?亦不自执,姑存一日之见,以待后正云耳。

篇前附记:体用之极,不见用者也。《般若》观空而不证,神乎用矣,深叹精微。《大易》观生,持用而不坠者也。不坠,《大易》之妙,恒持斯用。大乘寂理,穷劫难见;不没果海,终成外流。

篇顶附记:法相家言"真如不能随缘",(近似《易》"首出庶物"义。)体用截成两橛。贤首判之为始教,谓其理未融也。《楞伽》《胜鬘》诸经,取义已别。吾于《大般若》经,叹其观化深玄而不自已也。

乾坤互涵而交彻,错综往来中,观缘起甚深,然不曾说著无生道理。虽无生理不能外缘起而求证,然毕竟当说,无生是体,缘起是用。《易》乾坤之道,可谓善察缘起者矣。缘起,用也。吾故曰:《易》者,谈用之书。

穷缘起之极致,则无生现前。所谓"生灭灭已,寂灭为乐"也。无生虽不外缘起,缘起实不即无生。是故不能说:能观用者,已证于体。

注:此篇写在丁酉年末,即 1958 年初,宜与《与熊十力论学书简》对照阅读。

五

《易》道近物。近物故,善能设施种种世间相用。穷变极化,以通庶类之情,而观天地之妙。然斥坤迷,则恶其太即,恐神累而坠也。乾刚一息不运,天人之际,顿成死物。故曰:"天行健,君子以自强不息。"本乾同生,上下一体,兼宇宙人生而言,示其不二耳。《般若》远情,远情故,理极深玄。不善学者,将炫其义,斯流于诞。将实其事,则沉于寂。皆病在离,圣言深斥,可不戒欤?观空而不证,不舍众生也,不绝世也,神其用也。知神其用者,其知味者乎!

静窗随笔,丁酉十二月(注:1958 年初)

六

《易》道近物。近物故,善能设施世间相用。穷变极化,以通庶类之情,而观天地之妙。然虑其太即,斥坤迷,恐神累而终坠也。乾刚一息不运,天人之际,顿成死物。故曰:"天行健,君子以自强不息。"兼宇宙人生而言之,上下同流,本不二耳。《般若》远情,(情谓染识。)远情故,理极深玄。然不善学者,将炫其义,斯流于诞。将实其事,则沉于寂。二乘之徒,圣言深斥,病其太离也,病其绝世也。离则圣凡道隔,严土化生之事息。绝则德用难彰,缘起甚深之义晦。用废,般若不见矣。可不戒欤？观空而不证，不舍众生也。神其用也。恒用而神，其知味者欤！

静窗随笔（任注：1958年初）

七

通观宇宙，原是一涵[1]摄[2]万有[3]的，无住无息[4]的，不可分割的整体。湛[5]寂[6]常存，如大海水[7]，一切人、物、事象，大如星空，细至微尘，起转从缘，顿生顿灭，往复无际，涉入重重，宛然条理者，皆其作用也[8]。如海群波[9]。由是观之，可见通体成用，海无不波[10]。即用证体，波无不海[11]。理事常融，心物无间，群己一源，主伴交参。如帝网珠，摄入重重，随举一尘，竖穷横遍，无不圆通。猗欤盛哉！复次须知，道由人弘，亦由人熄，践形天地，恻焉心存者，宜知勉耳。仁爱持躬，虚怀从学，近观远取[12]，精念入微。庶几豁然神解，菩提心发。一朝诚证在躬，同体大悲之怀，寂照双流之智，沛然自不容已，非造作使然也。至若局执身心[13]，逐物流转，习欲乘权，良知易位，情见转深，智明潜消。有如认一浮沤，遗大海水。人中数十春秋，俯仰陈迹，还同梦幻[14]，其所丧者多矣。不亦惑欤！东土前哲之学，反躬自证，确具精微。朗彻于胸，任运自由，卷舒无碍。千百年已还，或菁芜杂传，渐失实恉[15]，或孤怀隘守，不务闳通，用日枯者体亦微，坐观斯学，所系如缕，诚可念也。后来贤英，犹有及此者乎？儒之《大易》，佛之《般若》《华严》，宜知尊学。

己亥长夏，静居调疾，倚楼看天，白云往来间，忽感亲子离情，勃然遐思，遽难遏止。因写此章，寄抒所忆，而至情行乎其中矣。文字粗拙，苦难曲意甮怀。久病之余，衰朽日至，精力亦有所不及耳。至理所存，深远无尽，原非有为法象得以传神。为学善观微奥,睿解心通。至诚所动,万年千年,亦不远在也。

　　此文为述先作,兼与冠先同阅,略见我中土先贤立身为学纲领。东西文化思想,虽各自成体系,然同此世间,同此人心,宜有可通。未经无量艰苦,虚怀洞彻此中精微,亦难以言融会耳。余乡治大般若学,于观空不证义,最为心契神怡。唐初杜公法顺,曾依此意,重重推演,造《华严法界观门》一书,阐述事事无碍奥旨,创立圆宗,冠绝今古。循是而往,与时消息,宜可以统摄群有,会通众流。惜唐会昌而后,历千百载,继起无人,斯途湮塞,几成绝响。中间虽有传者,不过撷寻名相,充养耳目之资。融会世出世间,得意闳通者,久焉辽矣。

静翁作于慈亲逝世十四周年纪念日

自注：

[1] 涵谓涵藏。

[2] 摄谓统摄。

[3] 万有谓一切具有引生和发展可能的潜有。量如恒沙,不可殚指,故云。

[4] 一切事物,托体仗缘,顿生顿灭,刹那无住,滋生不穷。

[5] 湛谓澄明不染。

[6] 寂谓深远至极。

[7] 喻,海体若竭,即无波用之能;波揽海体,方能转化成用。可见波相原虚,流变从缘;海体本实,湛寂常住。一体一用,宛然若分。通晓斯意,后说即波即海,体用不二,方可无过。为学未经一番刊落声华,于诸根尘,豁然离系,寂体独证。斯于根本,犹迷不解。更说其体用不二也。思之。

[8] 从"一切人物"至"皆其作用也",通为一句,须一气读下。

[9] 喻,以上明海与波,宛然若分,喻体用不一。向下说即海即波,喻体用不二。克实言之,不一即是不二义也。融会可知。

[10] 全大海水,原是活泼泼地,通体成波。

[11] 一一海波,皆揽全大海水为己体用。即此即彼,即内即外,即全即分,即一即多,即小即大,即同即异,即成即坏,交参自在,无不融通。思之可见。

[12] 近观诸身,远取诸物。

[13] 自家身心,原是息息无住,与天地同流,非断割也,深思可知。

[14] 佛经每斥世间有为法,如梦幻泡影者,哀念群生为物遗本也。苟一念证体,天地往来无非真实,何幻之有。

[15] 实恉,谓真实义理。读古人书,须自具眼,善加抉择,世之买椟还珠者多矣,惜乎。

注:祖母逝于1945年7月7日,即乙酉五月二十八日卯刻。逆推此篇应作于1959年7月3日,即己亥五月二十八日。

八

全宇宙人生,通同是一整体,不容于中造意分裂,此是为学大纲领、总血脉、根本义。学者于此要当善用其心,深深体会。

体唯深深,迥出言思。千古以来学者,率逞世智_{思也}。辨聪_{言也}。悬拟虚断,鲜不失之。世间情见,多为局执缚累,无有恻然同体之悲怀、豁然大通之智断,欲以证体,难矣。然群生实托体而生,于其日用寻常真实为人处,无不还证本体,是故学贵实践。实践之要,德行为先。德行之至,要由存养。精神散漫之徒,能知德者寡矣。

体深难见,能见体者,用也。前贤谓于作用见性,此言至当不移。体无不用也。离用,体亦不可见矣。

体有绝对义,有相对义。泯绝无寄,一真独存,迥出言思,绝对义也。体无不用,森罗万象,应变无穷。大如星空,细至微尘,群生其间,皆体之用也。用依体生,是故用无不体。即用见体,是相对义。

体有德能。全体是用,流变万千,革故常新,刹那无停,健行不息。群生世间,是其著也。人生天地中,现前身心是体变之形式,动作之为,乃形式之作用。以身心为用,言动,用之用也。用依体生,还证本体。至诚所动,真实为人处,即用而证体矣。证体即是不朽。千古以来，求仙于蓬岛者，固出荒诞之情；求佛于西土者，亦由方便之论。是皆凡情所缚，未尝真知不朽者也。孔子曰："道不远人。"即身而证，乐在其中矣。求诸十万亿佛土而外，不亦远欤？

体无不用，星罗万象，盈天地之间，莫非用也。用必以物，自微之著，从隐之显，要而言之，约有二重：一谓微观世界，佛者谓之变易生死；一谓宏观世界，佛者谓之分段生死。微观由宏观而显，宏观因显微以成。两者相成，然复相夺。

体无不用，用因变见，因变见物。盈天地之间无非用，斯盈天地之间无非物也。因变见用，是故物无大小，无不刹那迁流，新陈相代……

九

佛法传至中国，中土人士就继承天竺原有教义的基础上，加以更为丰富的、有系统的理论发展的应推华严、天台、禅三宗。在佛学诸宗中，这三个学派与中国的文化关系较为密切，影响也比较大。就中从形迹上看，华严宗和儒家的正统思想尤为接近。大乘佛法主张悲智双运，和小乘学者一味专注寂灭境界的有所不同。从理论发展上看，可以说是向前推进了一步。而华严宗旨更着重在揭示大悲的一面。如《普贤行愿品》所说："诸佛如来以大悲心而为体故。""因于众生，而起大悲；因于大悲，生菩提心；因菩提心，成等正觉。"鲜明的主张菩提属于众生。比喻众生为树根，诸佛菩萨为华果。这样的着重揭示同体大悲，和儒家的仁体思想极为类似。《华严》说理事无碍、周遍含容，和中国的《大易》，多有相通。因之和儒家的学术思想更多往来相互的影响。然华严所显示的万德圆融的大有，实仍渊源于大乘般若学，他所宗趋的是"不思议解脱境界"。毕竟仍应判归出世间法门。和儒学思想根底，迥然自别，不应混同。一切宗教无不属于唯心体系。华严宗将群生宇宙大分为器世间、众生世间和智正觉世间。以心为宗，而把智正觉世间作了最高的评值,因而唯心的色彩也是十分浓厚的。华严宗自称为一乘圆教,在唯心体系范畴中,的确也说得上是复杂庞大。于中如论六相、十玄等,说明事物间的相互联系、相互制约的重重无尽关系,具有很多的辩证法。和一切唯心学派相同,从唯物的根本义上看,都是本末倒置了的。

学者穷毕生之力,能自见其见者已寡,况能见人之所见者乎?我智不及前贤,而欲论断古学,随顺之言自易,求其不终沦于戏论者,难矣!

语 录 数 则

至人者,同于天,亦同于人。同于天者,乐不可极;同于人者,悲愍生焉。观一切法空,而不舍一切众生,是故悲乐同时。至人之用,乃在立天于人,化人于天。

无我,无人,无众生,无寿者,天之道也;父慈,子孝,兄友,弟恭,人之道也。

天之道,立圆融,人之道,立行布。极圆融之行布,极行布之圆融,是谓天人合一。天人合一,至人之事存焉。

浑然一体之谓仁,井然条理之谓义。仁义一事,不可以二。
心空而后知有仁义,仁义之至而后毕竟空。

儒家论心性,以为佛家知心而不知性,是知心空而仁义,未知仁义之至而毕竟空也。

佛家谓,凡有言说,都无实义。体味深思,可以知道矣。
仁义之事,悲智之事也,其事不二。儒者体仁,佛家重悲,可味也。

若一众生不成佛,誓不于中取涅槃。此究竟之论也。小乘以自了为归,滞在中途,虽悠然可乐,自罔而已。

无生即生,于圣贤初念处扎稳脚跟,不落二,不落三,始见儒门工夫。生即无生,在提照话头中直透本来,不容思,不容议,乃证释子妙体。道一而已,应物名殊。睿智心通而无辞,世俗揣论而纷纷。

人我空者,谓之明心;法我空者,谓之见性。知人法之不二,则明心见性亦只一事耳。

古言证悟:悟在心,证在身。至人身心融摄,了然不二,则证悟亦无可分。但在初学须知辨明耳。

人我见亡,出分段生死,谓之明心;法我情消,出变易生死,方是见性。

见波者,不待言水,晓然自解。若遂以为无水,何以有波?执相用而遗本体者思之。
任尔波涛冲天,终无以自异于水,先明乎此,为学与人,始有可观。
甲午三月(1954 年)

身之精微处是心,心之发用处是身,无二也。以为二者,歧而视之,不知心,亦不知身。
甲午五月

心身是体性问题,群己是分际问题。体性无二,分际须明。
甲午五月

释者善言体,儒者善言用。然于体未见,斯所谓用者,无明蠢动而已。古曰:"吾以学佛,然后知儒。"亦确论也。

甲午十二月

变易生死,法身之用也。《般若》以如幻如化,揭其端倪;《易》以刚柔变化,明其事象。

甲午十二月

释氏见到处,儒者不曾见得;儒家理会处,释氏却不曾理会也。

甲午十二月

儒者穷天地造化,以立于人极。圣者人伦之至也。佛者圣之至也。圣之至者,无圣矣。

洞观世海古今,生必于杀,而成由于坏。是故当以无生为至仁,寂灭是究竟也。此非深思实证者,无以言耳。

语 录 补 遗

天下事合无不分,分无不合者。骨子里实由于体无不用,用无不体故耳。

寂灭以言其体,生生以喻其用。空言其体,有观其用。此二不离,智者会通。执此非彼者,不识体用者也。滔滔之徒,吾何言哉。

吾侪所住之世界是"有"世界。穷有之源必以空。空是探索诸有之利器。空而后观有之妙，空而后识有之真，空而后彻一切有法之源底。空之时义大矣哉！不知空而谈有，群生蠢动之情耳，岂真能有其有者哉。能不失其有者，必观于空。

人之智慧，万类不齐。如其愚，斯一也。为人可以设想自己比人为智，却万不可设想别人比我为愚。以人为愚者，自愚之至也。自愚之至者，毁来矣。

常存一爱敬人之心，而天下治矣。爱人者，人恒爱之；敬人者，人恒敬之。物情必反之理也。爱敬人者，必以诚。一诚，而天下动矣。治不以诚，而以势胁。出于势者，反亦势也。势出愈迫而愈穷，终斯乱矣。此所谓心劳日拙之效也。

公而忘私是也。大公无私，斯有间矣。此所谓无私者，谓无我也。无我者，大用废，天地毁矣。是灰身灭智者之言耳。

为人不可无人理，尤不可无人情。理者，人与物之所共具。情者，人所独见长于天地之间。人情之真挚处，正见其所以为人。有理无情，下与物等矣。

公而忘私，是也。有此等人，有此等事也。大公无私，此有间矣。无此等人，无此等事也。如此言者，非狂即惑耳。惑者，灰身灭智之徒，大用废，天地毁矣。狂者，为是尽驱天下之死地，所谓大公无私，而以自成其私。呜呼，吾不能忍言也。老氏所谓"圣人不仁，以百姓为刍狗"者也。

革命是为了人类创造更美好更宏伟的前程,不是为了报复。

孟子最称赞文王,对他下的考语,一是"视民如伤",一是"望道而未之见"。细玩此二语,尤其细味语中的两个如字,文王之为人,确然可见,真是善于形象人物了。后世如秦始皇、希特勒之流,便只觉得天下道理都集中在自己这里,把千斤万斤重担往人民头上堆,再也不顾人民是死是活。这与文王相比,恰好是个强烈的对照。千古王霸之判,专制与自由之分,于此晓然如见黑白。

世间统治者之面目与心肠,丑黑之状,无古今中外,一也。长存一支配人之心,斯不自由矣,不平等矣。此乱源也。老子云:"圣人不死,大盗不止。"诚然。此所谓圣人者,是以百姓为刍狗者也。

庚子信笔

此中所记,信笔而书,不成体统,只是思想过程中的一些迹痕,不是思想结果的确论。姑且存之,略备日后参考而已。

静　翁
庚子初春(1960)

一

东土前贤之学,偏重在发明本心,却不免过于忽略了习性。即是过于着重在普遍,而忽略了特殊。落实到社会问题,此中大有罅漏。例如张三、李四许许多多的人群,若但从其共性看,便只见得都是人,无有分别,无有彼此可言。若再细加辨别,此中虽同是人,然而有压迫人的人,有被人压迫的人,有损害人的人,也有被人损害的人。若但观其同,不观其别,固然在一方面看,见得满街都是圣人,乐无与譬。在另一方面看,则是压迫人的与被人压迫的,损害人的与被人损害的,永远为人忽略,无人理会的了。夫如是也,人情安得而畅,公理何从而伸也乎?前贤之学,其精湛处,吾辄为之倾倒赞服,而滔滔后学之弊,直是自欺欺人而已,吾不忍言也。然而只见特殊,不见普遍,只论习性,不明本心者,如理乱丝,未知其可也。

颜回、庄周之徒是真能观其同者,箪食瓢饮之间,人不堪其忧,而能不改其乐。此乐谛审,孟子所谓大行不加,穷居不损,非有所激而然也。然此只能自得之于己,不能强施之于人。以此自得,贤者立身之端。以此加人,贪黩人心,不堪问也。

大公无私,是吾心独证处,不可得而言也。可得而言者,己所不欲,勿施于人耳。是之为恕道,是之为群居共处之方。敢以大公无私语人者,先请他自将所有一切连同头目手足毫无保留的尽情当众施舍出来,方可取信。如果大家都如此办理,只是血淋淋地一片而已,还成个什么社会。是故处众之道,不是铁板板地谈大公无私,而是推己及人,尽情尽理,互相关怀,互相爱重,群情熙洽,治平之世见,大公之理彰矣。

观用非有,依体为用,用虚而体实,故体复非有。二空为性,不碍用故。

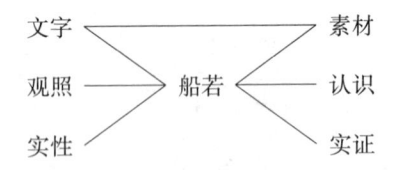

```
文字 ——————— 素材
观照 ——— 般若 ——— 认识
实性 ——————— 实证
```

依于素材而起认识,依于认识而证实体。

　　文字——物质——见我空理

　　观照——心识——见法空理

　　二空理现

　　实相观成

可见儒家的心学是不完全的理学,亦是片面的。

二

海水非有,全体成波故。海波非有,性即海水故。

眼耳鼻舌身　　　1. 现量,无真伪可言。真伪由于起意分别。
色声香味触　　　2. 素材:经验论者着重在此。
　　　意　　　　1. 比量。起意分别,事理繁兴,此中乃有真伪问题。
　　　法　　　　2. 理智:唯理论者着重在此。

经验论者,着重素材,从殊别的众多事相中,引导出普遍的共同理则,是于归纳而证演绎。

唯理论者,着重抽象的共理,以为事象瞬变,不足为凭,以理摄象,经络宛然,象虽诡变,不出范畴,是于演绎而证归纳。

然唯理论者若不依于经验素材,只是一张白纸,从何说起?尚何理之可言?可见执理遗象之非。

经验论者若不依于理智为之统摄,则所见素材,瞬息千变,只是一片杂乱世界而已,可见执事遗理亦不是。

究之,通观各家学说,纯理或纯经验论者,几不可能,此中争论,只是畸轻畸重分量之别耳。

人生本身便是一个经验与理智的统一体,缺了一个,即不成其为人矣,尚可以为学乎?

客观世界是一个无限可能的存在体,它的深度和广度必须通过人的认识,始有可言。人不可能说出他意识中还不存在的东西,这是很显然的,因此可以说,客观世界和人的主观意识彼此互为因果。这个扩张了,那个也必然要扩张;那个缩小了,这个也不得不为之缩小。不然,便无从彼此适应,而乾坤或几乎熄矣。

客观世界的存在相貌,必通过人的主观有所认识,始可得而言。

因此,一说到存在的东西,必然是被知觉的东西。凡不被人类所知觉的东西,自然也说它不着,凡是人类还说不着的东西,说它是存在的或是不存在的,是同等的无有意义。所以,人的世界,永远是清楚明了的扩展无尽的可知的世界。

离开人的主观能动性,便无从摄取客观世界一切存在的事相。因此,为了建立人的世界,主观能动性可算是个根本原因。如果没有人的意识来反映客观事物的种种现象,人类想要经营生活,是难于想象的。

然而人的主观意识也存在着潜在的众多的难以克服的致命性的弱点。努力认清这些缺点,通过千倍的智慧,万倍的忍耐,十万倍的仁慈,一层一层的加以克服,世界也就随着一重又一重的透露出人性的光辉。这是人类共同的事业,伟大的远景前程。为了这,必须像远足登高队一样,跳过悬崖,越过危壁,从无穷无尽的艰苦行程中,最后攀登最高峰,大家欢腾鼓舞地在那地方亲切的拥抱起来。

三

客观真理自己是不会说话的,人们的错误,不可能由它来耳提面命的直接告诉你。它只在你的生活过程中,用种种失败来显示你的过失。也用种种的成就来表扬你的正当。第一,是通过你自己的实践和反省。第二,是通过同时的许许多多的别人的生活实践,从各式各样的经验交流和学术讨论之间得来。不断修正错误,不断发现道理,人的世界也就不断的展演出历史行程中的一切进步。因此,民主和自由,不但是人类生活的幸福保证,而且也是世界进化的基本原因。人类没有民主自由,生活是不可想象的,进化也是不可想象的。可见一切横暴专断的人胆敢于剥夺人的民主,侵犯人的自由,罪恶之大,真乃天不可得而覆,地不可得而载了。民主自由表现在具体的日常行为中,应该是,当自己正在实践这样或那样生活的时候,决不允许他干涉别人也在认真实践他的这样或那样的生活;自己正在进行这样或那样学术思想时,也绝不允许他干涉别人正在严格进行他的这样或那样的学术思想。唯有大家坚决共同遵守这条基本规律,人们相互的交流经验,相互的研讨学术,从而相互的促进世界文化进步,才有可能。这是孔子在二千年前所标榜的"万物并育而不相害,道并行而不相悖"的理想境界。可惜,孔子以后,赞成孔子的人,并不曾有意于推崇这条规律,反对孔子的人,也不曾对这条规律给以适当的重视。

四

实体只能是"有",不能是"无"。以"无"为体,是种荒谬的想象。"寂"的观念,是妙有之极处的一个名辞。"无"只是一种锐利无匹的工具,用来打破一切迷妄的现象。它只能用来破他,用来否定一切不正确的东西。却绝不能建立起自己——"无"。"无"是没有的,前人说是无"无"。至于说无"有",那指的是虚妄的"有",不是说实相的"有"。实体的"有"是不可能无的,是个永恒的常住的"有"。

五

物的意义,是随着时代的不同而演变的。神的意义亦复如此。

离开意识来谈物质,至少在人是不可能。离开了意识,人还能知道什么呢?同样,离开物质而谈意识,也是不可能的。没有物质作为对象,意识便是完完全全的一片空白状态,还有什么可得而言。

中国的"道",在西洋便是个"上帝"问题。中国的"道"把有神论无神论都包括起来,因此,有神无神之争,是在"道"之中进行,相互矛盾,也互相含摄,在表象上看,是在和平的状况下进行演化的。西洋不然,在上帝一边,只包括各式各样的有神论者,而把无神摈斥在上帝之外。这样,便是两个外在的对抗性的矛盾;必然是要在激烈斗争中拼个你死我活,不能相融,也绝无让步妥协的余地。

西洋教会说:上帝是一切事物之源,是客观存在的实体。对方面便说:上帝乃是意识形态的虚构,唯有物质才是真正客观存在的实体。自然界没有上帝,照样可以一切进行无碍。上帝要是离开物质,便剩下一个空洞的名辞而已。但教会派说:物质没有上帝便无所依据,上帝没有物质也还是泰然自若的存在着的。这两个观念,就如角力场上两个角斗着的力士,不把对方的一个打倒到爬不起来时,是不能甘休的。

看到中古世纪教会的专断横暴的情况,令人想到是不能不推翻教会,上帝是教会的最主要的护符,自然也不能不攻击上帝,自然不能不攻击有神论,自然不能不为无神论找寻有力的据点。人类自己的良知,是要求上帝退位的主帅。而科技知识的进展,却为无神论提供出无量数的证据。中古世纪的上帝是他亲手创造了世界之后,自己却置身世界之外。近代自然科学抬头,人们意识到,上帝既不在世界之内,还要他何用呢?干脆把他彻底撵出世界之外,不去看他,而且再也不去想他,岂不是好。如果上帝甘心认输的话,那他应该从此永远也不回到这个世界来了。如果他还想回来,他就应该不厌烦劳的清清楚楚的对人类的良知和整个从科技知识所显示的种种事象作出具体的满意的答复来。

道理本身不即是事物,也可以不依赖一切个别事物,然而不通过一切具体的事物,道理决定不能显示出来。悬在空中的、脱离人的道理,就算它是客观存在吧。客观存在如果不结合到主观清晰的认识,那有什么意义呢?

"上帝是客观存在的"这句话对我说来,毫无意义可言。凡是单纯的客观存在的东西,不曾通过我的意识,我怎能了解他的存在或不存在呢?如果我有可能论证他的真伪问题,那它必然已落在我的意识范畴之中,因而他已与我的主观认识相结合,已经不再是纯客观的存在了。因此,至少从人的本分来说,纯然的客观存在的东西,是无法想象的,也就无法论证他的真伪。纵然勉强要说,自己对自己毫无所知的东西怎能说得着呢?岂不是戏论!

不管这个世界究竟是怎样,人总是要通过自己的意识来经营生活,通过人类共同的意识来构造共同的世界、经营共同的生活;同时也通过自我的意识经营自我的生活。世界实体也许是独立的无限存在,也许是随人类时代而层层演化的无限存在。然而在某时某处的人们说来,他总只能摄取合于他生活上所必要许多资料,依着次第构成事物的排列和理念的法则,而生活于其中。自然体是时时刻刻在变动着,人类的生活和理则也不时在变动,如影随形、如响随声的亦步亦趋、调衡适应。

人与他所处的自然,不是截然各殊的两件东西。因此,人的实性也就是自然的实性。彼此有必然相应的逻辑的物理的关系。这重关系,必定通过人的意识来证明,通过人的生活来证实。

意识所了知的世界,即是世界的实相。个人的意识是具有天生的局限性的,也是常常为偏见所蒙蔽的。纵然如此,他的见闻所及还是真的,只是必需加以理智的论证、生活的践实而已。不能因其不全不备、变换无常而加以全称的否定。耳目见闻之实全都否定了,剩下的意识也只是一片空白,毫无内容可言。由此可见,不可知论者的生活是多么勉强,多么不得已,多么空虚啊!

尊重人生,便必须尊重人的意识。人们必须依赖意识认识世界,必须依赖意识构造人类的理则世界、并经营生活。离开了意识还能做人吗?岂但不能做人,做动物也不能。

人的本身便是精神与物质的统一体。离开了物质或离开了精神的人是没有的。也许你会指出木石是没有精神的，幽灵（如果你能确证幽灵存在的话）是没有物质的，但两者都是可以存在的。朋友，请注意，如今我说的是人，是具体的人哪。人决定不是没精神的木石，更不是没物质的幽灵。

在人类的世界里，纯粹的精神和纯粹的物质都是不存在的。当物质不作为认识的对象时，是不可能证知它的存在的。当它作为认识的对象时，已感染上精神的成分了。其次，人们的精神、唯有当它认识对象存在时，才足以反证它自身的存在。单独的精神存在，是不可想象的。通过对象的反证，也早已不是什么纯粹的精神了。

在人们的言语和思想中，精神和物质的界限似乎截然可分。在人们的实际生活里，这个界限实际上是不存在的。离开了精神，你能认识面前的桌子的存在吗？离开了作为你的精神对象的桌子，你的精神又是什么呢？

$$
\begin{aligned}
&\text{感性——我执之因}\\
&\text{理性——法执之因}
\end{aligned}
$$

1. 基督教——上帝——有神——唯心
2. 教外——自然——无神——唯物

两者是相互外在的对抗性的矛盾

$$道\begin{cases}\text{有神——心 1.}\\\text{无神——物 2.}\end{cases}$$

两者包括在道的范围内争论，在道的范畴内可以是内在的非对抗性的矛盾

故有神无神、心物等问题在西洋方面表现得斗争很激烈，而在中国方面却显得比较和融。当然，两者历史社会组织发展情况不同，因此，在思想争论的实际内容也因之有异。

上帝——有神——心，这些观念是因时代发展而含义也随之而变。自然——无神——物，亦然，随时代发展，科学智识发展，取义亦异。此可于定义中仍见其不定也。

在西方，两者主要是互相排斥的外在的对抗性的矛盾，然而彼此

也不可能不相互影响，因而彼此发生相互刺激、促进，发展起来。然而两个阵营壁垒森严，不可能彼此交流融通，只是各各在自己范围调整阵势，加强对垒而已。这样，彼此在互相攻击战斗中发展丰富起来。结果可能是一方吸收营养特别快，迅速成长起来，另一方则相对的显得萎缩，终于遭受到吞灭消失。但被消灭的一方面的影响还是遗留着的，在什么东西呢？在消灭他的那个强大的一方里面。或者是，两者都同样强大，又已发展到面对面的无可避免的对抗，这样，便会引起一个巨大的爆发的斗争，在战后的废墟里，又重新看到新的一代事物的生长。

在东方，依他原来的生活方式，便大大不同于上述的情形。他们的社会思想形式，是把一切对抗性的、外在的矛盾，都毫无分别的包含在道的范畴内，把它们不断的相互调柔转化成为非对抗性的内在的矛盾了。在一个较大较高的范畴内——这个范畴不是固定的，两者虽不断表现相互的排斥，然而同时也就不断的相互彼此融摄，通过这样相反相成相生相克的步骤，把社会人生推向一个总的波澜汪洋的进步。

六

感性——现量（我执之因）　　＞　人
理性——比量（法执之因）

纯粹的感性和纯粹的理性只存在于人的意念中，在实际的人的生活里脱离了感性的纯理性知识，或脱离了理性的纯感性知识是不存在的。

当人处于现量境界即纯粹感性知识时，他只能发生一种惊讶赞美之情，而在语言上意念上都说不出什么的。等他能够构成一种概念用语言表达出来，理性作用早已参加，而且迅速的完成工作了。人离开了比量，离开了理性作用，他就不可能在人的世界里生活的。

问题就在于此,人不可能不在人的世界里生活,也就是说,人不可能,一秒钟也不可能离开他的理念而生活。同然,作为各个实际的人的理念,从初出娘胎起,便已不自主地夹杂了许许多多的主观的偏执的局限的杂染因素,这些因素,随着他在生活中的成长,更多的累积起来,在不知不觉中牢牢地缠缚着他。这样,无论如何,每个人都因于他自己生存的不同环境,深深地各各打上了不同的烙印。每个人都是随着几乎等于天生的自己的意识范畴去认识和了解事情,来引导自己的一切生活中的行动。在某种程度上看,仿佛他是自由自主的,从更深的深处看,他早已是重重叠叠地为他与他俱生的我执和环绕着这个我执而起的无量数意念和法则所绵密缠缚。他所看到的只能是他自己的世界——无论是扩大了或是缩小了,总而言之,他是永远也难以逃出他为他自己所缠裹的那个世界,这便是他的人生,他的宇宙观。不论是谁,都受着这样的一个无可奈何的限制。人是首先在感性知识接触到现实世界或现量境界,其次是在理性智识中来认识了解世界,所谓比量世界。人是生存在现实的或现量的世界里,同时人也是不能不生存在假象的或比量的世界里。然而人是不可能不在一个个体的形式下生存的,作为一个独立的个体存在,便难于跳出与个体同在的局执偏见,拿这样的局执意识去推度、去解释现象,自然不可能不是人各异见、人各异辞了。有千千万万个人,便随着时代的不同、环境的不同,也就同时构成了千千万万的不同的各个的世界和他的世界观。由于他们都是从感性的现实的世界中接触到事情的本质,因而他们的世界观尽管是千差万别的不同,然而同时却不可能不存在其别中的同。由于他们理性作用、比量认识的结果,因而彼此相互的源泉共同的本质,尽管是同,然而也同时不能不于同中互见其异。实际上,现量境界或现实世界是本质的,比量世界或理念世界是派生的。然而人类生存在现量境界里是往往不自觉的,生存在比量世界里,倒往往是确确实实见其存在的。这主要是我执的作用。在世俗的生活里,人们离开我执及其因此而起的种种意念和法则,是会手足无措、不能生活的。这便是人类容易炫耀自己、炫耀自己的理智的根源,而世界海中,潮奔浪涌,相续无住,也就只能见其诡谲万变的波涛,而难睹其大海之同了。

由此不能不感到佛法的精深广大了。他是首先看到这个问题的主要症结。解脱之方,便是依于二空,破除人法二执。也就是破除了人的顽固的偏执的自我意识及由此而生的种种认识上的错误。人们在破除自我的局执和认识错误的基础上,才能有智,才能以智证如,"如"就是世界的本质或实体。既能以"智"证"如","智"与"如"翕然融洽,打成一片,这就是说,人们主观的认识和他们的客观世界存在的本质都融洽一致。这才是真真的生活方向,这才是真真的人生起点。

佛法中的赖耶,是建立在个体的基础上说。真如则是建立在全体的基础上说。所以说分别是识,无分别是智。佛法着重在全体,故贬赖耶而尊真如。真如是个独体,不能有生灭、增减、善恶诸义。唯有当体分化成用时,变生一一个体,始有种种世界、种种现象、种种业用可言。实则用无不体,故即赖耶而见真如,即个殊业用而见湛然全体。体无不用,故即真如而显赖耶,即湛寂全体而显个殊业用。此中亦自善巧融通,不致说成两重本体。人类虽以真如为本,然当不舍赖耶,离开赖耶即无一切事业作用进步之可言也。然而赖耶依真如为体,他是无有自性的,变动不居的,无住无息的流行的假象个体。离开赖耶即离开假象的个体,无法谈变,也就无法谈人生、谈世界了。所以真如虽是根本的,如果单守着真如,也就毁了真如。赖耶是派生的,似乎是不足贵的,然而离开赖耶,也就显不出人生的庄严、世界的华丽,也就说不上真如有什么大体大用了。

一花一世界,一叶一如来,是站在各个个体的基础上看全体。十方诸如来,同共一法身,是站在全体的基础上看各个个体。

人唯有当他处在造次颠倒的时候,也是他的良知最容易、最有可能显豁的时候。从来的大思想家,几乎没有一个例外的都是履过艰危困苦过来。佛说北俱卢洲人衣食充足，受用如意，只是不足与闻道，良有以也。

禅德常言："但得本，不愁末。"本是指的本质或本体或全体而言。末是指它的德相业用或个体而言。本喻如海，末喻如即海之波。如果真得海源，不愁不具一切波用也。

重感性智识者重在人生经验。而感性经验皆从个体的生活实践中体会得来。感性智识的综合抽象成理性智识。一般说来，理性智识是比量的，感性智识是现量，理性依赖感性而生，然而理性却不一定比感性更有价值些或者更真实些。还有一点更要着重注意：理性智识是从感性智识中来。是一切感性智识的理则化、抽象化、共同化的东西。然而作为一切个体的总和的那个整体，却不只是个抽象的共同的理念。它是个实实在在的整体，它是一切个体的总和，一切事象的本质，为一切理则与事象的源泉，而湛寂常住的那个独一无二的宇宙人生整体。

片面的着重感性，着重经验的人，在佛法中言，是为我执所缚的。片面的着重理性，着重抽象的法则或所谓先验范畴的人，在佛法中言，是为法执所缚的。这两重执缚，是不知不觉的与生俱来的重重束缚人的身心，不得自在。惟有依于二空，方能舍除二执，方能真智呈露，方能真证如体，方能参见宇宙人生的本来面目，方能受用真实的生活，方是真实的人生起点。

一般的人讥笑佛法为迷信，佛子观那滔滔世海中的无量胞类，都重重叠叠的束缚在我执法执之中，不得解脱，不得自在，还要逞智逞强，自以为是，真是迷信之至，可怜之至了。

佛法所努力趣赴的目标，是个彻底的解脱，彻底的平等，彻底的自由自主的真实的人生。一般忙忙碌碌于饮食男女的俗子，哪有这样精湛的知见，这样崇高的志向，这样浩荡的胸怀。所以佛法称他们为一般可怜悯者。

默识随笔

生命的基本要素是精神,精神的根本属性是自由、是自主。离开了自由和自主,即是丧失了精神的本质,也即是丧失了生命所以存在的本质。尽管也还算是个存在的东西吧,但那决不是生命,只是一堆什么也不值的死物质。

当人的自由和自主权力受到限制时,他便尽他一切努力去突破那些限制,来实现他自己的生命的庄严。如果那些限制已成为不可突破的顽固力量,使他不可能再恢复他的自由自主权时,这便是他的真的生命的死亡。纵然那时他还活着,那不是什么生命,只是一堆死物质。这时如果他自杀,他并没有杀害他的真正的生命,只是为了生命而舍弃了那个不值分文的没有了生气的死躯壳。

如果你认为身体不可贵吧,你错了。生命的庄严,正要通过身体来显现。如果你认为身体可贵吧,你也错了。不是为了生命的庄严,那一堆死物质又值个什么呢?

人的生命是主体,劳动是生命的作用,人们通过那些创造性的有益的劳动,使得生命更加活泼,更加丰富起来。劳动主要是为了生命,为了生命创造更多的自由自主的条件,这种劳动是值得称诩的,也是于人有益的。单纯的为劳动而劳动,死而后已,为的是什么呢?离开人的生命,离开人的自由自主权的劳动,那算是什么呢?对这样的劳动如果也加以赞扬和肯定,岂不是肯定奴隶?奴隶是只有劳动而没有生命的自由自主权的。

生命的唯一特征是精神,假如从生命中减去精神,便是无生命的死物体了。我爱我的父母,爱我的爱人,爱我的朋友等等,是当他们还在活生生的精神存在的时候。也是彼此在精神上有可能融洽贯通的时候。如果一旦死了,精神不存在了,决不可能还继续对那个死躯壳表示爱,因为精神相通的电流中断了。作为一个人,要建立人的社会,人的世界,能不重视精神、能不奉精神为第一义吗?当然并不需要否定物质。离开物质,精神也是无法显现的。譬如火是人们生活中必需的东西，人们不能离开火而生活，但火本依存于薪，如果不是要永远保留那为人生必需的光明的火，要薪作什么呢？人是精神与物质的统一体，而两者相互的关系，也恰如火之与薪。代表生命的精神是自由的、自主的、无住无息的、一往向上的。这些属性不存在，精神便不存在，生命便不存在。纵然也可能还勉强暂时活着，那绝对不是真的生命，只能是趋向灭亡的一具行尸走肉，只能是一堆死物体。

人的生命是个精神与物质的统一体。不通过具体的物质，自然无法表现精神；然而从人来说，足以真正表现他的生命的特征的，可以永垂不朽的，还是他那独特的高尚的精神，而不是他那个物质躯体。举例来说吧，今天人们还怀念着贝多芬，是怀念他那自由奋斗的精神和由此而出的一切美妙的乐曲作品，至于他那副遗下的尸体，早已为人忘怀，早已腐烂得不知去向了。因此，一般只知道拿饮食来营养身体，弄得肥肥胖胖，却从来也不曾想到拿人格来磨砺自己的精神的人，我们看来，也是非常微贱而又庸俗的。

七

世界上存在着许许多多的似人非人的东西。说他不是人吧，他是父母十月怀胎所生，有眼、有耳、有鼻、有口、有手、有足……完完全全的具人之形，怎能说他不是人呢？要说他是人吧，在他身上，实在寻不出有人的精神、人的感情、人的思想，凡是作为人的独特生命所应有的性质，他压根儿一些也没有，整天糊涂混闹，从来也不曾有意识地做过人的事情，又怎能说他是人呢？

八

人类生活根底，只有两大源泉；一是基于感性的经验世界，一是基于理性的理性世界。这是人世间的两大主流,是取之无尽,用之不竭的。人们过于依赖前者,信任前者,结果为自我环境的假象所惑所缚,在佛法谓之我执;人们过于依赖后者,崇拜后者,结果为表象的法则所惑所缚,在佛法谓之法执;这都是依于个体生命——阿赖耶识而建立的。人是始终陷在这个自我的圈子里,无论如何翻腾,也难以跳出,能够跳出自我圈圈的,是二空所显、人法双亡的大解脱境界,好不容易啊!

大解脱境界是脱于感性束缚的,同时也是脱于理性束缚的大自在解脱境界。这可以有两种不同的结果:其一可以解释为彻底的永证寂灭的大涅槃境界。这是把它作为终点看。还有一种是可以把他解释为生命的真正的起点。至此,方是活泼泼的真正生命的开始,佛法中也有个专门名辞谓之果后行因。果后行因,是无穷无尽的,真实的生命也是无穷无尽的。

于教,说空有双彰;于证,说空有双泯。

以智证如,智如一味者。智无如性,不能证如;如无智性,不得为智所证。分合隐显之间,思之可知。

以今日西哲名辞会通。如为存在,智为精神。智不以如,无所依本;如不以智,谁为证者。所以如决定智,智亦复决定如。

从建立人世间言。如为根本,一切世间所依。离如不能有人世间故。然而从人而论,不但依如,离如不能有存在。更当依智。有如无智,那个存在的人,对于周围环境,竟是一无所知。对自己所处的环境,茫然一无所知的人,既无精神上的认识作用,也就丧失一切行为的依据,这样的人,是不可想象的,实际上也是不存在的。没有思想,不能作为的人,当然不是人,只是一堆死物体。死物体不是人,更如何谈得上建立人的世间呢?

我爱庄生《养生主》中的几句话,是说:"指穷于为薪。火传也,不知其尽也。"堆集大堆的薪而不是为了火,那是无意义的。同样,如果不是为了更好更多的发挥人类的高尚的精神,那宇宙中大堆的物质又有什么意义呢?故知所本在薪,所用在火;存在物质,而重在精神。至少从人世间言,这个比喻是十分真实也是非常亲切的。

识与智,一物也。就生命的整体或其体性方面说,谓之智;就生命的个体或其业用方面说,谓之识。智因识显,识依智存。

同一识也,就其有认知的作用而言,谓之意识;第六识。就其有主宰的作用而言,谓之末那;第七识。就其有统摄的作用而言,谓之赖耶。第八识。

识之建立,主在末那。末那是个体生命的主体,若无末那,识不成故。个体生命依于末那,方有强有力的表显。然而主观偏见的根源亦在此。主观偏见不能克服,真理真智无法显现。故此不但为佛法所欲伏且所欲断也。

佛法只断依末那而起的种种固执、种种偏见,由此证入。法性所呈现的活泼泼的无住无息个体生命,是实体的业用,是不主张断绝,也不可能断绝的。小乘学者的无余涅槃境界是彻底断绝,因而被诃为焦芽败种,言其无复作用也。

九

在任何一个时代里,总是要消灭一些东西,同时也生长一些东西。总是老的东西渐趋灭亡,而新的东西日趋生长。这是自然律,谁也变更不了的。顺着这个自然规律,人们应该促使老的加速度去死,新的加速度生。然而人生偏有一种恋旧之情,有时不但没有推着潮流走,反而在相反的方面把它挽住了。譬如世间的老人是渐渐趋向死亡,孩子们是趋向新生。对于促进孩子们的新生长大是人人喜欢的,对于促使老人们的迅速灭亡,人们的情绪便不见得一致了。此种反而常常产生与事理发展的相反的情况,不是促愿老人速死,而是设法挽住他,希望他能更长久些活下去。这原是不符合个体生命的生老病死的自然规律的。然而留住老人长寿些,却是一般人的常情。顺着自然律的趋势,促使老人速趋灭亡,必定会遭到群情呵斥的。可见人生一方面虽然为自然律所统治,理所当然,事有必至;同时在人心深处,也更涵藏着一种难泯的至情不朽的真意的。再说,把事物的挽力全都抽空了,他的推力是不是还能单独存在,把世界推动前进呢?

十

人从天性来说,是无所谓恶的,因此也就无所谓善。随境迁流,依身口意,成种种业。严格说来,它是不自觉的,不自主的,一切行为,既然主要地是环境所影响、所造成,那他对他自己所作的事情,也就没有直接的责任了。因此,称赞他的行为好时,似乎有些过奖;责难他的行为不好时,也似乎有些过罚了。这是佛陀怜悯众生的根据,也是佛法所主张的只要通过忏悔,一切业障都可以饶恕、都可以消除的理证。

宗教是一座被重重浓雾所笼罩住的宝山。许多人进入山中为重重浓雾迷惑住了,死在山中,终身不得一宝,可怜极了。更多的人只是眼望着远远的一重浓雾,不屑一唾的走过去了。这种人是宁死也不肯入山的。勇敢的进入山中,机智的拨开云雾,劈开山中的无尽宝藏,满载而归的,有几人哉!

在大自然界中,先存在而后意识,是存在决定意识。在人类社会里,却是人的思想和能动热情在推动和改造世界。这样的逻辑,便是一个自然唯物主义者在历史唯物主义面前停住了;不但是停住,而是在向着相反的方向发展。

十一

法相依如,从识所显,不是从识所生。

从第一义说,如体是存在,智是思维;从第二义说,法相是存在,识是思维。

依于存在而有思维,思维在存在之中,则存在亦非别在思维之外也。存在如迥然独立于思维之外,则是一个本质上与思维了不相干的东西,安得从而思维其存在,证知其存在?无法证知之存在,仍与脱离现实之上帝,同其玄妙也。有教无证,是为戏论;有证无教,疑于断灭。于证,说不可思议;于教,无不思议。能于此二善观融通,方为智者。

依如有境,从境成识,故如为本,识为末。根、尘,法相也;根尘和合而有识生,不和合散灭则识灭。法相依如,故如为本。依如有相,依相成识。

唯识者,谓个体生命,若不通过其自识,则于一切事物,茫然无可了知。所可了知,以建立生活者,皆由于识,故曰唯识。法相本如,唯识所显,非识所生也。识所生者,颠倒梦想而已,佛法所谓非量也。识所显者,谓之比量,虽非现证,而近真也。识是个体生命,不免偏执之情,若偏执情去,二空理显,豁与如契,是证现量,斯不名识,乃名谓智。智识一事,带偏执之情,不能契如证理谓之识,执情尽泯、契如证理谓之智。

菩提心即智也。菩提心发,方可以契理证如,故佛法于此,赞叹备至。契体名"智",起用名"识"。体必分化为无量个体,方显缘起大用故。个体生命,许有分别,有生灭,有善恶,有染污,有执情。法体本无分别,生灭、善恶、染污,执情也。即一切分别执情,皆由个体生命相对而生。契如归体,即无所谓生灭、分别也。然复须知体用一如,智识非二,善观融通,乃为得之。

总别、同异、成坏,六相三对,一事也。总者,揽别而成;别者,依总有分。同者,即别见总;异者,总中见别。成者,互成缘起;坏者,各住自位。此六同时,参而不杂。统之,为法界大缘起。分之,物物皆具,事事同然也。

十二

自然科学是关于天的科学,社会科学是关于人的科学。两者综合起来,研究其相互的关系,便是天人合一的科学,中国人的学术思想是最重视天人合一的,可是在这一方面还没有说得好。

人的精神是出于自然的。人们通过精神认识自然,复不断改造自然,成为自然的主宰。譬如火出于薪,复能焚薪;薪之实焚,而火之用显。火由薪生,火起薪亡。

兵刑政法,只能是一种止恶去暴的消极作用,而且是一种最低限度的消极作用,若成为积极作用时,便是直接干预生活,而生民之道苦矣。

须承认大自然有其自在的规律,人能任自然而行,便是最大的自由。出之于人力强行安排者,暴也。

人民的智力愈发展,自由民主之实现乃愈为真实,政府机构对人民的统治权力日益削弱,而人民的私有财产制度亦渐无必要而日趋消亡。

欧洲人从长期的向专制政权斗争中,发现了扣住了钱包,乃是人民对政府的发言权的一个重要保证,如果政府已实现了完全的民主自由的理想,人人已经都是自然而然的社会主人翁,不可能再有人压迫人、人剥削人的现象发生,政府的权力亦必日益削弱,最后甚至没有存在的必要。人人都是自由自主的生活着,那时所谓扣住自己的钱包,以保证对政府的发言权,也就毫无意义可言了。这是人人自由自主的无罣无碍的相互亲爱真诚的民主世界。

人是物质与精神的统一体。然而足以表现一个人的人格特性的,主要在于它的精神方面而不在于它的物质方面。单从物质方面看,岳飞与秦桧同样是人,同样具足人的身形,其中差别是很小的;但从二人的精神人格方面看,竟是九天九地之隔,不可以道里计了。

十三

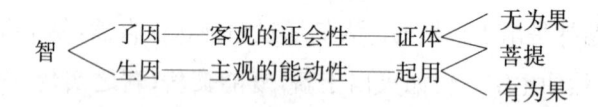

涅槃——物质方面的
菩提——精神方面的

智 ⎰ 了因——客观的证会性——证体 ⎰ 无为果
　　⎱ 生因——主观的能动性——起用 ⎨ 菩提
　　　　　　　　　　　　　　　　　　⎩ 有为果

智 ⎰ 了因(根本智)——客观认识性——证体契如——无我——涅槃果
　　⎱ 生因(后得智)——主观能动性——依体起用——无非我——菩提果

释迦下生,一手指天,一手指地,曰:"天上天下,唯我独尊。"是建立我的人生,我的世界,是从无非我方面说。云门曰:"我当时若见他作此伎俩,一棒打死与狗子吃。"是从无我方面说。前者即一切唯心主义的根源。否定我者,乃以证归涅槃;肯定我者,乃以建立人生。二者互相矛盾,而有相反相成之妙,成则双成,坏则两败也。

涅槃者,常住的实体;菩提者,无碍(无住)的照用。(观体用双融)

从形体来看,人是被创造的。但作为他的创造主的,不是他身外的上帝,而是他自己的本质。喻如波,波依水生,水不在波外也。

说智与如体全同,是当证体契如、泯归一际的时候说的。此是果海绝言境界。若落在世间作用上说,只能是智随如生,不离于如,不违于如而已,不可能与如全同也。如体深广无尽,人生体如,可以参赞化育,永无底止。人生而言全知全能,则是世间尽矣。

依根本智,证体契如,是真现量,是果海绝言境界。建立世间,建立人生,全赖后得智生起,是比量。比量可依真而起,不违于真,然毕竟不是真现量也。

体用双彰,是就现象全体说。个体生命只能是依体起用,会用归体;不足以言双彰境界。

于体用双泯处见常住,于体用双彰处见无住。二义融通,见得无声无臭处,却是活泼泼地化育无穷,活泼泼地化育无穷处,原是无声无臭,不曾动着些子。

唯智可以上探本原,契如证体。识虽依智生,然坠在我贪,大违智本,纵可作用繁兴,扰攘时空,只是外门转耳。无得于智,何见于体。以此意观诸世间,不觉感慨难言。

一切事物,无不于作用变动中见,于作用变动中无有不是矛盾也。矛盾全泯,斯作用皆息矣。是故无穷之作用变动,即无穷矛盾之兴起,亦即无穷矛盾之和解也。矛盾不起,不成作用,矛盾不解,亦不成作用也。是故一切事物生灭皆显现于不断的矛盾起解之中。此中矛盾之转化,亦即事物之转化。自人世间而论,有隐涵于意识之中而矛盾潜化者,所谓一念回天,化干戈为玉帛者也。有显现于事物之外而矛盾转化者,大战爆发,然后和平者也。中国人的传统思想,意在爕理阴阳,默运于神化之中,而不在于矛盾揭露,酷争于事物之外。此是不著相不落实之精意也。能知意者鲜矣。扰攘世间,治丝益纷,余何言哉!

矛盾既是内在的,故可以在因上进行调解,而不一定在果上爆发而后和解也。人的智能功用在此。若听任至果上爆发,人何为哉?曲突徙薪岂不愈于焦头烂额者乎。焦头烂额之功见而曲突徙薪之智隐矣。芸芸众生,吾其谓之何哉!

近人研论道理,着重在智识方面的探索,而缺乏性情(道德)方面的涵养;其实,知识固然是通往真理之门的一个重要环节,而道德更是其中主要之一环。昧此以求,去之弥远矣。

从初民的偶像崇拜到有神论,从有神论到无神论,把后者看成只是前者的简单否定,是肤浅的,也是错误的。后者应该是前者的胜进,从量的发展以至于质的转变。从这个意思上论佛法,它不是无神论者,更不是有神论者,尤其不是偶像崇拜者。《大智度论》所谓观无尚不可得,何况于有。此意深远,难与俗人言也。

十四

无我为体,有我为用。

康德为人的认识划出界限,是很有价值的。这对于浅薄独断、自以为掌握到了真理之流,永远是个当头棒。然而康德所划的界限是"识"的界限,绝不是"智"的界限。破识方能显智,智是没有什么界限的。

有人讥讽康德学派只是没有本尊的大伽蓝殿,也许确是如此。然而若不认真通过康德的那个大伽蓝,恐怕见不到本尊。如果有人居然能在界限以内见到了,并且说得那么金碧辉煌,绘声绘色,若仔细勘来,只怕还有些毛猴气吧!

黑格尔直认本体,似乎比康德逼近一步,倘不充分了解康德而承认黑格尔,恐怕反而是退了一步的结果。

黑格尔虽然也说着几分,也有其不可磨灭的地方。然而人工的斧痕太显著了,是乃有为之法,终归无常也。

形而上学(没有矛盾可见)
证(矛盾涵摄在意识之中) ⟶ 唯心辩
证(矛盾毕显于意识之外) ⟶ 唯物辩

涵摄于中者,可以豁显于外;豁显于外者,亦必涵摄于中。隐显交参,无不和解,无不矛盾。虽发展无穷,仍是一味法。见得宇宙人生虽复分化无穷,毕竟原是个不可分化的整体。深味于此,亦可以观体用双流,重重无尽之道也。

十五

《易》曰:"知进退存亡,而不失其正者,其唯圣人乎?"进退存亡,矛盾也；而不失其正，斯化解矣。天之道，运行不息；人之道，应变无穷。由此而论，无一处不矛盾，无一时不矛盾也。矛盾若息，运变道穷，不将疑于乾坤毁坠已乎。而不失其正，则矛盾不足为天人之忧，适以彰造化之妙也。是故君子之道，运智在因，而不责效于果。则虽内涵旋乾转坤之功，而人多帝力何有之歌。因地既正，效果随之，为影与形，必然之至，不待求也。故曰："正其谊不谋其利，明其道不计其功。"谊若诚正，道若诚明，功与利皆从之矣，无俟于斤斤之议、孳孳之求也。运智在因，为之于法象之前；责效于果，形之于法象已著。法象既著，矛盾豁显，消除之道，小之言论之诤，大之事物之斗，至于其极，兵戈随之，同类相残，言之可痛。事物矛盾之至，不求潜化于因，而求彰显于果，英雄人物以此畅心骋怀，斯可矣。犹有恻然不忍者存乎？吾为此言，知我者谓我心忧，不知我者谓我何求？悠悠天地，吾谁与之语哉？

十六

运智在因，而重重矛盾，不断含育于春风熙和，默运潜移，由此以趋于大同郅治之道，可也。漠视矛盾，抑制发展，欲以不了了之，斯谬矣。前者是贤哲之心，后者乃黩夫之事，此须分辨，庶几是非明白。

矛盾之法依用而显，依体而消。_{体是二空所显故。}体无不用，用无不体。故无不矛盾，无不融释也。

矛盾若不依于空义起灭，则是重重累积，一个矛盾和解了一个矛盾，也就包涵着另一个更复杂的更大的矛盾，以是而推，终将充塞宇宙、毁灭乾坤而后已也。般若之于众生，意深远矣。依于般若，方有真正的进步、真正的人生可言，不然，是有为法，终归散灭。虽有如天之力，亦莫能为也。

矛盾，生死法也。依意，谓之变易生死；依身，谓之分段生死。法身出于生死世间，斯无矛盾可言，此是果海不思议解脱境界。法身行于生死世间，则是即矛盾处即圆融，是所谓天地同流，体用双彰境界。

智依如生，还照于如。以照如故，如用豁显。如体深广，因于智照，重重起用，发育无穷。是故以智望如，一若智为之主，如依智生，是菩提境。以如望智，智本无生，依如显用而已，是涅槃境。此二展转，体用双流，无有穷尽。依于体言，如为智本。依于用分，智为如主，所谓无不从此法界流，无不还证此法界也。思之可见。智如相互之道，映在世间，即是"境"与"识"，体本是同，用成颠倒耳。世有能言转识成智之道者乎，吾与之友矣。

出世解脱，曰智曰如；世间生死，曰识曰境。境之与如无过也，旋转枢纽，在智与识。颠倒为识，转化成智，识转成智，斯境无不如矣。发菩提心，转识成智之机纽也。菩提心者，与如体相应，能证于如，菩提圆满，涅槃果成。识虽本如，而背于如，欲以识证，所谓南辕而北辙，求之弥切而去之弥远矣。

擒贼擒王。末那，一切生死世间主者也。世间一切，依于末那，重重生起，变化无穷，但是虚幻无实耳。末那伏，而智用萌生；末那断，而涅槃体显。

十七

空是贯彻于一切有中的湛然常住的真理，严格说来，是果海离言的不可思议解脱境界。从它的应用方面论，空是与一切活泼泼的有的相应的真理，活泼泼的有是无自性义，亦即与空义相应，这可以了解为一切事物内在的否定面，事物通过它自身的内在的否定，可以不断的发生转化作用。如果没有这个作用，世间一切事物都要停滞了。故说："以有空义故，一切法得成。"然而西哲所见的否定，还是在克就事相上看，不曾深入观理。他们的否定，严格说来，还是有，未曾真见佛法空义也。

西哲说的否定,只是事物的累进法,只说着有,不曾说着空。从佛法的空有双流看,只说得半边,说得半边的东西,自然仍然是一些也不曾说着也。谓之见理可乎?

克实观世间事物,无论如何,只能见有,不能见空。黑格尔见的是有,它所说的否定,似乎有些空义,其实仍然是有,不是空。柏格森见的是有,费尔巴哈见的是有,乃至中土《大易》以及诸子百家所见无不是有,虽所见的角度各各不同,其为有则一也。基督教理似乎见到一分空理,却说成个死东西,还是分文不值,未尝真见也。大乘空义是佛家独得之秘,彻证体性,舍此莫由。呜呼,能悟此者鲜矣!

十八

孟子说仁义,他所看到的社会发展形式是扩而充之的。马氏论唯物辩证,他所看到的社会发展形式是取而夺之的。二人见"本"不同,作用因之大别。前论末流之弊,至于包垢含污,并社会人中之大不平而忽视之,斯逼塞难通,无复扩充之效;后说可以济前说之穷,如阴霾久暗之余,雷霆暴雨,以复归于晴朗虚空,而民生之情畅。至于否定仁义,以之为阶级之表现,不以之为人生之通性,是未深之证体之故耳。否定人类有通性,斯则历史成断片,非复一体长流,其所见于仁义,只是张人之仁义,李人之仁义,处处局限,无非断流绝港。见有张人之仁义,而不知有人之仁义,见其局而不见其通,岂是理之全也哉!

仁义礼智而后信,仁义是礼智的大前提,仁义礼智复是信的大前提。信者,贞固于为仁义礼智者也。无仁义礼智而信,窃盗邪淫亦信矣,可乎不可乎?

或曰:由仁义斯可信矣,何必通于礼智。曰:仁义大本也,礼智形式也。无仁义者,无内容。无内容之物,斯不信矣。不由于礼、不通于智，何以谛审其内容之真与伪、偏与正者乎？不由于礼、不行于智，世有胁逼以行仁义者矣。胁逼以行仁义者谓之仁义，可乎？而犹贞固以为之信，可乎？

十九

天下事物卷舒同时。卷所以藏其体，舒所以呈其用也。卷是收缩作用，是事物中一切不合时、不合理、不真实的东西的排除。舒是发展作用，是事物中一切合时、合理、真实的东西的发展。舒以见卷，卷所以为舒也。卷舒舒卷，重重无尽，而天下事物亦扩展无穷。此自然理，非可以私意得而窃取左右也。

发展一辞不如扩展，扩展意长，取其一体同流、递演无尽义。

阶级是人类社会发展中的特性，贯彻于人类社会一切阶级中的是人的通性。特性以通性为基础而复消失于通性之中。见通而不见局，政策设施，无以见其效果。见局而不见通，是不知本也。

二十

经云：若人欲了知，智之事也。三世一切佛。全宇宙现象。应观法界性，智，了因。观法界体。一切唯心造。智，生因。观法界用。了之愈深，化生无穷。此句说主观能动的功用。

自高级生命出现，而创世之功始成。见于地球之高级生命，以人类为□□。大自然发展，而人类出生；人类成长，而主宰大自然。此是历史运行中的一重辩证关系。一方面，人是大自然的儿子；另一方面，人是大自然的主人。人所以能作主人者，由于智慧劳动之发展，先通过了因，因而对大自然得有愈来愈充分之了解；随了因之进程，而有生因，生因者，主观能动作用于大自然体，因而万化繁生，不断从人的意愿，步步改造大自然，全为人的世界矣。经云："心能转物，即同如来。"能转物者，先学会了物。了物者，了解物之体性。全了斯转，从心所欲，所向无碍矣。此之为大自由，此是佛菩萨境界。佛菩萨皆由人努力创修而成也。区区斋公斋婆，安足以识大雄。_{大雄，佛之别号。}

智之了因，契涅槃体。智之生因，起菩提用。了之深深，生化无穷。生由于了。不了之生，谓之无明蠢动。即了即生，化育繁兴，佛道即人道，无为而无不为也。

生命以无住为本。无住者，无障无碍，大自由也。不自由，斯生机绝矣。论云："以有空义故，一切法得成。"于空而障碍荡尽，大化流行，活泼无住，生机见矣。

盈天地法象，顿起顿灭，刹那无住。灭以见体，生以明用。万物不终灭，体无不用也。亦不终生，用无不体也。是之谓："无不从此法界流，无不还归此法界。"体为实，用为虚。体无不用，故实无不虚。色相，体之显也。用无不体，故虚无不实。空寂，用之微也。谓体为实，则森罗万象，莫非泡影。而此泡影，揽实而生，当体即空。即此泡影，亦复莫非实相矣，宁见声色能外实体而有者乎？

灭以见体，生以明用。空寂其体，色相其用。灭无不生，体无不用。是故空色镕融为一味法。

二十一

设问：

1. 饮食男女，众生所依，为众生本。佛法舍饮食而趋禅定，舍生身而证法身，理实如此。然菩萨不舍大悲，不舍众生。若饮食男女俱断，如何能入世间，能现生身？非众生因故，无众生缘故。无因无缘，事不成故。若饮食男女不断，复如何能出于世间？

法身非生,禅定离食故。进退两难,云何会通?

2. 若云:即法身即生身,即生身即法身,即禅定即饮食,即饮食即禅定。即理即事,通融无碍。则一切住行向地菩萨,皆宜不离众生,不离饮食男女,重重无尽,全现世间。果如是,佛道隆盛,赞不能穷。而今观世滔滔,诚证发心,具住行向地菩萨德相业用者谁乎?有,请一一克指其人。若无,如经所说,云何证明?

试答:

此问无理。真是宗教信仰的人不屑答。没有宗教信仰的人更不屑答也。

二十二

(一)理穷于外,性尽于内。命者,内外双融,圆融一味,至而已矣。穷与尽,皆有功用。至者,无功用可加,如是而已。《原儒》谓:"然已至此位,至命位。还须加功,永不退转。"若待加功而后行,岂不犹是穷理尽性之事?

(二)穷理是从宇宙大象着目,尽性则落实到人生上说。命者,统性理之极。穷理尽性,斯至于命矣。穷理尽性以至于命,只是一事,分作三个层次说,其实无分也。

(三)人生须自识得与天地一体无分。得此把柄,穷理尽性之事,便有落实。不然,莽莽荡荡,入海算沙,有甚了得?

诗 词 偈 颂

主编按:《尚书·尧典》曰:"诗言志,歌永言,声依永,律和声。八音克谐,无相夺伦,神人以和。"此辑所收诗偈折射出父亲一生的多个时期,多个侧面、多重情愫,在这里我看到了一个有血有肉的刘静窗,这是因为诗中真性情的流露,或如清泉溪水,或如长江大河,奔腾畅达,无所遮蔽。

我四岁那一年,家父暑期启家学,哥哥们读《四书》,我开始学唐诗,第一首便是王之涣的《登鹳雀楼》,及后,父亲并不教我儒籍大典,仅教诗文,这便是他对我的启蒙。他安排我去听蒋天枢教授讲《楚辞》、季羡林教授讲《诗经》,现在想来是何其有幸!在我十五岁那一年,他教我读诗,说:第一要念得慢,慢到自己可以敏悟到抑扬顿挫,这便是诗文中的寓意提示;第二是要念出标点符号,这是注解,这便是非语言的语气提示。读者不妨一试,以此试读家父诗文。

普陀避暑口占 并序

民国二十五年丙子(注:1936)夏,侍双亲游普陀避暑,住普慧庵。

山中梵音洞者,深邃难测,风入其中,如虎长啸不止。余每独赏其音,久而不忍去云。

　　　　绝俗踞山阿,闲情静摭摩。
　　　　梵音听啸虎,法雨参弥陀。
　　　　飞鸟平林起,行云乱浪过。
　　　　云何修净土,只此栖霞多。

滇中闻姊丈逝世寄唁储姊　并序

　　藻屏姊丈壮年不能善摄其生,民国二十五年丙子夏,以肺病返乡疗养。比卢桥军兴,四方鼎沸,音问中绝。民国二十八年己卯(注:1939)仲春月,时余与妻儿侍慈亲居昆明铁局巷,噩耗传来,姊丈已于春正病逝矣。万里烽烟,遥念我姊,致慰无从,悲痛经旬,情不自已,作此并寄吉,不知能至否耶?

　　　　断织挽车古道垂,少君为友孟为师。
　　　　从今可见柏舟守,画荻和丸课诸儿。

自呈贡之昆明道中微雨口吟寄蕴代书

　　　　行行出东门,挥手暂别离。
　　　　东门得骏马,高足多雄姿。
　　　　策鞭疾腾跃,坦道任驱驰。
　　　　微雨挹轻尘,清风拂柳丝[1]。
　　　　下马登车厢,倏然两地移[2]。
　　　　勤心侍阿姑,怜爱抚诸儿。

珍重伦常趣,熙熙春意滋[3]。
原宪甘陋巷,少君守园篱。
猗欤斯二子,今日尔我师。
地违情咫尺,小别何足思。
一语劳卿记,周六是归期。

自注：

[1] 呈贡出东门有马市,往来代步,自东门至火车站,经山路十里,虽高下坡折,已成熟径,遂如坦途矣。细雨蒙蒙,一骥疾过。清风垂柳,夹道摇曳相迎,竟成无限佳趣也。

[2] 昆呈间早晚有火车往来,一小时可到,甚为便利,车资约六七角。

[3] 时昆明城,数为敌机扰乱,警报频传,家人侍母避居呈贡。余在昆明联大读书,周末辄归省。

蛟 龙 篇

蛟龙落潢潦,辗转在污泥。
海鸟縻樊笼,挥翼安所施。
岂无图南志,时乖运未支。
万里如咫尺,扶摇若坦夷。
蛰处惜毛羽,幽居赏独姿。
霹雳雷雨动,闪熠起荒埵。
肃肃伏草鸣,狂飙卷高枝。
潢塘遽汗漫,笼折落轩墀。
振翮三万里,腾蚩北海湄。
上下何翩翩,逍遥谁复羁。
岂如庭间雀,老死在梁楣。

唧唧复啾啾,终岁徒苦悲。
男儿生有遇,风雷际有时。
何当抱一卷,寂寂甘伏雌。
劲骨立顽懦,养志充睿思。
为学当任重,适群敢自私。
吾乡文信国,后生何可期。
肝胆烛千古,愿得以为师。
日月如轮转,否泰经险夷。
造化穷通理,坦荡自得之。
直养充天地,悠然任驱驰。
君不见版筑渔盐五羊皮,
于今寥落少人知。

淑华侄女与汪容斋君订婚占句贺之

婚姻学业一时成[1],双喜临门[2]信可珍。
迨吉标梅先赋汝[3],春光留住度春申[4]。

神仙不羡羡鸳鸯,深识此中滋味长。
两字菜根牢记取,安身别有温柔乡[5]。

国际凌云第一高[6],蠢然海上足时髦。
宾朋满座吾从后,新句诌成换蛋糕。

自注:

[1] 容斋是年毕业于沪江大学。
[2] 用容斋自语。

[3] 大侄女先华时尚未字。
[4] 甲申(注:1944)清和月,海上熙和如春。
[5] 时举国在抗战中。
[6] 国际饭店为上海最高层楼,颇为时尚所趋,订婚之日,蒨哥以茶点宴客于斯。

读七步诗感世纷纷为一慨然

萁豆不念同根生,釜底急燃釜内泣。
豆作羹成萁亦灰,纷纷煎苦果何益。

先妣遗像题词

哀哀我母,生我劳苦。
终岁辛勤,以育以抚。
儿今成人,母已作古。
慈悲音容,长留胸腑。
呜呼痛哉,千言何补!

勋注:1945年,为了纪念这位在我出生前半年去世的祖母,父亲将我的名字改为"念勋",这首悼母诗第一二句的出典,便是《诗经·小雅》中《蓼莪》的"哀哀我母,生我劬劳"。

读卑卑勿谖二集　并序

翁存斋长者旧日见赠所著《卑卑集》《勿谖集》,余未及读,敬受而藏之。年来大病废居,虽不弃书,而精力不继,亦未足以言学问矣。癸巳盛暑无聊,偶寻书橱,复见长者集,始稍稍览之。长者凤治工程,《卑卑》一集,大抵针砭旧弊,切实之言,不务高远,自今视之,率过时之论矣。《勿谖》一集,长者叙怀亲旧,情意绵长,可佩也。前修以文章见至情者,吾独服震川归氏,着墨细致,委婉尽出,读不忍释,有时至于感动泫然。长者文未足与前修并拟,而亲谊深情,亦庶几可见也。杂感所至,率题三章,籍酬赠书旧忱。

　　　　膝前情趣每难忘,寒暖牵怀滋味长。
　　　　始省乾坤终究处,人间数此最芬芳。

　　　　自家原有自春晖,寸草心头未易非。
　　　　倘见安怀推老少,尘寰裘马尽轻肥。

　　　　叙旧吾推归有光,深情缱绻尽回肠。
　　　　《勿谖集》有几希处,不论深尝与浅尝。

注:翁存斋,名翁为,留学比利时,学工程,作者同事,联合国驻上海善后事业委员会主管之一。上下班,太太搭顺车不准车多行一程,其廉洁如此。后任上海交通大学图书馆馆长。

儿辈将春游昆山,示怀吊顾亭林先生一首

　　　　经学生先践其真,于今犹自凛精神。
　　　　钱吴当日亦名士,俯仰何曾梦见君。

注:此诗作于1951年。

诗 词 偈 颂

与 少 年 僧

壬辰（注：1952）冬，云公驻锡玉寺，座下有少年僧，聪颖喜句，然不谐音律，且意多放逸。傅慧江居士以示余，因戏题一绝警之。僧来谢过，且再求句。以为才可造作，故续四绝示勉。末复题一绝，重诫之也。后闻此僧果不耐禅家清苦，已还俗矣。则余末后"莫将一世误聪明"句，其为谶语偶中者乎。法门寥落，后生难见有人，亦可慨也。

一

一微涉境便成山，十担油麻树上摊。
花落青衫挥不去，休参文字且参禅。

二

诗情吾独爱寒山，消我痴狂亦是禅。
却笑杜陵门下客，数茎拈断在人间。

三

再喝不劳动舌头，虚空何喜复何忧。
水天月到分明处，一个无心个个休。

四

占得如来第一禅，声华扫尽始名参。
诗心若解婆心在，生死不迷见定山。

五

因缘萍水亦奇哉,初见香严喜有才。

一句生前休负我,慈尊楼馆望君开。

六

抛开利养打开名,百炼锤来十分金[1]。

坡老有言牢诵记,莫将一世误聪明[2]。

自注:

[1] 用王阳明语意。

[2] 苏东坡有"我被聪明误一生"句。

注:1952年冬,虚云、应慈、来果、圆瑛四大高僧云集沪上玉佛寺,一时盛会也。少年僧系虚云老和尚侍从,赠诗女檀越姜氏,其父转请处置。作者先择言相劝,后用绝句警之、勉之、重诫之,可谓用心良苦耶。然此僧终难有悟,深憾之。

读虚云老和尚禅七法语记事

其行凉凉,其音苍苍。

古人风调,金石绕梁。

读破庵禅师句偶感

破庵禅师有句云:"流水暗消溪畔石,劝人除却是非难。"禅净二门,诤论纷纷,抑何已哉。

他方净土此方禅,释子平怀总一般。

流水自消溪石去,莫留崖岸与人看。

奉和应慈上人原韵

缤纷六度波罗花,遍界光明我你他。

更问参禅端的处,云门饼儿赵州茶。

自注: 癸巳(注:1953)春,应师讲《大乘理趣六波罗蜜经》于玉佛寺,时度世寿八旬晋一,自拈句云:"久久老人眼渐花,见人顶礼不回他。殷勤称赞无量寿,参看话头请用茶。"

应师常以三圈表三身[1]示人,奉呈一笑

参禅本绝言,图解垂方便。

若要会三身[2],打破圈儿见。

自注:

[1] 法身、报身、化身。
[2] 法身体大、报身相大、化身用大。

读史偶咏

处士雄奇论纵横,先秦文物亦缤纷。

泪眼铜驼经劫后,犹抱遗经有几人?

癸巳七巧节日率题三章震儿存勉

癸巳之夏,上海各小学卒业,儿童众多,中学扩充不及,遂难容纳,传言因此失学将达数万,以是人多惴惴。投考私中已难,公立自尤不易。震儿本届毕业,报名徐汇(公立中学),幸膺什一之选。邻里相庆,家人相恍,庭前八旬老翁亦有莞尔之乐。余频年病累,无以上娱亲情,盖少慰矣。兴怀所至,率题三章,以为诸儿示勉云耳。

男儿第一要谦虚,多见多闻多读书。
事事研求真道理,胸怀乐趣自无余。

民族辉煌美百千,中华儿女自娟娟。
热情四海推兄弟,文化薪传待少年。

一生幸福在儿童,活泼肫诚好用功。
堪慰家庭情趣里,笑颜堆上白头翁。

癸巳七巧节日,书为震儿存勉。

静 窗
时大病三年憩养浦江福德坊

震注:1953 年 8 月父亲赠送题词本给我,并题此篇于其中。

述先二十生辰示幼勉怀八首

述先求学远方,今年癸巳初秋,度二十生辰。别久得书,眷念难

诗词偈颂

胜。寄怀八首,略抒所思,并示勉焉。自在老人记。

疾固自知涉世浅,梦长遥见别情深。
东风骀荡春犹在,兰芷入怀一片心。

为学原须善抉疑,近观远取证穷之。
此中直到廓然地,始服昔贤有独知。

关中旧学推龙树,四论一经[1]并汪洋。
末后《华严》尤独出[2],大千俯仰尽文章。

融贯东西非易事[3],得神出髓更为难。
研深直判几微际,不许陋儒相似看。

欲窥旋乾转化功,新知旧学辨无穷。
科哲殊名分脉路,廓然一际见大公。

路骨朱门百世哀,四宏有愿[4]未成才。
元元若见同安乐,不负人间一度来。

声华刊落愿无闻,天理人情尽一分。
柱下当年真浪出,藏书不著著遗文。

横矛慷慨古悲歌,对酒生平剩几何。
不信箪瓢穷巷士,至情长满乐偏多。

自注:

[1]《百论》《十二门论》《中论》《大智度论》,谓之四论。经,谓《大般若经》,罗什译

出《大品》《小品》，颇著苦心。至玄奘，始译备六百卷。奘后出。关中旧学，指罗什及门下诸哲言，于龙树学最为精到。今所传者亦寡矣。

[2]《华严》一经为众经首，亦龙树传出，译著来华稍晚。

[3] 述先自言，有志融治东西诸家之学。

[4] 佛家有"众生无边誓愿度，烦恼无尽誓愿断，法门无量誓愿学，佛道无上誓愿成"四句，谓之四宏誓愿，其旨深矣。

重阳节感怀示幼

癸巳重阳节日，微雨寂聊，偶忆摩诘、东坡旧句，感怀一首示幼：

愿儿无病复无灾，不望公卿不望才。

尘世须常开口笑，茱萸纷插四方来。

自注：摩诘重九有诗云："独在异乡为异客，每逢佳节倍思亲。遥知兄弟登高处，遍插茱萸少一人。"东坡诗云："人皆生子望聪明，我被聪明误一生。但愿生儿愚且鲁，无灾无难到公卿。"

公逸宪钿伉俪北行赠别

癸巳（注：1953）秋日，公逸、宪钿伉俪将有北行，临别见赠相台五经一部，且以"各崇明德、皓首为期"相勉。年来余大病后，因于肠胃，久难健复，逸兄亦每为喘疾累，然因此辄得闲时叙论为学之趣，至可念也。感怀赋此，略酬别情。

去日苦多来苦难，遗经独抱几人看。

千秋圣哲成何事，泪眼文山与叠山。

诗词偈颂

曲肱箪瓢世味亲,人间到此有精神。
放身不教同刍狗,斯道长存万古新。

平生稽首地藏王,地狱菩提道路长。
无量众生无量愿,一回存勉一芬芳。

多情伉俪惜离别,为学相期更悄然。
同病堪怜增一语,善调此体善加餐。

癸巳地藏诞日初稿

熊子真先生京中度七旬寿辰赋寄奉贺 并序

向余读子真先生书,而敬其为人。辛卯秋,始因挚友公逸之介,稍通函候。前岁先生尝约北游,迁延未果。今年癸巳,先生寿晋古稀,闻将继《新论》之后,重兴旧愿,写作《量论》,不亦强欤。千里驰风,情意难胜,因抒杂怀,奉呈莞正,并祈硕德永年,为后师法云耳。

先生著论自成家,磊落胸怀未有涯。
一息坤乾欣未老,梦中遥想笔生花。

龙树汪洋千论师,低徊汉宋复何之。
释儒参到深深处,正直如公未可衰。

五年前读老翁书,融贯诸家兴有余。
《量论》重闻新试墨,篇成伯仲愿无虚。

旧时破论诉宜黄,才大心微各短长。
师资迄传当代盛,反成之际见文章。

七十老翁世未稀,但悲斯学日几微。
公当继绝宜长寿,珍重人间片夕晖。

自注：先生糅合儒释,著《新唯识论》。宜黄欧阳大师未以为然,门下守师法者因而著论破之。
先生重作《破破论》,以伸其说。实则所据不同,自难望合也。

癸巳严亲八一生辰感怀

茧目何曾见热肠,涛兴云诡久沧桑。几知五蕴山头里,输却真常一段光。

芸陔自沪返汉赋句送别

芸陔同学有经济才,多识世故,近年服务汉口华年公司,荏苒四载,渺无音讯。今夏癸巳,以公司业务来沪,翩然见访,风采未裁,絮絮同学少年事,亦可念也。乍逢又别,拈句存念。

湖海心情记少年,清谈夸夸思凌烟。
如今稍解安身意,学到龙川未是贤。
书砚消磨三十秋,动人深处数红廑[1]。
相逢歇浦无他慰,病夫犹前未白头[2]。

诗 词 偈 颂

自注：

[1] 沙滩北京大学第一院，通称红楼，为旧日同学地。
[2] 时余刲疗肾石后，健康未复。

示 诸 侄

达侄负笈闽南，明顺诸侄求学湘中，癸巳暑假，沪游省亲，故有家庭岜怀之趣。茶余偶成三绝，一抒民族爱国之忱，二叙人生家庭之趣，三论科学求知风度，乍聚又别，书以留念。

　　　　独立精神爱自由，辉煌民族永千秋。
　　　　屈原节义文山志，未向强权一点头。

　　　　竹马庭前乐趣生，人间到此有真情。
　　　　若推四海同兄弟，但论悲怀不论兵。

　　　　治理探微须用功，自然无尽化无穷。
　　　　虚心实事唯求是，方是真挚学者风。

芸陔次汉寄意浦江友人询问病中起居感此奉呈　附书

春夏之间，雨水缠绵，阴寒不解，病体颇觉难支，饮食亦减，烂面半瓯，入口无味，每日例行故事而已。但胸怀淡泊，尚能读数行书，故亦不以为苦耳。曾寄意令友，问讯病情，感赋一律，奉释远念。

千里论交已盖倾,时劳问讯慰深情。
尚余病骨支天地,未有还丹济死生。

娱老犹欣缋彩舞,忘机欲订鹭鸥盟。
蹉跎早是悲髀肉,无复豪华报老庚。

自注：吾乡一年中生人,互称老庚,芸陔与余同龄,故云。

寄怀蒨哥 并序

近年余大病,侍严亲于浦江,屏居自调,意廓如也。而亦以是菽水每乏,子职大亏,甚可愧矣。蒨哥旧经商长沙,以能事故,公私多劳,常经年不晤,数月不得一书,远望牵怀,辄不自已。今岁甲午,春夏久雨,巨浸为害,东南多所累及。兄函告居处屡徙,体力衰惫,益增憔悴,堂中佛像,为潮霉所中,嘱向佛学书局购寄供奉。读后作此,略抒远念。

湖山久别多凝望,拭目家书分外明。
千里潢潦哀远道,一身憔悴系能名。
常惭菽水安年老,每于冰虫悟世情。
水月根尘宜解脱,维摩曾是在家僧。

病中遣怀

生涯不了笑书痴,忆母遗言只自悲。
穷耻干人疏白眼,力能排俗喜清思。

诗词偈颂

袁安困雪志还在,龙树传经事未衰。
病榻泊焉息世虑,独参造化独忘机。

七夕感怀

界内几曾得自繇,根尘结网见为钩。
白云每看出天岭,枯木岂期入世流。
冰炭近身随冷暖,主奴蠲念但春秋。
波涛独爱松间坐,明月禅心任去留。

奉贺公逸四十生辰 并序

　　余与公逸兄,旧同学北庠,卢桥之役,随校避兵蒙自,始通姓字,十余年来,为学切磋,情谊见深。甲午(注:1954)六月,逸兄在京初度四旬,时余养疴浦江,南北远望,为此寄之,并向钿嫂道贺。
　　黯淡书城沦落日,南湖浪迹订交初。
　　河山终不输夷蜮,松菊犹然向故庐。
　　学洽人天劳剖析,思融新旧待分疏。
　　风尘道远抒微念,不朽斯文赖共扶。

秋夜偶感

　　甲午中秋前一日,晨间梳洗,初见白发。是夕一轮辉满,四空如画,欹窗神悠,感而赋此。

白发一茎惊老至,冰怀几度见清辉。
刹尘身愿情难尽,万斛千行洒满衣。

中节感怀

病中生计粗疏,家庭令节,无复向日添肴盛事。甲午中秋,月白风清,云影如画,庭间略设饼果,共侍严亲,缀茗笑语,有乐存焉。

万家瞻望光明生,浩荡长空自在行。
云影叠翻天起浪,果盘交敬笑为声。
苍颜可悦真吾幸,稚气宜除愧未曾。
一夕流华惜逝水,梦回犹看漫天清。

示幼勉怀二首

学穷内外绝东西,睿智全凭抉隐微。
蠲念方欣真有主,省躬常看习为非。
条条大路通罗马[1],步步长安见京畿。
百尺竿头犹努力,痴心父母望柴扉。

古德深怀未易几,东西文化并精微。
须从学术安身命,莫著根尘落是非。
虎室吐晖常皎皎[2],漆园梦蝶故依依。
浮生老去风情减,倦眼平安一雁稀。

自注：

[1] 用幼小自语。
[2] 用唐枣柏大士李通玄故事。

示 达 侄

达侄学农闽中，甲午暑期，丹阳实习归来，道经浦江，盘桓数日。学然后知不足，视前稍老成矣，喜而赋此勉之。

病久门庭比鏨山，足音喜汝一盘桓。
热肠能令人情暖，纵目常怀天地宽。
胼胝不忘稼穑乐，研深应识读书难。
犹期万亩千山绿，扶杖逍遥一笑看。

示 诸 侄

甲午暑期，明侄考清华电工系，顺侄考长沙有色金属专校，庆侄考徐汇普高，皆如愿中选，喜而赋此。

明华得意数天骄，水木清华可自豪。
钻入电工从此始，壮游千里秋云高。

顺先吐论如汪洋，旧剧新辞滋味长。
技事须劳脚踏地，色金冶炼见风光。

庆先洒落见天真，漆珠浓眉最有神。

说部触怀忘困倦,欣欣如数自家珍。

中华文化五千年,缔造艰辛思往贤。
祖国前程无限好,缤纷儿女共争先。

自注:明侄投考清华中选,秋初自湘去京入学,道经浦江省视,意兴甚豪。

甲午暑期达侄丹阳实习农事过沪小聚送别

身体善调护,精神须挺拔。
放怀得本趣,鱼鸟任空阔。

静 中 遣 怀

世间富贵非吾念,林下风怀差可亲。
枕病半生余劲骨,盘蔬一味爱天真。
色空并彻犹存见,锥地全无始计贫。
幻梦因缘劳自力,百城勘度本来身。

自注:一味,一作"清新"。

病 中 杂 感

识海情潮,奔激无尽,林下清风,亦复荡然,梦幻刹尘,谁为觉者,杂感偶至,怆怀久之。

心能转物即如来,几见人间出世才。
茧作春蚕劳锁缚,娥奔青焰怪痴呆。
无边刹海销尘影,不尽恩雠暗镜台。
衣食堪怜牵一念,山颓海倒地天哀。

书室偶感

渐觉闲中日月长,书生犹自喜清狂。
贫骄海内谁为旧,病课遗经我亦忙。
漂絮空余不黾手,驻年未解九还方。
越鸡袜线惭何用,尚费田家辛苦粮。

病中读剑南诗钞

读诗拟作遣愁吟,一入鏖怀意转深。
敢便高眠希隐逸,时缘病累愧初心。
风怀落落涤肝胆,大节岩岩照古今。
忧国挚情推此老,满腔热泪呕丹忱。

挽姜大心居士

姜大心居士,誓弘华严,应师门下一人。甲午七月,抱志以殁,群幼绕灵,哀痛声切,至可感也。为诗唁之,兼慰维良居士。

菩提种子信成就,可数师门第一人。
般若入怀常耿耿,华藏有味每津津。
团圞眷侣钦庞媪,寂寞法城嗟鲁麟。
我亦婆婆瓠落客,群童忍见泪纷纷。

秋日偶怀奉应师、云公二老

兔角龟毛事本空,敢烦心识契参同。
海田易劫知音少,雪井难填泪眼重。
寂寞滹沱余故业,低回鹿苑仰春风。
年来略会安闲法,生死涅槃一梦中。

感　怀

堪落声华梦未成,枕边蝴蝶羡身轻。
渐收涕泪悲歧路,但剩痴怀向太平。
风雨天涯忆别赋,鸡虫岁月等秋声。
人间自是多愁病,舒卷默然许净名。

奉贺叔父七旬晋九寿辰

乙未(注:1955)中秋月,叔父暨姨婶大人同在故乡吉城,度七旬晋九双寿。家人远处千里,未能雁行奉觞趋叩,因奉句遥祝,少伸耿念,未知可博怡颜一笑否耶?

诗 词 偈 颂

耄耋高堂几见全,康强宜比地行仙。
壮游海市历三楚,老去村城寄一廛。
蔬食悠然安乐窝,经供莞尔老婆禅。
星河遥祝期颐日,南极筹添二十年。

论再生缘有感戏题二首

三十年来寻梦客,生缘难续梦难成。
犹怜多少英雄汉,不似端生似楚生。

生公死已两千载,顽石谁能令点头。
莫道自由未易得,南柯乡里也风流。

简 振 镛

振镛、景华伉俪率诸儿女简贺新年,偶忆往时同学昆明啜茗翠湖情趣,不觉荏苒十八载矣。

千里新笺惊岁暮,廿年旧谊见情长。
感君儿女亦成列,影事滇游半渺茫。

寄芸陔 并序

半生病累,独处平凡,偶爱读书,性复钝拙,不成条理,惭愧而已。芸陔次汉,来书讯问起居,天寒拥被,作此奉答,聊慰远情。

宇宙扩无穷,时空奔如骥。
万象森罗中,神变生交臂。
往来喻古今,俯仰判天地。
物情同转毂,吾生宁独异。
少日事犹新,衰病逼老至。
刹那便一生,纷纷何可记。
此中会有真,苦不测其闳。
因之仰高贤,往往抒睿智。
独出额头珠,超拔根尘累。
遗后典琳琅,委婉传微义。
我曾试探研,钝拙终自愧。
追怀父母恩,怆恻还下泪。
为学本艰辛,为人本不易。
我生已平庸,况忍更暴弃。
牧己期谦卑,与人但诚挚。
兢兢朝夕间,唯恐忝人类。
病躯残风烛,成德安可冀。
持此谢故人,区区平生意。

春日感怀

丙申(注:1956)春日,二亲逝矣,自顾老大,为学无成,感怀一首。
　　四十三年自省非,敢期旧学契精微。
　　光生珠蚌犹惭老,足损璞人早悟稀。
　　月白虚舟惜独抱,风行秋水见天衣。
　　慈恩不尽还遗泪,清净虽存未便归。

诗 词 偈 颂

自注：约取《般若经》观空不证意。

寄 芸 陔

梦见芸陔情意甚厚，相携至家共进面餐，久别喜逢，絮谈无厌。觉后尘影恍然犹新，因就枕边作句寄之，梦事梦话，聊为一粲可耳。

梦里惊逢絮语长，尘中风雨几星霜。

英雄肝胆存知己[1]，儿女襟怀思故乡[2]。

满百忧千嗟岁往[3]，冠张戴李看人忙。

病夫自愧无余力，一盏清茶一味香。

丁酉（注：1957）二月倚枕作

自注：

[1] 余朋友中，芸陔性情豪爽。
[2] 佛家以众生为浪子，以涅槃作故乡。余治内典，有深感焉。
[3] 曹子建句：人生不满百，长怀千岁忧。

附函云：日前奉复，函想达左右，嗣寄佛书一包，随意流览，未知有趣否。昨夕一梦觉来，枕边成句，不及琢磨，录呈察览，事是梦事，话是梦话，一粲而已。弟春中胃气略舒，而腰疾酸痛加剧，一具臭皮囊，注定了早晚送火葬场去，亦不消介意也。一笑。

丁酉二月廿四日

题 帕

水天共奔流，无际情难写。

我有泪千行，与君同一洒。

为学一首示儿

少年书种向曾期,胸蕴真诚始有基[1]。
理贯新知穷旧学[2],道通物理造神奇[3]。
体融空有深深证[4],用彻人天实实思[5]。
东土薪传谁善继[6],杜公法界后贤师[7]。

此余《为学一首示儿》旧稿,别有自注七则文繁不录,偶复念及,义犹可存,并书于此,留为参考。

静翁写于观漩渡楼

自注:

[1] 盈天地间,森罗万象,刹那之间,顿起顿灭,变化无穷。惟我胸中蕴蓄一片真诚,庶几为物主宰,以此证应理事,无不曲尽其当。深证不二奥旨,此为基础。心无所主,随物乱转,谓之为学可乎?

[2] 孔子曰:"温故而知新,可以为师矣。"又曰:"吾有道一以贯之。"今兼取二义。新与旧为学之迹也。过化存神(孟子曰:"所过者化,所存者神,上下与天地同流。"),斯无往而不融贯矣。

[3] "造"有"至"义,谓了至其境。复有"创造"、"生起"义,谓转变自然物理,为全世界一切众生创造幸福美好生活。

[4] 空有双彰,于相对明体;空有双泯,于绝对证体。此二不二,深会可知。

[5]《易》曰:"天道鼓万物而不与圣人同忧。"此义最宜深思。矛盾对抗以至于斗争转化,此自然鼓万物之道也。而龙战于野,其色玄黄,伤者众矣。顺此而行,老氏所谓"天地不仁以万物为刍狗,圣人不仁以百姓为刍狗"(老子之所谓圣人与孔子所谓圣人辞虽一,涵义大异,此应辨别),圣人悯焉,(此句"圣人"是孔子所取义,即上文"与圣人同忧"之"圣人"。)变理阴阳,融通造化,以人弘天,转天成人。庶几即矛盾(天道)即和解(人道),即干戈(物理)即玉帛(人情),真人之境

可观,大同之治可期矣。又凡自然科学所研究之对象统谓之"天",社会科学所研究之对象统谓之"人"。此歧路互融,瞬息转化,垂垂无尽。为学证体深深,如知其趣。

[6] 东土学术思想以释儒两家为大宗。证体深深,莫如《般若》;章章有明月,莫如《华严》《大易》。(体用不二而有分,此宜深会。)后生能知此者寡矣。往圣绝学,悬弱欲坠,不期至我而作《易》后断种之人,为悫然。

[7] 初唐杜公,法顺老人依《华严经》,述《华严法界观门》,寥二十千余言,而体系完整,千古绝唱,实为中印文化思想江流之一大发展。彼函"空""有"两宗,此方"心""理"两字,望尘所不能及。《观门》以事法界为基而成三观。盈天地万物莫非了也。观事法界体,能观真空,所观谓理法界(理是体义)。观事法界相,能观理事无碍法界。观事法界用,能观周遍含融,所观事事无碍法界。三观以真空为体,层层腾进,绮合钩锁。摄如重重镕融无尽,为一昧法。中唐以后能传斯旨者实甚少,启函烛潜,发挥中土先贤绝学,令闻于世,犹望后生,不知有能善继者乎?

庚子初夏

震注:此诗是家父一生为学的总结,视作诗词集的压卷大作,当之无愧。庚子初夏(1961年暑假),家父在赠我的题词本上题写这首为学示儿诗,并嘱我抄录其注解七则。1962年将抄件和家书存放家里,后遗失。时隔五十余年,2014年秋从任哥交付昭妹的父亲手稿复印件中意外发现我用清华大学信纸手抄的《为学一首示儿注解》原件,欣喜记之。

渔家傲·寄介儒

细算人生如露电,旧游到处成砾片[1]。记取南湖人影散,闲坐看,梧桐静月微风岸[2]。

几度永和楼上燕[3],香花重升酤酊遍[4]。两地如今消息断,从头算,何时可赏平生愿。

自注:

[1] 余与从弟介儒,于民国廿七年戊寅(注:1938)岁首随校自长迁滇,未几而长沙有焦土之祸,全城尽成废墟。家人在长,幸及时走避,幸免于难,感喟未已。己卯(注:1939)夏,余尚在昆明联大,介儒已执教自流井,偶闻蒙自旧游处又遭敌机炸毁,感怀无限,作此寄之。

[2] 戊寅间,余与介儒同赁居蒙自城中,城外南郊为西南联合大学校址所在,其旁有大池,曰南湖,湖水清浅,而韵味至美,道侧疏植梧桐,益添幽致。余与介儒,常玩月踏步其间,或倚坐水边树下,欣赏风情,子夜忘归。

[3] 永和楼在蒙自城中大街,为吾辈寻酒浇愁之地。介儒豪于饮,余豪于兴,其醉一也。

[4] 香花重升,并为滇产名酒,味馥烈如白干。

苏幕遮·旧影题词

庚辰(注:1940)初春,侍母于昆明翠湖之滨,时四方鼎沸,家人离散,偶检旧箧,得小照一帧,盖二十年前余与舊哥侍二亲旧影也。时余尚在稚龄,依恋膝下,痴态宛然。故事入怀,恍如春梦,因写微词,略存情意云耳。

几多情,无限恋,旧日鸿泥,寂寞柔肠断。顾影离愁齐入眼,乍觉惊怀,弹指年光远。

景苍茫,思弥漫,慈霭年年,画阁芳菲满。惟有多情千古见,不尽相思,长在梦痕践。

忆江南 二首并序

庚辰秋,余侍慈亲自滇至沪,阖家重聚海上。是岁十一月十八日,为严亲六十六岁诞辰,家人群绕堂前,为父母寿,并往王开照相馆摄影留念,二老色喜,家人皆乐,余为欣然记之。

归来也,久别喜相逢。

漫诉三年离泊苦,且看今朝画堂红,慈意酿春风。

团聚了,一室喜融融。

齐祝高堂长不老,膝前滋味最无穷,常在至情中。

满江红·辛巳(注:1941)岁首感怀

慈亲坐骨神经痛,医药频施,仍展转极苦。余侍疾歇浦,风烛高年,未敢倡志远游,而四方风云中,湖海之气,亦未尽释于怀也。

南浦征鸿,更何处,踏游陈迹。细追寻,书窗旧梦,愁怀如织。国事蜩螗方未已,民生疾苦凭谁释。正男儿,担负兴亡时,风云叱。

弹岁月,暗移易,怅故阙,空跟踹。况坡翁心事,待阿谁识。万卷腹藏休沾喜,儒冠自古牛衣泣。莫踟蹰,著篙砥中流,波涛急。

雨霖铃·辛巳除夕感怀

慈亲老病,余侍居歇浦,相依为命,海上朋友四散,无可言者,局门读书娱亲而已。除夕微雨中,慨念老大无成,作此遣之。

书窗轻雨,欹栏孤立,默默无语。看今夕等闲度,年华去也。挥戈难御,瘦减容光,更那胜,愁损如许。极目望,无限河山,处处烽烟惕羁旅。

离怀自古牵儿女,更何况,病久深情趣。难言最是庭趋,惊白发,怯怀千绪。壮志年年,依旧书堆牖下空诩。怕再诉,陈季才情,此意东流去。

青玉案·卅七生辰感怀

豪情半逐流光去,寂寞只余离绪。琴书生涯谁相与。月残星汉,鸡鸣风雨,一枕愁何许。

掉首莫谈儒生侣,但解文章泣禾黍。堪笑平生空自诩。顾[1]黄[2]人品,阮[3]陶[4]风趣,萧疏寒江渚。

自注:

[1] 顾亭林。
[2] 黄梨洲。
[3] 阮籍。
[4] 陶渊明。

注: 此词作于1949年。

浣 溪 沙

辛卯(注:1951)清明,烟雨中与家人同游浦江偶感。

波样情怀水样休,翩跹桃柳又迎眸,一江烟雨总悠悠。
春梦无痕观蝶舞,湖山有愿负琼楼,眼前输些古风流。

附注: 旧见联云:不随时俯仰,自得古风流。

诗词偈颂

鹧鸪天·辛卯暮春偶怀

绿染枝头花味浓,小窗人病日疏慵。残寒暗与芳菲度,枕底江潮到晚钟。

春易老,梦难重,深情知有几人同。尊前欢事空尘影,桃面看如泪面红。

鹧鸪天·送别

北大挚友张公逸兄尊人叔雨世伯夫妇,辛卯三月,自沪移居济南。余自庚辰侍亲海上,因得谒教,不觉逾十年矣。怀旧难舍,奉呈赠别。

浮海孤城谒范公,兵书倦置气犹雄。十年回梦鸡鸣苦,待晓东窗一枕红。

怀往古,论西东,少年情味老年浓。订顽负望翻成泪,凝送双星过济中。

诉衷情·寒夜怀旧之一

银灯伴照夜清凉,摇曳影成双。十年一别如梦,说不尽,两衷肠。

怀昙寺,望潇湘,意彷徨。几番离乱,一向凝眸,雁断他乡。

江城子·寒夜怀旧之二

翠湖松岛记游踪,水淙淙,意融融。浅酌香花,欹醉小楼东。离恨归魂忆旧梦,追寻处,影无踪。

晓妆报罢画墙红,乍重逢,语无从。握手叮咛,莫负玉颜容。渔鼓动天声震地,惊甫定,又成空。

水调歌头·寄新婚儿妇

忆我婚期远,三十数今年。遥闻海外佳讯,蜜月满今天。长短劫波交逝,哀乐人情互绮,此意竟难传。指月问谁会,应在自心边。

念稚子,悲老亲,每缠绵。乾坤俯仰,今古曾得几人全?不羡珠轩华冕,但尽伦情物理,爱众而亲贤。一片真情在,千里共婵娟。

辛丑(注:1961)中秋,值余夫妇结缡三十周年。家人小聚茗话中,忽传海外来讯,述儿、安云成婚,计时满度蜜月矣。大年小日,三十同符,亦缘合偶数也。水天远阻,无以为情。复念二亲往矣,将率儿妇少遂向日膝下承欢之趣,其可得欤!感念东坡《水调歌头》旧句,一时情意纷遝,杂成此章。千里遣词,曷当什一,但惜人间伦常,珍重慰勉而已。

静翁于观漪渡楼

山 寺 远 钟

一切有情,生老病死;
一切器界,成住坏空!
尽管我十分不愿意,
无奈是自然的铁律,
不由得不服从!

诗 词 偈 颂

多可爱哟,

多可恋哟!世间的——

绝代佳人,

锦绣河山,

盖世英雄!

但,经不住空间移转,流年暗换,

浮云泡影,

瞬息无踪!

彷徨伫立,

搔首问天公:

"滔滔今古,

刍狗万物!

难道我们的生命,

我们的世界,的一切,

命运归宿,如此终穷?"

天公不语。

悠悠独立,

情怀万端,

悲泪无从!

夕阳斜照,

凉风微吹,

从那幽远山中的古寺,

传来几声晚钟。

哦!

诸行无常,

诸法无我。

事实分明眼前,

只怪自家心窍不通!

看哪!

在死亡的废墟堆间,

遗下了说不尽的痴情,数不清的髑髅!

但,一个起灭不停的幻境上,

能有些什么永恒的真实,得建立其中?

醒醒吧,亲爱的朋友,

莫要尽朦胧!

涅槃寂静,

光明圆满,

方是自家的真正主人翁!

参毗舍浮佛偈

四大本来无,何因而假借?
一心本无生,何缘而境有?
了知境本空,因缘从何起?
无因亦无缘,何来幻起灭?
如如自不动,不动复何如?

应慈老和尚八旬世寿相赞

教演贤首,道继南宗。
一心无碍,禅讲兼融。
闻其声如霹雳,接其人似春风。

诗词偈颂

胆落情消,化迹难穷。
既遗身心于内外,如何得测乎其中。
猗欤我师,盛德犹龙。

无　题

远推龙树,近法杜公。
怀般若之浩荡,游华藏于无穷。
未尽观空不证之奥,常惭同体大悲之功。
永抱斯愿,黾勉在躬,既竭吾力,欲罢谁从?
尽未来际无疲倦,以望于周融。

静翁题于观漩澓楼

三十八岁题照

如是我耶,我原非渠。
如是非我,貌亦无殊。
离尔奚我,即尔岂余?
繁沤万象,泊焉一虚。

四十岁题照

崇尼甫学,奉释迦师。
一验吾仁,一体吾悲。

确乎光明在诸己,平生坦荡更无奇。

金石其流波,天柱赖有支。

为山一篑,惟日孳孳。

下学而上达,乐乎天命复何疑!

四十无闻,茧眼滔滔。先民之学浸晦,继绝之肩谁承?囍屯既深,真情愈见。瞩影悠悠,惕惭并至。因缀微词,略抒眷眷。

注:家父1913生,按虚岁计应作于1952年,原稿无题。

札 记 题 赠

主编按：1955年春，祖父病故，家父极其伤痛，与熊公论学书简中可探其详。是年冬，家父开始集稿五十余篇于一书夹，写下《集稿附识》作为集稿压轴。尝记寒假初雪夜，家父召集全家制作文抄本。用三重复印纸誊写一式四份，历时三周，文抄如期完成，家父按序捋平文稿，由家母钻孔上线装订。抄本共做了四部，装订整齐，抄写工整，绝少错误，沁透了全家人的心血。曾用家宴"罗汉素斋饭"以示庆贺。

后来家父将"集稿"分赠大伯蒨窗、熊十力先生和张遵骝先生等阅存。1956年3月，家父北大同窗挚友张遵骝曾回函："我兄大著愈后又重读一遍，启我良多而更增己身之愧。吾兄玄思力强，而力践之功，尤为一般友辈所不及，于此望能倾其全力，以导此理之例证，果于启蒙能稍有补益，则于愿已足矣。"

十年动乱，家父"集稿"原件和三部抄本均流失，幸得张遵骝先生1962年回馈"集稿"抄本一部，保存至今。为了编撰《文存》，今年10月二兄任先将"集稿"文抄本复印件带回上海供编校用，令人思绪万千。为此本书附录二，保留原稿目录，以示对家父的怀念。

"集稿"文稿共 55 篇，今按内容分入各辑，本辑连同《附识》收入 20 篇。此外搜集到同类短文十余篇，一并归入本辑。

庚寅(注：1950)元日试笔

愿将身心，献于世界尘刹，寻求民主和平，是每个人的天职。

壬辰(注：1952)元日试笔

愿世间一切贪欲、瞋恚、愚痴诸毒，悉皆消除。愿尽虚空界众生，于无量劫来所作业障，痛伸忏悔，灭人我见，发菩提心，平等亲爱，共建一廓然大公之幸福社会。

乙未(注：1955)元日试笔

愿以此心光明，上彻诸天，下穷诸地，与十方三世无量河沙众生，至诚亲爱，如父母子女，如兄弟姐妹，同消无始时来一切罪垢，同解无始时来一切冤业，同集无始时来一切福智，觉岸共登，菩提共证。

静窗集稿附识

乙未冬月，病中寂居，略集旧日文稿，事过抚卷慨然，仅存文字糟粕而已。人生数十寒暑，宛如春梦留痕。为学自践，寡过未能。二亲往矣,思念泫然。梦境已虚、迹痕未去之际,斯亦不足以意故为存弃云耳。

庐陵刘静窗附识

书室自警

余性亢爽,好友尚志,尤爱清闲,寄情典籍,默处沉思,辄忘寝食。经济、政治、历史、社会、民族,以及古今文学、哲理诸书,无所不嗜,一卷在握,思亦随之。览习既杂,意念亦繁,不可条理,问难滋生,错综千绪。尝废卷嘘唏,谓天下事理,纷乱如毛,以沧粟之身,夏虫之智,竭虑穷年而逐之,不亦殆乎!

向日读书有二病,不可以不改,曰无体系也,曰无摘录也。无体系者,胸间无准绳,书籍无选择,今朝易此,明朝易彼,精神不一贯,主客不形分,破万卷无益也。无摘录者,读而思之,已而置之。今日萃精会神、穷研力究之事,月而后淡然矣,年而后尽忘之矣。夫为学如山,日积月累,庶或望成。余幼耽书籍,平生浏览,奚止千卷,间叩其中,茫然无据,二病兼攻,安望其不唐劳也哉!而今而后,其知勉欤!

吾亲生余,年逾不惑,余自幼困病,钟怜抚育之情,未可以言喻也。今幸渐次长成,就学北庠,得卒其业,而书窗怀省,学无专长,行未淳笃,虽晨昏定省,常有爱日长亲之乐,偶念孟东野寸草春晖句,惭竦之怀,宁有已乎!书悬座右,略以自警。

宋人语录一则略释

庚寅(注:1950)仲冬月十八日,严亲度七旬晋八生辰,家人相聚祝寿,闲话家常,有老矣之慨。静窗侍次,因举宋韩持国与程子对话故事。韩公持国与程子语,叹曰:"今日又暮矣。"程子对曰:"此常理,从来如是,何叹为?"公曰:"老者行去矣。"曰:"公勿去可也。"公曰:"如何能勿去?"曰:"不能,则去可也。"并略呈解云:天地之中,去者不能留,留者不能去。是故往者长往,而存者常存也。易,变也,有道存焉。体之于至微,察之于至著。造化无隐,阴阳莫阂。涵养功深,体用一如。世间神仙之说,渺乎不足论矣。薛文清公晚年自述云:"七十六年无一事,此心惟觉性天通。"其有以哉! 亲色喜,故退而记之。

书读经示要后

语曰:"博学而笃志,切问而近思,仁在其中矣。"读熊氏书,想其为人,盖笃志近思之类也。真积于中,言发于外。余于其论旨未必尽同,而务为探本索源之道,千百世无以异也。嗟夫!泥古谀今,二者相去几何?体用镕融,本末交参,求之斯世,其人盖寡。亭林顾君之所忧于天下者,异世尚同慨焉,则是书之作与其读者,亦不为无故矣。

读新唯识论

贤首判法相唯识为始教,未许了义。其名相甚繁,初学为苦。晚岁自石埭杨仁山、宜黄欧阳渐诸居士为之倡,学者宗之。其终不泥文句,究己为归,别抒裁断者,吾见熊氏,若有六经注我之意存焉。而欧阳大师深恶之。以其违圣言量也。刘子定权乃从而著论破之,熊、刘二氏,同师宜黄,熊书既出,刘乃著《破新唯识论》。熊见,复作《破破新唯识论》解之。《破破论》余未见及。至云熊君诚能以十年著书之功,易为十年读书,穷研旧学,识其旨归,方了然者。然熊氏盖出入儒、释,学有根柢,故虽攻复他山,亦未足为片言折也。千古断断,贤者用心,无非欲为天下辨明一个是,其难乎!而世所称为立言者,尤不易也! 故学者贵体己存养,贵虚怀研求,庶有进德。此非臆说逞智之地,而为之者,胥自弃也。此书不当跻诸泛泛著作之林,卓尔成一家言,要为可读。初从学者,明辨切思,知所慎焉。

读论张江陵

公逸示余熊公《论张江陵》新著,一气读完。旧余尝见熊公《新唯识论》《读经示要》诸书,语重心长,悲怀溢现,今犹是也。斯世其人,低徊不已。公逸欲余有言。能有言哉？敬其所长,崇其所学,无以言也。交感滋多,绎叙无从,亦无以言也。约举数端,聊就正焉。

(一)熊公之学,探究本源,得于佛,归于儒。根于儒,微辞于佛。自紫阳、姚江以来学者,出入之际,曷不如此。熊公得佛,多于朱、王。究其言也,启于悲愿。则非泛泛之所短长矣。熊公赞佛得寂灭源头,而又讽之以为沦空滞寂。不免间然。夫沦空滞寂者,所诃为二乘之学也。苟得源头乐处,则活泼生生,即此生灭世间,莫非当人如如之境矣,云何滞在空寂? 菩萨观一切法空,而不舍离一切众生。世间无尽,烦恼无尽,众生无尽,悲愿无尽。此为空寂,则有不知所指者矣。自信、住、行、向、地,乃至究竟涅槃,体认斯理。粗以入细,细以入微,微妙至极,入不思议境界。以此自觉,以此觉他,则亦儒家己立立人、己达达人之意耳。尽入无余涅槃,举众生全体,同证阿耨多罗三藐三菩提,儒者作圣之功,有过此者乎? 儒释二家,并为为己探源之学。大本既立,方便说教,各尊所闻、行所知,育行无害,不亦可乎？犹复斤斤较比异同,伯仲臧否其间,难矣哉!

(二)儒者体仁,释者首悲,自来真见本者,无不以利济群生为其学,为其行。末流不知方便,沦守虚明。本源之论,徒益口谈,用遗而体亦亏,此东学之大病也。熊公知之审,言之切,吾有同然,则经济民生之学,当深究矣。涓涓之流,朝宗必海,自草野茹毛饮血,以至声光电化,文明大启,产力发展,其间生克冲荡,每况愈进之故,西方学者,言之已详。顺其流,条其理,元元生机,庶乎日畅,不可制也。而西学难免意为,是其凿耳。释氏于此,未尝着力,儒家惟唱不患寡而患不均之说。夫均平之政,以抑豪强,细民苏息,稍遂所欲,似矣。而抑平豪富,则于元元生机,必济之以生息舒畅之道,庶几文物日启,庶教可兴。先民于此,鲜有大志,明达者偶为之,而困于求均求安之义,辄难有成。余者因循苟且,故以不犯手为高,甚或避之,若恐浼焉,则可为者寡矣。夫经济之事,挚挚为己谋,我我所坚固,蔽也。<small>欧西资本主义经济扰攘之故,可资殷鉴。</small>衣被苍生,舍此不谈,是犹望行而却步矣。徒事抑平,不务培养,小民受惠,亦有限哉。我国儒释之学,如日月经天,并足千古,各家学术思想,亦无多让人者。数千年历史文化辉煌之邦,独不见资本主义兴,亦不见社会主义长。晚近百年,与西人遇,当锋迭挫,相向震骇,始思其故,而栖遑更张,不可终朝,至于并其本源而遗之,斯亦惑矣。江陵当国九岁,虽功绩可数,而身死难继,卒无以挽明之危亡,则亦可以深思其故也。熊公于此,言未尽详,补俟教焉。

（三）夷夏之辨,民族气节。先民于此,足以惊天地,泣鬼神,泱泱吾族,赖以不坠,感怀之至,瞬息难忘。历来四邻异族,类皆文化低、习性悍,言膺惩,言怀柔,先民不得已之辞耳,协和万邦,终为儒者大同之的,又不可不辨也。独立,为民族立己之尊严;平等,为民族和乐之要道。民族一词,必同时具此而已,不容稍渝,敢为不韪,天下共击之,齐桓之事,<small>但约其事。</small>春秋之义,<small>深严其义。</small>不犹可喻欤? 各国文化相若,友好互处,观摩资长,经道也,亦正道也。文物往还,生机滋厚,族类之间,渐泯彼此,大同之治,庶有可几。此由于自然演进,逆意而为之者,私也。百年扰攘,东西激荡,我长其仁,彼务其义,以体源之学,与声光器物值,鲜不目眩耳惑,为境夺者。声色易见,源奥难通。合则骈美,离则两害。遗声色，求体源，千载痼疾，有可痛省者。遗体源，逐声色，群生蹙苦，遂可已乎？吾读熊公《论张江陵》书，故有不能自已者焉。感公逸借书意，因以质之。而未当者，必有以教我。

书王船山读通鉴论后

大经大本以为学，通人情，娴世变，损益以为用，用之不明，学之不备也。故知学者必详读史，涵泳反复于中，天人致用之际，庶寡间然。船山斯论，义析微芒，百年下读其书者，如见其人，亦可以劝矣。宜与司马《通鉴》同观。挚情国族，于此深植其本，持身涉世，卓尔有立，不为草偃，至于融会古今，斯在善读者矣。茧目滔滔，愿见有人。

书钱谦益文后

读钱氏文，其申包胥、汉武帝诸论，乃至书黄正义扇，皆入清后作。沉结郁固，非无心者之言也。清师下江南，谦益身当义无再生之地，勇不足以自决，智不足以烛机，一筹之错，终身恨成。即曰隐忍待后，其可解乎？垂暮悒悔，而异族之辱，士林之耻，已无及矣。委蛇之痛，于梅村有二人焉。呜呼惜矣！

书思辨录辑要后

余向读太仓陆氏书，求《思辨录》，十年而不得。得之，《辑要》而已。尝忆吾民族，当明末际，内丧腐乱，外困房夷。独儒生无拳无勇，而以气节学术，撑持天地，吾见桴亭，并立顾、黄、王、李诸师间，无逊也。《辑要》一书，仪封张伯行刊于康熙晚年。桴亭有经世才，触时必有，则芟节难免，犹之亭林《日知录》也。千秋独夫一流，惟以固势遏意为先，苍生与文化奚取焉？况制之者为异族乎！则《思辨》一书，恐二百年前已坏其全，而余十载以来所睽睽者，恐亦终于《辑要》而已。可慨也夫。

读谭嗣同集

天下有才者，恒难尽所养。有养者，未必见于时。读谭氏书，想见其为人，慨系于衷，有弗能已者焉。嗣同之学，有得于船山诸子，又尝从石埭杨仁山居士游。俊年磊落，心热才高，当民族忧患间，思以书生，会变东西，力挽坤乾，而卒见罔武夫，授首妇人。虽死生不变，凛然千古，其于戊戌之政也，以七月出，以八月亡，气若湖海，命等蜉蝣，惜哉！嗣同志趣，略见《仁学》，言未必醇，而抒思敏捷，直决篱坝，泱泱江河。死难之年，才三十四岁耳，苟充所养，虽得倍寿，未逾常人，而睿思为学，以献于人群者，殆未可量也，惜哉！黩夫戾妇，茧目滔滔，大节才子，得一实难。世运消长之际，陈刍弃狗，曾不足顾，人百莫赎，英雄泪满，天道宁论，斯亦末之何也已矣。悲哉！丈夫之于世也，大行穷居，奚损奚益？独以忧乐天下之故，语默出处，宜知所慎。嗣同于是，其或过者欤？虽然，憧憧天地间，量口腹，趣利势者，比肩累累，赖嗣同振臂一呼，血光霹雳，铄破今古。直赞叹之不暇矣，宁愿深论哉。呜呼嗣同，庶几见为刚者。

题宋元明儒学案

为人须先是笃实做得个人，本源既立，方好读书，此后学问事业，皆其发用光大处也。否则虽文采辉显,终归虚诞,亦可惜矣。宋元明儒诸学案,略见前贤切己为学之要,体之思之。当知确乎其在我者,终不可泯也。

题木板芥子园画谱赠景书

天地自然,乃至人物性情之妙,传神之工,皆可摄来眼底,惟在善用其心耳。景书弟幼年好画,偶见佳册,赠供临摹,宜知所自勉也。

东塾读书记书后

中学偏体,为学务探本源,枝流莽昧,无以究穷物理。西学偏用,足以开工成物,凿智逞技,亦启争途。百家错杂,反成何尽,辨流变者,默识思通。勉求导解,薪归熙和,庶教质文,其或可乎？儒家经学,载籍浩繁,聚论非一,其在昔人,犹有皓首难穷之慨。今日四海瞬通,文物大启之际,学科研求,奚止什佰倍前,鄙之者无论矣,习之者不益有望洋趑趄者欤？陈氏斯记,约要类析,庶几学者略窥纲领,循序省力。梁任公谓曾见其遗稿纸片,累至数百万,研核精严,当日辛勤,尚可见也。世有愿为儒学者乎？一册在手,叩门有砖也已。

书杨氏易传

象山之学,先立乎大,至正也。向余读其书而敬其人,然后知有慈湖。洎见《己易》,悦之。因求其《易传》,迄十余年不可得,前年辛卯中,始知四明丛书有刊本,辗转求借,难餍所望。春日行步道中,不期得于摊贩人手,盖几乎其不沦为断篇烬余矣,可慰亦可痛也。慈湖究心高远,而行细谨。为紫阳学者,纷纷指以为禅。呜呼!岂易言哉。为学不反求诸己,徒以门户相私,益苦而已。

读 老 后 记

老氏者,深于《易》、善乎坤之道者也。《易》有《归藏》,《归藏》首坤,谓出自黄帝。世之谈老者,辄曰"黄老",亦不为无故矣。得其道者,贞固之藏,可以起乾元。不得其道,流而为虚诞,为刑名,为兵法,是学者之失,而老氏能辞其咎哉?呜呼!学至难言也。吾读其书,乃深慨焉。

注:此文作于1955年1月12日,即甲午十二月十九日。

节录大般若经第四百十一卷譬喻品

若菩萨摩诃萨发如是心,我今当被大功德铠,无边生死大旷野中,为诸有情,破坏一切烦恼怨敌。我当普为一切有情,枯竭无边生死大海。我当舍弃一切身财,为诸有情,作大饶益。我当等心利益安乐一切有情。我当普令诸有情类,游三乘道,趣般涅槃。我当虽以三乘济度一切有情,而都不见有一有情得灭度者。我当觉了一切法性,无生无灭,无净无染。我当纯以一切智智相应作意,修行六种波罗密多。我当修学于一切法,通达究竟,遍入妙智。我当通达一切法相一理趣门,我当通达一切法相二理趣门,我当通达一切法相多理趣门。我当修学种种妙智,达诸法性,引胜功德。善现,是谓菩萨金刚喻心。若菩萨摩诃萨以无所得而为方便,安住此心,决定能于大有情众,当为上首。

复次善现,诸菩萨摩诃萨发如是心:一切地狱、傍生、鬼界及人天中诸有情类所受苦恼,我当代受,令彼安乐。诸菩萨摩诃萨发如是心:我为饶益一有情故,经于无量百千俱胝那庾多劫,受诸地狱种种重苦,无数方便教化,令得无余涅槃。如是次第,普为饶益一切有情,为彼一一各经无量百千俱胝那庾多劫,受诸地狱重苦,一一各以无数方便教化,令得无余涅槃。作是事已,自种善根。复经无量百千俱胝那庾多劫,圆满修集菩提资粮。然后方证所求无上菩提。善现,如是誓愿,亦名菩萨金刚喻心。若菩萨摩诃萨以无所得而为方便,安住此心,决定能于大有情众,当为上首。

右节录《大般若经》第四百十一卷譬喻品

地藏忏仪圆满愿文

娑婆世界,南瞻部洲,震旦国土,弟子刘静窗,为先父上理下堂公,于乙未年正月十八日未时,安详舍寿,清净坐逝,弟子自维罪深障重,致身孤露,天谴地弃,悲悔无从,爰于十九日起,寂室自誓,四十九日,摒绝外缘,一心敬礼地藏菩萨忏仪,上报无量劫来父母深恩,下拔无始时来自身罪障。哀情时至,涕泗潮奔。以此祈求地藏大士,乃至华藏世界帝网刹中,遍法界常住三宝,同垂悲悯,令愿成就。复念从上诸佛菩萨,因地修行,无不誓弘如来正法,誓度无量众生,誓证无上菩提。诸佛既尔,我今亦然。复恳垂慈,为作明证。又愿弟子,从今一刹那顷,因果交彻,三身顿证,依文殊智,修普贤行,生生世世,尘尘刹刹,严土熟情,永无疲厌,乃至舍无量身,聚骨为薪,注血成油,以焚以化,于世间最黝暗处,作诸明炬,人心至凉酷地,起诸阳辉。承佛神力,供养尽虚空界一切众生,如父如母,如兄如弟,如姐如妹,亲爱肫诚,以法互持,三有齐资,四恩总报,同登般若玄门,共游华藏性海。

毗舍浮佛偈略释 并序

曩侍慈亲病,居海上,稍涉内典,苦未得入。至壬午(任注:1942)冬夜,偶见明紫柏老人《释毗舍浮佛偈》文,初二两句,才接目际,遽触疑情,挥之不去,寝馈靡间,浃旬乃已。三百余年,慈悲垂手,古佛深衷,略窥隙明,亦可念矣。近人每好断章取义,拈提偈语,婆心难见,窃惴惴焉。癸巳(任注:1953)冬日,因寒伏病,壁观自调间,前段公案,悠然现前。弹指已经十有二载,慈亲亦已弃养九易岁矣。无常迅速,可胜道哉!故为略释,少酬宿因。偈为禅源,摄无量义,惟宗门下剿绝言思者流,勉可证知,余无分也。滔滔浅言者,庶有知止者乎?

毗舍浮,此云自在觉。自在即觉,觉即自在,无二致也。其传法偈云:
　　假借四大以为身,心本无生因境有。
　　前境若无心亦无,罪福如幻起亦灭。
偈为禅源,三藏十二部,乃至一切世间、出世间法,摄尽无遗。行者持此千百万遍,自在现前,胜义无量矣。

今以微辞,略诠少分。

初句法身,次句报身,三四两句应化,可知。

今初,谓观身非身,四大幻成,四大非有,假借所作,谁为假借,当体湛寂。豁然贯通,无隐乎尔。若约杜祖《华严法界观门》,是第一真空门摄,迥绝一切言思故,唯证方知故。

次句报身,义广无尽,姑以表解,俾易参寻。

心 ─┬─ 本无生……自受用
　　└─ 因境有……他受用

心者,总持一切世间、出世间法,究竟如法界,广大如虚空,竖穷横遍，无不融摄。本无生者，即心真如门；因境有者，即心生灭门。只此一句，已摄《大乘起信论》无余蕴矣，思之可见。

复次，不变随缘故，"本无生"不碍"因境有"，依理成事也。随缘不变故，"因境有"通显"本无生"，因事见理也。此二镕融，存亡隐显，即通华严法界观理事无碍门。

三四两句，观境有无，乃至幻缘起灭，此化身摄。亦通法界观周遍含容门。森罗万象，妙应无方，莫不在其中矣。语云：寂寥于万化之域，动用于一虚之中。一尘如是，尘尘亦然。十方三世，普融无碍，自在如如，摄入无尽，如镜交光，如灯交映。此非思议境界，观智圆明，令现在前耳。

经云："但有言说，都无实义。"持此偈者，一遍，二遍，三四五遍，乃至千百万遍，一旦豁然，彻法源底，直传庄严劫古佛心宗。忘言之乐，可胜喻欤！虽然，不经一番寒彻骨，怎得梅花扑鼻香。亲切一句，还须当人自道始得，参！

挽范古农居士联　并序

古农长者，精研法相唯识，行持高洁，余尝数谒晤于浦江省心莲社。絮论殷勤，霭然仁者。辛卯（注：1951）三月初七日示寂。海上老成，能不与世滔滔者，又去一人。悲悼难胜，缀联记之。

四生梦破本无我，九仞功成今有人。

赠应慈上人联　并序

师应慈上人，源出南宗，毕生弘华严大教，传讲晋唐三译，化沾东南，泽流北土。余庚辰（注：1940）侍亲浦江，洎癸未（注：1943）浦月，始得亲教。师精神矍铄,诲人不倦。去岁乙酉(注:1945),国难敉平,四方宁息可期,师平日眷眷之望也。今岁仲春,师度世寿七旬晋四,虞山兴福寺新宇,亦告落成,爰献斯联,籍留纪念。

    教演华严,十身住持师僧三宝;

    观传法界,一心成就父母四生。

书大乘理趣六波罗密多经后赠蒨哥

  乙未(注:1955)春正月十六日,父亲微示喘疾,十八日未时,泊然坐化,清净庄严。甚为希有。蒨哥湘中闻讯,奔丧来沪,千里家人,悲痛乍逢,相向而哭,不知有所语也。人生一世中,原如空中花,而有不可泯者存焉。诚而明之,在我而已。不然,亦自弃也。暂聚又别,书此为赠,并以共勉。

述儿有台北之行题此以勉

  诚为做人之本,拙为应事之本。勤学深思,弘毅任重。而谦谦君子之德,尊仁亲贤之义,尤盼三致意焉!

  述儿有台北之行,题此以勉。

        静窗 卅八(注:1949)、五、十八

生 日 示 儿 辈

  乙未十月二十四日,诸儿及甥,为余生日,将序拜祝。余止之曰:生之日,思亲之日也,父母俱存,始有可乐。今日之我,一无父无母之人耳！二亲往矣,深恩难酬,凄怆情生,惭悚交集,有泪万斛,不知何地堪一痛洒也。病后余生,从天乞埋,斯亦已矣,何以寿为？

在无息无住的探研真理与实践中,人生途程,艰辛难言,而亦穷劫不可尽也。念念常思吾亲之慈爱,惟觉此深厚无边之至情,奚止于照临吾兹渺然一身,实弥满宇宙,一切人间,无不同趣,则亦知所当勉矣。寰中理事,千百其途,岂能尽究,惟返观藐躬,此一念真情,莹彻于胸,确乎不可泯,以此应事,以此与人,以此践理,其或寡过矣。

行年四十三,于学无成,于世无补,两受刲疗,体元大挫。昔贤有言,鸟死鸣哀,书示诸子,其能深识吾一日之悲,而以自诚慎者乎。

主编按：除录自"集稿"的《生日示儿辈》,此辑另收入家父勉示诸儿的题词数则。在书香门第,书勉是雅致的中华古风。家父勉示诸儿的墨宝,着墨不多,务求精准,切中被书勉者的心扉：期望学业有成、提醒做人道理、鼓励探寻真理、指引求知前路。这便是十足十的家训,朴实无华、落笔存真,令吾等在真理与学识面前永不敢稍有懈怠！

戊戌(注:1958)夏月为念旸书勉之一

王阳明先生曰：后生病痛只是骄傲二字,许多过错皆从骄傲出来。骄傲之反是谦虚,此是对症之药;常见自己不是真能虚心,为学方有进步。

静　翁

戊戌夏月为念旸书勉之二

贺钦学于陈白沙之门,与人言论侃侃。白沙曰：夸夸终日,究有何益,不如虚心涵养为学,渐令深厚和平。钦乃作书室于后圃,日以深厚和平自勉。

静 翁

劭注:是年七月,班主任家访,陈念劭多宗劣迹。劭侃侃而谈,逐项驳回,绝不膺服。父亲未予责备。至暑期末,父亲赠以折扇,并将以上二则题于扇面,劭乃拜服。

己亥长夏题词

人生自有真,诚明在躬,深观自证。平日之间,但能一片真诚,虚己爱人,自然一切处本地风光,无不是道理,无不是学问。舍却日常实践,游心别求,终成幻想杂虑,其失也辽矣。

学问道理,岂是易事,滴水长流,有恒不断,精诚日至,金石为开。久久淳熟,庶几左右逢源,无不圆融,无不贯通,此毕生之事也。浮躁之求,岂足与语哉! 思之思之。

静 翁
己亥(注:1959)长夏

己亥之秋震儿考取清华大学将行书此示勉

父母唯其疾之忧。

调摄身心,常健常乐。敬长亲贤,虚怀从学。进德修业,精神充沛,诚念无息。能如是者,虽相去千里,不啻目前,亦可以解忧矣。

己亥之秋,震儿考入北京清华大学研习工程化学,将行,书此示勉。

静 翁
写于观漴澓楼,时大病未愈,息居上海

庚子秋震儿还沪录鹤林玉露一节留念

法昭禅师偈云:"同气连枝各自荣,些些言语莫伤情。一回相见一回老,能得几时为弟兄。"词义蔼然,足以启人友于之爱。然余尝谓人伦有五,而兄弟相处之日最长。自竹马游戏,以至骀背鹤发,其相与周旋,多者至七八十年之久。若恩意浃洽,猜间不生,其乐岂有涯哉!近时有周益公以太傅退休,其兄乘成先生以将作监丞退休,年皆八十,诗酒相娱者终其身。章泉赵昌甫兄弟,亦俱隐玉山之下,苍颜华发,相从于泉石之间,皆年近九十。真人间至乐之事,亦人间稀有之事也。

庚子(注:1960)秋,震儿暑假还沪省亲,为录《鹤林玉露》一节,少留纪念。余以久病,体日衰败,不觉有老矣无用之感,任运自化,亦无忧也。喜尔兄弟皆渐长成,循序为学,可以自立。尚望能常不失其赤子之心,友好亲诚,相互爱护,植身世间,舍其所以为人,斯慰念耳。

静 翁
写于观漴澓楼,时养病上海

与熊十力论学书简

主编按:这一部分内容的前身是1984年在台北出版的《熊十力与刘静窗论学书简》,当年此书曲折的出版经历请参阅附录的原书序跋。此次重编,书信主体部分基本保持原貌,仅对文字和标点的讹误作了改正;小注部分则改动较多,特别是增加了作为那段历史的见证者的家兄弟的附注,其理由在家兄述先的校阅前言里有详细的说明。

熊刘忘年之交起自1951年夏秋,由张遵骝伯伯的引见揭开序幕,两大心灵的碰撞,产生穷平生所学去体证的学论;此前"札记题赠"部分录有家父读熊十力论著的述评,写在家父尚未谒见熊公之时,已可见日后论学之先兆。

在熊刘《论学书简》中,还附有少量家父与张遵骝(公逸)的通信以及一封1954年写给述哥的家书,均依照时间顺序夹在熊刘书简中间。为保持完整,以见熊刘论学的来龙去脉,此次一仍其旧,未抽出归入"与张遵骝论佛学书"和"寄长子述先家书"的单元。另外值得一提的是,这封家书实乃本家之重要家训。其犹如一盏由家父点燃的硕大孔明灯,冉冉升起,又徐徐前行,照指吾兄弟前路凡六十载!我至少从中会出了三重意思:其一,家父教述哥读熊公《新论》(即《新唯识论》),述

与熊十力论学书简

哥因此走上用心体证的哲学之路,开启了他同熊学及新儒家的渊源;其二,吾家两代人同熊公的互动,即以此家书为起点,吾弟兄拜谒探省熊公,延伸至六十年代末,留下了极宝贵的记忆;其三,在众多家书中此信独受家父青睐,在其后多年中,曾多次抄赠子侄,而最后一次是在1961年11月,嘱我重抄摘要作生日贺词,并函示震哥及诸侄。请留意,其时家父已在病中,他告诉我,这是他又一示儿书,可以想见父亲在七年后的嘱幼子重录,多少凸显了他对自己由生命印证而来的结论的坚持。假如没有这封家书,述哥不会走哲学之路,便没有后来的熊刘《论学书简》的出版,而正是该书的延伸,才催生了迟来的《刘静窗文存》!

所以说,熊刘《论学书简》是一个坐标系,虽熊刘论学前后共十年,但涵盖了难以用时间来规范的跨度,他以1984年为定位的中点,向上追溯至1951年,往下延伸至2014年,也就是《刘静窗文存》初稿完成之时。

如今,我作为《刘静窗文存》的主编去重读熊刘《论学书简》,有一种旨在还原史实的责任感,这引出了我探觅前人学迹的奇趣。在该书的前半部有很正常的双方来往书简互动,但在后半部则只留下熊公的书简,这种倾斜失却了有来有往的平衡,引起学界对父亲免战退出的猜度。但任何一位对家父有认识的人士,均确信他的胆识和学问,并有自己的解读。所以,我摘引几位前辈学者的话来作答,便是公允的态度。

王元化先生曾对我说:"我听过汝父年轻时的演讲,不似大海怒涛之喧嚣,恰似大江之水奔涌,激情、理性而有序,绝对雄辩!他如何可能会为了熊公的霸气或颜面退出论战呢?此事不宜图解,宜意会,应有之义不在结论。"史学名家张遵骝先生则写道:"此事成在我,败亦在我;成在他们的论学卓识成为后世瑰宝;败在汝父随我对熊师执弟子之礼,意在为老人拂尘,故焉能尽言?"文史专家蒋天枢教授讲得更妙,他盛赞家父睿智,并对我直说:"不作尽言,乃汝父之德。"总之,老一辈学人对刘氏后人谈及此事时,均语带玄机,请读者诸君自己去品评吧!

我想援引后一辈学人的话来解读这段往迹,反觉清新可信,言词恳切。也是因缘际会,前时编《熊十力论学书札》(上海书店出版社,2009年)的刘海滨博士今天又成了《刘静窗文存》的责任编辑,他在《书札》的"编选说明"中写道:"刘静窗(刘述先先生之父)则是熊十力晚年迁居上海前后的一位知交,从刘静窗1951年8月因读熊著《与友人论张江陵》而写第一封信给熊十力起至1961年底,十年间两人书信不断,往来密切。按照刘述先先生的说法,刘静窗'由儒入佛,宗主华严',这与熊十力由佛入儒的路向正好相反。通信的前段,两人的辩论未必不激烈,但终于互为体解,虽观终有未合,彼此却情谊深厚,熊先生乃有'八年来(自熊十力1954年移居上海至1962年4月刘静窗去世,两人同城共处八年)唯君子终始相亲,慰孤苦,相依为命'之语。"

此便是管鲍相知、伯钟琴对的刎颈交。以生命著说,心证立论,坦然面对,各抒己见,这一份潇洒论学的博大心胸,不可用俗说作解。我在编撰父亲《文存》的长考中,有一个渐显清晰的联想,也许是一种新解。我以为,家父1956年的自编《集稿》便是集稿论对,因为论学到最高境界时需要一种宁静来长考心证,再辩无果,这便是父亲集稿的深意。《集稿》手抄本耗费家人极多心血,仅制成四册,其中一册便赠与熊公。请参看本书附录"静窗集稿原稿目次"和《默识随笔》等文,便知其详。也许,这便是答案。

2014年阅校前言

刘述先

这不是该书再版的新序,而是作为《刘静窗文存》之一章收录的原作新校前言。

原作写于1983年,发表于1984年,至今已过去整整三十个年头。

由于在《熊十力与刘静窗论学书简》发表后的几十年中，人生和世间都经历了斗转星移般的沧桑巨变，因此，在《书简》另一个主角刘静窗其人其事其文在百年钩沉中浮显出来之后，史料和资讯亦与时俱进，带出了当代学者们的新研习课题，我对此是有期待的。

父亲《文存》主编劭弟出于对长兄和原作的尊重，请我作三校复校的主校，便令我感受到来自当今世界的使命感。在完成对熊刘《书简》新版的阅校后，我决定写这篇阅校前言，并嘱念劭弟整理成文，记下我近期的几项重要思考，以作抛砖引玉之举。

假如，同三十年前一般，发表一部一字不改的熊刘《论学书简》，是难以满足时代需求的；假如，当我们兄弟这一代史实的目击者和见证人不再视事，那么，即使有更具使命感的后人来接班，也无补于事；因为，该还原的史实还不及还原，不完善的资讯会平添后辈学人的困惑。所以写这一前言是必要的，他让我把握当代的脉搏，写下熊刘《论学书简》发表三十年以后的思考，而这一思考是将还原历史放在首位的。由此才引出我们兄弟的共识："还原不完美的历史真实，重于追求论著的完美！"这两者相衡，孰重孰轻是显而易见的，这就是直面人生的治学态度。可见，个人对史实和资讯的探视也一样：是需要与时俱进的。

一、对历史与现代的思考

这是我六十自述那篇自传的主题(1994)。中间经历了本人七秩生辰的两岸论学(2004)，又刚过八十寿庆的治学总结(2014)；廿年过去，再回顾发表于五十岁时的熊刘《论学书简》(1984)，今天，我又回到一个相同的命题：作为一个负责任的哲学学者，如何探寻历史与现代的平衡点？找到两者的契合。治学不尚空谈：在《刘静窗文存》面世的今天，是必须不回避地研讨和思考一些问题的。假如我今天重编熊刘《论学书简》，便一定不是三十年前的那一部；而重新发表的论文更不一定是《先父刘静窗先生与熊十力先生在晚岁通信论学与交游的经过》,那是三十年前的一家之说,当代学人是可以思辨及质疑的。我的看法是:对原著不一定要作大改,它的存在带有一个时代的年轮和标记,它的还原,不代表正确与否的概念,而是形成对历史的回顾;在今天,便应该开放心胸,开放言路,博采广纳,包孕天地;包括自己在内,大家都可以发表今天对原作的看法,这就将自己升华了;因为,作为著者本人的立场,也不是抱残守缺的,当我的学论成为世界的公共财富时,错对已然不再重要,这便形成了一种解脱后的潇洒!这种悟性,便悟出了对现代的探索;这种探索,将是无止境的。

人生八十,从年龄来讲,当然是长者;但治学者若有宽容、宽松、宽阔的长者心胸,便虚怀若谷,才是真正的长者。六十岁之后的凡廿年,我完全没有退出学界,仍孜孜不倦地写作,完成了我对哲学人生的跨世纪追踪,仍有当年"生命乃完成于不完成之中"的旷世理念,有那种老骥伏枥、志在千里的感奋!这一节可以视为我今天对历史的回顾、对现代的探索的一种新解。

二、对包容、存异与求真的思考

这一思考涵盖了熊刘论学的全过程、涵盖了我汲取熊论父说的全过程,也涵盖了今天兄弟论学的全过程。假如没有包容,熊刘成不了忘年交;假如没有存异,熊刘也成不了忘年交。这里有一个明显的共同标志:他们都是真理的执著追随者,才能接受求真的非妥协性,才能将彼此求真中的差异,变为共存,然后才有求同存异的包容;他们是同类人,但不是持相同观点的人;这种共存,经过淬火的铸炼,如浴火凤凰的重生。这种难能可贵的兼容相惜,才是学人真诚相待的大爱,是前辈论学态度的楷模,其人格之伟大便孕育在以心论学的常态中,朴实无华地展现给世人。

我对熊刘著说的汲入，也是一段求真及存异的历炼。我的儒学启蒙来自于父亲，他从 1951 年初识熊公开始便提出了异见，是并不赞成熊说的父亲在 1954 年叫我去读熊著，并说他佩服熊公，这便是学人高尚的人格和包容的心态。父亲嘱我大胆求真，而不是继承父说；同理，熊公永不会用放弃他的学说求存，哪怕写一封温和的书简。我在前述"熊刘论学与交游的经过"一文中，并不忌讳谈论我与父亲观念形态的异同，这便是父亲留给我们的方法论：是思辨的、兼容的，也是坚持的。

劭弟在结构《刘静窗文存》框架的早期，便向我表述了：要将《书简》当作父亲遗稿的一部分收入《文存》，况且避免它成为书中书的想法。劭、震二弟由二校开始的这一大胆的构想获我首肯，便促成了《文存》在结构上的突破，也令《书简》从半凝固的展览状态中又获活化，通过它的上溯及延伸，引出了一个甲子的追忆，丰富了熊刘论学的史料，这便是包容的好处。假如我一味坚持《书简》的历史性和完整性，不思变革，兄弟们的创意便会成为一纸空文。但将完整的著作又变身为素材，实不是一件容易决定的事，这便必须由我来承担存异的后果了。当我们又获共同探索的勇气时，我们便已经超越了自我。因为我们也同熊刘两位前辈血性相若：我们也都是真理的执著追随者，会坦然面对新的探索和挑战，哪怕这种探索只是一种机遇，我们亦不会轻言放弃。因为吾家父子两代人，历经百年的学思，便是在迷茫人生的荆棘路上探索求真。

三、对开放学思平台的思考

这是前一思考的延续。熊刘的论学精神，注入了开放学思平台的神韵。这亦是一个父终子及、兄传弟承的阶梯式平台，体现了由下及上，层层上升，由中心到外沿的星型辐射，逐步漫延开去的学思态势。它具有俯瞰的视角：

第一学思平台：1951 至 1961 年，创建人是熊刘，他们有那种掌门人论学的不凡气度，在这个两人对等的平台上，年龄、资历、职级、背景……全部归零，在这里只做明辨真理学识一件事，不讲情面、没有附加条件，更不用"打假"，大家来真格儿的：讲学问！我的几个弟弟任先、震先和念劬都曾经目睹了这种精妙的对论；我虽人在海外，却能身临其境，全拜父亲的书简所赐；在这十年中的家父近四十通来函，等如向我发送了这个学思平台的不定期简报，因为书简是必须成文的，这种以文函写下来的学论已相当凝练，我便是实在的受惠者。

第二学思平台：1978 至 1984 年（第一阶段），创建人是述先，参与者是任先；经文革的荼毒，对熊刘遗稿的抢救、整理成为当务之急；我1978 年回沪的破冰之旅，开启了对父亲遗稿的研究应用，从 1980 年起即在香港中大发表论文，直至 1983 编撰熊刘《论学书简》，于 1984 在台北发表，是一种对遗产的抢救，将之尽快发表已成为责任！是填补空白之举。1984 至 2013 年（第二阶段），是认知推广期，这个学思平台是与我同步成长的；当人们想了解刘静窗其人其事其文时，这种认知的推广便有效了。

于是又有了三波的推进：第一波是十年后的"六十自述"，人们从中了解了先父刘静窗的身世、家世及他对我学思的引领，亦侧写了熊说对我学思的影响。第二波是在又十年后的台北七秩论学，这一次引出了世人对家父的兴趣，我和任弟主导了对父亲的介绍，形成了对熊刘论学的进一步关注；由港台学界走进了大陆学界，上海学者刘海滨编撰的熊十力《论学书札》一书，便对家父及熊刘论学有了比较贴切的评论及考量，这是一个实例。第三波便是我八十寿庆的学论总结，未来对熊刘《论学书简》的重新发表和再版，显示了一个前所未有的新制高点。

第三学思平台：2013 至 2014 开始运作，是因劬弟发起编撰《刘静窗文存》所引发，参与者便是我们兄弟四人。由于在父亲《文存》卷首的序言、寄语及多个按注中均有卓见,故不再赘述。

面对这个完全开放的第三学思平台,我想讲几句对一些新论的思考:首先,我支持劭弟主编父亲《文存》时陆续形成的一些共同理念,也适用于在《文存》中专设一章的熊刘《论学书简》,这些认知上的新识,促进了不少当代意识进入《文存》和《书简》,其思考要点是:

(1) 在1984年正文保持原貌的情况下,对按注持开放态度;对原版的注能保留的均已保留,又让四兄弟均可以在按注中发表己见,形成兄弟共论的群言堂。

(2) 1984年成书时的具体情况是,我手头仅有任弟提供的资料;在震、劭二弟进入目击回忆之后,便增添了一些鲜活的素材,对此我当然持开放态度,这个平台便成为兄弟史料的集散地;这些回忆及观念分别进入了按注及作为"别册"的兄弟纪念文集;

(3) 允许在按注中发表对熊刘论学的新识新解,这是开放论学的取向!比如:劭弟对家父在熊刘论学的后期不再复函提出了父亲乃"集稿论对"的解读;震弟对此不仅同意,更有具体的诠释:认为在《与张遵骝论佛学书》及《庚子信笔》中已有具体的答案;任弟则早年已对1957年后的政治生态及父亲的身体因素作了评估……这些都作积极的摄入,形成兼容各家之说的论学环境,在这种开放的学思中,隐喻了对整个学界开放论学的动势,我们便是这种论学走向的创导人。

四、对熊刘命运的思考

在《论学书简》的下半部分,新增的一些按注,给人以沉重的压力,令人窒息。1957和1960年两个劭注讲到了我们身边人的境遇,折射了熊刘论学已难合时宜;我的四妹(大伯蒨公之女)受到整肃,蒋维乔先生因儿子遭整肃愤而离世,已显示了极为恶劣的治学环境;家父对此两事怎能无动于衷,他曾击节怒叹:"世事若斯,天理何存!"

1960年,他在家中为蒋公设祭时,又用两个条幅大书上述八字火化,表露了他心中的郁懑。他对勋弟讲:"读一点明史吧,那里面留下了五百年前的化石。"他说:"在那么黑暗的环境下,大臣上早朝,不知退朝能否全身返家,但仍会出海刚峰、杨慎和左光斗这样的直臣。这说明'士不畏死'!"父亲说:"他们不屑于为皇帝而苟活,心中装着孟夫子的万民苍生!"这些无奈而豪壮的言词,代表了熊刘这些有骨气的老辈知识分子在人格受到践踏时,仍显现出松、竹、梅,那种岁寒三友的诤诤傲骨。

可是,屋外在反右、大跃进、全民炼钢打麻雀赶超英国,你却在屋内谈释儒之道,离现实毕竟太过遥远。但是,他们竟然谈了,也辩了,甚至还认真到动了真火!我如何能不服?与此同时,身边人的遭遇却像头顶悬剑,知识分子在这样的气氛中生活,他俩又岂能不知。六十年代初已露出了数年后一场大灾难的杀气!震注所写到的1967年熊公挨斗,便是早见端倪的后话;他是我家最后一名见到暮年老学人的见证者,令人唏嘘。

家父1962年的逝世,给世人留下心中的遗憾,仍有未了的尘缘;而熊公1967年在挨斗第二年谢世,则虽留心中的遗憾,却只求速死!他们一前一后殊途同归!

我很少谈论政治,但熊刘《论学书简》的确是缺少了一个记实的后记:即写实的书中主人公的命运,该如何写?这便是老一辈知识分子和这一对论学者的共同凤命!引述勋弟注说:"熊刘的命运便是包括我们这一代人在内的三代知识分子的命运!当整个社会提倡斗争哲学,将人分隔为改造与被改造的两类人时,这便是一种比种族隔离更甚的精神桎梏;当知识分子尊严扫地颜面无存时,必引至知识遭贬读书无用,这个庞大的船体已是大海迷航,在整个民族失去批判能力,只剩单一狂热崇拜的时候,这便陷入了全民文化认知的灾难！"

"文革之后,我们花了三十年时间去拨乱反正、讨论真理、开启民智,复兴文化";直至劭弟1991年去国,还余毒难消。这说明:"消弭全民文化认知的余毒比国民经济的甦苏更难,因为精神层面的构建是一种软实力,只能积累、没法补课;也因为一个礼义之邦的倾倒,决非在一夜之间。"所以,仅写下一部声泪俱下的文革"伤痕文学"是不够的;我们的反思是不彻底的。我们兄弟的共识是:这不仅是个人的思考,应是历史高度的思考,更应是全民和世人共同的思考。

在家父百年诞辰后纪念这两位前辈,我们记住了他们以心体证的论学,但更记住了他们高尚而独立的人格。在人欲横流、世事混沌的淖泥中,重提熊刘的为人和治学,实乃当今世人之表率,这个结论是超越思考的,因为它已经存在了三十年！今天乃当年前论的重温。我暗中庆幸:他俩的其人其事其文,幸好没有成为"广陵绝响"！在我八十寿庆过后,我有幸重校熊刘《论学书简》,并在父亲《文存》中重获发表,这便是对两位论学前辈的最好纪念。

致熊十力先生　一九五一年八月二十日 （辛卯七月十八日上海）

挚友张遵骝兄,见示大著《论张江陵》,一气读完。曩尝得见先生《新论》《读经示要》诸书,语重心长,悲怀恳至,而犹是也。骝兄又告,尚有《摧邪显正》《论六经》二书,亦将问世,可谓学不厌诲不倦者矣,斯世其人,低徊难释。

六经之不明也久矣,船山所谓责我开生面者,沉痛恳到,略知痛痒者,能无慨乎！华族近代两沦异族,文物凌毁,不可殚数。清人貌为尊经,阴夺尤甚。斧锯在前,利禄在后,运行其间,则亦何所不至。虽犹存名物训诂之义,继绝治平之论无有也。求为顾、黄、船山诸大师劲节遗风,尤无有也。诸儒蛰蛰其中,不为佛家所指依经解义者盖寡,则亦可以觇盛衰矣。亭林尝慨于百年养之不足,一朝败之有余者,观雅片之战以还,民族迭挫之痛,可深思矣。数十年来,鼎革云涌,天下英才纷纷求为变常更新之道,先生乃眷眷表章六经,不忘先民本源之学,卓哉其迂也,而于民族文化之际,思之深矣。嗟夫!千古贤者断断用心,无非欲为天下辨明一个是:果其言而无当,虽增千论,何愈枯朽;果其言而是矣,则贤者所谓实相目前,应者岂无。慨麟之思,不已多乎。

附奉邮汇五万元,请嘱书局寄下大著三书,如有余,请多寄一本《论六经》。企韩意挚,谒教缘悭,不请之陈,先生弗以为烦渎否?

与熊十力先生 一九五一年九月十三日（辛卯八月十三日）

九日示书敬悉,大著及前函仍未到,计时或有邮失可能,如系挂号,乞便一询。大著尚可筹款补购,书教恐不可复,惆怅何如也。

先民之学,好之不已,虽鲜启发之效,犹有愤悱之劳,欲罢不能,则亦尽心焉耳矣。资生用绌,自来为此学者,盖莫不然。蔬食饮水,固恬然耳。惟去夏封治肾石,体力大衰,肠胃旧病,乘袭益甚,不免为身累也。向学有愿,乃有战兢手足之情,志赖以行,不敢不勉耳。

先生论究儒释,自有精到,故不待书至而喜。释迦、仲尼之学,喻如双轮耀天,不为过也。沉沦世俗,义多淹晦,自人类言,岂不甚可惜乎。垂缕将绝之际,略知其故者,虽被发缨冠而从之,可矣。嗟夫,儒不励行,释不严戒,堤防尽决,泛滥何穷,二三黠智,务名为得，是非纷呶，则亦象山所谓资盗粮假寇兵而已，治平之义，抑奚取焉。

附九日来书

八日晤及郭君。据云，吾信确已随《论江陵》及《显宗记》邮沪，想日内当到。来款五万，《江陵书》作一万元，《摧惑显宗记》，作一万三千元一部。而寄上二部，如可多存一部，亦佳，或转售一部，亦佳。此书于儒佛之别，极重要。确是前人所不曾见到者，老夫直从根源处判别二家，此不可忽。佛家是出世，然出世意义云何，前人亦是茫然。清末康梁之徒，喜谈"即世间即出世间"，更是混乱语。又大乘空有二宗，其理论上之得失，以前无论信之者，与攻之者，都不求解。今则各将他体系疏通明白，予以正当批评，而吾《新论》底蕴，亦自可见。府上如有人能理小小商业，稍维生活，贤者幸专心学术。

与熊十力先生　一九五一年九月二十一日
（辛卯中秋后六日）

本月十八日示教敬悉。八月手札及《江陵》《显宗》二书，仍未见到，必已遗落，盼久为怅。重寄时，乞嘱书局挂号，《江陵》《显宗》，可各寄二册。《论六经》如出，亦寄二册。尊旧著《语要》《读经示要》及《破破论》，如有余书可让，并各寄乙册。以上书价及寄费等，共多少？候示汇奉。肾石乃脲酸盐沉淀，食化排泄粘滞累积所成，喻如长江挟沙东流，滔滔中偶有淤滞，累成崇明岛屿相似，平日了无痛苦，知时成形已大。遂听医一割去之，无大碍也。而刲治中，失血多，不免损体元，因之肠胃旧疾,乘袭为扰,今所困者此耳。蒙示种种摄卫之方,感铭无已。孟子寡欲之说,十余岁时已闻而信之,独宿之习,盖亦行之久矣。淡泊自持,日常不过蔬食饮水,药物于不得已时始偶为之,年来戚友劝食鸡汁肉汁之类者,不一而足。损它为己,顺躯壳起念之事,虽至丧身失命不为之也。此意从众生本源处悟得,世俗饮食习气深重,盖亦难为不知者论矣。

先生学究儒释。消归本分以为明己之学,盖不世出之人,不世出之志也。敬服之者,宁有已乎。而先生论释学,辄有以为截生灭、不生灭为二,而少之者。于静平日所闻知、所观习者,若不尽相似,窃有疑焉。夫滞有者凡,偏空者小。菩萨观空无不见色,观色莫非见空,无障无碍,为一味法,曷尝二乎?学佛正因,率由般若。般若依二空显,二空因蕴界出,不容辩矣。谓般若由空显即可,谓为滞空,不有期期者乎。一切菩萨,莫不从身心蕴界差别而入第一义谛,一切菩萨莫不观一切法空,而不舍离一众生。世界无尽,众生无尽,烦恼无尽,悲愿无尽,谓之跂生灭、不生灭为二者,可乎?果跂生灭、不生灭而二矣,犹许之为见道也,可乎?先生学到成家,平章儒释,以见机用,则犹丹霞烧佛手段,不敢议矣。若定执释学滞空难用,则如江陵者,不过略得其意,而其为政杀活之机,盖先生亦常称许之矣。

复次,先生于江陵书,尝跂士大夫为二而论焉。夫世之所谓士大夫云者,非吾所欲言也。儒家之所谓士大夫,天爵人爵之类耳。穷则独善其身,达则扩至天下之类耳。学优而仕,仕优而学。伊尹处畎亩中,乐尧舜之道,谓与其使斯民为尧舜之民者,旨有异乎。《易》所谓君子之道,或出或处,动静语默,终不落在第二门头,若仅指一部分历史人物而论,则时下辱诮所谓士大夫焉者,恐亦非儒者本怀也。先生中道而立,必不轻易彀率,接引后人,则分论士大夫云云,盖有其故矣。幸垂教焉,秋风渐凉,诸维杖履珍摄,不一。

与熊十力先生　一九五一年九月廿四日
（辛卯八月廿四日）

八月廿六日示札，辗转居然得至。环读，忻怀极矣。儒佛两家，遍传国中，数家珍者，舍此末由也。佛学依般若入，般若因二空显，二空从谛观身心蕴界差别得，而不善学空者，鲜不坠于虚无渺渺之乡矣。而复杂之于世俗，乱之以神奇，义益淹暗。此与三家村学，实乡愿而称中庸者，同病。刚劲之气尽失，为学源头莫见，眷念民胞，几不有万斛夺眶之慨矣。由来吾国论学者，多薄器而语道，两橛之差，终难见长，藏身无事甲中，浸久自是。比与西人值，当锋迭挫，则愈况而尽易故常，紫阳喻为东扶而西倒者，则今日风雷震薄，务为声色器物之学者，不亦有自反之故者存乎。本自无得，斯又何失。虽然，盖有发人深省者矣。宜黄大师，知名恨晚，不及谒教，而读其书，声教铿然，大异末世无病而呻者也。大著寄至，当遵示详研，先生悲愿切至，后学者敢不勉乎。嘱推广其书，自乐于随缘为人说。

附熊十力先生八月廿六日来书（此函辗转误递，至九月廿三日始收到）

刘静窗先生：

八月廿三日信，昨夕收到。秦以来二三千年，可谓绝学而无忧矣。民德敝、民智塞、民力疲，无可自振久矣。汉人考据之业，于学术无关。只可云为读古书者备工具。宋明义理之学，拘碍偏枯，佛教思想，自后汉始入，迄江左至李唐，始普遍深入于社会，其理解高深处，固可爱，而空想幻想处，实不免毒人。高深处，非上智不可攀援，毒人处，则中国人饱受之矣。吕政、刘季以后之中国人，安于奴性，不曾运用理智，发展思辨。不曾二字贯至此。其治佛学，实以混沌之头脑，而迷信接受之。至余始为之平章。向时宜黄常不谓然，其实吾见之明而持之固也。《摧惑显宗记》一书，起草者门下士，改定者余。此书谈佛法，甚重要，须字字玩。六经，汉人以吕政焚坑之祸为戒，大为窜乱，非孔子之真也。而求孔子之真者，舍此莫由。余今所印小册，善学者，字字细心读之，孔子之道，固未坠也。闻吾子昔卒业北大法科，今能留心古学，得未曾有。吾无力印书，近三书皆累大众书局郭万二君，此间各大学，欲其阅此书，似不可能。印费无可稍酬，倘可于沪上稍劝销，亦为积腋之助。有售者，径函北京，西四，大众书店郭大中、万鸿年二先生。来款五万，即交郭君收，嘱其寄《摧惑显宗记》二部。待勘误表补办好后方寄。两书共三万元，《论江陵》及《论六经》合作二万元。《六经》之书，已校完，恐尚未装成，此三书烦贤者妥为保存，将来或以付可靠之图书馆为是。京中世家子，皆将藏书作废纸，卖与小商店为包裹用，可哀可鉴。斯文一脉，贤者留心护惜。

力　八月廿六

《论六经》书分量比《江陵》书多些，将来装成，或不能作一万元之价，然不至要一万五千元，因比《显宗记》少。贤者如介绍人买，候郭君将来说价，但吾子切勿补。五万元共三书确已足。

熊十力先生来书　一九五一年九月廿五日（辛卯八月廿五日）

秋节后六日来函，才到，即复。所问二事：一、吾评佛家分生灭与不生灭为二，吾子不然云。此事须深心细究，更不可拾若干话头而谈圆融,须会通其立说之全体而衡之。佛家理论,大乘始完成。大空、_{大乘空宗省称大空}、大有_{大有亦省称也}。并将生灭、不生灭,有为、无为,折成二片说去,其言不生灭或无为时,决不许道"生"或"无不为",其谈到生灭或有为方面,则空宗以四缘是凡夫颠倒虚诳法,_{详吾《摧惑显宗记》所引}。是可谓真体之显乎。_{真体之显,即用也。既非真体之显,即不名用,可知。}夫四缘所生法,即生灭法也,亦名有为法。空宗真俗二谛难融,_{真谛,显体也。俗谛,彰用也。}体,自是真实、不生灭、无为。用,自是颠倒虚妄,是生灭、有为,而不由体显,如何融?有宗种子、现行,一套复杂的宇宙论,皆生灭法、有为法。而以现行元从本有种生,虽立新熏种,而开端固已立本有种,但本有种既不是真如,又不曾说为真如之现为。如此,则种子是现行之体,而又别说不生灭无为之真如,岂非二重本体?且种子分三性,有漏善性,及无记性、恶性,此三通名有漏性。有漏者,染污义也。无漏善性之种子,则可借用儒家至善一词以形容之。无漏者,清净义。净种虽寄存阿赖耶识中,而无始以来,不得显发,要至第十地金刚道心,始断尽有漏种而净种始发现,始成佛。此皆有宗经论有明文,非吾臆说或诬解。今略言其失:一、新熏种是依本有有漏种所生现行之所熏习而成,其非真如之显现,不待言,岂不是生灭、_{即种子现行}。不生灭_{真如}。成二片。二、净种虽本有,而在众生分中从不得显,实等于无有,而众生发心修行,竟无所据,竟是凭空发出。有宗亦知其难言,于是主张圣言量_{实即佛经}。与多闻熏习。如此,则众生全靠外铄,与吾圣人直言明明德,阳明直言致良知,庄生言自本自根,分明不同。孰得孰失,要须智者反躬理会。印度佛菩萨,究是人类,不要以为与我先圣贤不同类,遂一意妄崇之也。又佛菩萨之圣言量,垂为经典,众生固可熏习,但佛菩萨当初究是众生一类,他非天纵。然如谓其一生下,就是净种发现,而无有漏,则他所说诸经论,何以于有漏知之甚精且悉,想亦是他自己经验过。否则专凭照妖镜来照众生心,吾不敢作如是想也。吾相信,诸佛菩萨,总有本来"明德""良知"本体。他能存养，而不放失，故有悟耳。佛家生灭、不生灭，无论大空、大有，确是分得死，此不可曲讳。此至大处，岂是文言之失？若道他只是文言若未融，则文言出于心，必是心地上有未融也。吾子如能真了《大易》，以之对照，当知佛法究有病在，《显宗记》一书，请字字细究。

来函谓《张江陵书》，歧士大夫为二，并有许多相难之辞，实不相干。江陵论政，在为小民谋福利，不当偏利于士大夫。吾恐人误解士大夫即指一般士人，故特解明之。士大夫一词，古为在位者之通称，犹今云官僚也。吾子看到《论六经》中所引《考工记》一段，便知士大夫是在位者，古以"士农工商"谓之四民，此四民中之士，方是一般士人。吾侪在清季，尚是一小民，不在士大夫列也，吾子虽卒业大学，若未作相当大官，犹不算士大夫列也，只可曰庶人在官者耳。吾子所云歧为二，想是此处，别无所谓歧为二也。

郭大中于九月廿一日上午来云，《江陵》及《显宗记》并吾前信，均早寄，但假手用人，不知如何弄错，已向局查出取回，兹已照寄云云。今收到否？《论六经》已出，早嘱寄，如未寄到，望来信。今日人人忙乱至极，说不出所以然，故每将小事忘记。

《读经示要》确无有。《语要》错落太多，《新论》语体本亦然，欲改正，少精力，少兴趣。吾子欲有成于学，须保得此身。不肉食，须另有滋养才行，否则不妨肉食。充类至尽，则今日生物学植物亦有生命，将何食乎？不伤生，本上德，然此事甚难。科学昌明，不在自然方面研究滋养之料，而偏专研人类自毁之武器，每思《大易》天道鼓万物而不与圣人同忧，佛说众生恒处长夜，老以天地不仁，庄言人之生也，固若是芒乎。时或苍茫望天，而不知涕之所自也。

附注：熊先生寄此书，又于信封背面批云："佛家于生灭法及不生灭法，折成二片。此是根本失处。佛教徒只是迷信而不思耳。"静附记。

复熊十力先生　一九五一年九月廿九日
（辛卯八月廿九日）

　　顷者奉读九月廿五日赐书，慈怀剀切，于后学疑处，剖示周详，既闻命矣，而犹未尽，敬就教焉。静乡在北庠治经济学，既卒业，侍先母病中，偶自寻思生命源头，悚然莫餍于中，久而益不自已，求之于近人著作，无所得；求之于经史旧学，无所得；求之于宋明诸儒，略触痛痒，窃有所好，而莫道所以；求之于老庄，喜其言汪洋，谲诡而不知入处；乃求之于释典。初习法相唯识之学，名相繁乱，章句诘聱，未有师承，攻习为苦，稍详文义，终似有物捍格难化，自嗟钝根，难会精微。比读《般若》，涣然若有释重之趣。中间读明紫柏老人《释昆舍浮佛偈》文，时已深夜，遽尔触怀，挥拂不去，觉此身心世界，如幻似梦者，浃旬而后已，家人相视以为病矣。由此读诸经论，渐觉见解胜前，但究自心，不为章句记诵累也。复求之宋明诸大老，所得稍益，有时偶会前贤心行之迹，忻怀之状，不啻己出。复因《坛经》，会参宗下言句，嗣读法顺大师《华严法界观门》，昕夕不释卷，由斯读《大经》，于因果交彻，繁兴大用之道，叹观止矣。为学艰辛，冷暖自知，犹惭钝置，汗漫无成，而象山六经注脚之说，终信守为万古不刊之论也。东圣、西圣，此心同，此理同，何益于尼山，何欠于瞿昙，并为为己探源之学。大本既立，应机说教，尊其所闻，行其所知，育行无害，不亦可乎。百草异味，愈病者得，释迦仲尼之学，并无定法与人，会本忘言，与夺皆彰。若泥迹以求，略其用心，礼乐之设，岂止钟鼓玉帛云乎。儒佛之失，末流均等，蹈空论玄，非为众生悲愿地也。五十百步同讥，扶翼之者，不当自反已乎。

　　宋儒言"人欲净尽，天理流行"，知言也。纵举世坐胶漆桶中，天理未尝不在，而人欲不至尽净处，此理终不显也。故为学自窒欲惩忿始，学者不能遽无事也。天理、人欲并举，实者自实，虚者自虚，不为二本。而消长之道，存乎其中矣，此所以乾乾而不息也。释者知有而后，破一分无明，显一分法身，十地功成自他圆证者，不在斯乎。有漏为染污，无漏为清净，实者自实，虚者自虚，此理显现宇宙人生，法尔如是，孰得歧而二之。二之者，情执未遣，谓有为实有，空为虚无，此其知解未离凡夫寸步，而谓之见道，真堪一棒打煞与狗子吃矣。佛菩萨者，印度尊其人称，犹吾国儒者之称圣贤，与吾同类耳。释迦诞生王宫，以其大智大勇，粉碎油面世情，弃万乘如敝屣，雪山六年苦行，始得入处。今人如其苦学，如其力行，则亦何所不能，而终搅在油面堆中，芸扰一生，不能自拔，斯亦可哀也已。于是乎东圣西圣，千百世难再其人，能不闻声仰教，而不自已者哉？嗟乎，千古为学，惟在归心，贤者断断，无非欲为天下辨明一个是，存乎其在我者，终不能泯也。大行不加，穷居不损，质之先生，其或可乎。

贤首依日照三藏，判西域智光、戒贤，空、有二宗并为始教，未许了义。先生治法相唯识，究已为归，不泥其教，思想宏深，融会儒释，大勇昌言，自足家数，而志决江海，至统以佛家为不了义，则圆顿之教，台贤诸宗，并无可取者矣。先生之意，岂若是欤？先生复评有宗执圣言量、多闻熏习，以佛家之学为外铄，且与阳明庄生较胜。而静闻之经云："知一切法，即心自性，成就慧身，不由他悟。"南能得法呈解云："何期自性，本自清净。何期自性，本不生灭。何期自性，本自具足。何期自性，本无动摇。何期自性，能生万法。"他如尘经、额珠喻类，不一而足，将何说乎。禅和子有云："山河及大地，全露法王身。"似亦非内外所可量限者矣。

窃尝论之，佛法之要，无非为人解粘去缚，还他堂堂皇皇个人。为初机言，有为自染污，无为自清净，壁立万仞，无毫厘通融处。故白居易问鸟窠禅师法要，但云："诸恶莫作，众善奉行。"此与一般野狐禅，竖拳举拂，虚推圣境，妄谈玄妙者，是何等本地风光。真见此理者，二三十年，打成一片，空是真空，有归妙有，所谓华藏世界所有尘，一一尘中见法界，虽欲歧之为二，有不可得者矣。

先生复举空宗真俗二谛难融，然则古谓观空不证，涉有不著者，非欤？嘉祥为三论宗主，尝见其书云："问：云何真谛虽无而有，俗谛虽有而无？答：此由是不坏假名而说实相，故有宛然而无。不动真际，建立诸法，故无宛然而有。二谛生二慧者，以悟有宛然而无，故生沤和波若。了无宛然而有，故生波若沤和。沤和波若，即波若宛然而沤和。波若沤和，即沤和宛然而波若。"又"问：波若沤和何故无二体耶？答：《智度论》云譬如金为巧物，离金无巧物，离巧物无金，而有金巧二义。金喻波若，巧喻沤和，故知唯一正观，义分权实。"似亦有间然矣。

静中途易辙，为学故迟，每记明道有云："吾学虽有所授受，天理二字，却是自家体贴出来。"则亦不敢不勉矣。上来琐琐辞繁，不成家数，屡屡投书烦渎先生，似非所以敬事长者之道，然念姚江之于泰州故事，则信其不轻唯唯于先生者，亦未必遂为先生厌弃也，幸垂教焉。

示为学须保此身，敢不勉乎。而厚为保生，伊川尝耻之矣。不肉食，非矫情，末世人寰，相斫无宁日，生生之机，几乎息矣。胜残去杀之念，常如目视手指，无一息不凛凛焉。植物固亦有生命，然于做人分上，扩情至此，亦可谓尽心焉耳矣。易羊之心，孟子犹许之，先生当不以为小节末行而莞尔也。资生之道，今世亦颇研求，信其所发扬者，足补前人之失，但为汹涌世潮掩而弗彰云耳。造天堂者造天堂，造地狱者造地狱，乾坤不坠，斯理终无歇绝之日也，秋深寒渐，诸维杖履爱护，不一。

《论六经》闻已出书，喜甚，此不负先生婆心矣。尚未寄到，盼念甚。前已邮片郭大中先生，先生如见，可嘱《论六经》寄四册，《江陵》《显宗》各加寄二册，所差书款可由郭大中先生示为筹汇也。

与熊十力先生　一九五一年十月六日（辛卯九月初六日）

"子贡方人。"子曰："赐也贤乎哉，夫我则不暇。"深有味哉，其言也。前书絮叨，自是后学修行不密之病，先生戒以反躬切究，且示孟子归而求之有余师语，入德之门，曷不如此，谨书绅以勉。

荷召来春北游从学，固所愿也，至时如世缘相许，便当如命。

复示学道不宜孤陋，其然，其然。嗟乎，我闻在昔，盖有以一语半偈，恳至以求，不惜其身者矣。《华严经》于敬事善知识、亲近善知识，垂训不一而足。有是心者，敢不景勉以从。而滔滔寰中，熙来攘往者，孰为其人哉？时念孤怀，有不止千百黯然之慨也已。

骊兄去苏，须二周一归，本月二日曾晤，此后约旬日可见，手书自遵与共读也。《论六经》等书，尚未到。曾两度邮片郭先生，想日内可来矣。示《显宗》《江陵》二书勘误表，当一一校正。

附熊先生十月三日来书

静窗有道九月廿九日来函，昨夕到，顷写复。佛家经典，如不作学问研究，稍涉一二种作参考而直反之自心，则孟子语曹交"子归而求之，有余师"，何必找释迦老子。来函所举许多话头，皆吾昔年所熟见，后来只厌此辈喜弄话头耳。自己反躬切究一番，到有真知实见时，再以客观态度，详玩佛家经典。初要取几部根本的大经大论，首了解其文句，更细究其持说之条理，将他千条万绪分清，方可综贯而得其系统。系统，譬如一副网，世学所贵者此。而智者却须裂此网，才自寻实际。此意甚要紧，不独求大道者必须如此，即研政治社会诸学，如只守人家理论系统，即奉为宝训，字字遵从，而自家没有在事实上体会过，那得不受人家理论之误。求大道者,更要小心。如读佛家经典,清楚其理论系统之后,再虚怀以究其得失。虚怀者,勿迷信,勿存成见,勿拾彼片言之投己好者,而遽谓其是。当细省其持说之体系,<small>此处吃紧</small>。有无自相矛盾处,<small>此处吃紧</small>。且须看其矛盾之处,为在其根底处,为在其枝节处,<small>此甚吃紧</small>。一一细勘而后可见此学派之于大道是否真见到谛实处,是否无偏。<small>此真吃紧</small>。总之,读书不可随人转,初学读书时,切勿便起迷信,便存成见。时时以古今人书作参考与引发,<small>引发二字尤重要</small>。而自己虚心深心去讨真理。<small>虚与深二字甚切要</small>。自有真见,才好辨别人家。且虚心深心者,对自己决不果于自信,能时时求真,纠正自家错误。时时读古今大著以资引发,是至要。吾子且勿遽想来化我,我虽不才,而如此老年,一生没作别事,用功不会少于吾子,我不会轻武断。吾子于大有大空等二学,谓已有真见,吾恐不易言。吾子重实修,不必多涉佛典,身体力行四字做去,无余事。如欲博究理道,不读佛典,难了儒家。

吾子明春可否北来,同吾住半年或一载。吾屋小,只耐苦。火食你如客气要分摊,也由你。但另外之滋养品,吾与你,各自备,各不客气。如此困难时代,又同住,客气用不着。吾子如欲学,弱躯,究以肉食为宜,否恐不胜。斯文存一线,吾甚望有人。与吾同住相当时,虽无益于子,而不会有害于子。陈白沙为秀才时,由粤到江西崇仁从康斋游,虽不必有承于康斋,而其后来颖悟,未尝无康斋引发之益,学道固不宜孤陋也,此信与遵骝同看。

来函后一纸要书之语,即转大中。

空不空老人　十月三日正午

复熊十力先生　一九五一年十月十二日（辛卯九月十二日）

《论六经》等书,久盼不至,今晨又函大众郭先生询候,不知日内能送到否。向晚得奉九日示书，读已即遵转广东中山大学王季思教授，《六经》《显宗》二书，俟到即寄去。

《般若》与《易经》，堪称天地间双美。依二空理，彻法源底，观乾元变化，直是华严事事无碍境界，莫非当人如如之地矣。不然纵是玩得爻象奇妙，不消归己分，则亦如小儿堆积木、砌七巧板戏耳。释儒二家，立言设教宗旨自是不同，但从源头看，毕竟二而不二也。

示六朝诸宗派谈佛，将有为、无为，说得圆融，不必是佛家本旨。静意此土众生，久经孔孟老庄教化陶融，气象自是不同。佛法东来，摄机融贯，发而为贤首、为天台、为禅，盖有若决江河，沛然不容已之势矣。诸家宗旨，虽与天竺各派或不尽似，究不离三法印，犹是释迦亲血脉，斯不谓之佛家不可也。融释入儒，自当让席宋明诸老，则亦无碍并行矣。先生意云何？乞示教。为学究以采源立本为先，否则终日扰扰，说食数宝而已。但从己分决分晓，不将知解争门户，先生其有所可乎？

附熊先生十月九日来书

静窗，来信收到，六朝诸宗派之谈佛，将有为、无为说得圆融，因其皆从道家入佛，不必是佛家本旨，须注意。《显宗记》勘误表补，及《论六经》勘误表，请照改后，即烦邮寄广州中大王教授季思。季思并妥转希之教授。老人心不畅，畏琐事之烦，故烦静窗代转。季思汇款不写西直门，须向前门局取。仲光云，如欲其稍画长大一点，或请画蟹虾，他不喜费颜料，他之蟹虾有神品之称，人皆喜求之也，容取款后，再交他画。

任注：仲光是熊公的侄女，那时正在跟随齐白石学画画。

与熊十力先生书　一九五一年十一月十二日
（辛卯十月十四日）

十一月四日示书敬悉，并遵嘱送骝兄读。骝兄病痊，日内即仍去苏州学习。静以家姊病癌来此就医，而疾已深，镭锭莫能施，日夜奔走医药，苦无对症疗治之方，针剂调补而已，心绪悒郁，因稽裁候，伏祈鉴宥。顷复奉七日示片，三书谨参酌作价，《显宗》壹万五千，余壹万。续附函奉现钞八万元，保价信寄，免兑取之烦。并祈察收，便中交大众书局郭先生为感。

《论六经》书曾略奉读一过，书中许多好意思，具见先生为学孤诣，而静心情不舒，无以绎论，谨举二三端就先生教正。

曾记禅家有云："佛法无多子。"大道之于世间，原是简易。悟者自悟，不在多言。执而不悟者，亦未尝减得些子也。而制度文物之事，前人象其端，后人演其盛，层推层化，日变不穷。《周官》诚广大矣，自有精意者存，先生推衍微言，为世取鉴，俾知先民用心缔造之真，后生无自菲薄，进而于民族文化知所荷承，大同郅治知所推展，不其盛乎！若谓先人设制，已尽善美，师意模楷，不疑有凿者乎？

儒家法天道立人极，根于生民最初良知发现处孝弟一念，期形成一伦理和谐的世界。孟子言仁义，而论事则曰"仁之实，事亲是也，义之实，从兄是也"，可与有子之言"君子务本，本立而道生，孝弟也者，其为人之本欤"互证。由此向上寻去，自得契会于性命之微，而其实践处，则在孝弟二字，端本发源，断然而无疑也。人人有个父（母）兄（弟），则人人有个孝弟，扩而充之，不独亲其亲、子其子者具在矣。举目芸芸，充类至尽，无一非亲亲敬长之事，所谓天下之本在国、在家、在身，乃至笃躬而天下平者，盖实论也。夫如是，四海之内人人推爱如亲子，推敬如兄弟，伯氏埙、仲氏篪，兄弟既翕，和乐且耽，仁义之充也，孝弟之至也，礼乐之盛也。夫如是，虽天下之广，族类之众，相视如一家，相洽如一人，斯无谓之天下邦国，直谓之为一家可耳，直谓之为一人可耳。夫如是，人人本孝弟立身，以充至天下，彼此之间相摄相入，所谓仁义孝弟之至者，不即有独立平等自由之实者存欤！孝弟二字，确是儒家安身立命处。孟子称："尧舜之道，孝弟而已。"可谓要言不烦，而其意扩充处，《易》所谓天地变化、草木蕃者皆是也。孟子承孔门血脉，独于此义见之弥真，守之至笃。儒家论君臣，以义合，且常就职分立言，故君失职，则臣可以去，可以易位，可以革命；至先儒教君以孝治天下，似亦有以孝弟相绳之意，使其君不得滥用威权。至专制君主利用儒学阴遂其私，是另一事似当别论。后儒于孝弟本源之意，多能归法前贤，极少假借；然气象不如孟子高明，胸怀不如孟子广阔，故多见拘碍之迹，少见江河之象，盖不善学孟子也。去孝弟，则儒家根本铲除；去家，则四海兄弟伦理的礼乐和谐世界观念并不显矣。孟子于经世之方，亦未尝不讲求，七篇具在，可以覆按其言。民先救死，然后礼义，荀子之意未为不在。但立教有本末轻重，有权衡，不容紊耳。先生《论六经》之于孟子有微辞，此恐就世流之弊端言之，不足为孟子病也，不然千秋之下，无以知孟子，其然岂其然乎？

　　先生上追周孔，下慨末流，斥秦汉二千年来学者奴化，并曰奴儒，静仰先生苦心，而窃疑其称号，殆未正名之过也。夫且以儒称之矣，冠之以奴，似未可乎。尝记浏阳谭嗣同愤语亦云："二千年来之政，秦政也，皆大盗也；二千年来之学，荀学也，皆乡愿也。惟大盗利用乡愿，惟乡愿工媚大盗。"谭氏语旨，有问题自当别论，而其以乡愿斥伪学可以的当。乡愿一辞见于孟子，其于儒者，盖紫朱之别耳。则先生所目为奴儒者，不如径斥之为乡愿之为愈也。复次，中华民族合数万万之众，历数千年之久，建立邦国，屡蹶外族，不坠典仪，不有真精神、真人品世出其间而能之哉？但于经世之道，未有如西人之发挥张皇如风雷激搏焉耳。则吾人于先民缔造邦国之艰难，维系人道之苦心，似景行之意深，而怨尤之意短，警勉之意多，而鄙薄之情寡矣。若先生在震顽立懦，斯又当别论也。

絮絮烦言，要在说明一点：儒家固守仁义，不为迂；固守孝弟，不为狭。语谓：忧道不忧贫，造次于是，颠沛于是。顺之者，文山、叠山；背之者，刘豫、张邦昌矣。一念几微，千仞壁立，持己之端，不容假借。而其与人，斯怵怛之心，未尝一息释怀；一夫不获，若纳沟中。先天下忧，后天下乐，前人言之熟矣。先儒于上述第一义能固持者众，于第二义能发挥者少，而其刚大之气，已足日月，惜之不如其敬之而自勉警之也。先生许吾说乎，伏祈教之。

示在整理《新论》，龙马精神，诲学不厌，敬佩不已；梨枣之筹，一时恐难，则复写钞存，似亦法也。生活多艰，文化之事，多不及顾，思之惘然。冬日北地寒凉，诸维道履珍摄，不一。

熊十力先生来片　一九五一年十一月十六日

书价八万收到，即日当转郭君，此数甚足，无加之必要。闻服事令姊病，当已痊可，足慰。论经之事，绝未反对孝弟。只反对孟子以孝弟参入政治意义，书中下辞，极有分际，足下如虚心读史，虚心考察社会实情，汉以来之以孝治天下果为何状？社会以家庭制度为本，最大多数家庭内容究是如何好？二千余年，西汉稍平静。东汉光武、明、章三帝，为日已短，后来只是夷祸，与黄巾盗。三国无几日。曹孙何非盗也。五胡至东西魏，五百多年，有甚人气。隋唐混一，只太宗一代耳，藩镇皆蛮横。五代又不必言。宋则开基甚小，辽、夏、金据北中国。杭州儿帝，又不久。明兴二百多年又完了。汉以来大儒始终奉夷与盗为天为帝，劝孝劝忠，足下欲尊诸儒，何不读史。不同意,幸勿复。

十一月十六日

复熊十力先生　一九五一年十一月廿日（辛卯十月廿二日）

月来服事姊病,心力交瘁,苦无对症之方。先母往年死于癌,吾姊将有后来之虞。每念及之,心乱如焚。先民之学,本孝弟,指人心,抚躬自验,理实无爽,而笃行不至,我慢时滋。日月逝矣,天地悠悠,椎心之痛,宁有已乎。乾乾夕惕,学以思过,不复有辞。奉书当复,并侯康安,不一。

熊十力先生来片　一九五一年十一月廿四日

十一月廿日信才到,吾本属前函不同意,望勿复者,学问之事未易言,诤论徒乱人意。吾书明明言,孝弟当从人之性情处启发,不可牵入政治意义与名分观念。汉以来,夷与盗之帝者,皆利用儒生,演孟子之义,而有以孝治天下与移孝作忠等训,以支持帝制,奴化斯民,使中国将三千年而不振。试详玩汉以来之历史,斯民之能保其父子兄弟者能几何日,还空谈孝弟乎。伦理与政治,毕竟宜分开来讲。《尧典》地平天成之业,《舜典》明四目、达四聪,此是何等政治。孟子于此等大经纶不注意,后儒宗之,所由衰也。足下纵讽老夫以我慢,亦任之而已。骂之亦可,吾不再言。在性情上说孝弟,谁能反对,若要参入政治,终说不通。

复熊十力先生　一九五一年十一月廿七日
（辛卯十月廿九日）

　　示书孝弟须在性情上说，确乎无疑。前书所辨，乃就儒家言，恐不得以仁义孝弟为迂、为狭、而少之耳。孝弟正是从人生真情流露处引发，使有依傍，斯伪而已矣，乡愿而已矣。《尧典》自克明俊德，以亲九族，乃至协和万邦，黎民于变时雍，岂非孝弟充至之著者乎？四岳举舜，亦曰克谐以孝烝烝，尧闻而许之，让以天下。孟子言尧舜之道，孝弟而已者，非架空之论也。大同之治苟不从真性至情筑基，可谓之为有本乎？孟子循仁义、主孝弟，原是从性命源头处见得，不容拘泥世情，有所假借。至其为人，天子诸侯不得臣友，泰山岩岩，自是师道之象。春秋战国之际论功勋者，莫过于管仲、齐桓，曾不足以一视。由仁义行，非行仁义，自亲亲以至天下平，礼乐孝弟四海和谐，其意固若不必有待于兵车刑政而后见也。此义信受，专制权杀，元元情遂，生机自邕，无首之治，庶乎可几。昔司马氏不娴斯旨，至以不能尊重君权疑孟子，温公四朝托孤寄命之臣，其言拘拘君臣分限，自无足怪，而不知其所致疑于孟子者，正孟子之所以千秋俎豆，万世师法，真实为人处也。二程子当时称赞温公九分为人，而不以见道许之，不有味欤？先生之见，乃与温公大异其趣，奚为亦少孟子耶？释家言阿那律头陀，观一四天下如掌中庵摩罗果；二程子亦复有以虚空一点浮云喻尧舜事业矣，然从无有以仁义孝弟为不足言者。大经大本确乎其存，乾坤不堕，人生所以为真性情者，固不可泯也。前书断断，所辨在斯，不为后世夷盗乡愿地也。二千年来，祸乱相寻、物欲胶固之局，血腥载楮，掩卷思痛，宁复有辞。然须知外国亦复如是，不是独为我病，后世夷盗乡愿相结，以科举利禄牢笼学人，名以经义取士，上下相循，恬不知耻，经义之实澌忘久矣。从前读书有得之人，率鄙薄科举,不为末流之弊,不当归过于孟子。《易·坎》之象,阳陷于中,天地阴凝闭塞之际贤者未尝不存。汉唐之治,杂霸而已。先儒从未有以三代许之者,其志不亦皎然可辨乎。且稽鉴史乘,吾先代受外夷凭凌之痛,每当民族大节见危授命,义不旋踵,而我族类终赖保存。千百年下,读其书,仰其为人,唏嘘流涕至再至三,儒生不负国家,其事昭如日月,一概以奴尽之,可为平论已乎?呜呼,生死海中长夜冥蒙,千百年节义之所钟、孝弟之所教,效只如此,先民之学终无验欤?所见谬欤?抑或病原在我,私情胶固,习陷甚深,难调难伏欤?椎心沉思,有所勉矣。

静为学迟,惟日孳孳,思以补过,而患未能。近幸先生教之,乃有质疑辩难之事。夫意气之争几于四绝之类,固断断不可。平心求是,或有异乎?为学之道,知之为知之,其所未喻者不敢轻为唯诺以谩先生,亦犹孟氏敬王之意也。前奉书踌躇而卒有复于先生者,道在人间,不容自绝以慢长者。而怵惕情深,乃有自警之辞,先生以为讽语,闻而悚然。千里道交神游,恨无一面以自见于先生,请益无方,敬长尊贤之谊未敢有懈,辨理求是之间,先生遽以敬长之道疑之,过矣。因复一言,祈赐亮察。

熊十力先生来片 一九五一年十二月二日

冬寒,老人难过,吾子又来长信,实不必长,你所说者,吾早知之。孝弟之道,学校之教,自有伦理第一课。将来吾国教育,如不全用西洋伦理学,自当据吾圣人之义而发挥之。社会教育,吾书中讲本俗六,以安万民处,其联兄弟一条,郑康成注将兄弟解作外亲,如内兄弟、或表兄弟之类,此大错。吾乃直申己意,作同胞兄弟解,而说明兄弟之爱,自父母而来。则举兄弟之爱,而孝道不待言,以此为善俗之本。吾子何不深玩,而轻议吾书乎。不驳郑者,文繁,无款印。

汉以来二三千年,皇帝以孝治天下,鼓励人民移孝作忠,如三代诰封,即本此原则而立,此为奴化人民之善策。吾在清季,犹见此习。吾国帝制久,奴性深,不可不知。《尧典》述尧之德,与孟子不可作同意去解。以亲九族,古代宗法社会,当然。此数语,当就社会演变,以明治化不同,吾无暇详。

十二月二日

复熊十力先生　一九五一年十二月八日(辛卯)

本月二日示书敬悉。先民之理想可承,后世之锢习宜革。昔人尝谓有《关雎》《麟趾》之意,而后可行周官制度,亦知言也。骊兄函告,苏州学习下月可结束,分派何处工作,现尚未定,并嘱奉慰。冬日北地寒凉,并祈道体珍摄,不一。

熊十力先生来片　一九五一年十二月十八日

来信均收到。吾子后来各信,并未提令姊病况,想已无恙,为贤者慰。骊只好于卒业时,服从组织分配,但体气可否向之说明,望酌。入冬迄今,尚不冷,然北方寒气究与南中不同。大雪节后,不用微火之炉,老年人终不可耐。吾神经衰,最怕火,又怕多衣,故冬来全不能看书与用思,日夕难过。古人言度日如年,真有此味。数日前,曾发头昏,倒地一次。

漆园老人　十二月十八日

复熊十力先生　一九五一年十二月廿一日(辛卯)

奉十八示书,长者不耐寒冬,至于昏倒,环读北望,无限系思。迩日起居何似,渐康复否？曾量血压有过高之象否？曾患贫血否？凡此皆高年易惹之病,似可烦西医试为检查,庶几放心。室中既不惯用火炉,可否改用小脚炉_{内放一二炭结}。及热水袋,略取温暖。至祈加意珍摄,为无量祷。骝兄已久未晤,年假如归,当去问讯。家姊现已住入医院,荷垂念,至感至感。

熊十力先生来片　一九五二年十一月十七日(壬辰)

近移居"北京什刹海鼓楼大金丝套十三号"。此片久未发者,待新居定故。上年寄《小品般若经》及数信均收到,衰年无事,从不写信。吾子来函,似不必求吾答。《般若》初品第三行,云"舍利弗即作是念,须菩提自以力说"。自以二字,想是颠倒,当作以自力说；佛经中用自力二字者殊多。吾如常。《新论》文字写于川,极不好,近删改,而义旨无易。遵骝均此。

壬辰十月一日

熊十力先生来函　一九五三年四月下旬(癸巳)

古代任何学派,吾人都须择要精研,然若以古典为神圣,而一味信仰,不知自用思辨,是自绝其神智也。中庸言自诚、自明,大乘亦曰依自不依他，先哲已有明训矣。吾平生服膺《易系传》，曰："仰视于天，俯察于地，近取诸身，远取诸物。"以此为学问根本态度。昧乎此，而役心于古籍，未见有自悟处也。前年曾欲足下来京小住，而老来意兴不佳，聊闭户以自求闲适，今又衰于前矣。足下如来，须看秋后得有空房否。又笔。

与熊子真先生书（由公逸转达） 一九五三年四月廿七日
（癸巳三月十四日）

示教虽寥寥数语，犹见先生为学精神，敬佩已甚。后学于前哲载籍，尚未窥门，何足云泥，但时一读书，神情愈出，见已益真，不觉有难罢之忧而已，本绝言思之地，无以为先生道也。仰跂不及，自愧何如。承嘱秋后可作京游，至时如因缘当就，固所愿也。日来气候有温暖如夏之趣，北地何如？至祈调摄，奉候道祺，不一。

熊十力先生来函 一九五三年四月廿四日
（癸巳三月十一日）

静窗先生，前承寄印件，知令姊逝世。人生一世间，譬如虚空华。望勿过悲。遵骝来，承馈桂元、莲子，皆吾所夙嗜，谢谢。闻年来求法猛进，固可喜。得相片，知在盛年。若效一般和尚居士之为，非独不周世用，即就智慧与学问言，吾不敢信其能离教僻而深造自得也。

漆园启　四月廿四日

复熊十力先生　一九五三年十月卅日

奉廿三示书，深感先生相与之情，而居处室少人多，儿童嘈杂，不堪为老人读书清养，筹维之间，复奉示片，当遵命分别询洽，如有可相安者，即便函呈也。并已遵转函世菩兄，俟有复至，静拟自往奉谒耳。秋深，沪地尚暖和，北方或已转寒，伏祈珍摄，不一。

附熊先生十月廿三日来书

来信收到，研学问，须放开眼孔，自找问题，然后可读古圣贤书，求其所未注意到处。圣人虽天纵，生在古代，何能了尽无穷理道。其真见到处，吾侪倘天纵，亦无可易之，况不才者乎。其注意不及处，圣人或言之有误，吾侪亦无可盲从也。吾有一事商贤者，北方冬春气候吾受不了，吾亦不想依儿子，只一晚得之儿，今在沪招商船厂充一副工程师，名世菩，其人老实，才可强糊口。其母与寡嫂、妻、子，食指不少，收入不过百余万。同儿住，吾怕烦，恐与儿媳处不易。吾独身生活惯，你处有可余之屋否？如有，可容吾否？沪上炭火贵否？家用人可为代烧火否？吾须吃鱼肉一类，却亦简单，决不办多菜，吾不另用人，房子请酌议租。今非讲客气之时，客气非可久之局。吾若去京取退休费，少则月五十万，多或五六十万，现尚未问，大约不能多。你若允吾相依，吾当办退休交涉，决南行，依贤了此余年。吾只一身，钱虽少，然无一点嗜好，亦不吃异味，月四五十万或五、六十万，不卜可过活否？望酌之见复。吾之性情无客气、无世故，遇事宁可人己分明，方可长久。若你待我以礼貌，欲相厚，今之生活情形决做不到，向后反不好支持，此老实话。

附熊先生十月廿六日来片

十月廿三日函商沪居事，想收到，昨午后遵骝来，知你无余宅，且人口甚多，可知家累不浅也。为念吾已衰年，实以回南为是，但地点难得妥处。遵骝云，南京夏奇热，且热时极长，秋雨久而潮湿，冬奇冷而风寒凶，决非老人可受。唯沪上海风好，难找房。苏州与无锡皆有大图书馆，其气候近沪否？物价过昂否？幸为查询。常州情形如何，亦可便询。沪青云路招商二村附近如租一小楼房，就小儿熊世菩处吃饭，看租钱须多少？世菩住招商二村九十一号，此片转他。

震注：家父与熊公论学三年，虽未谋面但神交已久，熊公提出同住之事，家父深为感动。与家母商议再三，终因实际困难——石库门房间少、隔热隔音差；家里人口多，膝下子女四人及外甥二人，过于嘈杂；1950年以来全家茹素三年，为照应熊公"须吃鱼肉"颇为难——无奈以"深感先生相与之情，而居处室少人多，儿童嘈杂，不堪为老人读书清养"婉谢之。纵观熊公书简，为居住寓所困扰。从京至沪，去苏杭常寻觅，又思返京。一代大家，求安静治学寓所如此劳神，令人感慨！

复姚翰园书　一九五三年十一月十三日
（癸巳十月初七日）

一别经年，邑叙之情，时兴远思，得书籍，省起居清健，可以慰怀。

古云，从缘入者深，文字者浅，十年来妄谈天人一际，体用一如，脚根未点地在，直谩语耳。昔贤数十年苦心参诣，才得一段受用。证是实证，悟有实悟，后世承虚附木，神贩为学，平时尽是说得疾风，不见劲草，抑何已哉！大病警余，始知刊落声华，鞭辟提撕，力行寡过而已，逗漏尽多，不足以为学也。

上月曾得熊公寄《新论》近刊本，已略读一过。此老挺然为学，大段可敬佩，亦颇有不同意处。自心腔子里事，非关门户之诤。如论道生一，一生二，三生万物一节，以正反属辞，未免坠时下西哲论理圈绩中。虽比于易道日新之义，亦不妨作如此说。弟意自别。理致深微处，少墨难申，文字往往不易曲尽其意，往复面谈庶几称旨耳。他日如有情绪写出，当以就正熊公并呈教也。

熊公有意南来与弟同居，固符本怀，然世缘扞格，恐难如意。虽南北千里，终请益有期耳，示念为感。另遵交邮寄《大品》等书为座右参考，收到便复，释念。冬初寒生，诸祈珍摄，并候教祺，不一。

震注：姚翰园，家父西南联大挚友，又名姚汉源（1913—2009），山东巨野人。1937年毕业于清华大学土木工程系。先后任教于清华大学、重庆大学和四川大学。后就任武汉水利电力学院教授兼副教务长、北京水利水电学院教授兼副院长、水利水电科学研究院教授级高工和中国水利学会水利史研究会会长。师从钱穆先生，1947年和牟宗三在南京创办了《历史与文化》杂志，明确提出要对中国近代特别是五四以来的全盘西化思潮和反传统思潮进行深刻的反省，希望借助这本刊物"昭苏士心，唤起国魂"。创刊号刊有牟宗三的《大难后的反省》，唐君毅的《朱子理气关系论疏释》，他的《正统与道统》《荀子论心性》及《本刊旨趣答问》等文。晚年借古鉴今，全力投身水利史研究；有专著及各类论文60余篇，数百万字。

与张遵骝 一九五三年十一月十五日（癸巳十月初九日）

前投二函，度荷览。近日体气如何？不见复示，眷眷念中。昨晤天枢兄鬯谈甚快,于熊公南行之意颇不以为然。弟前书乃无可奈何中之筹度,置之不论可耳。惟昨得熊公示片,以南来意不得畅,情绪似低沉,兄当就访慰之,附书便呈致侯。冬日凉生,祈加餐珍摄。日前谒侯老伯父母康健,释念。

与熊十力先生

奉读十日示片,向北情移,不知所极。赐寄《新论》曾读一过,简明胜前。先生婆心,可垂久远,数十年艰辛起模造样,自成家说,具眼之徒宜有应者,德不孤也。《量论》已著稿未,念念。先生清明不衰,奚足云老。但冬令寒凉,多珍摄耳。娑婆原是苦果,自难事事鬯情,不然诸佛菩萨更不消头出头没,出入世间矣。复叩康安,不一。

附熊十力来片

来函收到。遵骝因房子问题,尚在西郊戚家。附纸暂未交。吾欲回南,即长住南方。不可得请,便暂时留北。衰年往返,经济既困,行动又甚不便,车中无人照料,老人不堪。带一人,往返一切费,亦力不易任。老来须靠人,儿子犹不说,今日儿媳,决不可靠,故不欲作家庭生活。明年再想法。年衰亦易了。《新论》,吾子想亦随便看去耳。

与张遵骝　一九五三年十一月廿三日(癸巳十月十七日)

日前沪地骤凉,因思北地必倍寒冷。逸兄体不充实,其或病耶? 书至,果然更无他语,但盼善为调摄耳。

熊公能作意著书,极慰。承一再约弟来春北行,盛意可感。困病日久,生计渐逼,至不足道之事,亦令劳神,此娑婆世界之所以毕竟可厌也,一笑。亲老幼众俯仰之间,须令少忧,庶称微愿,若能稍得安顿,便动行思也。世缘难说,未敢前定耳。

　　钿兄伉俪情深,千里偕行。从事之身,一旦家居,当有所不习处。人间至情,不为物迁,可羡可羡,可佩可佩。

　　近校《大乘理趣六波罗密经》一过,菩萨不舍众生,誓愿宏深,每触鄙怀,停笔三叹,不知涕泪之奚从也。自家身心奈何不得,寒冬不出,当再愤悱收拾一回,平日检省,病痛尽多,寡过而已。敬祝俪安!

熊十力先生来函　一九五四年二月十六日

　　静窗有道,新年来片收到。前夕遵骝来,云吾子新年决来京一看,不知然否?以吾度之,你暂可不来。候吾秋间,决定行止,你再说来否。吾今年无论如何必南回。年过古稀,北方三冬两春的寒气,确受不了。如回沪,或在沪山阴路东照里六十八号附近,依钟钟山先生处,租一小楼住。余事靠钟山翁,此第一策也。二、依吾子附近,亦如依钟山翁之办法。三、依青云路招商二村九十一号小儿熊世菩寓之附近,租一小楼,在菩儿家中吃饭,而坐卧小楼房。今年夏秋间,如钟山翁能设是法,是吾最喜者。次则吾贤。又次,则依小儿。如钟山翁能为谋一小楼房(只要一间),伙食烦钟嫂夫人代劳一下,我吃也简单。如依吾贤,伙食亦望代劳可否?烦以此先送钟山翁一看。他看了,再交小儿世菩一看。钟山翁处,或你处,不能代办伙食,则烦多租小房,而用人须另想办法。假使百四十元不至大减,或可用一人耳,然无把握也。你暂勿来京,秋间或来,一同返沪。

　　　　　　　　　　　　　　　　　　　　　　二月十六日午后

熊十力先生来函

　　静窗有道,昨函谅可到,嘱转钟钟山先生看后,并转小儿。其实,以不转小儿为是。两三年来,总嘱他想房子之法,而总不能想,再嘱之亦只白说而已。他本老实人,不知衰年老父之苦。孤老在北方无人照料,早晚及夜晚五更太冷,受不了,南方虽冷,比北方究不同。他自力也不能想,故我不能望他。唯烦钟先生及贤者能为吾想房子之法。生活费如学校不减,当可强支持。减与不减,还请政府主张。总之,今夏秋间,总要钟先生及你两处有一处可得屋,即可行。此转钟老先生。

熊十力先生来函　一九五四年二月初九日(甲午春)

　　沪上有个人自用的炉子,烧火不必费力者否?如有之,尽可自作。用人真太苦。如用人,其困难说不尽,不如用自身的力。我想今后不用心,只自闲几年去死,也欲自弄吃。此交钟先生一看,切切。

熊十力先生来函　一九五四年二月十八日

　　吾现正写一稿,是关乎国学。此书写好,决不再写。此书,亦决求极少的文字。因恐无法印,又精力已衰,滋养无有,不独无钱,而不好买。谓肉类。药则不用已三年。你此时来,吾无谈的时间。待中秋节左右再说。吾如得请回沪,即函约你来,住几天,一同到沪也。

漆园老人三月十八日

述注：此书指《原儒》，上卷写成于甲午（一九五四）在北京时。下卷写成于丙申。现有龙门书店合订本行世（一九七〇）。

复熊十力先生　一九五四年三月廿六日（甲午二月廿二日）

示书敬悉，静家累所困，北行实无力也。示将著述国学，至忻至慰。硕德耄年，斯所以为后生师表耳。而言下辄以老慨，似或过矣。《易》有健行不息之义，释谓依菩提心行菩萨行，经劫无厌。先生非有取于是者耶？仰怀清风，不觉渎陈，罪甚罪甚！

熊十力先生来片　一九五四年六月十日

精力奇短，写作日困，夜尽失眠，然不得不成此书。去年承为谋宅，吾终未能行。其中自多缘故，今益衰，不可久留北地，秋后必南。钟先生与舍小儿两处都不能想法，仍望你急为谋，否则秋风容易，老七月内可否来京一游，届时稿或可大部完功。

漆园老人六月十日午后

能距你最近，上好。否则乡间不大贵，亦可。

熊十力先生来片　一九五四年六月十九日

六月十日一片，料收到。近得小儿信，房子事他或可设法，你可勿以为虑。吾本欲老七月半后南行,但书是否能成,尚无把握,若退后两年则赶完可无问题。年过七十之梗,下山若崩之势,无能为也。切望你能交秋后(即老七月内)能北上一游,上年不欲你来者,因不谈话,恐禁不住,一说些话,气力便散,不能写文字,此非从前可梦想及此也。

六月十九夕

张公逸来函摘录　一九五四年八月廿二日

前日往谒熊师,知沪地住房已大体觅定,大约两三周内即将成行,今后我兄当可常往过从,于老人于兄俱有深益也。熊师与兄此次虽系初面,但神交已久,自早无形迹之隔,惟仍愿将熊师性格一二,稍介于兄。熊师奇人,颇具宋明儒之类型,性情真挚洒落,个性过强,且常有赤子之心,飘飘然仍似有出尘之概,此诚当世无二。此点弟主观认为仍有佛家影响。与彼较熟后,观其处事及任性处时似赤子,绝非如程朱之谨严,亦非如明道、阳明之从容。以理学家气象及修养绳之,不似也。熊师虽主东方之学思,时殷殷于体用事理不二,而以偏忽为戒。但师于历史文化方面措意实鲜,谈此一面似最有隔,而另一面于涵养察识之措意,亦似不若于玄理及名相之析解为有兴趣。而师以个性过强,自信过深,故多年来弟子侍侧者多仅为聆教受教而已,绝难有任何论辩及诤论。虽可问难请益,但一与老人所思者过违,多不能容人尽言,且所言有误,或与老人意相抵触时,常有遭呵斥所言或非普通人能受者。之事。但随师久,知师深者亦不以为意也。但此番北来,观师性情之有时燥急情形,尤较往昔为甚,此于老人心境及体气近况或有关也。弟北来虽将一年,但以工作忙,往谒师时并不多,而我兄于修养期间能常相过从,尤以我兄向来之涵养工夫,于老人当可有从容浩然之补益也。老人某方面之思想似仍受清末民初余风之囿,盖一论及中国旧学,仍过斤斤于求证与新学之同而始立其价值者,最近所写之书即全部由此着眼,且斤斤于渺茫古籍之臆测,以证某种新原理皆似为故籍所原有者,最近更深斥孟子。凡此大约面时均可与兄谈及,此等处恐唯有听之任之,殊难置辩,但以我兄之涵养于长期中或可从容进言,以向例以绳,晚期思想辄为最成熟之表现,故立言尤不可不慎,此点弟虽欲净之无由也。但熊师于当世诸老辈中究为硕果之高德,于世道于斯文之措意苦心,仍至难能也。以熊师不久即将南来,匆匆先为陈此。

又十一月一日来函摘录

熊先生突于日前离京,行前亦未通知弟等任何人,目前当已抵沪。老人近年来以过寂寞,心情甚不佳,且时显急燥,最近以新著弟曾匆匆面净数次,亦颇使老人不快。我兄修养涵养均高,定能从容于老人种种有以照拂补益之也。

寄述先家书

述览:

宇宙人生,冲漠无朕而万象森罗,万象森罗而冲漠无朕。此是佛法大总持,亦是颠扑不破真义理,可深思也。从冲漠无朕处立法身,从万象森罗处立报化二身,报身总相,化身别相。法身依真谛说,报化依俗谛说,此是言语分别方便。若论实际,真俗交彻,三身互融,重重重重,无尽无尽,非言所及,非解所到,唯是行境,自证方知。夫学由粗入细,由细入微,微细微细,难可究诘,而不至于言语道断、心行处灭境地,任尔说得十分,终是隔靴搔痒、门外汉子也。佛法于身心真实受用处,从理义以摄心,从禅定以启行,终于一念智慧相应，顿断无始时来无明，光明无量，自在解脱，还它宇宙身心自家的一个本来面目，此其所以为尚也。不然，庄生所谓生也有涯，知也无涯，虽怀入山采宝之志，而不至于说食数沙、徒劳无功者，寡矣！思之，深思之。

吾言西人科哲之求，道问学而已，非故贬之也。佛法三藏十二部，虽亦文献浩瀚，论说无穷，意在言显无言，令人自泯能所，毕竟证入法身实际理地。虽体用不二，然必须于法身为本，报化是末，辨得明白，不许笼统。西人科哲之学，虽取途不同，其中道理，无不从分别比量得来，尽或说得报化二身相似，于法身边，终是无分也。

冲漠无朕故，佛法于世间一切"思想""文化"，了无所取。万象森罗故，佛法于世间一切"思想""文化"，亦无所舍。故佛法于一切时、一切处，无不融贯也。而其精神所至，于"无住无著"一语，约略可见。"无住无著"是生命的积极义、精进义、向上义，即体即用，胜义无穷。世间一切学术、一切文化，无不一一从其"著"处、"住"处重重建立，行布无穷。"有住有著"故，虽一一条理自成体系，然一一是一"有限"。惟澈悟得无住无著义，方是体用交彻，无尽重重，即有限、即无限，即无限、即有限也。思之。

从世间文化论，古学稍病粗略，而能简括大体。今学虽多精微，而每嫌在枝叶。能于古学观见大略，于今学究其精致，两得之矣，而未易也。希腊诸学，为后世科哲之所自出，稍用心于是，源流始末，大略可见也。尔告曾留意希腊古学，亦有所悟者欤？学无中外、无古今，畛域由人而兴，亦由人而泯。同宇宙，同人生，同真际，胸量汪洋，睿思独到，精诚所至，如弥勒楼阁，弹指得开，十方一切世界，无不现前，抑何碍耶？以意为中西轻重者，斯失之矣。思之。

熊公《新论》，原是一家之言。公为学数十年，于儒释两家义趣，甚极探研。于佛家体会处，远过宋儒。而其为学基本态度，仍未免宋儒窠臼也。公佛学智识，从欧阳宜黄得来。宜黄专研法相唯识。法相学者主"真如不能随缘",公研久不以为然,谓其将"生灭""不生灭"截成二片,遂著论难之。难法相学者,则或然矣,而竟以此括佛家全体,斯惑也。贤首判法相为大乘始教,久已以其为不了义。而大乘从小乘出,不深味小乘宗趣,亦无以知大乘也。小乘是出世间法,必须先于"寂灭""生灭"两端,截然判得明白,方能粉碎世情,清绝孤往,涅槃独证。大乘尚须超越此一层次,观空而不证,穷劫涉有,严土熟情,行所无事,乃至究竟菩提。此其所以为"大",为"难"也。圆融不二,原须从身体力行、壁立千仞中得来,方是真实。不然,虽研论多方,逻辑戏论而已矣。法相邻近小教,理论遗蜕犹存,向上圆顿教义,又是一番精采。吾曾言之,公犹未之信也。言语文字,原是方便之谭,古人不得已而用之,虽极审慎圆到,未免偏颇,况果于自信者乎。释迦说教四十九年,乃曰:"若人谓我有所说法,是为谤佛。"可为后世深思也。

研论世间学术文化,须略治史,庶知时代嬗递因缘。近世科学自哲理出,而有后胜前之势。今世治学,于科学思想原理须有所知,庶不隔膜。我国工业落后,须长足赶上,此时着重理工科技,亦有必然之理,但哲学毕竟从高一层次处着眼,彻究论断,亦无废也。人类支配自然力量愈增,生产技机愈进,社会经济面貌日益改观,一切思想学术乃至种种文化问题因运而生,澎湃成潮,亦必然之势也。此为二十世纪一大课题,必有无穷之智慧、无限之仁爱,全心全力,挚挚无倦,庶几于东西文化交流知所通摄融贯,社会形态发展得所调适均衡。至于全世人类亲诚共处,如父母,如兄弟,以为历史开一新纪,生民福祉,宁有艾乎。偶记《涅槃经》说:"大功德天与大黑暗女,出入常偕,形影不离。"一念及此,复有怵然者矣。少年埋首读书,持身须有无量谦光,为学须有无量虚怀,庶几清明在躬,日进无疆也。勉之,勉之。

青年求学时期,身体健康,尤盼注意。常运动否?饮食起居,恒康乐否?如今身长、体重等健康情况,略告释念。

述注：此函未标明日期,是我读大四时一九五四年十一月中收到的。信封上香港的邮戳是十一月四日,按此逆推,应在十月底写成由上海寄出的。由这封信也可以看出父亲思想之一斑,以及日后与熊公发生大辩论的根由。

熊十力先生来片　一九五四年十一月一日

吾于十月廿九早车抵寓。路上颇受风寒,咳嗽多痰,顷已痊愈。贤者得暇,过谈为慰。

　　　　　　　　　　　　漆园老人十一月一日

西宝兴路、青云路、招商二村、九十一号、熊宅寄。

与熊十力先生　一九五四年十一月三日
（甲午十月初八日）

昨得谒教,堪慰生平。先生拈一生字为儒学明宗旨,鱼鸟之趣跃然挺现,古贤深衷,得所遥契,至佩也。体用不二似是破无明以后事,此乃为上根说法,若不先在人欲净尽处得个消息,先生之学恐未易入也。终日坐黑漆桶中,以不二为文字谭者,更不免有毫厘千里之别矣。

佛家大乘本领,端在观空而不证,以无住、无著为生命的积极向上义,繇是而悲愿繁兴,穷劫涉有,严土熟情,众生无尽,世界无尽,烦恼无尽,行愿重重,亦复无尽无尽,此其所以为大为难也。不深知世间,无以知二乘,不深知二乘,于大乘旨趣亦必茫然矣。

独觉于十二缘生推溯生死源头,齐根折断,乃证涅槃,义事不虚。顺观成生死,逆观得涅槃,二乘取空而证,知逆之为体,而不知顺之为用,只得半边道理。大乘行者观空而不证,以不证故,乘本誓愿,顺观生死,回入世间,依菩提心,行菩萨行,生生世世,尘尘刹刹,同众生相,不同其缚,法身为本,而成报化,万德庄严,菩提圆满。此中艰辛,未易具论也。

　　儒者说生,即用以明体,释说无生,即体而显用,自不二法门道理上论,宜可相互融通。而儒者经纶世用中,明人类社会相互关系,令如分际,各得其所,理亦明白,然究似依分段世间设施。大乘行者于自生命向上中,舍分段取变易时,境趣大异,疑有涵容不尽者矣。则儒释两家从用处看,亦许有层次差别之异也。

　　先生顶门有眼,为学精详,夙所敬重,千里缘会,自幸何如。略摅卑怀,敬求明教,一二日中,当更趋谒侯,请指示也。

任注:熊公于信上回批,共有三段:

　　一、于"体用不二似是破无明以后事"批曰:"此处大误。体用不二,法尔如是,非由意想安立。如何说是破无明以后事乎？未破无明,不得证见此事,而非本来无此事。"

　　二、于"繇是而"批曰:"无住无着,由悲愿所持故。若无悲愿,即自了生死,不得无住矣。着于涅槃,不得无着矣。由是而三字,误不浅。"

　　三、于"源头"处批曰:"十二缘生之生死,毕竟无源头。惟孔子所言生者即源头也。佛氏生死,无明为导首。无明无始,云何说源头。无明有终,以无源故耳。有源者不竭,可得而终乎。佛家所云生死,实就众生痴妄处说。若破痴妄,生死本来空,何有源头。吾子妄自是,以为解佛法,欲开导人,奚不反而深究此事。以盛年而学和尚之无知无聊,何必。些纸所批处,如字有不清者,可带来。倘不谓然,幸勿答。吾无精力酬此等空话头。语非出胸际,足下不自知耳。"

与熊子真先生　一九五四年十一月七日（甲午十月十二日）

学佛十余年，读书数百卷，自惭暗钝，略无所得，但于无生二字，少分会意，已觉受用不尽矣。一切世间波用繁兴，见得如幻如化，亦确乎无疑也。

体用不二宗旨自是了义之谭，然学者先须本末判得明白，始解有着力处，不然或有以糟粕为神化者矣。体为实相，用为权，重重施舍，重重精进，着力在用，而成就在体，此是为学头脑，亦可无疑。空宗说生灭如化，不生灭不如化，一轻一重之间，方见行道力用、胜进向前，此非见之偏，而实用之妙也。体用二者行道之说，不二者究道之论，非行何以究竟，不于究竟处见得，其何以行，成则俱成，败则俱败，宜无轩轾伯仲者别于其间也。静于《坛经》能、秀二师偈句亦持如此看法。此是自家事，还须自家了，身非过来，古德方便难测，亦不敢遽论焉耳。陈于先生，不知可许否？

昔读儒书，索义难解，不敢从众贬仲尼于人天小道，亦不敢妄推圣境以为无上了义也，敬而不亲而已。千里缘会，晋谒座右，蒙慈垂诲，拈个生字，而儒家义趣跃然挺现。亲切之忱，如见父母，旧日疑处不觉涣然。又于平日所见如幻如化处，不啻下一确注，境趣大异。于佛家无住见流行，于儒家仁义得充实，一际融熔，天衣无间，此是二圣携手同游处，而亦后学进趣菩提大王路也。末流何幸，隙见真微，忻慰之情，无有可已，尚祈先生教正之也。

先生一生研学，垂老归来，家人真趣宜有可乐，此正儒者精神践履处。况老年亦须家人照料，起居饮食乃有所安。研学虽以静处为契，先生过古稀矣，虽精神犹健，究不能比于壮年，宜不复作独居想也。至于居室问题,海上人稠,空广难觅,况于维摩丈室,则亦可以释然矣。冒渎有言,未知可否,实出至忱,仍望先生能一莞尔也。

一九五四年十一月七日(甲午十月十二日)

附录

永明寿禅师《万善同归集》卷一一节,略见圆宗旨意。一滴之味,可以概余。若欲详究,《华严》诸译,乃至贤首、清凉、枣柏疏论具在,可以覆按。

问:诸佛如来三乘教典,惟有一味解脱法门。云何广说世界生灭缘起?拟心即失,不顺真如;动念即乖,违于法体。

答:若论一相一味,此乃三乘权教(空宗亦权教摄)。约理而言,即以一切因缘而为过患。今所集者,惟显圆宗。一一缘起,皆是法界实德。不成不破,非断非常,乃至神变施为,皆法如是故;非假神力,暂得如斯。才有一法缘生,无非性起功德。《华严经》云:此华藏世界海中,无问若山若河,乃至树林尘毛等处,一一无不皆是称真如法界,具无边德。

述注:此附录系依任弟钞存原稿补入。

与姚翰园 一九五四年十一月七日(甲午十月十二日)

熊公上月底南归家居,因得谒晤鬯怀。此老是具眼人,于生命源头确乎见得,可佩慰也。公清奇特出,未易与境沉浮,斯固宜然。至于日用践履中未能即身同尘而安,殆禅家所谓犹有这个在者,则公向日诃空宗未了处,公犹不免坐受此病也。公学有独到,情有孤诣,自无可疑,斯未可以一言而尽者矣。弟病体未大复,亦无所苦,勉可释念。近况好否?珍重,不一。

复熊子真先生　一九五四年十一月十日（甲午十月十五日）

蒙示垂诲,足感婆心。兹于前书文,略再辨陈,仍祈教正。

（一）前言"体用不二,是破无明以后事"者,乃依修德立言。先生斥言"法尔如是"者,似就性德而论。修无性不成,性非修不显。古谓"不经一番寒彻骨,怎得梅花扑鼻香"。圆融二字,毕竟须从壁立千仞中得来。不然,虽说得不二,终是无用之物也。

（二）示云"悲愿正是生命"。诚然,诚然。若无悲愿,生命焉得见。但无悲愿者,似不得即斥为无生命也。《大涅槃经》明阐提不断佛性矣。前书"辝是而"三字,的是语病。蒙先生指出,敬受命矣。

（三）佛家说生死,实即指痴妄为言。十二缘生无明,即是生死本也。就此齐根折断,方见"生灭灭已,寂灭为乐"之趣。自家本来面目,法尔挺然呈露,此中方便说个体用不二,恰是好处。或执"空",或"不空",乃至或以为"生",以为"无生",纵教天花乱坠,却都不干它事也。若不经此波折,勘验一回,恐无天生释迦。但于生死门中说不二,岂惟痴人面前说梦,或更不免以醍醐为毒药者矣。

静半生中多从病过,可谓业深障重,惭愧不惶者矣。奚敢自作菲薄,妄充解人哉。但胸头有一点明,腔间贮万斛泪。时自愤悱,每不容已。学有可乐,枕肱饮水中,莫非此理流行。所信者,如斯而已。别无可为先生慰也。尚祈垂照,不一。

复熊子真先生　一九五四年十一月廿二日
（甲午十月廿七日）

辱承书诲，自是后生为学大纲目，敬当书绅以期毋负。

为学自须高着一只眼，始不为古今四方转去。释子志在毗卢顶上行，而日用四威仪中针孔不漏，始是真修行处。至理圆融不二，必须经造次颠沛、千磨万难中来，乃见亲切。若论真实理体，我亦千佛一数，何敢便让前贤。若论修学，千里万程犹远在，则亦不能不息息之间深惭痛愧，期勉寸进而已矣。惟先生悯而教之。

后学读书原不足以为学也，四十年华总觉宇宙人生中有一逼切问题在，亟于求解，不然便于寝食间横梗胸头，自家安顿不得。二十年来，栖栖遑遑，只在证己而已。此中情趣如哑食苦，难为人道，偶一启齿，徒受讥咄，求之于人不可得，乃发愤埋首求之于书。古今中西学派略有涉猎，多如隔靴搔痒，莫有切身之感。儒书少知敬重，但服膺以行乎日用伦常之间，于其理极精微亦未得个入处，故难有亲切之趣也。癸未夏，侍先母病中，胸怀悒郁[注]，偶值应上人得受唐杜顺和尚《华严法界观门》一书，文少义精，卷而怀之，读至："一尘不坏而遍法界"一句，不觉身心洞彻，平生疑虑，涣然冰释，涕泪纵横，亦不知其所从也。自兹十余年，辄以《般若》《华严》二经融自身心，于释迦、于龙树敬之爱之之忱，无或少间。情出于衷，盖有不容已焉者耳。

少时见得世间人生，拘拘衣食为苦，思有以解之，此求学北庠时专攻经济一因也。近年自家旨趣所趋，理解所至，又是一般，斯无俟卒论矣。儒家书难读，《易》为尤甚。文献浩瀚，百家不同其说，后学不知所从，则未免望洋而兴叹矣。辅嗣得意忘言、得言忘象之说，自是至论，而初学入门处，象数一途，先自困煞，卦爻文辞，又复茫然，亦何从而有廓尔亡言之趣哉。日前千里缘会,谒见先生,拈出个生字,而儒家义趣挺然现前,平生为学,得此注脚,又是一番境趣,自癸未以来所未有也,斯亦足以自幸慰矣。

病中日课:晨起静坐,次读《大般若经》及《华严经》一卷,深观此中义趣,自证于心。散步疏通,每有廓然之意。近来加读《大易》经文,每日玩一卦爻,虽若不似前隔膜,实未摸着门径也,假以年月浸润之功,或可望一隙之明也乎。尚祈垂慈指教,俾知循序探索,而有日知之效也,至祷至祷。下午略读西人科哲著述,广证众理而已,不足具论也。

周五拟如约谒候。如先生著作未暇,即不冒渎闲岔也。

任注:父亲就学北庠,攻经济专业,志求治国之方略。抗战时随校南迁昆明。将临毕业,一腔热血,正准备报效祖国。系主任又通知父亲可以破格公派留洋(即因成绩优异,免去两年优秀助教资历的要求)。然而,正在此时,呕心沥血把幼年多病的父亲抚育成人的祖母,却得了难治之症,她一心盼望着儿子能回沪侍养。为了尽一点孝心,父亲毅然放弃庚款留学的机会,来到了祖母身边。那时的上海正处沦陷区,只得闷在家中,不出去做事。青年才华和抱负受到了莫大压抑,这就是胸怀悒郁的来由。也是父亲人生哲学发生重大转折的一个契机。

附来书

学问之事,须去轻心。轻心去,而后可落落实实,按步就班,毋怠毋荒,一直向上去,每自找问题,自谋解决。读古书,一方要极仔细。先通文义,次析其条理,综其系统。又次,寻其言外意,然后可得他的真精神,认他的真面目。一方认识古人恉义了,却要昂头天外,返诸自己的问题,本自己的经验,参以古今各大学派之论,以相比较、推勘,勿死在古人圈套里。真理无穷尽,须自有新发现,补已往哲人所不逮,是乃古人所望于后生也。泥于古者,不可以为学。

佛教徒可恶者,尊其教于九天之上,自家高得不了。实则佛氏元来本是一个人,并非神物。其道虽高,在大地古今万国中,不过圣哲之一。不可因崇佛而抹煞一切。昔者欧翁未破宗教圈子,终欠宏通,而况其他。吾子须先开拓胸次,以平等心究观古今各大学派,自知学无基础而后可为学,否则欲速不达也。为学务在以义理悦心,勿夹杂求成之念。求成便有功利心,将妨害身心,不独学无成而已。吾子识之。此望静窗有道。

漆园十一月廿日午后

复熊子真先生　一九五四年十一月廿四日
（甲午十月廿九日）

示教敬悉,已遵转与骝兄矣。宗下大德,实难其人,比于俗学,奚止云泥而已哉。怀古心钦,不足以自道也。下学上达,惟日孳孳,时久浸润,其或可乎。

与张公逸　一九五四年十一月廿四日
（甲午十月廿九日）

熊公来书嘱转吾兄,附函伴呈,祈察。此老弟曾二晤。其为人笃实处,自不拍而合;其学之所未契处,亦无可为苟同也。此老出言强项,是其诚挚处,然于弟实未尝了了知也。硕果难得,弟自存后学之敬而已。公无纳言之忧,恐不易有益也。公是一具眼人,为学精辟亦有独到。果于所信,前辈为学,何莫不然;过于所信,恐不免于自蔽者矣。以弟论之,公之为学精于生理而昧于病理者也。生理为本,自宜了知。其奈众生常在病中!此而不察,亦何以相济于彼岸也哉?而公生平之所谓体用不二云者,实有察于一十而无知于二五者也。尊见云何?示之。

再与张公逸　一九五四年十一月廿五日（甲午十一月初一日）

儒者言格齐致平,人生伦常之道备矣。而由来从事于此者,大率泥于世间,知入而不知出,难有廓然恢闳气象,崖岸自守而已。禅家却能睿智独照,突破藩篱,巍然人中之天。但清明在躬,悟迹难拂,知得搬柴运水神通妙用,却未足以解缆放船,同尘寰中,自华藏境界论,斯犹存一间之隙者矣。宋以来学者略识此意思,为贯通而得之未精,转身太早,且夹杂许多门户之见,亦是劳而无成。观学案诸贤,或失在拘,或失于荡,从可知也。弟欲冶古今于一炉,以见为学立人之道而未能也,孳孳无间自勉而已。熊公诃之,以为苟不尽弃释氏之道,即无以进为思辨之学,是终日谈体用不二者,竟有以人生宇宙而为二者矣。此重公案相隔,终无以见弟也。此是弟为学真实处,亦是与熊公难相契处。公以宿儒长者自居,一味以击蒙为是,诤论无益,亦不足以从容尽言也。昔人有言吾爱真理,此中毫厘自昧不得,亦且各尊所是而已,为兄一言,存之可耳。公老矣,一生为学自成家说,虽不尽从,而硕果之存,敬长尊贤之道,亦吾辈后学事也。前书未详,聊复增一赘语。

附启:熊公斥言禅者真修即不可以为思辨之学,为思辨之学者即不可以语真修,措语激烈,不妨作为击蒙而发,然不觉截然岐真俗二谛为两途矣。思修交尽、止观双融，正是体用不二本领，公何为其蔽也。古来禅德不许学者看教，只是为初机之士摒绝外缘，摄心方便而设，不知意者遂成死法，世俗之见乃以为宗门有行而无学，公奚为亦落此绻绩也。此义宋永明延寿辨之极详，兹不暇论。今世禅风已扫地无存，然冬参夏学，蜕遗犹在，亦可见也。公昂首为学，不守古人师说，精辟独到处亦自兀然成家，无可议也。而生平于《新论》一书，经营过苦，操持过切，而同辈者为学为人，率不如公卓绝，无有相互攻错之能，遂尔独步一时，漠观今古，推其极致，乃少物育道行、春风熙和之意，驯至以一家言为极则，掩尽贤哲，则未免有不见西瓜之消者矣。昔晦庵于伊川为学，备致推崇，于其《易传》，亦许为一家独得之论，而见有人逼切其子弟，专以攻治程传为事者，即极不以为然。无他，人人有段活泼真机引而发之，无不可以左逢右源，触途成通，硬向书本文字上逼去，虽有醍醐，亦且成毒药矣。公于此意殆未之知也，故一味要人尊《新论》。《新论》自成家说，自有价值，学林之中，谁能泯之。着力过切，或成文字死法矣。公力戒人为学须独抒智眼，不可泥他文字，于《新论》独存例外，知之深处即难免为障之至，亦可以发深……

任注：此函似觉没有写完，仅存草稿，当时也没有抄入信稿底集之中，可能是没有寄出。

与熊子真先生　一九五四年十一月廿八日（甲午十一月初四日）

老氏云："道生一，一生二，二生三，三生万物。"先生于《新论》，仅说是述卦爻而未言及其义蕴。后学以为一者，谓乾元也。二也者，乾之变耦以自见者也。一二之交而为三，至于三，斯卦象成而万物可以睹矣。未知于先生本意有或当否。尝以为老氏乃深于《易》者也，精而不弘，不足以见乾刚大用之道，则或不免著意于个体生命而为累者矣。儒者即流行见体，释者以无住为用，似无此病也，先生意云何？

先生累诫，为释氏真修者即不可以为思辨之学。复言，吾人信仰与为学须截然分开，始许进境。虽感婆心，犹有疑焉。夫思修交尽、止观双融，正古人谈体用不二者吃紧处也。知之真挚处即是信，信之诚到处即是行，果可以二乎？探生命源头学者，非如理工之士有形可取、有象可求者也，自博学明辨以至笃行，无有弗信者矣。信吾心之自诚明无可掩也，信吾心之自怛恻莫容已也。学者学于此，思者思于此，辨者辨于此，乃至证者证于此而已，果有外者乎？不信何以存诚，非诚何以为学。自宇宙万象以至吾身心之微，无以异也。于此而歧之，学或非其所信，信或非其所行矣，不亦苦欤。世之博学名家或有为此者矣，疑非先生之所许也。如静自甘孤陋、独学无友者复敢望乎。

先生示教释迦只是万国圣哲之一，道理须平看，不宜尊之太过，复以宗教精神终是为学不得，而以勿染佛徒习气为戒，婆心诚挚之言后学何敢不敬受教也。后生蒙昧，释迦、龙树之学，实启我心，敬之爱之之忱，情出于衷，不容自已。今世为此学者，人皆轻贱之矣，我乃孳孳竭诚，抑何心哉，理之或得、行之或至者，不敢以自昧而已。以此言宗教情绪，我实有之，其敢辞责。世之缁素者流，我乃见而畏之，畏而避之者，斯或不足以言习气矣。至于释迦之为学与人，恐不止于圣哲之一而已。孔门七十子非皆不能平看道理者也，其于仲尼则以为出类拔萃、生民未有者矣，古今尊师之诚宜有同然，情出本分，非由造作，无从强以为过，以为不及也。先生姑莞尔置之，斯后学之望矣。

近来日课如常，读《易》游心于王氏程朱之间，义理为主，训诂兼取汉唐人说,颇饶兴趣。象数暂缓,恐涉枝蔓,泛滥无当耳。伏祈垂教,不一。

附一:此函书就得公逸来书,极慰顾念老人,勿与剖黑白、辨是非,时方玩《易》之"随"义,乃止不寄。呜呼,世间为学之难也,因削原书,另与熊公云:"老氏云'道生一,一生二,二生三,三生万物',先生于《新论》,只说是述卦爻,而未言其义蕴。窃以为一者,谓乾元也。二也者,乾之变耦以自见者也。二一交而为三,卦象成而万物睹矣。未知于先生意有或当者否。尝以为老氏深于《易》者也,志未恢闳,不足以见乾刚大用之道,则或有著意于个体生命而为累者矣。后世羽士归宗老氏,虽理实不应,亦不为无故耳。儒者即流行见体,释者以无住为用,义各有当,似皆无此病也。如何?近来日课如常,读《易》游心王氏程朱之间,义理为主,训诂兼取汉唐人说,颇有兴味。象数从缓,恐涉枝蔓,泛滥而无当耳。伏祈垂教,不一。"

附二:熊公前来书云:"来函那多话,必以释子自居,其实,满纸是你自己意见,是从耳目见闻而入,以为是发心而有得之辞。如不悟其非是,而居之不疑,恐万劫不能见佛。老眼无花,汝如不肯招,亦自由汝。吾不举古之大圣,即以世间学问言,程、朱、陆、王,不必是我之所赞同者,遵骦固常闻吾言,然无识者读其书,则漠视为平易无足道,然自有识者观之,却见其字字从他胸臆流出,绝不是杂拾话头而来,绝非从外铄得来,绝非肤泛无根者。虽于他的见地不必契;而其言之本于其所自造自得,则无可否认也。若疑老夫轻足下,老夫何至不辨白黑。

足下如讲真修,尽可不读书,禅宗大德,何曾是以读书为事者乎。若有志学术,则和尚与居士之一套习气,直须脱落得干干净净,方可语思辨之功与格物穷理之事。若未能了此意,虽日与老夫谈。徒扰老夫，无益于贤者。此可转遵骝一看。

星五上午可来。　　　　　　　　十一月廿三日午后"

熊十力先生来函　一九五四年十一月

道生一云云，余《语要》卷二《答意国教授问老子书》，曾解释明白。来函大旨亦通，而未细也。生字须求其义，生，非如母生子之生，乃是发现之谓。此当细玩，否则错误甚大。乾刚大用之道云云，"之道"二字宜去，谓老子有个体为累，却未然。老若如此，则与俗中凡夫不异；老只是沦虚溺静，故用上欠缺耳。此问题甚大，难简言。释氏无住而生心，是其用。无住，犹言无著。就心地而说即用见体，则无住是体。无住而生其心，方可说为用耳。蛛造网，而自封于网中，佛家注经亦用之，子未见耶。

张公逸来函　一九五四年十一月廿八日

今奉手书及熊师两函，详悉种种。某种情况，原曾虑及，但未意如此短期内，情意已稍见捍格，殊有深感焉。

忆于数月前曾有一专函致兄，描述熊师为人、性格及最近心境、想法种种，而往昔亦曾略介兄之种种于师。盖鉴于当世，于大道有深契之师友，已寥寥可数，且复南北四方悬隔，讲求切磋之事，几不可见。我辈苟志在自了，则孤陋自守原亦无碍，果当有念于弘法济世，则于师友之难得，及于此学，于此情谊之珍视，实不能不有所致意。曩昔因尝从事于师友间之揣合屡屡，实由情之所不能已，固仅重其大同而忽其小异，但结果多以"我执"、"我见"起用，使一片向往全落虚空，时以为憾。今则更不同于昔日矣,于兴奋之余,又忘旧日之失,重起斯念。但此次北来后见老人心境,更不若往昔而情绪颇多燥迫,故前特函兄介者,盖深知老人种种,惟期兄能简择其所长而亲之近之,于潜默中有以助益之。于其所欠缺,则希能涵容之。盖熊师进路,实与宋明诸大师不同。复以平生较忽视涵养践履事,超绝孤拔,独往独来,高明处则有之,而乏门庭广大、平实近人之气象。虽对人诚恳无一毫世俗气,且具赤子之心,但于人情种种实欠体会平恕,与其处久者虽不能耐之,但亦不怪之。故数十年来,受熊师启发者甚多,而真受教益出自门下者则至鲜。尤以师之性格如此,生活共处尤难,故近年来旧日友人弟子,甚至如韩镜清兄等。皆不登门。今日自更无人肯听教诲及斥责。故老人愈感孤寂,而心绪遂因之更劣、更躁。此实衰象。此亦为此次南来原因之一。弟此次北来,以多病,往师处虽为时不多,但深知与师谈问题极难,盖既不能容人尽所欲言,又不耐考虑他人之意见,而与师见有抵触处,或于师言有致疑处,则必引起师怒及严厉之斥责。弟以从师几二十年,以情谊及大处相契,此等事自已可等闲视之。而多年前他友诚恳进言亦遭深斥。虽常憾此不免为盛德之累,但以七十余龄之老人,而望其能一朝尽易平素之性情及所见,实至难事。弟后遂改变方式,不再如前之所为,专以请益质疑或曲从婉听老人于学于事之所见,此虽不免有抑己之感,但一思及今日能讲此学而硕果仅存之老人,能请益亲近之时日已不为多,虽仅系听受老人主观种种所见,但终不能谓无所补益,故后来往往探视老人时虽偶遭责斥,仍觉愉快心慰。惟最近以老人新著《原儒》一书事,不久或可问世。其中意见不妥处极多,而思路则与谭嗣同《仁学》仿佛,且多为清末明初风气所囿,以此将为老人晚年定论,于人、于己,关系影响皆甚大,弟于万不得已下,遂再直率进言数次,但以语词过委婉反更不能达意,此事甚使老人不快。最近曾拟于老人行前再作有系统之劝告,及弟所以不同意之理由所在。但未意于病中,老人已南行,终未及言。总之老人已七十高龄人矣,诸端恐须格外自照顾方面看,而欲与辨理之是非，剖事之黑白，恐已至难。此层如从顾念大处，想亦可放弃，即于完全听受中亦尚可有商酌、从容质疑之余地，我兄修养境界殆远胜弟，惟以与老人相处日浅，或有不惯处，但兄明达人，由弟前后所陈种种中，当能体此实情，而甫数面自更毋以不相知为憾，仍盼兄能尽可能于己稍抑，仍于老人能多亲近之爱护之。

张公逸来函　一九五四年十二月四日

顷奉手示，承启我种种，无任心感，近两月来以旧疾时作，痊时又以工作迫促，除前次询兄诸问题外，辄未能以从容尽言，尤以匆促中觅暇作书，更有条理毫无、词不达意之苦，惟以念在相知，故从未于措词方面稍加考虑。

除前数月熊师曾一度急于南行时，弟以较悉其性格种种，而于其年来情绪之燥急，发泄过甚，实为衰象。尤虑。而知兄与老人，即大处可相契，但仅与彼不过短时日之文字因缘，其他尚多隔阂，且兄素以礼遇人，于前辈尤恭谨，而熊师则素来开门见山，见人诚怛无世俗气固好，即进一步以前辈教训后辈亦无妨，但适当之理适当之分际亦须讲求，往昔老辈于此颇注意。但近年来则多"发泄"意味，实缺乏以平恕遇人之气概，近年来旧日友辈及门人，几不登门，于彼辈言，固情谊过薄，但老人如此态度，亦实使人有难耐难堪之感，非久与过从而有相当情谊者，实难相谅，据闻欧阳大师及马一浮君晚年亦有同样情况。故匆匆曾致兄一函，略介老人种种，盖望兄有以包容，而爱护之也。此实非自私谊言。惟有两意实为弟意所无，不得不再为兄一陈。

学问之道，求理之所当而已，此中不能有丝毫假借，更不能以情谊阿其所好，求同求异，皆无是处。此不特于当下之师友间应作如是观，即于古今圣哲，亦无退让牵就处。西哲亚里斯多德曾有"吾爱吾师，吾尤爱真理"名句,阳明亦曾有类此言语,故学问之道不应苟同之理,固极显豁,更何能谬为强同之求。弟廿年来虽相契之师友知己无几,而所服膺往昔之圣哲亦无几,但如谓与师友即完全融洽无间,大处。于往圣即完全顶礼膜拜,亦不尽能。对己尚不能以此要求,又安能以此不合理之事望兄,虽如此,但终无害于师友间之相契。朱子于象山之逝,尚慨谓"可惜死了告子",而与气质适不相同之龙川、稼轩辈,皆可为莫逆,于此中确可窥见处师友之道,大同固无妨于小异,而气质性情虽不相侔,但亦不妨有相契处,仅视所取为如何耳。弟平生订交不过五六人,兄在其中。未订交而过从者,亦为数甚鲜,诸友气象虽皆不同,但性情、学问、节操,皆有所殊长,而弟愚鲁钝拙,无一事一艺能若诸友之万一,但不揣鲁质以追随于后者,盖有所念也。即近例如蒋秉南兄于……有深爱,为人耿介笃实,治朴学有成有德,以追踪于静安先生等之规模。虽所治之学与兄及弟均甚异,但终为可交之人,故亦曾介于兄,同时弟亦以兄之为人治学种种相介于蒋兄。但亦仅止于相介而已,决无丝毫勉强之意。至于熊师则以所攻皆东土儒佛之学,留心斯学者已极寥寥。尤以兄近年进境之猛,为弟深佩,以弟近年来更感己身材质之钝,只能攻较狭较实之史学。故切望能多与老人共作切磋,以期于斯学更能推陈出新,有所发明,庶可济世觉迷。前此所以不揣种种,为兄及熊师撮合者,盖此一点痴念而已,实无他意。至熊师本人之学,在沪时曾忆已与兄数谈及,而兄之意见亦多为弟所同意,虽举目有斯世斯人不无鲁殿灵光之感,但老人之学,实有所限,忆曾与兄亦言及。数年前至友二三人曾作函恳劝老人种种,并望毋为《新唯识论》之意见所限,结果不特不作丝毫采纳,竟大加呵斥,诸友于此方面遂不再言,虽仍保持师弟之情谊,但所谈已有限度,而不可再更进一步矣。此次弟北来后,见老人虽意见较昔有变动处,但所变者似更不妥善,而于《新论》之见大体言《新论》之见固不差,但实不足。仍坚持,虽相机稍示异议,即遭驳斥,故其后于有争论处亦不再言。此次于老人离京前,以新著说儒立论多不妥善,且为晚年定论,而弟以廿年师弟之谊,不得不面力诤,虽两触老人之怒,一次且加斥逐,但弟仍不顾,最后仍企作坚决有系统之劝告,惟致老人不快,行前且不告弟矣。以常理喻之,从学术系统上亦可相驳,而于态度及似"不可理喻"种种,更可拂袖而去,一效他人之所为,复有何所爱何所念于老人,尤以上次兄示老人二函词气非特指兄,且以指弟,又何为再劝兄涵容之、敬爱之、亲近之乎。弟素来大病,即常常理为情累,而遇人遇事皆似懦怯,此番兄切实箴我种种,自当时铭于心,以自警惕,惟此事尚决非此,兄细思当能体弟微衷。前寄数文,意味豁然,不再赘之,况此七十余之老翁,于此人间世又能常住几何耶,且与老人过从者,亦在吾人所取如何而已。思此实觉微痛,故不以种种再望老人,而多以望兄也。

至兄来示最后曾于弟言"所谓自了事"有深慨,弟早已为兄言及,屡在病中作书,又多在匆迫之间,而以念在相知,措词实未常加考虑,前函所言,实不过譬喻启下之词,与兄近数年于忧患病痛中相契,较前更深。即使着手处、所信处论议间尚有出入,但于大处,终能相知,曷尝有此种想法之可能,想兄稍思,当不致再有所疑。兄近年来笃于所信,悲愿深重,然茹素之计,意味深远。弟等实心佩而自惭者,即汉源、秉南诸兄,皆有是言,弟且屡嘱某某兄来沪时相访,即前以兄体时不适,稍有念虑者,而劝兄稍注意营养,但亦非劝兄普遍开荤之意。亦非尽自私谊出发也。匆匆专此,尚乞鉴之。祝安。

弟骝　十二月四日

熊十力先生来函　一九五四年

吾之《佛家名相通释》,你有否? 如有之,可放下其他,且看此书,字字细究。注意。读中国古书与西洋书不同,西洋书理论详密,要在精究他的理论，一步一步一层一层，不可"忽"或"忘"，头脑简单的人或苦其繁赜，而不能终卷，其实他的义理或意旨，悉表于理论中，只要耐烦索解，习熟了，并不难通，因他无所谓言外之意。中国古人大著却难读，言简而义赅，不肯铺排理论，而是"书不尽言，言不尽意"，其冲旨妙义，与乎千条万绪，悉蕴于"微言"之外，有待学者由"微言"而自家深密玩索去。深密二字妙，深与密的工夫真难。

读中译印度佛典，他佛。的经籍，大概是文学的体式，大部者极广博宏伟，读者虽易受感，而容易笼统玩过去，自家思解方面却不精析，实则有感，而非实解，吾子之患在是，而不自知耳。他佛。的论藉，大多数是有宏密之体系，指其宗经的论而言。似可说其同于西洋哲学之尚理论，但有大不同者，他的文字精简，不似西人之好繁演，他每一字都含众义，言外之意深远，要于言外会意，例如"贪心所"，他只以染著二字明贪之自性，你不深究而粗略作解，则丝毫无所悟也。你究吾《新论·明心下》章解"贪"处，细细字字玩，方悟老夫苦心。举此一例，可概其余。此纸好好存，须抄还一纸来。此等话谁识得，你们还说不上读书，以后读了书有疑，才持书来问，空读无益。佛家释经的论，如《大智度》之类，亦是文学作品。

熊十力先生来函　一九五四年十二月一日

国学无论若何方面，谈说者多，出刊物者多，吾数十年来所闻所见，无不混乱者，思之只有悼痛。吾子本朴实人，然未知精力如何。学问非易事，非精力不办。如志在内学，即须专研，先从相宗下手，而后游空；先研论，而后求经。不由次序，未可真解也。子非超悟才，须困学耳。

十二月一日

熊十力先生来函　一九五四年

近见现代佛学刊物,他皆可勿论。吕居士精研内典,博览而实细心,确非涉猎者比。然于考核方面,自有长处,于教理方面,似不悟本源。且欲以俗谛说真理,用意固不全非,但须见真,方可即俗诠真,否则顺俗而失真,佛命绝矣。吾子读书未能入细,犹未知下思辨之功,更难言体认,是老夫所虑也。

任注：吕居士应指吕澂,欧阳渐的弟子。

复熊子真先生　一九五四年十二月二日（甲午十一月初八日）

读《大易》,多著扶阳抑阴之义,诸家注释,未明言其所以然,后学疑而思之,有理存焉。窃以阳之为言,一也,奇也,乾元也。阴也者,乾之变耦以自见其用者也,相待生焉。乾喻于实体,阴拟于虚象。体之实者,挺然而自见；象之虚者,焰然而自抑。天地本然之妙,理实如是,非意为之也。此说若是,似与空宗言生灭如化、不生灭不如化者,旨义亦通,不知有当否？祈先生教之。近读《大易》,尚未毕上经,多玩味,无意求速,兴味盎然处亦有欲罢不能之势,拟且从事于此,将全经看完,然后再遵来教,研读大著《佛家名相通释》一书,如何？今日有寒流,天气骤冷,先生尚能耐否？伏祈珍摄,不一。

再启：窃以西哲为学,旨在汇合众义自成家说,故多铺排理论,亦或势有使然也。用智精密，细入毫芒，堪佩功夫。然思辨有时而穷，斧斤留痕，终无以见本然之妙者矣。古德有言"穷诸玄辨，若一毫置于太虚；竭世枢机，似一漏投于巨壑"，西人殆难有会于斯意也。论本体者断断纷诤，千载而下，竟以为无本体矣。即此一端，逞智用私之不足恃者，不亦灼然可见也乎。千言万语，巨籍名篇，止于戏论而已，亦可慨也。东方大圣于宇宙生命源头，实了了证见。不同于彼，徒以意拟为悬论者。其接引人处，只是逗机随缘，令人自家会去。变动不居，本无定说，亦未尝以立言成家为事也。自亦无有铺排理论之必要。后世人根浮薄，异论群兴，不得成套学说，便不肯从教信入。释儒贤哲乃有学派分歧，以方便为门户者。然其旨要，仍在于言显无言，令人会入实体，非徒以成家立说为事者也。西人虽学派众多，千条万理，成反攻错，毕竟都是有所说法者。毫厘千里之差，亦有难为傅会强同者也。东方圣哲之学自是精义入神，然不得善巧者，鲜不流于颟顸笼统，复不能挺立为人，与西学较，反觉黯淡无光，瞠乎其后者矣。近世国人，纷纷尽弃其学而学焉，亦不为无故也，此中尚有社会经济自当另论。夫儒释之学是一事，学失其道是一事。释迦仲尼是一事，封建迷信又是一事。沙不掩金，璞无害玉，要在善为剖辨而已。后学心思其故，眷眷之忱，每不自已，然学力未充，献曝何能，而天生渺躬，以存乎一缕待绝之间，亦有不敢不勉者矣。

先生论后学为学，乃于广博宏伟经藉中有感而非实解者，事或宜然，后学十余年中，自觉宇宙生命中有事在，栖栖遑遑，求师友而不可得，发愤埋首，拼将自家身心彻证一回，每有隙明，悲忻交至，此中怛然恻然自发心处，不谓之感不可得也。至于学犹远在，何敢轻浅自是，但深惭痛省，惟日孳孳而已，尚祈先生教之。

熊十力先生来片　一九五四年十二月四日

函到，即答此片。论中西学术短长，大可不必。昔者梁先生，好论此事。其实,于西学从译本所涉,已甚皮肤,且至少;于国学言深造,谈何容易。足下视梁公,颖悟与才能、相去确远在。即以读书与见闻所及言,相去之远,又不待言。彼以此终自误不浅,况足下乎。为学只有朴实做去,空空泛泛而论东说西,甚无谓也。扶阳抑阴,汉以来言《易》者皆如此,盖专制之毒使然。《坤卦》曰"地道也,臣道也"云云,此汉世奴儒所窜耳。坤元与乾元并称,何抑之有？坤之德顺,顺乾也,物从精神而运也,此无所谓抑。物与精神俱转,则物亦乾也。故《坤》曰:"行地无疆。"无疆者,健也。本无异体,何所抑乎？于乾见体,即于坤见体矣。孟子曰:"形色即天性。"宗门大德曰:"一华一法界,一叶一如来。"肇公曰:"觌目皆真。"乾坤岂二乎？抄还。

熊十力先生来函　一九五四年十二月七日

前不多天,与你一信,约分二事。一事,请勿学梁任公一流,空空泛泛,而论中说西,要朴朴实实为学。二事,汉宋群儒言《易经》,皆以扶阳抑阴为说,于是尊君而抑臣民,尊男而抑女,尊富豪而抑劳苦之小民,此乃今日所谓封建思想,非孔子《易经》之本义所有也。吾嘱足下将吾前信抄了寄我,昨天得到你抄寄之信,而你却无一字答我,想不赞成吾之说。足下读《易经》,若信先儒之注解,而不知抉择,将受其害。

读佛经,而存一古今中外只有佛菩萨高出九天之上,则无可求学之理。吾亦不愿再多言。

熊十力　十二月七日

汉宋群儒,都是拥护皇帝,把孔子六经都变了,不是孔子之真面目。今日中共,只是以汉宋群儒之说为孔子之说,而孔子受冤矣。此难怪也。自汉至今,将三千年,孔子之真相,早已被儒生变乱了,汉以来六经之注解,不可轻信。候吾之书出,方知六经确被汉人变乱。

复熊子真先生　一九五四年十二月八日（甲午十一月十四日）

日前奉教,适有一些家庭生活之累,匆促中只遵示将原书钞还,未赞一辞,复承慈注所以,后学何敢慢先生之言也,兹补陈一二尚祈教正。

先生诚为学要朴朴实实,不宜空空泛泛论中说西,此至论也。后学敬受教矣。至于《易经》阳阴扶抑之说,后学初而疑、疑而思,终乃以体用本末之说通其意而后释然。乾曰健,坤曰顺,阳生谓之复,阴长谓之剥,似不无分别虚实之意也。后儒以人事牵强傅会者,似别是一事,不宜相乱。此等意味早成腐朽,亦或无俟于批判矣,不知先生能许此意否?天寒,伏祈珍摄。

任注:熊公于信上回批曰:"体用本末,此四字,宋儒以前不多用。《大学》曰'物有本末,事有终始'云云,则就修德之功而言,后文归结以修身为本是也。若克就阴阳而言,则阴阳皆用也。不能以阳为本,阴为末。克就二字要紧。约即用见体说,则阴阳皆体之呈现固已,然阴有物化之势,似反其本体之自性,真如在缠,义与此通。惟乾德刚健、纯粹、精一,不失其本体之自性,真如亦名如如者,以常如其性故,亦此义。故学者用功,要在识得乾元性海,不为物蔽,于此而言立本可也。阴长者,人不率性,殉物而蔽其乾元,不谓之剥不得也。然云雾拨而青天现,乾元何尝不在。复之在人而已。后人把阴阳二名,随处泛说,胡乱不堪,早为学术界之毒,吾欲扫之耳。"

与熊子真先生 一九五四年十二月十六日
（甲午十一月廿二日）

昨来谒候起居，值先生有常州择居之行，仓促之间，未及尽言，而窃有所未安，愿再为先生陈之，从为学清静言，从先生向日习惯言，外居独处亦无不可，而先生今年过七十矣，虽神体尚健，饮食不衰，究不能与壮日比也。况家人近事之乐，饮食供养之宜，邻里相处之喜恶，社会风情之淳浇，无一而不宜详为斟酌，细为裁度者也。虽犹可曰尚有朋友照料，可以无妨。然今日之中，人皆忙忙生事，岂能如愿尽情以老人为念哉。后学拙鲁，言或不中，实出至忱，尚祈垂察，不一。

复张公逸 一九五四年十二月廿四日
（甲午十一月卅日）

熊公以数十年精研苦思之功，于生命源头实有所见，但神游云间，不能下窥，以深入于生民疾苦，则亦难以通隐情、闳大愿矣。公欲有立于仲尼之学，而二千余年汉宋以来儒者，率指以为奴而斥之，以此为摧陷廓清手段，意或快矣。以此释历史文化，处处成断流绝港，将何以为消息取通者乎！公高明自信，孤意独往，无以涵容众有，以见物育道行之盛，此中思为弹正，卒难尽言，以是所见分歧，恐一时不易契合也。天寒，兄体不适，宜多珍调，学在身证，尽心而已，亦不尽所欲言也。

熊十力先生来片　一九五四年十二月卅日

你所说的南市程医,我于上星期日去访过。他切脉,似不太注重。向闻名医言,切时有三取。年轻人,则表取。其生活力强,轻轻取其表面,而可知也。四十五十者,如病甚,须中取。即以指重按之,至中层,而后知其强否。七十以上人,须深取。即以指按之极重,深深压下处,看其有点根基否。盖衰年人,脉弱甚,必深深压之,而后可知其有根与否。有根,可养之多活。无根,则死得快也。程医只云,吾六脉都弱得很。然吾觉其切时,只轻轻按之,未深取也。且切时太快,即放手,未仔细也。彼不知吾数十年之神经衰弱症,其方可用否?得片,来一商。

青云路招商二村熊寄
十二月卅日

熊十力先生来函　一九五五年二月十八日

静窗有道:前夕电话。昨函,收到。尊翁寿八十以上,无疾安静而终,此其福德甚厚也。虽人子之心,总愿其享寿无疆,然陶令不云乎,"人生本幻化,毕竟归空无"。贤者方治内典,自当节哀顺变。孝之道不一,得正觉者,即无忝所生。子其勉乎。

稿于今日午后五时,邮科学出版社。昨夕世菩夫妇共校,故得完工。已了一事矣。即候礼安,张老问好。

漆园老人　二月十六日灯下

前纸，本于十六灯下写。十七日上午，因雨未邮。午后统部（任注：统战部）又催赴华东医院，云另易一良医。至天将黑，方回寓。此医较好。《礼经》：年老居亲丧，饮酒食肉如故，不见吊客，恐触其哀也。以此例推，壮年体弱者，决不可毁。吾子善自宽。

十八日上午又写此

震注：祖父逝世，家父深自伤悼，熊公引《礼记》真肺腑之言。1950年家父肾脏手术，在家休养，尝言：今世二次手术开刀，或因前世业障过重。带领全家茹素三年。后家母担心儿女营养不足，改为家父一人茹素。后大陆物品日趋短缺，实行配给，家父一日仅一小瓶牛奶，正餐一碗菜汤和二片面包而已，饭后还要"胃舒平"中和胃酸。终在大陆三年困难时期，先浮肿，后卧床病倒，年仅49岁心肾衰竭、胃癌等重症病逝。

任注：张老即张叔雨，张之洞之孙，张遵骝之父。

与熊十力先生　一九五五年二月廿八日（乙未二月初七日）

静窗左右侍奉无方，痛遭先君之丧，天谴地弃之身，从兹孤露，悲悔何从，辱蒙赐书垂唁，感愧尤深。附奉先君永念乙纸，略记逝世情状，中心昏昧，言语无伦，伏祈矜鉴。遗体在海会寺，依佛制荼毗，将与先妣合葬长沙。近来精神恍惚，如处雾中。大事粗定，四肢百骸若有涣然崩析之势矣，呜呼，其可有语哉！未能趋府礼叩，肃陈不一，尚祈慈照。

熊十力先生来函　一九五五年二月廿八日

尊先公将安葬长沙，你兄弟之心尽矣。兹奉奠仪十万元，用表敬意，即询礼安。

十力　二月廿八日午后

熊十力先生来片　一九五五年三月三日

人心忌有偏着处，余着重出书事，而不暇体会吾子居哀之情，前欲烦共校，大误也。事过方知。

古之制礼，送币达情，见诸经籍，由来旧矣。却之已甚，岂吾意有未诚耶。令先德高年返真，吾子病体，义不容毁。所望察此意耳。

世菩夫妇实不能校，吾自吃一苦耳。

三月三日午写

复熊十力先生　一九五五年三月七日
（乙未二月十四日）

天地悠悠，愧然垂死之身，蒙再赐片喑念，哀感难名。父母深情无可伦比，况静幼年多病，长大无成，所累者过常儿十倍，可慰者尚不及常儿百分之一。孤室独忏，悲怆中怀，盈眶万斛，潮奔浪涌，不知所止。惭咎刺心，千劫沉沦，无可赎也。先君在日，庄敬自持，无事俗情。静不肖，不足承志万一，亦不敢随逐事故，攀缘自损耳。且时当节约，岂堪妄扰亲朋家人,守礼尽哀而已。虽无当于先生之赐,先生厚情已深领矣,愿无责焉。先生当代硕儒,静不足窥见万一,他日气候和鬯,先生神爽身康之际,傥得垂赐少言以旌先德,斯拜而受之矣,哀毁不祥之人未堪踵门谒叩。并祈珍摄,不一。

熊十力先生来片　一九五五年四月四日

多日不得信,不悉体气好否？春节吾或游杭,一晤马先生（任注：马一浮）,三四日即回家。吾子前函所说文字事,此后无谱,亦无文集,写之殊不可传,似无多此一举之必要。

四月四日午后

熊十力先生来函　一九五五年五月四日

四月,病一整个月。先感冒,中间肠胃,后痰与鼻涕带血。最后,上齿根肉肿,作脓而内流,犹未全好也。此房子低浅不可住。找房子太难。占一卦,万恳于南京东路找人一批,带来,不必邮。

老人扶病书　五月四日

复熊子真先生　一九五五年五月五日
（乙未,闰三月十四日）

先生性爱幽闲,南北诸地,不难独居。而古稀高年,膝前侍养,宜有其人,庶几老安少怀,各得其所,亦不可不在念也。卜筮之验,不谓必无,实难其人。信口滔滔,江湖衣食之辈为多,斯可取信者寡矣。传有之,卜以决疑,不疑何卜。以先生之明,愿不以是为介也。方命之处,尚祈慈宥,至祷至祷。

熊十力先生来片　一九五五年五月十八日

来函收到,闻稍不适,想无碍也。世菩向用"国营"牛奶,不知"国营"与"可的"孰好。吾近亦用半磅。《原儒》望来取一部去,并烦转致秉南一部。

张老久未晤,吾欲约之而又怕说话多。不说,而远路一来,亦无所谓,故不约耳。去冬,他与吾子来,话多,吾头昏。及送出,吾昏然,走错了里弄,误开人家房门,真笑话也。《原儒》吾子看了之后,可与张先生一看。如同面谈。他看了当然还你。此片转张先生一阅。吾阳上浮。故表面无衰象,而实衰也。

任注:秉南指复旦教授蒋天枢,字秉南,为陈寅恪高足。张老应指张叔雨,张遵骝之父。

震注:1955年春,我十三岁,家父让我拎红枣、桂圆和鲜果孝敬熊公,我怀着十分敬畏心情第一次随父亲、张太公拜会了熊公。他的白净长挂脸上一缕清须、灰白长挂衫、宽松布腰带裤,风度古朴飘逸。一口浓浓湖北口音,和父亲说古论今,侃侃其谈,估计张太公对熊学研究不多,绝少参言,有冷遇之感,我只能成为端坐一旁、察言观色的小观众。估计熊公上述一段感言,或是对张太公的一点歉意。

熊十力先生来片　一九五五年六月廿八日

来片收到。前几日热甚，自觉难支。小楼低浅，非衰朽伏日可堪也，奈何？觅房数月无结果，雨后欲赴杭，一晤湛翁，兼询杭可谋宅否。钟先生亦拟往看瘤疾。吾子能同游否？往返当以三日为限。

六月廿八日午后

熊十力先生来片　一九五五年七月廿二日

十九日上午看南京西路房子，劳顿，昨病一番，真衰矣。此房甚好，惟吾原意本作独居计，只带一人兼写字、作食二事，故不须房多。今则照料人须遵奉公令回乡，自非约老伴同住不可。然仍须女工，亦可觅否？器具以买旧的为是。当于何处购为便，望枉过一谈。

逸翁病笔　七月廿二日午后二时

任注：父亲命我们搬椅子等物去。

熊十力先生来片　一九五五年十月一日

静窗，热天片及此次片均收到。夏天有风雨稍好，秋天真不可受，小楼如火宅，幸而过来了。八月起，用牛奶，体气较好，闷坐心无寄托，仍欲写下卷，但恐写不好耳。康氏《春秋笔削大义微言考》，卷帙甚少，容易看，不费脑筋，吾嘱元亮看这书内引《左传》"天王狩河阳"传否，须在其谈大义处找,而元亮抄《公羊传》文来,不相干,告之。湛翁只是不赞成科学,老人鲜不如此,章太炎晚年亦然,他又素不喜《周官》,此亦任之可耳。倘下卷可作成,留家了此残生,亦好。若想多写书,则非回京觅宅不可,觅宅就东南城为佳。向后一年衰一年,恐不耐一年两度奔波也。汝等不知老人情境,到衰年方知行动未易耳。元亮转公纯一看,并付仲光一看,其文章昔不听吾言,吾亦再不言。

国庆日午后

熊十力先生来片　一九五五年十月十日

来片悉。下卷才起,去冬荒落至今,欲凝神写作,大不易。起个头儿,看了不洽意,又另起。秋冬此地烟筒灰大,至败老人身体,烦杂难凝神。前与你片请转遵骝、元亮看了交公纯。衰年写信难,尤其想写书,纷不得一点神,虽写数字而神便散,汝侪不了此味也。京中觅宅事家中有不赞成,谓衰年怕冷,奔波未便,北还恐不必宜,望遵、亮、纯相与酌之,查康书,亮得空闲否?此片与前片仍望即转遵也。杭吾亦不能游。

熊十力先生来片　一九五六年二月十五日

函片均收到。吾于二月四日应召赴京,列席政协大会二次,会即结束,十二日乘车南回,十四日早六时抵家,倦甚,急欲休息。完吾书,付印可无问题,你不必来。遵骝曾晤。

任注:熊公自甲午回沪,至此一直住于闸北青云寓舍,即子世菩住所的顶部阁楼上,老式里弄房子的顶楼不能称是一种正规的房间,低矮简陋、冬冷夏闷，有损老人身体，因此年来熊公一直想找寻新居。记得是一个大热天，大概是一九五六年，熊公迁入淮海中路二〇六八号的一座古老的独立的二层式的花园洋房的二楼，开始新的独居生活。由于环境的改善，熊公的身体也好了。这样的环境自然更适宜于用思和写作，这就是淮海寓舍。以乘车的时间计算，由我家到闸北的青云寓舍须一二小时，往来辛苦，十分不便，因此以通信为主，及至熊公搬入淮海寓所，则只须十来分钟即可到达，十分方便，凡事或论理可以面谈，因此长信就少了，只五八年后父亲的身体越来越差了，明信片的往来才渐增多。

后面的熊公来函若不注明来自青云寓舍，则都是发自淮海寓舍，不再一一注明。

张公逸来函摘录　一九五六年三月九日

熊师此次北来，盛赞我兄德性古谊，虽谓于学所见有异，但仍寄厚望于兄。学问之道原难求强同，况自今日某种玄义言，尚不过为大同中之小异。熊师为人为学虽真挚脱落，但其门庭令人终鲜广大之感，旧友曾以此相劝，熊师终不能纳，此亦无可如何之事。对此硕果仅存之老人，吾人惟有爱敬之、请益其所长而已。此次北来虽为时甚短，但仍尚感欣慰，此亦由当轴敬老尊贤之所致，想当已与我兄面矣。

我兄大著愈后又重读一遍，启我良多而更增己身之愧。年来更深感此等学问，非身心体令有行，实难窥其涯岸。东土之学，非循于耳目逐物者所可理解，但如何于今世能使世人获益而蕴于新流中而开正见，实应为吾人心力之所寄，且亦为不容已之责也。吾兄玄思力强，而力践之功，尤为一般友辈所不及，于此望能倾其全力，弟两者皆难望兄，惟望今后于史事因缘方面用心，以导此理之例证，果于启蒙能稍有补益,则于愿已足矣。隋唐思想一段工作已告结束,大约整理数月,即开始再理宋学材料。此种走马观花式之搜集,于搜集本身亦难求全也。

震注:大著即指 1955 年冬家父亲自编撰的"集稿",曾制作抄本四套,目前仅存张遵骝先生 1962 年回馈一套,其余均已流失。

与熊子真先生　一九五六年九月廿四日

乾坤一体而异名。大化流行间理事熔融,隐显逆顺,繁沤万象,勃焉众见。虽有黠者,难尽其情,体不思议,用亦不思议也。

先生书释纯粹一义有云:"纯者纯一,非若物成形而有分畛,故粹者粹美,非若物之重浊,故言纯粹者,以见神之有异于物也。"(《原儒》下卷第五七页)窃以神落在第二门头,未尝无分畛,未尝不重浊,物若摄归第一义谛,未尝不纯一,未尝不粹美。神与物似异,而毕竟无以异也。群生所见之神,一蠢动耳。群生所见之物,一糟粕耳。日处长夜,乐此不疲,千古圣哲之哀,有过于此者乎。

先生于究竟无分别处分别而言之,似不免随顺世情,聊有方便之论耳,是乎否乎?

秋中淫雨,湿燠无常,伏祈珍摄。

任注:此处评及熊公新作《原儒》下卷。此信恐未寄出。

震注:1984 年长兄述先编辑出版了《熊十力与刘静窗论学书简》,引起学术界巨大反响,成为研究熊公晚年学术思想的经典。但纵观前半部书函完整、辩论剧烈、情深意切而妙语连珠;但下半部中,家父的信函几乎全部缺失,成为熊公居高临下的一言堂,见不到家父论学回函。

其实，1956—1961 家父撰有《与挚友张遵骝论佛学书》（共 24 函）和《庚子信笔》（共 22 节），足以匹敌熊公的论学种种。因这些著作未发给熊公阅，使熊公无缘得见；亦未能编入熊刘《书简》，使读者进一步了解家父学问的全貌和深度，实为一大憾事。

劭注：请留意，在熊刘《论学书简》的原稿中，1957 年这个年份是轮空的，为什么？1957 年夏，我投考上海音乐学院附中，陪我去漕河泾原校址复试的是家父和四姐（大伯蓓公之女，她是清华大学电机系的高材生、学生干部），她挨了整肃，受到不公平的对待，响应号召带头鸣放，到头来被打成了右派。她想以死报国洗涤年轻的人生，此刻，能同她对话的唯有家父——一个经常指点侄辈的叔叔；他们叔侄俩在康健园长叙，讲到忘情时，四姐以泪洗面，家父拍案怒叹"世事如斯，天理何存"！在同一年，家父师事的蒋维乔先生，其子也因相同的原因，被打翻在地，蒋老获悉，毅然绝尘离去。这两件事，发生在父亲身边，可想而知他的愤懑；也可想而知，荒唐的时世是如何干扰了他的学人之心！这些年，屋外在反右、大跃进、全民炼钢打麻雀赶超英国，他俩却在屋内谈释儒之道，离现实毕竟太过遥远！但是他们竟然谈了，也辩了，与此同时，身边的人却在中箭倒下，知识分子头顶悬剑、噤若寒蝉，他们又岂能不知？很有点绝峰论剑，一失足便粉身碎骨的味道，很悲壮。直至 1958 年上半年，他俩又再恢复短暂的通信，以后便难见父亲的复信了。

熊十力先生来片　一九五八年一月四日

函片均收到。胃病，冬天须加御寒之衣，可于胃部以絮缝一袋，包好系之，须想法系好，往时有此具出售，今恐无。葛于上月十三回，十五日回一信，云不及看，交出版社处理，如此，即排不成也，而稿尚未还来，欲函社询之。

一月四日午后

我近每天大便奇困，亦不适。养神须绝思虑，然非习静不为功，精神已竭，静也难。

熊十力先生来片　一九五八年一月廿二日

你的脑代子，在你身中是一个独立的小体，他专司接受一切感觉与发动思唯作用，你能否认他的独立性乎？照你驳斥孟子大体小体之说，则旁人不可说你有脑代子。你身是一大体，何可分开说小体乎？

所以知有大体者，以其发现万物与吾人必非幻化，故知有大体耳。如无小体，那有大体可说。

孟子以凡愚只知有小体而自私自迷，不能悟到大体，故悲悯之而说"从其小体为小人，从其大体为大人"，他一副悲怀，而汝乃说他不通，我心痛矣。余以衰年，无可与语。汝智慧不异于人，而果于自负，轻于疑古圣贤，不自知过，冤哉！此非佛心，乃细人之衷也。吾行将就木，不忍不言。倘不自觉，勿再枉过，无伤老怀。

与熊子真先生　一九五八年一月廿四日

释儒两家高悬智炬，探生命之源奥，扶天地之神奇，观化则同，取义迥别。读两家书，虽敌体相对，而穷理尽变，弥满虚空，豁然大通，法喜之忱不由自已。然当决断之际，一许了义，一必不了。两美难兼，一爱须舍，智困思穷，未许可言。释者若是，"是"谓究竟了义，以下准此。成圣为痴。儒者若是，成佛为私。此私此痴，意思深深，难为不知者道。依字浅解,则谤佛与圣,必堕泥犁。义同冰炭,路绝危峰。为学至此,千圣出世,不能相救。自若未彻,亦断断不肯践人故迹,负己性灵也。成就慧身,不由他悟,是决定语,唯有刊落声华,观物证己,尽兹形寿,不厌不倦,其有廓然解惑之日也乎。至于世间学说诤论,此彼相较,竟如群萤望日,大明掩辉,不足喻也。

孤雁横空,苍茫四顾,谁为师友?怛恻之忧,时一长啸,书奉子真先生,微吐自情,言教不及,哂存可耳。

熊子真先生复函　一九五八年一月廿五日

刘先生:

今晨接到大札二纸,末嘱"哂存"。哂之一字,自是客气,嘱为珍存,自是先生雅意。余年已望八,平生未尝遇见当代名贤与长老以此见惠,何幸得此于先生。

关于佛学,余思自汉以来,将二千年高僧名居士,对于佛家的宇宙观、人生观究是如何一回事,曾未有作何正确认定者,余始断言其为观空与无生之论,无生即是反人生。以此获骂于内院及僧徒,而不之怪。此事已二十余年,自吾甲午回沪,先生时亦说此类话,然话头是话头,真解究是真解,吾不敢知先生之所解,是与老夫之意同耶否耶?

关于《易》,先生向尊佛而卑儒。吾时与先生谈《易》,先生亦自负通《易》。然《易》,乾为坤之主,易言之,心为物之主,乾阳为心,坤阴为物,古来定义,不自余始。《坤》卦曰:"先迷后得主",先迷者,阴先阳,即物先心也,此先字非时间义,乃主之谓也。物先心,即物为主,以役使心,《老子》"五色令人目盲",乃至"驰骋田猎,令人心发狂",此即物为主而迷乱之谓,是先迷之义也。后得主者,后非时间义,乃物随心转之谓,视思明,五色随昭明之心而转,则色无不善,是物得承于主宰,而免于迷乱以逞也,故曰后得主。此主即是乾阳,即是本心。

　　先生乃以"心为物主"是跛行。孔夫子尚为先生所鄙,但不知先生对于《乾》《坤》二卦之字句曾通否?先生妙哉!先生自许通《般若》《华严》。《般若》六百卷归本智慧,智慧是物耶心耶?《华严》明明曰"三界唯心,万物唯识",唯之一字作何解,先生通否?岂不比《易经》更跛乎?此是去年秋事,翌。时日未久,吾对先生发气,是一副天良,真诚相为。侮圣者众矣,吾毫不怪其人,不呕气,而独于先生动气,请你反求一毫良知自问,此是于尔薄乎、厚乎?尔去秋无一毫认过之意,绝不对老夫表示你的过失,老夫亦知之明,而尤不拒你之来往者,当孤孤之境,你肯来,来亦可时慰孤耳,何必多所厚望,此老实话也。去秋之事未久,今又来得大奇。孟子说"从其小体为小人,从其大体为大人",此菩萨悲心语也。佛说真如名为法身,法身明明是大体;佛说众生,众生明明是许许多多的小体。佛千言万语,不外要众生莫从小体而从大体,但其方法从观空入,即空"我、法"二相。儒之方法从率性入,《中庸》首章,《易》穷理尽性至命之总标纲要也。孔孟曰克己,曰无意必固我,曰形色即天性,曰践形。践形与观空截然不同路,孰痴孰明,唯有道眼者辨。尔妄驳孟子,实则大体、小体,佛法亦同,所不同者,其观化实不同耳。以为观化同,实未解吾书,亦未听清余平日之说话也。汝驳孟子,便断绝入道之门,断绝智慧根芽,吾甚悲且忿,忿还是悲之极。汝初信不自认过,此信更欲以孔子为痴,"谁为师友"一言,尤无知可怪。汝以为吾对汝,有以师自居之意乎?吾非肉眼,不若是痴,求徒必其可传道传业者,汝尚不知心为物主,尚不知从大体与从小体之分途,智慧不过如此,吾求为若之师,何所为乎?因相处忽忽四年,感情自生,故痛责欲汝自知过耳。今吾无望矣。吾写此信,望勿答,答亦不收,亦请勿再来。

一月廿五日午后

　　劭注:前函篇末,家父何等的儒雅大度:"孤雁横空,苍茫四顾,谁为师友?"但一个"哂存"便被熊公痛批,熊老先生的火暴脾气可见一斑。我下一年曾随父两次拜谒,在本书别册中写的侧记,也笔录下了他的实况。熊公在此信中说"痛责欲汝自知过耳","吾写此信,望勿答,答亦不收,亦请勿再来",俨然绝交。但仅过了一天即说"我怒即言之起火,汝身体不好,勿乱呕气,知吾老性,可泰然也",话音未落,两天后又责家父"前后信,始终无半字悔意,不见有分毫反省之忱"。对此,吾父自有妙论,他对我说:"大学者发火时所讲的话也有学问,剔除了意气,一样受益。"这是家父博大胸襟的写照,他对熊公是包容之中见大爱的相惜,并非执弟子之礼的膺服。

熊十力先生来片　一九五八年一月廿六日

你前来时,见吾面色不好,吾心脏病发已久,尽失眠,易怒。孟子之言确甚好。从小体,即堕我执,万恶之根也。从大体,即去小己之执,与佛氏得法身不异。但亦有大异者,当别论。众生迷即流转,悟即证法身,与孟子言不无相通处。我怒即言之起火,汝身体不好,勿乱呕气,知吾老性,可泰然也。书可印二百部保存,想汝亦快。

熊十力先生来函　一九五八年一月廿八日

静窗,今早,得一函、一片,似是同时发,不知何如此也?足下前后信,始终无半字悔意,不见有分毫反省之忱,此亦学儒、学佛之人也?吾之遇人,太不合意,则欲绝之。佛临入寂时,曰有缘者来。此缘,非私缘,乃有悔迷求悟之诚,始是法缘也。无此缘,而相与世故应酬,佛不为也。吾虽不肖,要自有希乎圣学,焉敢世故。吾此次大怒,则以汝此次之大迷,与去秋不知心为主者,是一个病根。须知主乎身之心,即是道心,非人心也。会通佛法言之,即如来藏心,非随物而转之识也。道心亦相当于如来藏心。是通天地万物为一体。易言之,道心即从大体也。佛说如来藏,即是证法身。人心,即是佛门所谓识,是从小己之私,随物而迷执,亡失大体者也。吾去年并未大责汝,犹客气,而汝以无知傲慢,吾终不言,则是视汝若街头行动之众庶耳。吾问良心不安,故大怒责。汝若始终无知傲慢,则吾之情尽于此一番信而已矣。

无始时来众生,从小体,为小人而已矣。古今极少数圣贤,无他特别,从大体为大人而已矣。汝疑孟子分别小体、大体是误,何如是其迷。汝明明是一个小体,岂是凭空妄分别的。大体者,因为有万物与吾人无量数的小体,不是互不相涉,不是互不相通,所以知有大体。若无小体,那有大体可说。草木鸟兽,不知有大体,其道心未发现故也。人类中,最大多数众庶亦难悟得大体,其道心虽有乍露时,而若明若昧,不得揭然常存故也。圣贤则道心常惺惺,常从大体。易言之,即于小体而识大体,非毁灭小体别求大体也。此理平常。如吾此时,向汝进苦言,余何所求于尔?吾不忍汝之迷于斯道也,吾不忍汝失其所以为人也。吾若从小体,则当对汝用世故周旋,招汝之侮辱,何所谓耶?吾虽不肖,而此一念,即是从大体也。此念扩充得开,位天地,育万物,行所无事。扩充不得,终是凡夫耳。况未有此一念者,得不下流乎。

中夏圣贤之学与西学判天壤者,即圣学是从大体之学,而西洋哲学虽谈宇宙论,亦只是各弄一套空理论,与自家履践处无丝毫关系。从大体之意义,西洋学人根本梦想不到。吾国后生,习于西学,亦早丧失固有精神,无可与言矣。儒学是从大体,其异于佛法者何?儒学的然体用不二,即通天地万物皆吾一体。《乾》曰"与天地合其德,与日月合其明,与四时合其序,与鬼神合其吉凶",此是从大体到"实际理地",

不可鬼混读过。下一句最少人解得。鬼神,阴阳也。阴阳变化即成万物,物类不齐而吉凶生,圣人吉凶与民同患。此理甚深,吾只好略说如此。汝若自许悟得,决不是吾意也,幸终身参之。

克治小体之私,即是破萨迦那见,身见之译名。即是不从小体。只不从小体,便从大体了。佛氏破我、我所执,即是不从小体。小体之执亡,便可悟入法身,法身即大体也。我、我所执,摄人、法二我尽。后来大乘分别法门太繁琐,名相繁而实义丧,非具慧眼不辨短长。佛证法身,亦即是从大体,其异于儒学者何?佛法,出世法也。其法身大体。是不生灭,是无为,是寂灭。彼佛氏。照见五蕴皆空,那有天地万物之相存乎?

儒佛宇宙观根本不同,故二家之学虽都是从大体,而彼此之所谓大体确不是一样。

老与庄不同儒之体用不二。《原儒》已言之。汝若轻心,忽略过去,吾亦听之而已。老氏抱一,即从大体也。而将"一"推出去,若高出于万物之上然,故体用不一也。庄子独与天地精神往来,亦是从大体。然其天地精神,亦超物外,非体用不二。以上义意难为人言,呜呼,呜呼!

西洋之学,科学为主,发展小体到极大极高,无有已至。因为自恃小体之知能可以征服大自然,操纵大自然,改造大自然。知能即是权力。小体有此无限的权力,纵横于宇宙中,此西洋自希腊而后,到近四百余年来小体发展之运会也。后来世运当复如何,老夫弗知之矣。此信,汝看后,千万要急急还吾,不可损失。吾将欲整理。

印书事,人皆曰不可能。葛初信,某君阅之,以为推却,吾亦不知如何,后知不然。

一月廿八日午后

去圣时遥,孤困从学。苍茫四顾,问津者稀。先生此函婆心为人,有如拔地雷声,深中膝理,病畅难云。因地前修,亲近善知识,为法勤苦,追怀泫感。末流何幸,得此钳锤,用资策警,可深念哉!

庐陵刘静窗附记一九五八年一月廿九日

大乘观空而不证,生佛同体,未尝舍众生也。十身顿证,圆明具德,未尝泯相用也。法身主寂之义,终与儒者迥然异趣,所当辨耳。

述注:印书事,乃指《体用论》,戊戌(一九五八)影印二百部保存。台湾学生书局于一九七六年再印发行。

熊十力先生来片　一九五八年二月二日

二程本天之说,盖宗主古代盖天说,此天即以气为体,《原儒》说得明明白白,汝竟未看,何耶?伊川《易传》,朱子《近思录》首引之,明言以形气言,谓之天。《易纬》之中,有七十子传授之言,有古术数家遗言,不简择而一概宗之,太易,《原儒》已驳。则混乱不可救药。《原儒》言《易》,明明宗孔子,老庄皆以神气生于太虚,《原儒》亦言之。老庄思想杂驳、横渠、船山犹承其流。道家与宋明儒,皆非孔子之《易》也。余言《易》,直宗孔子,道与宋明与吾何干?

二月二日

太初、太始、太素若专从"坤化成物"一方面说,甚可采。《原儒》融之。

太初、太始、太素明是坤化成物之序,非体也。

熊十力先生来片　一九五八年二月九日

昨问你前来函,谈到《论语》说"未知生,焉知死",你下评云"相用犹迷",是何意。你竟置吾之问而不措意。吾说汝轻视学问,犹不省,此真怪事。

印书事,顷得来函,欲照相石印,至早须半年后出书,仍在洽商中。因石印局太少,而其积件在先者太多,亦须论先后如排队然。此犹是特作商量也。两三日内能来为我写五六页字否?至盼。

二月九日午后

熊十力先生来片　一九五八年五月二日

多日未见来,《体用论》已出,交社中代邮,明日(三日)或可邮出。四日吾或回青云寓做假牙。因假牙全盘破坏,近日一切食物都生吞下,不消化,人难过。你接此片,明日(三日)午后或四日早可来也。

回家当在四日上午十时半或午后,也许五日才回去。元恺人甚厚道,但太不讲卫生。

近当起草《明心篇》。

漆老

熊十力先生来片　一九五八年五月廿日

来诗,改注,又加注,恐老夫不会么?见教甚厚,略读一过,恐正未曾读，大约等于一翻页子耳。《易经》且未读到"先迷后得主"，此无几日事，忽圣人如此，况《体用论》乎？以后吾勿所言。镶牙事烦人。

五月廿日午前

熊十力先生来片　一九五八年七月七日

来片已到。奇热真不可当，不得了也。日夜汗如大雨下，眠不成，吃也少。五更起，写几字，少则五六句，多不过十句。然五更犹不解热，亦怪事。

《楞伽经》谈如来藏心处，望闲中翻出，容当参考一下。

七月七日午后写此，汗如大雨

述注：熊公此时正写作《明心篇》。此书在戊戌、己亥完成，影印二百部保存。现有学生书局影印本行世，一九七六年再版。此书正文于戊戌，附录与序文则在下年（一九五九）初。

熊十力先生来片　一九五八年十月十五日

吾不奈此天气何，八月到今，总令老年人精神不得舒畅，文字写不来。牙颇难过，我亦难动，因书未成，无兴趣出门。你近如何？如不适，以"不愁病"三字为药。愁病，病更深也。照见五蕴皆空，病魔无安足处，何有于愁。

你不必来，候吾书成，片告。

漆老　十月十五日午后

熊十力先生来片　一九五八年十一月廿六日

书正文已完,于十一月廿五日傍晚邮出商印。恐不必能办好,非所需要也。附录还要写,序亦未写。精力疲,要休息。冬天十二时起,大受伤,肠胃坏,易发泻。后天起你来同拔牙。

十一月廿六日午后四时左右

熊十力先生来片　一九五八年十二月廿四日

患重感冒多日,失眠四五日夜,昨夕至今晨犹然。你好否?

十二月廿四日早起

现只肠胃未好,涕、馋、口水,从上床到起床时,天天不了耳。

熊十力先生来片　一九五八年十二月廿九日

前夕,你回家,不知受寒否？吾病廿八才好些,今天饮食稍加一点。稿决不印,但退决不会,只投废纸堆耳。今午后转冷,老人太孤寒,家中亦莫函问者,况欲其接回去乎。

廿九日午后

熊十力先生来片　一九五九年一月二日

来函今早收到。令先德传今年总当写几句,却须天气晴爽,意兴稍佳,方可提笔。五八年确是感觉精力衰竭,提振不起,尤其昨秋末及冬来,更涣散无法凝得起。四祖前世见三祖,三祖谓其老衰,不能学道,此虽神话,然人到衰时,精力确难振起也。

熊十力先生来片　一九五九年一月十六日

得片,知感冒,殊念,已全复否?钟,费神。月底得取,亦大幸。如随便付小店修理,费多而且易坏,故不可交一亭也。今日大冷风,院前竹篱全吹倒,冷不能当,幸有日光自西窗照入桌上。强写此片,然手冷而鼻水横流,五蕴不净,宜乎佛氏求寂灭也。近只素食,怕冷。

一月十六午后

熊十力先生来片　一九五九年一月廿二日

来片早收。我多日因冷不甚好过,但今已好。

今晨得京社来函,书已寄此间办事处,但纸张以节约之故,须用报纸,不能如前,此亦当然。

来信不写地址,我每次翻查,苦。

一月廿二日午后

熊十力先生来片　一九五九年二月十五日

你昨去后,附录写完,即交办事处。序文,因天气沉闷,似乎脑中活动不起。昨年以来,真有大衰之象,脑难发表。时想回青云寓,又不想回,回去亦难有意趣。此间一切照料均不佳,也无如何。令郎名字因不在面前,故记不住,其气质清明可喜,而欠发越,不当以"宗教感"导之,导之活泼为要。胎盘粉不知购否?去年春是一元一两,今不知如何。吾想购之,一亭总无暇去。其人太懒而又笨,手脚皆缓钝。钟,你走后,入夕,一亭云,停了,开不动,至今未开。吾问他曾弄否?他不承认弄过,吾亦不知其弄过否?

二月十五日午后

熊十力先生来片　一九五九年二月廿一日

你前去后,钟次晨又见其早停,一亭不复开他,至今未开,云不可用,该店是如何一回事?怪哉!天气令人难过。今午后,序才开始写了不上十句。

二月廿一日傍晚

熊十力先生来函　一九五九年二月廿七日

任注:原信已失,只剩信封,于封底又批:"程一亭走了,我于二月廿七日午后回青云寓。漆老廿七午后。"

熊十力先生来片　一九五九年四月六日

令先德,顷为之写一小传,你所印各件吾当初看过,不能详,然亦无须详,望即来面酌取去。天气不佳,吾常不适,未知北上何如。

四月六日傍晚

述注：据任弟回忆："熊公为祖父写的传，原文已失。震弟八月考取清华负笈北行，我因学校忙碌，未得机会回家省亲，直到第二年（六〇年）八月暑假回家探亲，始得一读。至今竟忽忽将近廿载，虽文字已难回忆，然熊公为文，立论清新，贤者古风，今世稀有，因于梗概难忘之处草记如下，以为纪念。"

据任弟所记：原文约分为三段：

第一段："君，庐陵人……（奇哉庐陵，历代贤者多出于此）""必为天下清淑之气所钟。"

第二段为主体：（君，少而孤贫……以观社会之有无，而计供求之准……君为聚敛）"不忍求丰，深合佛氏无贪、老氏知足之戒。"

第三段：（君之子）"静窗时枉过，（谈般若华严之学）吾惧其沦于空也"，其慨然曰："观空而不证，吾始领之。"（君之孙……）"君有孝子贤孙，吾信乎不死矣。"

述又注：作为史料似有缺失，但作为任弟追忆之梗概，则可供参考；括弧内的文字不确切，仅表示大意。

熊十力先生来片（青云寓）　一九五九年五月十三日

五二上车，五三已回家，疲困之至。一夜工夫便由京而抵沪，衰病人不堪其震荡也。今乃知吾果衰也，向不至此。你能于三日左右天气好时过此，顺带一些东西，到淮寓否？若无暇，吾决不相怪，有暇则行方便，亦为长者折枝之类耳。书早订成，交青云，现亦未邮。

漆写于青云五月十三午后

熊十力先生来片　一九五九年五月卅一日

《体用》《明心》两册,你可便中一行,交秉南否？如无暇,只好暂邮去一册。日来心脏病似又发,写此片时,甚难过也。你好否？

五月卅一午后

熊十力先生来片　一九五九年六月十日

令郎来,吾浴未了,未面,谢谢粽子。本星期六似是十三日。午前赴科技图书馆晤任。此他之约,并约及你,吾已允。你届时早到,谈一会。吾回家午饭。不必佛之徒而后往来也,勿隘。忙中,一文字未成。

漆老　六月十一日午后

震注：1959年暑假遵父命,又和任哥登门拜谒熊公。有熊公浓厚的湖北口音教诲,也有任哥不谙熟的江西话应对,我再次成了听众。这次熊公留我们用午餐,仅水煮肉块大米饭,饭后说"尔等可去,我累了",真快人快语啊！

熊十力先生来片　一九六〇年三月九日

来片阅悉。令叔八十四寿高矣,吾子过悲,又追怀令先德。释尊以证真与度生为孝,群经不载其有类似中国历史孝子哀毁之文。孔子以修己行道为孝,此外则忌日必哀,临祭视如在,平常亦无过哀之事,《论语》《礼记》可考也。死生本常理,造化自然。人道以理节情,亦顺大造之自然耳。医院房子皆满,须与人共房,吾神经要空气,又咳嗽,因阴雨日久,夜必咳痰,于人不便,故不住院也。吾曾亲见其无空房,故一往即返。天气苦人者,咳与痰,又常思食,不可购。哈尔滨,如你来,可垫款酌购若干来,但多亦不必,因潮湿了,又加咳痰,反有害也。如何保存,似无好器具。

三月九日晨

任注:"哈尔滨"乃指淮海路哈尔滨食品店。

熊十力先生来片(青云寓) 一九六〇年三月十七日

日来咳和痰渐好转,唯膝头未强固,背脊好转,而未甚强。每午饭后到西宝兴路稍走若干步,唯灰多与风凉,不无患耳。前谈先仲兄小处无往不吝,而大节可怪:其分家也,独取奇丑之田与屋,而以极好者分与诸弟弟,及提作公田,彼自退让,毫不自以为美举,行之若无其事然。此乃事实,非有半字之饰。前谈支蔓,忘及此。

又吾侄之逝者,其境亦可伤,兹不及谈。哈尔滨生产已复否?前购之品,亦可用,目前犹省一点。

三月十六日午后

附:熊先生祭侄子远文

往而不返者化之无滞,来而莫穷者道之至足,汝与古圣贤、与天地万物,皆乘化以逍遥,体道而无尽。

熊十力先生来片（青云寓）　一九六〇年四月十四日

似乎多日未来。三春气候太坏，吾亦甚不好过，不知你如何？书之事，社中未有信来，你前去之次日，吾曾去一信，发后，亦觉有未当。

逸翁　四月十四日午后

熊十力先生来片（青云寓）　一九六〇年五月三日

五二，接社中四月廿七日来函，我之第二信有误会之辞，是四月廿二日傍晚所发，他未提及。四月廿四我与葛君信，说我有错误处，请转他，他也未提及。云决定排印原稿，辞意甚诚挚，我昨即去信，请寄来原稿，须有改动，再请其排印。五五、五六，如不雨，决回淮寓。

五、三、上午

熊十力先生来片　一九六〇年五月六日

吾已于五四之下午回淮寓。

熊十力先生留条　一九六〇年五月十日

静窗，吾午饭后散步至吴兴路，遂动念来吾子处，不意建国西路如此之远，吾步行亦劳矣。素不喜坐车，以劳当体操，抵此，扣门久而无应者,幸王先生出而问叩门者,吾得便一晤王先生,留此字。

熊十力　一亭偕来,五月十日

熊十力先生来片　一九六〇年七月四日

今年上半期、阴湿闷难受,老人衰。封君五月在此闲居,酬资仍照例付。六月写字,不久病危,五天口不能言,粥不可入口,昏迷闭眼,算死了,还是今春起死的吴公医活。封君遭去,老太太来此照料,但家中无人,不能久也。

七月四日午后

勋注:1960 年,父亲在家中为蒋公维乔老先生设祭,写了祭文火化,表露了他心中的积郁,他对我说:"读一点明史吧,那里面留下了五百年前的化石。"他说:"在那么黑暗的环境下,大臣上早朝,不知退朝后能否全身返家,但仍会出海刚峰、杨慎和左光斗这样的直臣!这说明'士不畏死'"。父亲说:"他们不屑于为皇帝而苟活,心中装着孟夫子的万民苍生!"是年以后,知识分子的治学环境进一步恶化,当整个社会提倡斗争哲学,将人分隔为改造与被改造的两类人时,这便是一种比种族歧视更甚的精坤桎梏。熊刘的坚持论学,暗扣着一种对环境的批判和讥讽,很有点"笑傲江湖"的悲情。

熊十力先生来片　一九六一年一月廿四日

去十一月半后,大便下血久。十二月转为吐血,又久。有三天最凶,每夜一大痰盂,全身内外冷如冰,将死矣。医治及营养幸靠公家,好得快。一月廿日将书强结束,检阅了再交邮。明天,或缺米,你如能带一小饭碗米来,却须早一点,不便可罢。

一月廿四日上午

熊十力先生来片(青云寓)　一九六一年二月十四日

衰年血气亏残尽,斗室横床已活埋。人生小己何堪执,于小见大迁不迁。小者,小己。大者,孟轲所云大体,谓吾人与天地万物通为一体也。小己有迁谢,实乃在大体中,时时灭故生新耳。若于小己而见大体,虽迁,犹不迁也。生生不住悟真常,宇宙那有寂灭界?

交春后,又发下血之疾,宣红色,有云或是痔疾,宣红当是外痔,而人亦困甚。

熊十力先生来片(青云寓)　一九六一年三月一日

来函收到。你的病,勿轻视,勿重视。重视,即为病魔所制,危矣。轻视,将忽于保养,更危矣。保养之道,学人以省思虑,宽以居之,优哉游哉为根本。今后,望吾子极少看书为上。此意候面谈。吾书相识都说不会印,纸张太缺。本如此,无用之学,不急之务,又不待言。今接京科出社函,已决定影印,现已进行照相、制版。不久即可出书。唯因纸的问题,只能印一百本云,我函请加廿本,不知允否?此乃至幸。

二月廿八午后

述注:此书指《乾坤衍》,现有台湾学生书局影印本,一九七六年再版。

熊十力先生来片　一九六一年三月十五日

在青云得来函。照相事,看将来兴趣。吾于三月十二日午后回淮寓。近好否?

熊十力先生来片　一九六一年三月廿六日

今春气候奇坏,吾不能受。湿冷,令四肢难支,意趣消磨尽,无奈何。百千亿劫习、种,纷杂现起,如浮云变幻。伏之不得,照之无踪。

吾子之病,宜以长期屏书册,省思虑。观物、返身之际,伏除一向杂驳闻见。不思量时,也未尝无思。惟是脱然神会,会,犹解也。直得其真。死读经书或世间名家论,终与真理不相关。

欲晤谈,膝头软,不堪动。又怕冷。夜半寒风入户,被单,絮破,凄凉无限,清眼望尼山。

熊十力先生来片　一九六一年三月卅日

昨你回家也晚,未知受寒否?念之。你损伤未好,吾望你宜买罐头鱼及猪牛肉吃,勿自促寿命也。看书宜止。贤伉俪不知开悟汝乎?

今早晨,京科出社来函,乃三月廿七日邮,函云,发函之前三日,已交邮全部印样及原稿,要我尽快校完寄还,从速装订出书。今午吾函舍侄媳来此照料饮食。印样尚未到,明日不知如何。

吾子颜色甚不好,不可不营养,勿固执。

　　　　　　　　　　　　　　三月卅日午后一时左右

熊十力先生来片（青云寓）　一九六一年四月八日

老程不再可留。四月六日已销其户籍。今日上船回里，吾无人照料，即还青云家中。淮寓房子仍暂留，但未得工友，一时不便回去。昨日本想一看你，而移动一下，纷乱疲困，竟未能到你处。饮食望采吾前言。

熊十力先生来片（青云寓）　一九六一年五月九日

久欲函问你的情形。昨曾与三英侄说，想先过你处，看病状，再赴淮寓一下。英云不知由我家到你处，当坐几路电车或汽车，何处上，何处下。顷写一片间，吾子信恰到。印书事，吾于三月底接到印样时，校了五页，大发头昏，遂不敢校。即寄还京社，嘱其负责办理，急出书。四月底又接社信，说装订时发现印错了页子，要吾寄原稿去查对，吾于四月底已寄去，曾诘责其何如此儿戏。又责其失信，他尚未答来，不知如何办法。昨天又去函责诘。今晨又函葛，不知将如何。

余血疾未发，骨散当然不可复原。苦者在身体疲困，无意趣。今年夏冬二季是否可过去，不能知。人生本幻化，毕竟归空无。余心甚平安。勿念。

五、九、上午

熊十力先生来片　一九六一年六月廿一日

吾于午节，早起来淮寓，避日出后之热气。打扫两三天，腰疼无已。新来照料者亦是胡胡涂涂人，深以为苦，衰年人无如之何。十九午后，遵骝来谈一会。叔雨先生病象，当可虑。然死生自然之理，亦只安心任化。吾唯如是，他该如是。书已寄到，白纸本，甚好。你能来，便取一部书。吾甚以你之病为念，吾自身也是活一天算一天，走路常常不稳定，今年可否度过，未可知也。

六月廿一早

熊十力先生来片　一九六一年七月廿八日

吾昨夜半，鸡未鸣时，起而小便，见两足膝头以下皆形如枯骨，此死象也。吾今年焦苦多端，体日衰，决不可久于世也。细物匿书，似有毁弃之意。近有信，说照寄了，并有邮局挂号收据交来。盖上峰究问过，否则此书不能存也。此告遵骝。离用求体，将如佛教以诸行为幻化，而别觅不生不灭的体，其功在归寂，其趣入，即寂灭之体耳。此其过失，万万千千，兹不及论。《大易》乾元用九，坤元用六。用九者，用其纯阳以统坤。用六者，用其纯阴以顺承阳。万物禀乾为性命，乾者，体之显也。万物禀坤以成形，故曰坤化成物。坤成物，便失其用之本然，而乖其体矣。人生在用九。用九者，用乎乾以统阴也。处缠云云，坤不承乾，故至此。吾书不是空泛。

熊十力先生与张遵骝便条　一九六一年七月廿九日

令尊近好否？

武于七月廿五日寄来邮局挂号收条，收条日子乃七月十八日、七月十九日、七月廿二日等日，显然不是七月八日也。其前信说七月八日寄完，全是骗诈，欲毁书无疑，盖葛处曾追究之故耳。此人险。余日来吃不得，今年或过不去。又告遵骝，静窗如到你处，以此示之。昨与静窗一片，未尽欲言。今年家居受伤，书事遇小狗又伤，今更入危境。近将立秋，忽然大减食量，硬吃不得，此死象也。要死，只好安心。人生总是要死的。吾并未卧床。

任先回否？

七月廿九日

任注：张太公病，遵骝伯回沪看望。此时，我尚未放暑假，故尚未回沪。

又注：武，是熊公的再传弟子，熊公印书的具体事务似乎多由他与中华书局联系，此可查见于遵骝伯于六〇年五月九日给父亲的来函。

熊十力先生来函　一九六一年九月十八日

静窗有道，任先当今之世宜专精科学，否则无以立身。科学要时有新发现，不容停止，停便退化，其细密至不易也。国学凭空说，如何说耶？吾书给他一部，望其看了，依书发问。

九月十八日

熊十力先生来函　一九六一年九月廿日

刘静窗先生收阅并示任先。

静窗有道，来函云，此书言浅，而意义深远云云。你向我说及此者，不一次，吾未答，而吾子不自知其错也。古今书籍岂有言浅而意义深远者乎？断无此事。言浅者，其意义断未有不浅者也。古人见理到广大深远时，而又有深入显出的本领。此本领，即佛氏所云解无碍，法无碍，义无碍，辞无碍也。阳明云：见得到时，横说、竖说，皆是，亦与四无碍相合。不解者，见其显出，则若浅。其实，与浅人之浅语，则相去不止九天九地之隔矣。深入显出，不是浅，若见为浅，则完全不得吾旨也，可奈何。

"触类而通"句下长注，字字是含盖乾坤，包罗万象。此处是老人特殊本领。古人到此者，亦少也。因为以极少之言，而要包括无量无边义，所以难。吾前为唐女生说，而并未说出吾意，因彼无根基，吾无从发吾意，机不投也。万变万化、万物万事，何以谓其成于理乎？《诗》曰："有物有则"，则者"理则"。科学所云规律、轨范或公律、法则等等名词，皆理则之别称也。任何事物、任何变化，不是无规律的，不是理无则的。任先学科学，应于此有悟也。"理万殊故，析之必有其类"，此语是哲学与科学不异的。对于宇宙现象的万变万化，亦云万事万物。必用分析法以研究之。事物万殊，析之则有类。譬如，无量无边的物，可总析为有机物和无机物两大类。无机物，又向下分之，则其分类千差万别，愈细愈密。有机物，又向下分之，亦复千差万别，愈细愈密。研究无机物的，如物理学、化学等等，其分类之繁密，不可胜穷也。研究有机物的，如动物、植物，种种分科的细密，又可胜言乎？科学根据实验而行分析，其分科也，即于宇宙万象，而各画定一个领域犹云范围。作精细的研究，所以精确至极。注意。哲学则不能如此，只是总观宇宙万象，而析别宇宙的各部分，体会其大略而已。故哲学虽用分析法，而不能如科学之细密也。"类不紊乱，会之乃得其元"不紊乱，故知有元。无元，何得不紊乱。云云。此语乃归到哲学至极处，亦即是哲学的归宿处，亦即是哲学的本分处。老实说，哲学者，穷元之学也，深穷宇宙人生之根源也。不是空想一个根源，来说明宇宙人生。而是从万象万化、万事万物，随处体会，累积测验，而综合之，才见到万物各各自身皆有其内在的共同的根源，不是凭空幻现也。吾气短促，不堪多写，望好好用深心去读吾书，随处体会道理。吾将理旧稿影印，无余力多写。

九月廿日

熊十力先生来片与任先　一九六一年九月廿六日

九月廿二日与令尊并示你之信，想收到。从万化万物皆成于理说起，这里是融会西学与中学合说。西学谈理，大概只就物言。而中学则诗经"有物有则"之语，则者法则，亦犹理也。亦合于西学。但晚周小康之儒，不向此方面发挥，故《礼记》中《乐记》言天理，只就心上而言。如孝慈忠信等等德用，皆心中固有之理。明道遂有"天理二字，确由自家体认得来"，阳明遂有"心即理也"之说。宋明儒皆祖此，而科学无由兴，以不求客观的方法故。这里有很多辨难，我须别说。可惜我怕难久活了，生机完了。尔将书圈一过，交吾一看，不知尔知要处否？然老人念尔生今世，须勿荒科学。

会之乃得其元，下云理者，一本而万殊，万殊而仍一也，此等处须深玩。

九月廿六日午后

熊十力先生来片　一九六一年十月十六日

任先大约快行矣。吾精力确不行，你当可想而知。写字难，说话难，去冬以前，尚未至此境也。欲清理一稿，付封君写。封君九月来，至今吾不能查阅半个字，如此言不实，非人类也。衰而可怜，乃至此。滋生之物未易得。

你前信叫他看《新论》文言本，及《通释》，何乃如是？太炎清末治唯识多年,而名词多未通晓,况其义旨乎,奈何责任先。此非急遽可为也。佛家不论何宗,其名词太繁。凡学须有基,基不是突然培得起。青年在今日,治科学不易,要天天求新的发现,无中立之境,止乎旧而不能新,即落伍。任先卒业,犹是始业将动步耳,其精力难言至健,而可纷乎?《乾坤衍》,一月中或抽暇看三四行,作为若有若无之功可耳。

熊十力先生来片　一九六一年十一月十七日

来片今午到,午后答此。你莫看书,我文字写不来就不写,所以未加病,面上红色退了好多。顷闻人说"紫珠草溶液"能治好各种血症,并治咳、治肠胃及便道出血。我买了每天吃三四次,每次一二酒杯或三杯,不兑开水。冷药水饮下,好极,咳好多了,痰也好得多。又听人说,此药补性大,体弱人也可吃,公私合营美优制药厂造,西药房均有,我在邻近之兴国路震亚买的,可急买,价一瓶四元稍多。

十一月十七日午后

熊十力先生来片　一九六一年十一月廿三日

十七日一片收到。紫珠草溶液买到否?此药在冷天吃了,仍咳且痰,近乃知之,也不怪他,当然无可御寒也。前者天气暖,吾甚好。昨至今大冷,吾仍不得了。有生之苦,无佳趣。回家亦麻烦。你病况究如何?老人时时未忘怀,八年来,唯吾子终始相亲,慰孤老,相依为命,吾何能忘你乎!任先有信回否?衰年孤境,不如一了,看上天怎样。病中笔。

十一月廿三日

熊十力先生来片　一九六一年十二月十一日

片悉。云南路可不再去。天近奇暖,吾尚好,唯写作终不利耳。你的身体好转否?深念。面上要消肿才好,食量增大才好。吾儿近肺肿,肝肿,咳,亦曾发烧。肝肿如至硬化,则必死无疑。肝有生血机能,人体中好多东西要肝创造。硬化,则生机体不可活下去。吾近稍减营养以救他。他死,则一群小孩不能活矣。老人可久乎?今只尽人以听天。

十二月十一日

如不作学术研究,只随便说做人的道理,或反诸自心有所悟得之处,或观于天地万物有所体会之处,皆可随机与人便谈。古人之语录即如此。若作学术研究,则不只如此而已。其读书的方法、其用功的步骤,皆须长年循序渐进,虽上圣有庆长舌,无法向未问津人开口也。

六一年十月七日

熊公示勉任先震先　一九六二年八月九日

古之圣贤,其平居念念总是忧乐并存。一般人皆以为忧则不乐,乐则不忧。凡夫确如是,圣贤则不然。夫忧则不乐者,其忧乃私忧也。乐则不忧者,其乐亦迷乱之乐,非真乐也。何谓迷乱之乐,如贪利之徒,以夺人之利为乐。实则此等人千方百计以谋利,利之未得,则常有忧。利之已得,则又忧其利之或失,而且忧其未得更大的利。此等人神志昏迷,终身图利而死。此所谓利,不专指金钱而言,一切对人、对社会,而欲占便宜,惟求己之有大益者,皆利也。世人鲜不如此,吾举此一例,可概其余。凡夫得利之时,其心暂乐一会。但其私欲太大,终不满足,转瞬又多忧而不乐矣。圣人惟尽其作人之正道,绝不图私利:如读书,求有成就,以其实学而任国家之事务,工资可以维持生活,不须起私欲,格外求利。不能任事,而教学于学校中,亦足生活,不当更向他途谋活动。如此,则一生之中,无一刻不乐也。既乐矣,而同时有忧者,何耶?如吾已衰年,亲恩无法报答,此吾忧也。又复当知,圣贤之心视全人类若同胞,天下人未得其所者众矣,吾不能忘怀于人类之在苦难中者,吾不得无忧也。圣贤终身有乐,终身有忧。

六二年八月九日写与任先震先
漆老

熊公邮片示任先震先　一九六二年八月十一日

古传曰:天下熙熙皆为利来,<small>为读若卫,下同。</small>天下攘攘皆为利往。此所谓利,不是单就钱言,一切贪名、贪货、贪势、贪权、贪地位、贪种种方便、求种种机缘,皆谋利也。利之一字包含极宽广,天下人其熙熙攘攘,无非为利而已。汝辈细思之,一切人孰不如是乎?人生不过数十寒暑,梦梦然,为利而生,为利而死,有何意义?有何价值?少年当有高尚之志,超出于流俗之外,以开拓胸怀,扩大眼光,努力学问,即物穷理。学尽,方可为群众尽力,不负此生。前写一纸,与此合看。

八月十一日

吾衰矣,久否难知。望汝等好学,但须爱护身体。

任注:六二年四月父亲逝世,熊公高年亲自来家吊唁。暑假回沪,又偕震弟同去拜望熊公,告退时熊公即写"八月九日书",以示勉励。三天后又得明片以示加勉。回忆五六年夏熊公迁居淮寓后,我即考上交大,西行求学。五年学生生活异常繁忙,有时假期都被取消,仅五七年夏、五九年春、六〇年夏、六一年春与夏数次回沪探亲。屡承熊公关怀与勉励,或口头、或文字,写成文字的可惜原稿已失,但大致还能记忆,录于下,以志纪念。

熊公初迁淮寓,我随父亲去拜望,告退时,熊公就治学方法给我写了一张纸,内容如下:"体弱者,以善神为第一义,善神之道,在调养此心,勿令浮动或散乱,常使心地清净。读书用思时,如觉腰胀,则起坐,散步或静卧二十分钟。如仍觉腰胀,则再行散步,总须如是调节……此示任先。"

熊公曾写一片,要父亲转给我:"……思之思之,又重思之,思之不通,鬼神通之,非鬼神之力也,精思之极也。譬如行者,不了远行之法,直须行去,方法自出。……"

熊公曾嘱父亲转达给我一句古语:"用志不纷,乃凝于神。"以示勉励。

震注:父亲六二年逝世,熊公登门吊唁,早春二月他穿着厚厚的棉袍,由侍者搀扶伏案痛哭,轻唤"刘生走好"的情景历历在目。他致弟子唐君毅、牟宗三信中言:"平生少从游之士,老而又孤。海隅嚣市,暮境冲寞,长年面壁,无与言者,独有一刘生(刘静窗)时来问佛法,年才五十,今春忽死去。吾乃真苦矣,当从赤松子游耳。"此后,熊公仅写随笔以遣寂寞离愁。

震再注:最后一次见到熊公已是1967年初春,因不能毕业滞留学校而回沪探母,张遵骝先生嘱咐我探视熊公。我先经苏州拜谒家父陵墓,可惜已被毁坏。抵沪次日往熊公寓所拜谒,公见我进屋号啕大哭,愤言："他们逼我戴高帽子，宁一死耳！"我的劝慰乏力，熊公沉思良久，擦干眼泪，解开裤带抖落尘埃，冷冷地说："你可以走了。"后见报文化广场批斗所谓反动权威，与先生一起被斗者还有名伶言慧珠，后不堪其辱悬梁自尽。1968年，熊公一度绝食，以求速死。春夏间，患肺炎，高烧不止而心力衰竭，5月23日上午，一代大儒走完了他八十四年的人生历程。

附录　1984年版《熊十力与刘静窗论学书简》序跋

序

刘述先

一九七八年夏，我回到老家。阔别了近三十年的时间，这才回到母亲膝下。离家时我自己还只是个中学生，弟妹们正当稚龄，如今却各自早已成家，有了自己的子女，真有恍如隔世之感。所遗憾的是，父亲早在一九六二年逝世。在谈不完的话中，我才知道父亲和熊先生通信交往的这一段经过。熊先生和父亲的几十通书信，由于无人整理，扔在阁楼上的一个旧帽盒中，所以才得幸存，没有在文革时期遭到销毁的命运，总算是不幸中之大幸。熊先生与父亲的通信，适当他在写《原儒》《体用论》《明心篇》《乾坤衍》诸书的时刻，是极有价值的文献。熊先生的信，有许多是明信片，有些答复就批在父亲的信上，有些写在烂纸上，但却显发出一股真精神。……七月下旬将返美，滞港期间，遂把其他计划搁置下来，专心一志细看这一批材料，写成《先父刘静窗先生与熊十力先生在晚岁通信论学与交游的经过》一文，对于双方论学辩难的线索有所剖析，并就我所知，补上了有关这些讨论的背景。用这一篇文章做指引，再读任弟整理出来的材料，就不难对这一重公案,有一清楚的掌握。再加上熊先生和父亲笔迹的制版,就是极完整的一部小书了。而这一部书最重要的意义在于,熊先生和父亲在那样的逆境之下,以自己的生命来印证自己所信奉的真理,不稍假借,可见传统儒释的思想实有其不可弃者在,值得我们深思。现在熊先生晚年写的那几部书在坊间都有流传。最可惜的是,父亲一生读般若的心得却在文革时散失了。所幸他还有随感沉思录、与友人论佛学书简、诗词感怀文存留下来,只有等我慢慢整理出来再找出版的机会了。(有删节)

一九八〇、七、十一于香港中文大学

先父刘静窗先生与熊十力先生在晚岁通信论学与交游的经过

刘述先

熊十力先生(一八八五——一九六八)[1]是当代新儒学极重要的一位开山人物。陈荣捷先生以英文著《中国哲学资料书》,在当代重建传统哲学方面仅列冯友兰、熊十力二人(页七四三),却指出冯氏声名虽大而熊先生少有人知,其启发力量却鲜与伦比(页七六五),可谓知言。当代新儒学的重要人物,如牟宗三、唐君毅、徐复观等诸位先生,多出于其门下。熊先生的主要著作有《新唯识论》《读经示要》《十力语要》《佛家名相通释》诸书。一九四九年以后,又出版《原儒》《体用论》《明心篇》《乾坤衍》诸书,是为其晚年思想定论,基本慧识虽不变,然有些意见则与前颇有出入。这些书现在坊间虽有流传,但对熊先生撰写这些书的实际背景则鲜有人知。家父刘静窗先生(一九一三——一九六二)由儒入佛,宗主华严,以挚友张公逸先生(之介),于一九五一年起与熊先生通信论学。张先生为熊翁之及门弟子,一九五三年由沪至北京供职,熊先生则于一九五四年写完《原儒》上卷,由北京南移到上海居住,到一九六一年写毕《乾坤衍》为止,八个年头以来,家父于熊先生是极亲密的一个人。双方论学,以立场出发点不同,始于不合,辩论剧烈,而终于互尊所闻,由绚烂而归于平淡。熊先生于一九六一年尾乃有"八年来唯吾子终始相亲,慰孤老,相依为命"之语。不幸先父于一九六二年四月逝世,熊翁高年亲自来家吊唁,并书勉任震二弟,鼓励他们努力学问,不可孳孳为利。熊先生是于一九六八年八十五岁时逝世。最近,熊先生给先父的数十通亲笔函片,始辗转传到我手中,我觉得我有责任把这一重公案公之于世,因有本文之作。

父亲是在读完熊先生的《论张江陵》之后于一九五一年(辛卯)八月二十日写第一封信给熊先生。在此前,他已经读过熊先生的《新唯识论》《读经示要》诸书。一九五三年他做了诗送给熊先生,并附小序,略述彼此通信的经过,现将该诗抄在下面:

熊子真先生京中度七旬寿辰赋寄奉贺并序[2]

向余读子真先生书,而敬其为人。辛卯秋,始因挚友公逸之介,稍通函候。前岁先生尝约北游,迁延未果。今年癸巳,先生寿晋古稀,闻将继《新论》之后,重兴旧愿,写作《量论》,不亦强欤。千里驰风,情意难胜,因抒杂怀,奉呈莞正,并祈硕德永年,为后师法云耳。

先生著论自成家,磊落胸怀未有涯。一息坤乾欣未老,梦中遥想笔生花。

龙树汪洋千论师,低徊汉宋复何之。释儒参到深深处,正直如公未可衰。

五年前读老翁书,融贯诸家兴有余。《量论》重闻新试墨,篇成伯仲愿无虚。

旧时《破论》诉宜黄,才大心微各短长。师资迄传当代盛,反成之际见文章。

附注:先生糅合儒释,著《新唯识论》。宜黄欧阳大师未以为然,门下守师法

与熊十力论学书简

者因而著论破之。先生重作《破破论》,以伸其说。实则所据不同,自难望合也。

　　七十老翁世未稀,但悲斯学日几微。公当继绝宜长寿,珍重人间片夕晖。

如果诗中所言是纪实的话,那么父亲是在四十年代尾读了熊先生的著作;对于熊先生十分佩服。我第一次听到熊十力这个名字,就是因为父亲的来信中提到他。父亲在一九五一年三月三日函中节钞了《读经示要》一节,要我玩味细读,并曰:"熊氏有《读经示要》及《新论》等书,多精粹见道之言。"所节钞的一节要人不可自隘识量,熊先生认为"攻乎异端,斯害也已"的攻字不可训作治字,圣人识量,岂若是狭,故《论语》的意思是不可任胸臆之见,排击异端,中西学说都可以研究,而后可以观其会通。一九五一年春我还在读高三,但课余之暇,已经在读哲学概论一类哲学的入门书,与父亲的通信中提出了一些哲学的问题。父亲一方面由佛学的观点对我所提的问题有所解答,另一方面又要我读佛经以及儒家的重要典籍。蒲节一函又特别介绍我读熊先生的《示要》《新论》二书。到了秋天,我考进台大哲学系,父亲托友人寄了一大批佛书给我,中间附了一本熊先生的《摧惑显宗记》。父亲十月廿四日函提到这本书,说它是"《新论》熊翁近著,虽评评之作(参考印顺《评熊著新唯识论》),然实借题发抒本怀。熊翁于此书极珍视,余于其论点未尽同,其精辟处极可引发睿思也"。十月廿九日又来一函要我详读这本书,但说:"其论佛家生灭、不生灭截成二片之说,与我观点不同,曾往复多次辨论。而其宣导儒释,究明本源之类,则余深敬之矣。今海内治古学,通世故,舍熊翁与陈寅恪先生外,盖难其人。"可谓对于熊先生备极推崇。但因父亲的来信语焉未详,当时并不很清楚他们辩论些什么。一直到现在看到父亲的遗稿和两造的通信,才有了一个比较清楚的观念。

　　父亲是由张公逸先生处借读了《论张江陵》一书,并徇张先生之请,写了《读论张江陵》一篇短文。在这篇文章之中,父亲表示了三点意思:第一、熊公是体究本源之学,虽然佛学所得多于朱(熹)王(阳明),然讽之以为沦空滞寂,父亲就感觉到"不免间然"。因为由父亲的观点看,"沦空滞寂者,所讷为二乘之学也,〔盖指声闻、缘觉,未臻了义之学。〕苟得源头乐处,则活泼生生,即此生灭世间,莫非当人如如之境矣,云何滞在空寂?"父亲所宗主为华严的大乘圆教,故不以熊先生对佛学的批评为然。其次,父亲又指出:"儒者体仁,释者首悲,自来真见本者,无不以利济群生为其学,为其行。末流不知方便,沦守虚明。本源之论,徒益口谈。用遗而体亦亏,此东学大病也。"在这里,父亲与熊先生深具同感。然而传统的经济观点,只说均平之义,以抑豪强,毕竟生机未畅。故"江陵当国九岁,虽功绩可数,而身死难继,卒无以挽明之危亡,则亦可以深思其故也"。熊先生于此,似乎还言之未尽。最后讲夷夏之辨,必争取民族之独立、平等之地位。各国文化互相观摩,取长截短,才可以向往大同的理想。必以体源之学与科技之学互济,始不至于偏向一边,造成锢疾,群生蹙苦,无有已时。

大概张先生看了这篇文章,极力劝父亲直接与熊先生通信请益。父亲遂修书并汇款,一方面表示仰慕之意,同时并请购《论张江陵》一书,以及新出之《摧惑显宗记》与《论六经》二书。寄书似因邮误而有一些问题,在通信之中,父亲趁机提出心中的疑点。一九五一年九月二十一日函,一则怀疑熊先生之评佛学,以为截生灭、不生灭为二。父亲所持的理由是:"滞有者凡,偏空者小。菩萨观空无不见色,观色莫非见空,无障无碍,为一味法,曷尝二事。学佛正因,率由般若。般若依二空〔人空、法空〕显,二空因蕴界〔五蕴〕出,不容辩矣。谓般若由空显即可,谓为滞空,不有期期者乎?"明显地,这是大乘圆教的观点,隐指熊先生的批佛,用于始教的唯识或者有相当理由,但不必能用来批评大乘圆教的体证。其次,父亲又怀疑熊先生在《论张江陵书》之中是歧士大夫而论焉,盖世间所谓的士大夫,非必儒家所谓的士大夫,更不必附合儒者的本怀。

熊先生九月廿五日有长信答复,仍坚持大乘空有两宗并将生灭、不生灭与有为、无为折成二片说去。其言不生灭或无为时,决不许道生或无不为。其谈到生灭或有为方面,则空宗以四缘〔因缘、等无间缘、所缘缘、增上缘〕是凡夫颠倒虚妄法,不能说是真体之显现;有宗种子说的一套复杂的宇宙论,更把种子现行(生灭)与真如(不生灭)打成两橛;决不能与儒家之明明德、致良知之说相比拟。熊先生并要父亲仔细读《摧惑显宗记》以明儒释之分疏。关于《论张江陵书》歧士大夫为二之事,熊先生说明他所谓士大夫为在位者之通称,犹今所谓官僚也。而四民之士农工商中之士,则并不在他所谓的士大夫之列。江陵论政在为小民谋福利,不当偏利于在位者。

父亲在九月廿九日又复一长信,历述自己研学的经过,因读明紫柏老人《释毗舍浮佛偈》文而有所悟。毗舍浮,此云自在觉。其传法偈云:

假借四大以为身,心本无生因境有。
前境若无心亦无,罪福如幻起亦灭。

父亲的意思是由般若入手,接上禅、天台,而归本于华严。贤首曾依日照三藏,判西域智光、戒贤空有二宗并为始教,未许了义。则内学院欧阳大师之宗主法相唯识,与熊先生所批评,都不是究竟。到了华严境界,则"空是真空,有归妙有,所谓华严世界所有尘,一一尘中见法界,虽欲歧之为二,有不可得者矣"。即空宗之讲真俗二谛,所谓观空不证,涉有不著,而无所谓难融。

熊先生十月三日复函遮拨这些,以为话头。并谓如重实修,根本不必多涉佛典;如欲博究理道,则不读佛典,难了儒家。在数次通信之后,熊先生大体已经了解父亲的出身背景。父亲在北大经济系毕业。

身体奇差,抗战时留在上海事亲,根本没有出来做事,因偶然的机缘始游心于内学。只胜利以后,在善后救济总署服务了一个时期。一九五〇年,因患肾结石,割除一个腰子,此后一直赋闲在家。熊先生要父亲专心学术,所谓"斯文存一线,吾甚望有人",乃邀父亲北上,与之同游一个时期。并要父亲注重营养。因父亲素食多年,熊先生却认为不妨肉食,如志于学,弱躯恐不胜。

父亲十月六日答书曰:"荷召来春北游从学,固所愿也。至时如世缘相许,便当如命。"

熊先生十月九日来信,认为六朝诸宗派之谈佛,将有为、无为说得圆融,因其皆从道家入佛,不必是佛家本旨。父亲十二日复函则谓:"此土众生,久经孔孟老庄教化陶融,气象自是不同。佛法东来,摄机融贯,发而为贤首、为天台、为禅,盖有若决江河,沛然不容已之势矣。诸家宗旨,虽与天竺各派或不尽似,究不离三法印,犹是释迦亲血脉,斯不谓之佛家不可也。融释入儒,自当让席宋明诸老,则亦无碍并行矣。"视域终与熊先生不同,事至显然。而父亲之为学必销归己分上,与一般学术界之客观进路自更不是一回事。

那时父亲正因姑母患癌病在沪就医,日夜奔走,心力交瘁。父亲虽是佛徒,但在世间,却最重视亲子昆弟之情。适读熊先生《论六经》一书,乃有所感发而不能不有所回应。熊先生极赞《周官》。父亲则认为:"《周官》诚广大矣,自有精意者存,先生推衍微言,为世取鉴,俾知先民用心缔造之真,后生无自菲薄,进而于民族文化知所荷承,大同郅治知所推展,不其盛乎!若谓先人设制,已尽善美,帅意模楷,不疑有凿者乎?"

其实熊先生注书多六经注我,借古讽今,疏于考据之事。《周官》一书,近世颇有人以为伪作,而熊先生自信颇坚,根本不容许商讨之余地。而熊先生晚年引起争论最烈之一点即攻击孟子以孝治天下,而直斥秦汉以来二千年之学者为奴儒。父亲则辩称孝弟为儒学根本,世流之弊,不足为孟子病。后世儒者也未始不想以孝弟之理想规约人君,至专制君王利用儒学阴遂其私是另一回事,似当别论。谭嗣同曾有愤激之语,乃云二千年来之政,秦政也;皆大盗也;二千年来之学,荀学也,皆乡愿也。谭氏语旨已不无问题,至少乡愿一辞见于《孟子》,则所谓奴儒,不如径斥之为乡愿之为愈也。父亲的意思是必在真儒与俗儒之间立一明确之分界线,孟子的精神直承孔门血脉,不能以儒学末流之失来诟病孟子。

熊先生十一月十六日来片只简单声明,论经之事绝未反对孝弟,只反对孟子以孝弟参入政治意义。但他坚持汉以来大儒始终奉夷与盗为天为帝,劝孝劝忠。他要父亲读史,并谓不同意,幸勿复。父亲十一月廿日有一短简给熊先生,自讼"先民之学,本孝弟,指人心,抚躬自验,理实无爽,而笃行不至,我慢时滋。日月逝矣,天地悠悠,椎心之痛,宁有已乎。乾乾夕惕,学以思过,不复有辞。"熊先生却误会我慢一辞有讽刺他的意味。父亲于十一月廿七日乃不得已又有一长函,力言现实政治之道德基础;并声明自己日思补过,而患未能,请益无方,敬长尊贤之谊,未敢有懈。熊先生的怀疑,不免过矣!

熊先生回一片,略谓冬寒老人难过。后来又有一片谓曾发头昏,倒地一次。父亲有信加以慰解。中间并寄所校《小品般若经》给熊先生。熊先生适忙于迁居之事,无意趣写信,一直到翌年(一九五二年)十月卅一日移居什刹海新址始来一片。父亲与熊先生通信论学,始于一九五一年八月,到该年年底,算是第一阶段,至此告一段落。

一九五二年除上述熊先生告以迁居之一片而外,似无其他通信。这时熊先生在重新删改《新唯识论》。到了一九五三年,熊先生来信又重提旧议,希望父亲在秋后来京小住。父亲因挚友张公逸先生上京供职之便,托他带了一封信和桂圆、莲子诸物给熊先生。熊先生四月来信表示谢意,但还是希望父亲不要走佛家的路子。

到下半年,熊先生在十月廿三日忽来书,谓北方冬春气候受不了,决定南移。熊先生哲嗣世菩先生任职招商船厂，虽也居住上海，但熊先生怕烦，也恐与儿媳相处不易，希望依父亲了此余年。据任弟相告，父亲虽然也有这样的意思，但与母亲相商，实在家无余室，儿童嘈杂不堪，不能不加婉拒，深感遗憾。但熊先生仍托父亲代觅居所，然一九五三年终未成行。父亲致友人书提及十月间"曾得熊公寄《新论》近刊本，已略读一过，此老挺然，为学大段可敬佩，亦颇有不同意处（自心腔子里事，非关门户之诤）"。五三年熊先生七十大寿父亲贺诗小序提及熊先生继《新论》之后，又重兴旧愿，写作《量论》。但这个愿心似乎始终未能实现。一九五四年三月十八日熊先生来函谓现正写一稿，是关于国学者，此书写好，决不再写。按，这部书即是《原儒》。据《原儒》序言有云，上卷以甲午（一九五四）春，起草于北京什刹海寓庐，中秋脱稿，约十五万余字，翌年印存百部。秋天才起草下卷，到丙申（五六年）夏初脱稿，也有十五万字左右，印存如前。是年冬全书再印，始以行世，当以此次为初版，上卷稍有错误及遗字处，此次悉改正。

熊先生之离京，也还有一段插曲小故事。五四年八月，张公逸先生由北京来函说熊先生将南下。他告诉父亲，熊先生并不像宋明儒那样讲究涵养工夫，但真挚洒落，常有赤子之心。他的兴趣在玄理与名相之析解。由于个性过强，自信过深，绝难有任何论辩及诤论。十一月一日又来函，说熊先生突于日前离京，行前未通知任何人。并说老人近年来心情不佳，最近以新著事曾面诤数次，亦颇使老人不快。希望以父亲的修养涵养，能够对老人有所照拂补益。

熊先生于十月廿九日抵埠，在十一月一日即来片，约父亲去谈谈。熊先生住在闸北青云路世菩先生住所的阁楼上，我家则在旧法租界，搭车去青云寓，单程就要一二小时，来往十分不便，故不得不以通信为主。父亲翌日即去拜访请益，于三月有一函与熊先生。大概熊先生专讲体用不二之旨，于佛家乃深斥之。父亲则对佛家有所辩解，主要意思体用不二乃是终极境界，但现实人生苦恼众多，必由此转拨而后可以体证佛家之终极境界。儒释之学尽可互相发明。父亲之措词或未尽善。熊先生即在函上加以批示，断定佛家始于无明，为无源头之学。父亲于十二月七日复函，说明自己对于无生二字有所体证受用，并谓体用不二虽是了义，然终必须分辨本末，不然或有以糟粕为神化的弊病。父亲的终极托付在佛，不似熊先生之终极托付在儒。至于在实际生活的安排，则熊先生一直想迁出独居，父亲则亟劝以古稀之年需要家人照料。父亲的思想是佛家，行为是醇儒，最重孝悌亲情的体现；熊先生的思想是儒家，行为则一味绝尘嚣，不耐家居琐事的烦扰；这也是一个有趣的对比。

父亲见到熊先生以后即有函致友人，一方面承认熊先生的苦心孤诣实有独到之处，另一方面指出熊先生专讲体用不二，而无视于践履之实，犹无纳言之忱，不能谓之为无蔽。熊翁一家之言耳，敬老尊贤自可，要互相沟通是不可能的。父亲大半生在病中度过，所得为实修之学，决不会因熊先生之猛烈排击而遂改弦易辙。父亲对《易》虽也有深厚兴趣，然日课《大般若》《华严》二经不辍。父亲曾草就一函与熊先生辩驳，原稿犹存，而适得张公逸先生来书，极劝顾念老人，勿与剖黑白，辩是非，乃止不寄，而深深感叹世间为学之难。张先生于十一月廿八与十二月四日有二长书，由于感到父亲与熊先生甫见，在情意上已稍见扦格，乃详言种种，固不能求苟同，然为学术原因，也不可言决绝，此则当日介绍双方通信认识之微衷也。

父亲向来敬老尊贤，对于熊先生一贯持后辈之礼继续请益。但熊先生似乎完全缺乏自觉，果于自信，竟要父亲抛下一切，专读他的《佛家名相通释》。父亲只得回信与以婉辞。

中间父亲对于《易》有一些体会，乃于十二月二日写信给熊先生请求印证。父亲感觉到传统注释对于《大易》扶阳抑阴之义没有说出一个所以然，其实是有理存焉。父亲的看法是：

> 窃以阳之为言，一也，奇也，乾元也。阴也者，乾之变耦以自见其用也，相待生焉。乾喻于实体，阴拟于虚象。体之实者，挺然而自见；象之虚者，焰然而自抑。天地本然之妙，理实如此，非意为之也。此说若是，似与空宗言生灭如化、不生灭不如化者，旨义亦通。不知有当否？祈先生教之。

这自是一种玄思，未始不可成一理路。同函"再启"之中又有一些有关中西思想之比论。熊先生来片却谓，"扶阳抑阴，汉以来言《易》者皆如此，盖专制之毒使然。《坤卦》曰'地道也，臣道也'云云，此汉世奴儒所窜耳。坤元与乾元并称，何抑之有？"又举梁任公为例，认为"论中西学术短长，大可不必"。

父亲将原函抄还，熊先生却责父亲"无一字答我，想不赞成吾之说"。又说："汉宋群儒都是拥护皇帝，把孔子六经都变了，不是孔子之真面目。……候吾之书〔《原儒》〕出，方知六经确被汉人变乱。"

父亲乃委婉回信，但仍坚持己意，说：

> 乾曰健，坤曰顺，阳生谓之复，阴长谓之剥，似不无分别虚实之意也。后儒以人事牵强傅会者，似别是一事，不宜相乱。此等意味早成腐朽，亦或无俟于批判矣，不知先生能许此意否？

熊先生即在函上批复，谓"若克就阴阳而言，则阴阳皆用也。不能以阳为本，阴为末。（克就二字要紧）。约即用见体说，则阴阳皆体之呈现固已。然阴有物化之势，似反其本体之自性。……故学者用功，要在识得乾元性海，不为物蔽，于此而言立本可也"。

这一段辩论大体到此为止。父亲于十二月廿四日复张公逸先生有云：

与熊十力论学书简

　　熊公以数十年精研苦思之功,于生命源头实有所见。但神游云间,不能下窥,以深入于生民疾苦,则亦难以通隐情、闵大愿矣。公欲有立于仲尼之学,而二千余年汉宋以来儒者,率指以为奴而斥之,此为摧陷廓清手段,意或快矣,以此释历史文化,处处成断流绝港,将何以为消息取通者乎?公高明自信,孤意独往,无以涵容众有,以见物育道行之盛,此中思为弹正,卒难尽言,以是所见分歧,恐一时不易契合也。

　　熊先生于五四年底来沪上与父亲的第一阶段的讨论至此告一段落。熊先生于儒学生生之旨确有真切的把握,所以成为当代新儒学的一位开山人物,绝非幸致。但到晚岁,心境极不平和,持论甚偏;与后辈论学,一味击蒙,绝无相互攻取之效,可憾也。但有趣的是,父亲把熊先生的《摧惑显宗记》寄给我读,我觉得不满足,就自己在图书馆找了商务出版的《新唯识论》的语体文本来读。由于父亲的启迪,我对于佛学的义理与体证,略有解悟。然而父亲是由儒入释,我却是由释入儒。五三、五四年也正在和父亲通信讨论学术。五三年四月廿五日父亲有信给我说:

　　书至,可见为学不懈,足慰远怀。然性习之辨,全落世解文字,无一颖悟处,于自性分上何有哉!勉之。熊翁《新论》,但是一家之言,法相唯识未为究竟之论,奚泥也?

五四年十一月又来函说:

　　熊公《新论》,原是一家之言。公为学数十年,于儒释两家义趣,甚极探研。于佛家体会处,远过宋儒。而其为学基本态度,仍未免宋儒窠臼也。公佛学智识,从欧阳宜黄得来。宜黄专研法相唯识。法相学者主"真如不能随缘",公研久而不以为然,谓其将"生灭""不生灭"截成二片,遂著论难之。难法相学者,则或然矣,而竟以此括佛家全体,斯惑也。贤首判法相为大乘始教,久已以其为不了义。而大乘从小乘出,不深味小乘宗趣,亦无以知大乘也。小乘是出世间法,必须先于"寂灭""生灭"两端,截然判得明白,方能粉碎世情,清绝孤往,涅槃独证。大乘尚须超越此一层次,观空而不证,穷劫涉有,严土熟情,行所无事,乃至究竟菩提。此其所以为"大",为"难"也。圆融不二,原须从身体力行、壁立千仞中得来,方是真实。不然,虽研论多方,逻辑戏论而已矣。法相邻近小教,理论遗蜕犹存,向上圆顿义,又是一番精彩。吾曾言之,公犹未之信也。

这封信又恰可以为父亲与熊先生之间的讨论作一参证。五五年(乙未)二月,祖父以八三高龄逝世。父亲哀毁逾恒,熊先生数次来函劝慰,并赠讣仪,但父亲坚辞不受。这一年之中彼此间并没有严重的学术上的讨论。熊先生为了要找一清静的环境写作,不断想觅新居;但在同时仍工作不辍。《原儒》上卷经校阅后出版,印存百部。十月间始起草下卷,到翌年夏初脱稿,印存如前。到冬天才有全本出版行世。

父亲的体会与学术立场虽与熊先生不同,但熊先生对父亲显存相当好感。《原儒》下卷"原内圣第四"页一九九(龙门书店七〇年本)附识有曰:

刘静窗治佛家大乘学。近于《大般若》《华严》诸经,颇有解悟。余喜之,劝其读《易》。静窗问:乾为神,何耶?余曰:汝且深玩阳刚二字。夫神者,心也。阳与阴反。阴者暗义,阳者明义。故《乾卦》言大明,《大传》言乾知。古今有些学派,以为宇宙始自一团迷暗。如印度数论,言勇、尘、暗三德。……佛家有十二缘生论,西学生命论者言生之冲动,皆是也。此等思想殊浅薄。惟孔子作《周易》,创明乾元性海。……所谓乾者,是具有阳刚之德性。其言阳,曰大明,曰知,皆表其无迷暗也。……乾神卒能开坤,而归统一,成其大明。故人道当体乾之德以自强。

熊先生显然只认为孔子的《大易》始臻了义,而以佛家之说非了义。佛徒对这样的论断自不可能同意;而熊先生断言孔子为《周易》之作者,考据家自也不可能同意。但熊先生对乾元性海的大源头处则体会得深切,此则不可掩者。父亲也就是在这一点上始终肯定熊先生的。

一九五六年(丙申)初熊先生应召赴京,列席政协大会二次。张公逸先生得见熊先生,于三月九日来函曰:"熊师此次北来盛赞我兄德性古谊,虽谓于学所见有异,但仍寄厚望于兄。"与前所引《原儒》一节互相印证,应属实情。

据任弟云,熊先生终于在一九五六年夏迁居淮海路(旧霞飞路),距我家(建国西路,即旧福履里路)只不过十来分钟即可到达,十分方便,故以后多以面谈为主,通信量乃锐减。一直到一九五八年(戊戌)父亲健康日损,明信片的往来才渐增多。

熊先生于一九五六年秋起草《体用论》,虽患脑空,终于一九五七年(丁酉)初冬将此小册写成,拟以之取代《新论》。此书由封用拙君誊写,于戊戌年甲寅月影印二百部保存。不意就在一九五八年初在父亲与熊先生之间掀起了一场大论争,来势汹涌,可惜父亲原函多数未钞存,只能由熊先生来函之中得到一个梗概。

熊先生一月廿二日来片说:

你的脑袋子在你身中是一个独立的小体。他专司接受一切感觉与发动思唯作用,你能否认他的独立性乎?照你驳斥孟子大体小体之说，则旁人不可说你有脑袋子。你身是一大体，何可分开说小体乎？

所以知有大体者，以其发现万物与吾人必非幻化，故知有大体耳。如无小体，那有大体可说。

孟子以凡愚只知有小体而自私自迷，不能悟到大体，故悲悯之而说：从其小体为小人，从其大体为大人。他一副悲怀，而汝乃说他不通，我心痛矣。余以衰年，无可与语。汝智慧不异于人，而果于自负，轻于疑古圣贤，不自知过，冤哉！此非佛心，乃细人之衷也。吾行将就木，不忍不言。倘不自觉，勿再枉过，无伤老怀。

父亲一向推尊孟子，以前与熊先生辩孝治之说，就不赞成熊先生之贬抑孟子。他为何驳斥孟子大体小体之说，因无文献存留，殊不可晓。大概是他造访熊先生谈得不欢而散，熊先生才有此片之发。但熊先生此片虽只寥寥数语，所牵涉到的问题却是十分繁复，不能不略加解析。

孟子的原文（见《孟子集注》卷十一《告子章句上》）是：

体有贵贱，有小大。无以小害大，无以贱害贵。养其小者为小人，养其大者为大人。（朱注：贱而小者，口腹也。贵而大者，心志也。）……饮食之人则人贱之矣，为其养小以失大也。……

公都子问曰："钧是人也，或为大人，或为小人，何也？"孟子曰："从其大体为大人，从其小体为小人。"（朱注：大体，心也。小体，耳目之类也。）曰："钧是人也，或从其大体，或从其小体，何也？"曰："耳目之官不思而蔽于物，物交物，则引之而已矣。心之官则思，思则得之，不思则不得也。此天之所与我者，先立乎其大者，则其小者弗能夺也。此为大人而已矣。"

孟子原义甚为显豁，朱注大意不失，故也引在这里。大小是价值观念。人若为耳目之欲所宰制，从其小体，乃为小人。但人可以由心而立其主宰，从其大体，而为大人。思则得之，得的是什么此处未明言。但这里的思想与孟子的求放心、尽心知性知天的思想是完全一致的。从儒家的思想看，体证至此，已无余事，象山之直承孟子，尤其特别强调这一点。但熊先生以宇宙论知识论的观念来解析小体、大体，反而说得宽了，此中牵连甚广，一时未必能够说得尽。

父亲为何反对孟子小体大体之说虽不可晓，姑以理逆之，佛家主缘生之说，则不只吾人的感官所摄乃是虚妄，心意所志，亦非真实。即华严圆教仍必始于真空观，但此空非顽空、断空。观空不证，最后才能体证理事无碍、事事无碍法界观之终极境界。由佛家的观点看，儒家的思想是缺少曲折，囿于域内。佛家的思想则必先遮后照，走完整个圆周，才能体现空（真）有（俗）圆融之旨。小大体之分就其为世法而言，只能是第二义的分别，并非了义。这里所争执的是一终极关怀的抉择的问题，不能够有任何妥协。故父亲虽一向推尊儒学，就这最中心一点的体证来说，却不容许有半点含糊之处。

父亲一月廿四日与熊先生函，正是说明了这一个意思：

> 释儒两家高悬智炬，探生命之源奥，扶天地之神奇，观化则同，取义迥别。读两家书，虽敌体相对，而穷理尽变，弥满虚空，豁然大通，法喜之忱，不由自已。然当决断之际，一许了义，一必不了。两美难兼，一爱须舍，智困思穷，未许可言。释者若是，（自注："是"谓究竟了义，以下准此。）成圣为痴；儒者若是，成佛为私。（自注：此私此痴，意思深深，难为不知者道。依字浅解，则谤佛与圣，必堕泥犁。）义同冰炭，路绝危峰。为学至此，千圣出世，不能相救。自若未彻，亦断断不肯践人故迹，负己性灵也。成就慧身，不由他悟，是决定语。唯有刊落声华，观物证己，尽兹形寿，不厌

不倦，其有廓然解惑之日也乎。至于世间学说诤论，此彼相较，竟如群萤望日，大明掩辉，不足喻也。

　　孤雁横空，苍茫四顾，谁为师友？怛恻之忱，时一长啸。书奉子真先生，微吐自情，言教不及，哂存可耳。

父亲这封信并没有否认儒家的思想有很深的意义，但他自己的终极托付（Ultimate Commitment）则在佛家。这是一个人的实存的抉择的结果，即使是父子、夫妻、师弟之亲，也不能够有所勉强，更何况是朋友、后学的关系。

但熊先生收到这封信却感觉到受不了。似乎立即把原信退回，并覆了一封爆炸性的长信斥责父亲。熊先生以往的信件多称呼静窗，这封信却改称刘先生。父亲前信说"哂存可耳"，熊先生却说："余年已望八，平生未尝遇见当代名贤与长者以此见惠，何幸得此于先生。"

关于佛学，熊先生断言其为观空与无生之论（无生即是反人生），父亲自不能苟同。关于易，熊先生以心为物之主，乾阳为心，坤阴为物。《坤卦》曰："先迷，后得主"。依熊先生的解释，先迷者，阴先阳，即物先心也，此先字非时间义，乃主之谓也；后得主者，乃物随心转之谓，是物得承于主宰而免于迷乱以逞也，此主即是乾阳，即是本心。熊先生乃责父亲的说法是"以心为物主是跛行"。父亲所持理据不明，猜想起来，是由佛学的观点，世法（包括儒家）之以心为物之主宰，未臻究竟之义。父亲于此必坚持释儒之别。而熊先生则强调儒学方臻了义，佛学虽有所见而未达体用不二之旨。熊先生攻击父亲说："先生自许通《般若》《华严》。《般若》六百卷归本智慧，智慧是物耶心耶？《华严》明明曰'三界唯心，万法唯识'，唯之一字作何解，先生通否？岂不比《易经》更跛乎？"熊先生是要以表诠的方式讲《般若》《华严》，这是一种可能的说法，但不必能免于争论。一般佛徒必由遮诠而后表诠，而其所表与儒家的一套亦自仍有距离。

据熊先生的信上所说,这一争论是去秋事,如今则又辩大体、小体问题。熊先生认定:"实则大体、小体,佛法亦同,所不同者,其观化实不同耳。以为观化同,实未解吾书,亦未听清余平日之说话也。"熊先生这一次是真动了肝火。他说:"吾对先生发气是一副天良,真诚相为。侮圣者众矣,吾毫不怪其人,不呕气,而独于先生动气,请你反求一毫良知自问,此是于尔薄乎厚乎?尔去秋无一毫认过之意,绝不对老夫表示你的过失,老夫亦知之明,而尤不拒你之来往者,当孤孤之境,你肯来,来亦可时慰孤耳。……今吾无望矣。吾写此信,望勿答,答亦不收,亦请勿再来。"

熊先生这封信在五八年一月廿五日午后。似乎父亲并未遵嘱,又去看了熊先生。熊先生于一月廿六日又来片曰:

你前来时,见吾面色不好,吾心脏病发已久,尽失眠,易怒。孟子之言确甚好。从小体即堕我执,万恶之根也。从大体,即去小己之执,与佛氏得法身不异。但亦有大异者,当别论。众生迷即流转,悟即证法身,与孟子言不无相通处。我怒即言之起火。汝身体不好,勿乱呕气,知吾老性,可泰然也。

熊先生这样融通佛氏与孟子之说自不免于诤议。总之熊先生和父亲都认为儒释之学实有所见。但熊先生融释入儒,以佛氏未臻了义,而父亲则融儒入佛,而以儒家思想未达究竟。此间差别,极尽精微,却不可以互相调停。父亲对熊先生执后辈之礼,自不欲绝之,但思想上则拒绝妥协,似又有函片致熊先生有所辩驳。熊先生于一月廿八日又来一长函曰:

静窗:今早得一函一片,似是同时发,不知何如此也?足下前后信,始终无半字悔意,不具有分毫反省之忱。……吾之遇人,太不合意，则欲绝之。……吾此次大怒，则以汝此次之大迷，与去秋不知心为主者，是一个病根。须知主乎身之心，即是道心，非人心也。会通佛法言之，即如来藏心，非随物而转之识也。道心（亦相当于如来藏心）是通天地万物为一体。易言之，道心即从大体也。（佛说如来藏，即是证法身。）人心，即是佛门所谓识，是从小己之私，随物而迷执，亡失大体者也。吾去年并未大责汝，犹客气，而汝以无知傲慢，吾终不言，则是视汝若街头行动之众庶耳。吾问良心不安，故大怒责。汝若始终无知傲慢，则吾之情尽于此一番信而已矣。

无始时来众生，从小体，为小人而已矣。古今极少数圣贤，无他特别，从大体为大人而已矣。汝疑孟子分别小体、大体是误，何如是其迷。……草木鸟兽，不知有大体，其道心未发现故也。人类中最大多数众庶亦难悟得大体，其道心虽有乍露时，而若明若昧，不得揭然常存故也。圣贤则道心常惺惺，常从大体。易言之，即于小体而识大体，非毁灭小体，别求大体也。（中略）

中夏圣贤之学与西学判天壤者，即圣贤是从大体之学。而西洋哲学虽谈宇宙论，亦只是各弄一套空理论，与自家履践处无丝毫关系。从大体之意义，西洋学人根本梦想不到。吾国后生，习于西学，亦早丧失固有精神，无可与言矣。儒学是从大体，其异于佛法者何？儒学的然体用不二，即通天地万物皆吾一体。（中略）

佛氏破我、我所执，即是不从小体。小体之执亡，便可悟入法身。……佛证法身，亦即是从大体。其异于儒学者何？佛法出世法也。其法身（大体）是不生灭，是无为，是寂灭。彼（佛氏）照见五蕴皆空，那有天地万物之相存乎？

儒佛宇宙观根本不同，故二家之学虽都是从大体，而彼此之所谓大体确不是一样。（中略）

此信汝看后，千万要急急还吾，不可损失。吾将欲整理。（下略）

熊先生确有一条思路，也有甚深体验，有不可弃者在。他之释小体大体虽溢出于孟子原典所论者，但可以是儒家思想的一个进一步的发展。要之，熊翁自立一家言说，自有其实感实见。但佛徒则不必一定能接受熊先生这样的看法。父亲的思想虽不同于熊先生，但也实在无法再辩下去了。无论如何，熊先生的意思极诚，不能不令人感动。故父亲一月廿九日的附记曰：

去圣时遥，孤困从学。苍茫四顾，问津者稀。先生此函，婆心为人，有如拔地雷声，深中腠理，病畅难云。因地前修，亲近善知识，为法勤苦，追怀泫感。末流何幸，得此钳锤。用资策警，可深念哉！

但父亲虽感念熊先生的砭剂而勤于内自讼，然决非即自弃立场，故附记又补记曰：

大乘观空而不证，生佛同体，未尝舍众生也。十身顿证，圆明具德，未尝泯相用也。法身主寂之义，终与儒者迥然异趣，所当辨耳。

这一场大辩论大体到此为止，彼此之间，往来如旧。以后有些枝节问题，但不再有严重的冲突。父亲的思想虽始终与熊先生不同，但也承认熊先生的批评有它的作用。父亲在五八年二月四日（丁酉十二月十六立春日）有一则随笔曰：

佛法，出世法也。世间之极，始是出世。（须力透彻此义，然后许言即世即出世。不然，謷说而已。余向日亦好泛谈即世即出世，后为熊子真先生所诃，而后知悔。今日所见，犹非先生意也。然学不悬鹄，不划境，求自解惑耳。解未真到，于前辈长者，存敬而不苟同。为学便于颟顸自昧，尚可以为人乎？亦不自执，姑存一日之见，以待后正云耳。）

二月十日（丁酉腊月二十二日）又有书致张公逸先生曰：

世人多轻弹佛氏空义，不知般若意也。观空而不证，穷劫涉有，严土化情，此是何等胸襟，旷古迂学之徒，能梦见欤？经言空者，所谓生死；不空，是大涅槃。拨云雾而大明当空，破生死而万德圆证。云雾不能拨而谓明本在空，迷妄不曾破而谓万德常彰，理则或可，而岂学者之事？其谁欺，欺天乎？儒者观有不谈空，是护疾而忌医也。无始迷暗，不经一番虚空粉碎，终如世间所见，拖泥带水，累物物化之流，憧憧往来，行尸走肉而已。（吾书至此，不禁泪涔涔下。）谁能真知妙有者哉？呜乎，真可悲矣！熊先生深于《易》，即"生"而真，形色天性，（形色天性，是悟后句。凡夫迷相流转，断言形色不即天性。此须分晓。）体用不二，境界极高，吾所深服。然于世情，毕竟大远隔在。不信者无论矣。此处错认，酒肉菩提，无忌惮之徒，将纷纷造恶，陷在泥犁而不自知，不亦至可哀欤！为学次第，首当刊落声华，摄用证体。雷鸣于寂然无动之中，体用不二义，将不言而自见矣。坏因而论果，于我如浮云。我知孔子当尊，然誓以身心奉释迦者，兄试详之，当得其故。

熊先生处以后似也取得谅解。五八年后父亲的身体越来越差，走访不便，明信片的往来才渐增多。五九年四月六日熊先生终于为祖父写成一小传,原文已失。任弟于六〇年暑假回家探亲,始得一读。任弟追记时说,至今匆匆已近二十载,文字已难回忆,只能就梗概难忘之处,草记如下以为纪念。原文共分三段:

（第一段）……（君,庐陵人）……（奇哉庐陵）,（历代贤者多出于此）。（吾意）必为天下清淑之气所钟。

（第二段为主体）……（君少而孤贫）……（以观社会之有无,而计供求之准）,（君为聚敛）不忍求丰,深合佛氏无贪,老氏知足之戒。

（第三段）……（君之子）静窗时枉过,（谈般若华严之学）。吾惧其沦于空也。（而其慨然曰）观空而不证,吾始领之。君之孙,余及见者任先,澄静有慧。君有孝子贤孙。吾信乎不死矣。

任弟注语说,括弧内文字不够确切,仅表示一个大概意思而已。为人先德写传,总不免有些溢美之词,但熊先生所写又不可纯以应酬文字目之。熊先生最初不许父亲学佛,后来态度的确有极大改变。《乾坤衍》页三七一有曰:

董仲舒曰:言之重复,其中必有不得已者焉,云云。非好学深思者,不能道此。《大般若》六百卷,乍读之,几乎皆重复之辞,学者每厌倦而不获读竟。近见沪上有刘静窗,苦心读毕。又加温习。谓乍读,亦觉重复。深玩,则每一大段文中,皆有特殊的新意。此其自得之言。

现行本《乾坤衍》没有注明出版年月,我把此书与熊先生给父亲的书函对刊,知道这部书写于五九至六一（辛丑）年之间,在六一年出版。熊先生不只首肯父亲下功夫读《般若》,并加以称许,这是异数。大概由五八年下半开始，双方交谊由绚烂而归之于平淡，从此不再有严重的争论。在五九到六二父亲逝世为止这最后一个阶段之中，两个人都病得很厉害，表现了一种极真挚的互相关注之情。

熊先生于丙申秋（一九五六）起草《体用论》一书，写成于丁酉初冬，由封用拙君誊写，于戊戌年影印二百部保存。此书末章本来应该是《明心》，当时适因心脏病加剧，不堪提笔。遂缺卒章而付印。戊戌（一九五八），病稍减，写成《明心篇》，顾不便与前书合订，乃单行行世，于一九五九年（己亥）印二百部备存。五九年开始写《乾坤衍》，六一年结束。《乾坤衍》页四九二有曰：

去年春初，闷绝一次。……秋来，又患大便下血。冬初，转为咯血，其势危厉。承中医治疗，咯血遂止。余衰残已甚，未知来日几何。本书当急作结束。……余患神经衰弱，盖历五十余年。平生常在疾苦中，而未尝一日废学停思。余之思想变迁颇繁。惟于儒佛二家学术各详其体系，用力尤深。本书写于危病之中，而心地坦然，神思弗乱，此为余之衰年定论。此书之前有《体用论》，虽小册，而余之为学之经历及由佛而儒之故，略见此小册中。又有《原儒》，自信大体已备。而近年回忆，其中枝节处犹多未畅发，又有杂染旧闻未曾刊落，欲再删定，而无余力。然此书要不可废也。

这是熊先生本人对他自己学术之衡定。去年不知指何年，学生书局影印本又无原书出版年月，幸有熊先生六一年一月卅四日来片曰：

去十一月半后，大便下血久。十二月转为吐血，又久。有三天最凶。每夜一大痰盂，全身内外冷如冰，将死矣。……一月廿日将书强结束。

故知此书在六一年一月廿日结束,去年指六〇年(庚子)。

六一年二月十四日来片有一诗曰:

> 衰年血气亏残尽,斗室横床已活埋。人生小己何堪执,于小见大迁不迁。(小者,小己。大者,孟轲所云大体,谓吾人与天地万物通为一体也。小己有迁谢,实乃在大体中,时时灭故生新耳。若于小己而见大体,虽迁,犹不迁也。)生生不住悟真常,宇宙那有寂灭界?

对生死问题没有透澈的体证是写不出这样的诗句的。

三月一日由青云寓来片曰:

> 你的病,勿轻视,勿重视。重视,即为病魔所制,危矣。轻视,将忽于保养,更危矣。保养之道,学人以省思虑,宽以居之,优哉游哉为根本。今后,望吾子极少看书为上。

久病成良医,此之谓也。熊先生至此修养工夫已臻炉火纯青之境。

七月廿八日又来片曰:

> 吾昨夜半,鸡未鸣时,起而小便,见两足膝头以下,皆形如枯骨,此死象也。吾今年焦苦多端,体日衰,决不可久于世也。……《大易》乾元用九,坤元用六。用九者,用其纯阳以统坤。用六者,用其纯阴以顺承阳。万物禀乾为性命,乾者,体之显也。万物禀坤以成形,故曰坤化成物。坤成物,便失其用之本然,而乖其体矣。人生在用九。用九者,用乎乾以统阴也。处缠云云,坤不承乾,故至此。吾书不是空泛。

熊先生以自己不久于世。那知父亲到翌年即大归,熊先生一直到六八年才逝世,据云还是因为受了红卫兵殴打的缘故,生命力之强韧,实非常人所及。而父亲则幸而早逝,得以逃过了文革的劫难。熊先生因父亲的关系而泽及幼弟。任弟是读科学的,父亲要他看熊先生的东西。十月六日熊先生来片曰:

> 任先大约快行矣。……你前信叫他看《新论》文言本及《通释》,何乃如是?太炎清末治唯识多年,而名词多未通晓,况其义旨乎,奈何责任先。此非急遽可为也。佛家不论何宗,其名词太繁,凡学须有基,基不是突然培得起。青年在今日,治科学良不易,要天天求新的发现,无中立之境。止乎旧而不能新,即落伍。任先卒业,犹是始业将动步耳,其精力难言至健,而可伤乎?《乾坤衍》,一月中或抽暇看三四行,作为若有若无之功可耳。

由这封信又可以看到熊先生人情味的一面,不再是与父亲初交时那副严峻的面目。

十一月廿三日来片曰:

> 你病况究如何?老人时时未忘怀。八年来,唯吾子终始相亲,慰孤老,相依为命,吾何能忘你乎!任先有信回否?衰年孤境,不如一了,看上天怎样。

六一年适当大陆闹饥荒之时。熊先生十二月十一日来片曰:

> 你的身体好转否?深念。……吾儿近肺肿,肝肿,咳,亦曾发烧。肝肿如至硬化,则必死无疑。肝有生血机能,人体中好多东西要肝创造。硬化,则生机体不可活下去。吾近稍减营养以救

他。他死,则一群小孩不能活矣。老人可久乎?今只尽人以听天。

六二年四月父亲终于捱不过去而逝世。听弟妹们讲:尽管他热爱生命,但在三年困难时期,弱躯已不堪承负,终因心肾衰竭、胃癌等重症困扰,年仅四十九岁归西。我听到父亲逝世时的情形,不觉潸然泪下。熊公高年亲自来家吊唁。任弟暑假回沪,偕同震弟去拜望熊公。告退时熊先生写八月九日书以示勉励,三天后又得明信片以示加勉。两函均鼓励二弟不可孳孳为利,少年当有高尚之志,超出乎流俗之外,以开拓胸怀,扩大眼光,努力学问,即物穷理,学尽,方可为群众尽力,不负此生。

这些书简亏得任弟编年整理出来。任弟是学科学的,思想走上了另一条途径,但幼时耳闻目染,多少可以接上一点,才能够整理出这一宝贵的文献。我拿到这些资料之后,即交牟宗三先生一阅。牟先生是熊先生嫡传弟子,和张公逸先生、父亲都是熟识的朋友。我们同意,在海外关于儒佛的研究,无论在学力或思辨方面,都已经超越了熊先生和父亲辩论的范围,而有了进一步的拓展。但熊先生和父亲在那样的逆境之下,能够锲而不舍,用自己的生命去体证真理,实在是把握到儒佛的一段真精神,值得大大加以表扬。

据陈荣捷先生以英文著《中国哲学资料书》的观察(页七六五),熊先生是在四九年以后著书宣扬儒家思想不引八股独一无二之一人。但陈先生在当时还只看到《原儒》。五七年反右,熊先生的《体用论》《明心篇》《乾坤衍》却分别在五八、五九、六一以少量印存。《乾坤衍》还倡言体用不二之旨,同时驳斥唯心与唯物论之不是。熊先生何以能这样做?大概是因为他在一般社会上名气不大,缺乏影响,同时年事已高,骨头极硬,只有听之而已,没有将他当作打击的目标。一直到文革时期,大概因为他参加政协大会的身份,而被红卫兵揪闹。据徐复观先生告以,四人帮垮台以后,熊世菩先生曾来电报,告以熊先生已被平反,有一庆典,邀请徐先生、牟先生回去参加。但徐先生与牟先生都没有回去参加。熊先生在一般社会虽无影响,在学术界则有鼎鼎大名,父亲则除佛学界而外鲜有人知。他法名大照,曾编《华严观要》《华严法界玄境》《正法眼藏》诸书。校刊出版《贤首探玄记》《清凉疏钞》等大书,他也是一个主要的人物。后来他又校雠出版《大小品般若经》。最可惜的是,他毕生的心血,读《般若》的心得,因文革的浩劫而丧失。所幸还留下随感沉思录,与友人论佛学书简,诗词文集,将来我希望将它们整理出来,分册出版。《与熊公论学遗稿》因已由任弟整理完竣,故可以先行出版。

回想我自己之入哲学系,提倡新儒家的理想,都自有其渊源。如果父亲不通信和我谈儒释的义旨,介绍我看熊先生的书,大概我不一定会走上今日的道路。父亲虽要我读理工,以哲学为自己受用之学,不必进大学读哲学系,也不赞成我从事著述事,我没有听从他的指示,而选择了我自己的途径。但如没有父亲、熊先生这些渊源,很难想象自己一生会走上哲学的道路。今年适写完《朱子哲学思想的发展与完成》一书,都三十余万言,交学生书局出版。暑假滞留香港,就收到了这些资料。由于七月需返美,因把其他的计划搁置下来,专心写这一篇文章,对熊先生与父亲之拒绝依违于时流,抱着孤臣孽子的心境追求真理的精神有所表扬,略尽我为人子的责任。而饮水思源,则也可以清楚地看到我自己的思想与精神之所自来。(收录时略有改动)

一九八〇、六、廿九于香港中文大学

注:

[1] 熊先生之生年一向有异说。依家父癸巳年赋诗庆贺熊先生寿晋古稀逆推,应在一八八三年。徐复观先生也谓在一八八三年。汤一介先生谓熊先生正确生辰为一八八五年,然陈荣捷先生《资料书》旧版亦列熊先生之生年在一八八

五年。

[2] 先生又字子贞。

1984年版《熊十力与刘静窗论学书简》校阅后记（节录）

刘述先

这部书经过许多周折，终于得到付梓的机会，心中感到十分忻慰。

……熊公与父亲在生时就强烈地感觉到自己的孤独，尤其五七反右之后，外在的环境越来越恶劣，昔年故旧竟可以当面不识，而素行不改，念兹在兹，唯有此事，要不是内心真正有相当体验，焉能做得到这一点？而世乏解人，则又是必然的情势。两个寂寞的心灵，为了自己所信奉的真理，竟然闹得彼此不可开交，最后终于互尊所闻，各行其道，却又正如熊先生所说的，八年来终始相亲，慰孤老，这是令人衷心觉得感动呢？还是悲哀呢？我留给读者们自己去体味。

孔子曰：知其不可而为。又语云：只问耕耘，不问收获。但在另一方面，只要努力做下去，终必功不唐捐，而且德不孤，必有邻，并不像我们想象的那么孤独，缺乏感应。……治斯学者的确是容易生"儒门淡薄，收拾不住"的畸零之感，但在另一方面却又历代有人，兴灭继绝，不绝如缕，线索从未真正完全斩绝过。此学在今日要成为主流殆不可能，但再经过几代的修正与发展，安知没有光明灿烂的前途？……儒家"天人合一""知行合一""情境合一"的意旨，在今日都没有失去其意义与重要性，在未来必定有其发展的可能性，这是的论。但真正要把新儒家的精神发挥得淋漓尽致，发展成为一套完整的现代学说，则还有待时日，不是单凭几句话或满腔子的热情，就可以为功的。

在校阅重温这批材料的当儿，深深感觉到出版这批材料的价值与重要性。决不仅是因为内中有父亲的心血，而在自己的主观上有所偏好；也不仅是因为通过这批材料，可以清楚地看到熊公写作《原儒》《体用论》《明心篇》诸书的背景,以及包含了一些有关儒释的最根本的问题的讨论。更重要的是,由此可以看到两个真正活生生、有血有肉的人,充分暴露出他们的弱点与限制,也充分显露出他们的优点与力量;由此而可以更进一步帮助我们,在走向未来的途程中,作出明智的抉择与取舍。是为记。

一九八三、九、十六夜于香港中文大学

主编按:我对长兄刘述先完稿于1984年的熊刘《论书书简》,有一种肃然起敬的尊重,这是因为在当初埋存的因果中带出了父亲《文存》的诞生!但是《论学书简》在父亲《文存》中却不是书中书的独立存在或再版,而是作为父亲遗稿的一个重要组成部分发表。长兄与我共识的包容心态,对按注持开放态度,构筑出一个兄弟论学的平台,令大家有机会各抒己见,这便是以行动力践的家学渊源,在这里也体现了各人"不同的面向"!因为,毕竟我们已年迈,已不再有机会写出自己的见解,那么,让看法存在总比不存在好,发表总比不发表好。追求外表的完美,不如留下不完美的真实。因为,结论并不在编书人的手中。

与张遵骝论佛学书

主编按:"吾不礼佛,却崇佛理",是遵骝伯伯常讲的话。蒋天枢教授给我的信中述评他"佛理深奥,不能临其境而槛外徘徊,岂能入其中枢,莫如不入,此乃公逸之误。"讲得直白。

家父对此持包容态度,他说:"公逸论佛用公器,实难尽言。他山之石可以攻玉,乃是力推宗教自由,与崇佛无涉,但恐又有生教条之虑。"讲得婉转,寓意很深,这便是公逸论佛的两难境地。

从1974年以后,我同张伯深谈多次,我此按的要旨,仍是介绍背景,还原历史。其实,一直到文革结束,张伯一直生存在中科院近代史研究所维持僵化史观的怪圈中。文革初,他被批为反动的自由主义史观,他说:"幸能以列宁原著自辩,暴众无寒难之理,吾方获解脱,否则便进牛棚矣!"他在这十年中唯一可做的事便是用读马列原著诠释历史。他当年啃马克思原著曾向家父请益(家父书橱中有马克思六部选集的德文版);他读列宁的"论宗教"俄语原版,还曾同我切磋(我读九年俄语),目的是讨论"宗教自由"及针对某公妄评唐代佛教为"精神鸦片",实乃有骨气之士人。

大约是1960年的夏天吧,张伯来沪,家父同张伯、蒋伯(天枢),午后一同在吾家天井吃用井水冰镇的西瓜论学。这是一幅奇趣的图画：张伯手执俄文版《列宁选集》，蒋伯手捧《通鉴纪事本末》，父亲则取出一本马克思的德文原著讲述中文大意。谈论的主题是"信奉"，张伯伯说："定邦兄所信乃理想化的精神佛说，不是一般教众的信奉！"父亲则说："汝崇而不礼，信而不奉；吾信其说而奉其行，有极大分殊。礼佛乃有形神之别，在此一庄重的崇礼中生苦思冥想，有时心头豁然开朗，此便是顿悟。"蒋伯点头称是，说："吾一生解析《楚辞》《离骚》，唯有奉屈原如神灵般忘却自身，便亦会有此种心头之清明，产生妙好学论。"父亲说："此是同理的治学之顿悟。"张伯亦点头称是。接着便评马列史观，认为："马克思、列宁的学说均可以一家之言存在，强加于人便成教条。"父说："世上无论何种理论，一成教条便可质疑。"张伯发问："亦包括佛理？"父亲哂然。此正是"君子和而不同"。后来在张伯在晚年致念劬的函中说："我宁可相信，汝父之说，与佛法无关，或说由此异化而来，乃是一种包容世界学识之大成的方法论。"

热烈讨论中，不觉日暮，母亲嘱我请三位晚膳，两位欣然入席，他俩从我祖母时代开始，便是吾家餐桌上的常客。

注：论佛学书共24函。从1953—1960年历时八年，这是家父撰写最深刻、最坦诚和最活泼的书札。不仅系统地阐述了他融汇"佛、儒和《大易》"、建立独到的哲学思想体系，也力助张伯完成他的《隋唐五代佛教大事年表》。张遵骝先生的详细介绍另见本书别册之附录二。

复张公逸　一九五三年十二月十六日
（癸巳十一月十一日）

示书奉悉，弟年来病中，稍涉内典，不过为自家身心勘究一回，未足以言学也。辱书愧甚,冬日收拾精神,静虑自调,手头缺乏参考资料,仅就刹那所思,可得而言者,略为吾兄陈之。

（一）佛法为人世间出新天地,虽经论浩漫,实皆言显无言,以不思议为归,一切世间言思圈缋,到此皆无用处,此实难为不知者言,言之仍落世俗圈缋,辗转无益,自究可知。故克实论之,不当侪于世间学术之林,尤不当比于西哲心物名相诸辞,以为傅会之论也。

（二）释子悲愿弘深,将深心,奉尘刹,众生无尽,世界无尽,烦恼无尽,行愿重重,相续无尽,由来世间贤者,辄以沦空二字,诋诬佛徒,盖既不能彻究佛家空寂妙理,而又以世情之所见为空寂世情所见为空寂者,乃一冥顽不灵之死物也。者,而误解之,而坐实之,而疵议之。真所谓以凡情测圣智者矣。此为文化上一大损失。亦为人类一大不幸。宋以来肤浮之论须负责,唐韩愈所得极浅,蚍蜉撼树,已不足论。宋明学者,出入儒释,自倡宗旨,从民族文化立论,融会之途,颇有可观。然于释家精义,却步不敢深入,半途自划之徒耳。故其所批评者,率肤浅浮语。此后与世所趋,欲为融贯之论者,须自精究一回,得神出髓,方见手眼,前人窠臼,拘拘心量,不可从也。

（三）释子依三法印,趣涅槃门,千百年来,教家宗匠,参究有得,出以为人。言语方便,各各不同。万波繁兴,而宗旨无异也。天竺空、有两门,传至我国,机缘开合,而分诸宗,风格出新,弹唱愈奇,耳目缤纷,几难究诘,然不逾三法印纲旨,枢机在握,肩键可解。若欲从事学术史的探讨,疏订资料,却须费神,但亦不至望洋耳。

（四）魏晋之间,何晏、王弼者流,高唱玄宗,开清谈之风。比鸠摩罗什唱道关中,弥天引于前,四哲扬于后。什师倡四论,《大智度论》《中论》《百论》《十二门论》。弘般若,中外性宗泰斗,从习之者,不觉与当时老庄思想龛然拍合。从兹泱泱天下,为中印文化交流,放一大异彩。国内士大夫,以至乡里庸俗,莫不影响,诚文化上一大事也。此后,玄奘以瑜伽易中观,虽一时文采,而数传即隐。此亦可以觇民族根性矣。

然以与老庄思想合，及小乘厌世作风相杂，兼之世俗以祸福为鼓荡故，遂使民族千余年来，习为萎靡者累累，与大乘学者"虚空粉碎"雄健之风，迥不相侔，此不善学之过。鉴古而逆来，睿烛之贤，亦宜深思也已。

（五）释家宗旨，或遮说，或显说。遮说一法不立；显说头头毕现。不过以语默为方便，明此一大事而已。宋儒论佛家事事虚，儒事事实。此由于不得遮表言铨，而于空有，两失其旨。虽终日谈性理，自释者论之，不免为门外汉也。

恣笔杂书，不觉牵蔓辞烦，尚祈指正。至于参考书目，容后检陈。

复张公逸　一九五四年元月（癸巳十二月）

承询及隋唐思想及华严、天台、禅宗建立问题。佛家宗旨，若论究竟义，即无可说，以摄归不思议解脱境界，唯可自证知故，非一切世间色心、言语、思量之所及也。若随顺世谛设施，勉为敷陈，论至学术文化乃至民族历史种种关联钩锁问题，即非少时、少文、少力可办。此二皆非弟所能为力，恐不免负厚望也。仅就鄙见所及，略陈端引，为兄参考。旧日书籍，不在身边，无从取证，倘有谬处，并祈指正。

（一）天竺释典传至中土，机缘分合，而开诸宗，虽弹唱不同，轻重互异，探寻源头，究是释迦真血脉也。其中以华严、天台、禅诸家，最为辉煌，传演深广，致有中国佛学之称。然此三家，虽于中国文化，凭籍甚厚，但以为用，而与其自宗本旨不违也。克实说来，于此诸家只能说是佛法融贯了中国旧有文化精神，而于其自己根本义上大放异彩，却不能说是佛学中国化了也。诸家典籍俱存，不难覆按。

（二）上一点系就佛学传至中土，与吾国文化融摄一面说，此外尚有其排拒的一面，即佛法与吾国旧有文化相遇，一方面融摄了吾国民族精神中的儒、道两家思想，而发挥其自身宗旨。因此遂为吾民族广泛接受，而形成华严、天台、禅诸宗。另一方面，则吾国儒、道两家，却站在自己的思想乃至民族的立场上，对西来佛学，加以排斥。而在排斥其异之中，却亦不得不吸摄其同。其后道家思想，渐渐分化，一部分被融摄于佛，另一部分融入于儒。自家所存者，不过符箓丹鼎一类的东西，已无精义可言。于思想文化方面，更无所谓影响矣。而儒家融摄道、佛思想，遂有理学兴起。佛家融摄儒、道，遂有禅学兴起。禅宗先成，理学后出，二军对峙之局，至宋始完成。中印文化，至此乃由吸拒而进于平衡状态。从表面上看，禅、儒二家，皆举一融三，已尽文化思想贯通和洽之能事。从实质上论，禅学骨子里毕竟是佛，理学骨子里毕竟是儒，不容混同。故为三家合一之论者，有不免于瞽说耳。文化平衡之局既成，此后遂无发展，且进而入于衰痹状态，历宋元明清诸朝无起色，明中气象稍好，不久复为异族侵凌，仍归消歇。隋唐而后，虽儒、释两家，思想竞流，而大乘雄健之风，《大易》乾刚之气，皆不及见。民族衰敝之际，斯其故多端，广论恐繁，兹不具说。

（三）佛法传至中华，为期虽早，然作为学说系统之译述者，实以什师为始，安公引于前，四哲扬于后。什师天纵之资，兼此胜缘和合，遂启此土千数百年文化大业，非偶然也。什师传龙树学，声高五印，弘四论，开般若、中观巨擘，更无匹俦，且得肇、融诸公扶持，而此诸人，又皆睿思明朗，于中华文化，并有深契。融融师资，有如旭日东升，气象万千，未足论也。至隋吉藏，承其影响，阐扬三论，开三论宗；天台文思、智顗诸师，亦依中观提倡三谛，谓：空、假、中。揭为宗旨。杜顺大师依《华严经》集法界观，经云华、贤首、清凉而大显。圭峰继承清凉，融贯诸家，作《禅源诸诠集》百卷，今所存者，叙首四卷而已。贤宗诸师，以及通玄李长者，非惟于一乘道理甚深契会，即儒道，乃至诸子学说，皆有精研，真所谓集成之圣者矣。禅宗东山门下，亦提唱般若宗旨，传其法者，有慧能、神秀二师。能师专提向上，称性而谈，不立文字；秀师并研儒学，广览百家。一南一北，而有顿渐之称。实则用依体立，体由用显,亦未必如世俗所谓门户形分也。能师门下,以青原、南岳二师,为血脉嫡传,由此二师,遂开五家,方便应机,手眼不同,而源头无二也。能师门下,又有神会其人,广通诸学,若从融贯文化着眼,亦堪注意。综上所述,以什师传译龙树宗旨,为此土大辂椎轮。中经隋唐二代,递嬗开合之迹,可得而论者,隋嘉祥大师盛倡三论,而有智颐诸师依中观建立天台宗旨,奘师求法东归,一时法相唯识之学大行,而三论义隐。未几贤首继出,大唱华严,相宗又渐晦。洎会昌法难,诸宗依文字立义者,皆受影响。而禅宗巍然不坠,与日俱新,倘以意为和会其间,史迹宛然递陈,亦可观也。

(四)般若为诸佛母,研佛法者,必依般若为入门,亦依般若为究竟。无他,此彻始贯终之道也。依于般若而有世间,依于般若而有出世。广说则无尽,要归则无言。难为不知者道也。依于言说,般若可有二义:一者如实空,染法无性故;二者如实不空,性德毕显故。世出世间,融镕一味,二者二之,不二者终不二也。此复难为言传。强为说之,亦难曲尽其意耳。世间论说,不出有无二义,儒道两家,亦不外此,而《般若经》中色空诸句,已兼摄之矣。向上犹有事在,斯非二家之所得而论也。

(五)夫心不孤起,起必由尘;尘不自显,显必由心。二俱无性,喻如束芦。准此以观,西哲唯心诸论,与佛家所谓唯心者,迥然异趣,了没交涉,不得执名遗实,傅会谬解也。宋明诸儒论心性,尽有妙处,亦与西哲不同。但自佛家观点判之,类皆不了生相无明。可许超凡,不许入圣也。弟论此点,似系离题过远。且若详说,亦非一时可尽,然仍不得不一提出者,因此等处,实为判断思想的一个大关节。此处模糊,即处处侊侗,无复可为别层次、辨是非者矣。以兄深心为学,宜不略过也。

欲于初入门处概观佛法大意,贤首《大乘起信论义记》,颇可细玩。杜顺《华严法界观门》,贤首《心经略疏》,并足参研。此皆文字甚少、而摄义深广。涵咏于中，识得纲领，然后寻检各家著述，观其名相，扼其义理，辨其旨趣，参籍既富，罗列网张，经络可寻，日月爬梳，宜有所成就也。

复张公逸 （1954年)三月廿六日即甲午二月廿二日

佛法无多子。体是不思议，用亦不思议。言语道断，心行处灭。非善学者不足以知，非善行者不足以证。解起而世俗之情虑绝，行起而绝情之妙解亦亡。能所双泯，唯一真际。入德之门，如斯而已矣。

世间言语，依于心行；世间心行，不出一切事物形相表记。止于为形相表记，虽学绝精微，终无以深入法性，证真见体。故知心行言语之不足终恃也。故学佛者首于摄用以归体。其次，依体而起用。至于体用一如，圆融无际，而为学之事竟矣。今不见体而论一如，未究其始而炫其终。此所谓方寸之木高于层楼，滞迹形表而不自知。体既不妙，用何能远。昔人所谓说食不饱而已。古之贤者，悟证不虚。吾人未到此地步，惟有自惭自勉而已。若执文字言思以为高妙，不其辽欤！

佛学原始而有小乘部执之分，部执而有大乘汪洋之论。传至我国，诸宗纷起，文采焕然。而于三法印之义无违也。世间学者于诸行无常义，能知少分，悟出变易之理，犹滞形表，难为究极。诸法无我，识者已渺然。涅槃寂静义，阳春白雪，不足为喻。盖迥出行表，言思不及，故无从为世俗者究论耳。

大乘二宗微义，诸小已见端倪。宜黄于《异部宗轮论叙》中，略曾记及，可以参考。兄在官学，书籍取资宏便，旁烛类通，当别有可观者耳。兹不尽述。

复张公逸 （1954年)四月十八日即甲午三月十六日

　　大乘法要：观一切法空，而不舍一切众生。为此学者，山水千重，个中艰辛，难为不知者论也。鞭辟入理，每有神解，文字未足曲尽，过后乃忘，以是前后所得，不易线贯，亦一苦耳。病中偶流览希腊史，思解所引，复有一隙之明，尚不足语心得耳。病中恐兄远念，昨令小儿代作一复，想达览矣。

复张公逸　一九五四年五月廿六日(甲午四月廿四日)

　　适奉手书，知起居清和，可慰远怀，贱躯两受刲治，体元大损，健复实难。但不以身为累，斯可矣。至于寿命短长，却无直接关系，居易俟之而已耳。横渠所谓"存，吾善事；没，吾宁也"一语，最能道着此意。身心调摄之道，过此亦私意耳。以为如何？释、儒之学，原有所辨，不可混同，但反躬自证一点，却是一路，似又不必过为强分也。从此一点立论，西洋古今各家，无论谈心谈境，却另是一个路子，此层不先辨明，竟无可谓疏通之道矣。东学毕竟着重在体证，体是不思议，必定是言语道断，心行处灭，始于安身立命处有少相应分。才涉思惟，能所形分，纵尔十分功夫，将所研究的对象，析入微芒，纤毫无间，而于能研究的自躬，终是一团漆黑。吾人纯任理智，种种推测，充量至尽，半半而已矣。于大化大原，毕竟无自证分也。从上古德，于生命源头上得着些子意思者，大都生死一如，自由自在，与区区竞名问利，自缚于生活小圈圈子之流，大是不同，偶见《盱坛直诠》，记罗近溪逝世一事，引充资证：

与张遵骝论佛学书

  九月初一日,师自梳洗,端坐堂中,……随拱手别诸门人曰:"我行矣,珍重珍重。"诸门人哭留,师愉,色许,曰:"为诸君且再盘桓一日。"初二午刻,整冠更衣而逝,从午至申,坐不少偏,越日乃敛,颜色红活,手足绵软如生。

释、儒之门,如此例者,罄笔难书,皆反躬自证之效也。彼谈文说理,跃跃世间者,能一项及之乎?

  世谛须是用智,析理探微,方可开物成务。第一义谛却须廓然于智无所用及处见得分明,方于自家本命原神,有些子着落也。说来大是辞费,亦只葛藤而已。世谛自不宜一味轻易抹煞。抹煞世谛,即是有体无用之学,虽自分现成,而绝利济之功,此释迦诃为焦芽败种之类也。龙树《中论》偈云:"诸佛依二谛,为众生说法:一以世俗谛,二第一义谛。"又云:"若人不能知,分别于二谛,则于深佛法,不得真实义。"此二互为融夺,方见体用之大之神,原无偏废之理,但治学之际,本末却须分明,不令颠倒也。总之,吾人为学,必须先于自家身命源头处,彻见一回,向后分析事理,方不自迷眼目,随人脚跟下乱转耳。

  附启:古德有云:"知之一字,众妙之门。"复有云:"知之一字,众祸之门。"此之二义,似相反,实相成。为明体达用之学者,宜善会也。近世炫于科技,竞智争长,落在一边,扃塞悟门。知知之为妙,而不知知之为祸,无以廓然自证于知所不及处,大可惜许。<small>往者滔滔求体不可得,后乃以为无体,甚至汹汹斥言体者,更是可哀。体唯绝待,兴念即非,故以为有而究之,与以为无而绝之者,同病。</small>虽体用难分,波水不殊,然更须知,沤涛万象,终无以自异于水也。知水不知波者,病矣。知波不知水者,犹有思返者乎。

复张公逸 （1954年）七月十五日即甲午六月十六日

十一日示札敬悉。熊公南行意决，迭嘱觅居此间。十方嘈杂地，寻一清静丈室，可以养身读书，实至为难。久无以应，惆怅莫名。近告其公子世菩兄已可设法家人相聚，或亦老人娱情一乐事也。屡承兄见招北游，朋友晤叙之趣，岂不眷眷。但目前就健康与经济条件论，两非所许，恐难如愿也。《默识随笔》续有所书，缓当钞奉指正。此乃信意之作，不成体系，然可供后运思参考，则不妨以一种材料视之耳。近读《华严》之余，辄取西人近代心理、物理、哲学等不同学说随为流览，此中虽千条万别，甚至诘反难容，然融会于中，贯通多途，不觉有蹈舞逢源之乐。此中意思太多，惜无可与兄共为论正，楮墨之间，又无法曲尽也。如何如何？倘天悯其志，假我数年，详为研绎，不为境累，或有可慰。世间因缘万千，未可逆数，则亦自尽心力而已矣。

复张公逸 （1954年）七月十八日即甲午六月十九日

世间人物有其理想的挺现面，同时亦有其物质的限制面。一生之中，互为消长。昔人所谓天人理欲之争是也。纯为物限者，即相当于低等动物，毫无理想可言，食欲而已。由此而上，千差万别，各各际限不同。理想愈高者，所受物质环境的制限性亦愈大，而此理想劈破制限求适之力亦愈切。在过程中，或理想委曲于物限，锢蔽重重；或物限砾破于理想，成一新纪。因缘万千，错综无尽，难尽言也。昔人每将理想向上的形态属心，因思想较不受限制也。物质的限制属身，因身业无不与环境物质息息相关也。既以为心主理而身主欲，故力戒从躯壳起念。此等分法,亦自成理。然克实说来,心身原是不二而相彻,相彻而不二。虽智愚贤否,层次大异,而一一层中,一一人中,实皆身心不二也。但不析破说,则向上向下之途,皆无从解释,而用功之人,亦无从着力向上,故不得不为此方便也。昔时论历史人物多偏重其理相面,而忽视其制限处,则事情委曲有所不尽。今偏从其制限处说,论断人物有时竟如老吏断狱,无不毕肖,而于其理想向上处辄忽,则于知人论事,亦有所未尽矣。

复张公逸 （1954年）七月廿六日即甲午六月廿七日

世之所谓同,自吾言之,别也。世之所谓异,自吾言之,复别也。为人与学,不能会归大原,其所同异,虽嬗夺纷然,缤纷耳目,不可究诘。然克实言之,不过历史过程中,变易分合间,相互无穷事象之一一呈现而已。老以之为刍狗,张以之为糟粕,虽亦宛然条理,古今学术所关,然至人参化立命处,不在是也。观夫波涛万千,必无以自殊于水,故别别无不同,同同无不别。此犹学理言说之事也,迥然透出此关,而吾全体大用之光明藏无不显见,亲证于此,古人心同理同之说,始得有个着落处,否则古人自古、今人自今,有何交涉,至可哀也。质之吾兄,以为如何?

近于古今为学心行泯洽际,偶有隙明,辄为心喜,平生所见,多有征信,庶几无负耳。弟之从学,以般若为宗,华严为行,征会多门,时为抉择。假我以年,不为境累,当有可能以现代的语言意识,将东西一些分歧论点,判其各个层次,融摄成片,将来或者作为《法界观门》注解的形式写出。此时难定,着墨之期尚遥远也。最以为苦者,独学无友。且学佛者,难以语儒,知西者无以证中。攻错之途遂绝,辨难之功无从。况孤陋寡交,求一一偏为学之士,亦不可得,诚可慨也。向读动物心理试验,食盆与唾液之关系,观世滔滔,不闻钟声而涎下者,亦寡矣。悲从中出,涕泪无从,以人与禽兽几希间,终且无以自辨也。虽然就人与物之通性言之,固事无不同,而人之毕竟高出物类者,正在其人格与智慧之卓然特异处也。斯其说理所未尽者,正吾辈之所以兢兢相勉也乎。铟兄治心理学有得,望于此点有所指教。

上周曾至尊府谒见老伯父母,皆康安可慰,颂姐时尚未到沪,故未得见,缓日或望晤候也。霖雨不辍,气候犹凉,夜拥被卧,中伏如此,亦不经见耳。然于弟病体颇不相宜,但亦无大苦。熊公近晤及否?新论是否成稿?

复张公逸 （1954 年）七月卅日即甲午七月初一日

黑格尔讥其同辈,谓"如夜中观牛,所见皆黑。"余于黑氏,览其大略。虽学识闳富,精析入微。然未见体源,盖亦不免于捏目望天,空华乱坠者矣。质之逸兄,以为然否?

张公逸来书 一九五四年九月十八日

日来为学,更深感向日苦思深省之不足,致所思所感,多如浮光掠影,诸大头脑处,尚盲于摸索,更无论真正受用矣。处今之世,东西新旧交错,所需用心用力之艰苦处,百倍前人。而动荡纷扰,萦乱心思处,亦百倍前人。但返视己身,无论才德,则均远不逮前人之万一。每思及此,至为悚惧。苟师友辈相处向迩,尚可获切磋讲求之功,开发心志,纠正误谬,亦可稍补不逮。而今多南北远隔,聚晤无由。即终日萦萦,亦难免孤陋偏枯之失矣。怅极,怅极。本半年来,虽仅为粗略排比材料之工作,但已觉难题重重,请益乏人。此间虽有一二师友,于此方面,可浚请益。但均忙迫无暇,不可能有从容质疑商讨之事。深入穷理,固非目前所可为力。而即求为常识上简单之判断,亦至无把握也。尤以佛典思路细密,理趣幽深,更非匆迫短期中所能领会者。兹将数月来读书所发生之疑难,略归纳数条,请正于兄,尚祈暇中从容详有以教。当不至以其所问浅陋或误谬见哂也：

（一）佛教经典中,有许多神异奇迹的说法。固然我们可以当作象征和说法的方便上看。但终觉和大乘空宗的理论相矛盾,应如何理解之？

（二）大乘空宗和道家的思想老庄。的真正差异点何在？只从理论方面看。在破执,破虚妄分别,从根本企图取消矛盾诸点看,好像都很相同。尤其大乘空宗和道家,好像都是最懂得"变"懂得"矛盾"的道理。

（三）般若大小品。中有许多论证,都好像有循环论证的性质,如此说明问题,是否站得住？

（四）道生所主"佛无净土""善不受报""阐提成佛"诸义,是否皆可由大小品《般若》及《维摩经》中找出其理论根据？

（五）依照大乘空宗"扫荡一切相","空一切执",观"如如"的思想发展下去,好像对宇宙人生态度,最后只是一个"正观"或"正见"的问题。这样是否就会把佛教的种种宗教性质和成分完全解消,而反转过来,只要在正见下,倒可以肯定世间和现实,一切无碍。而必然要发展到禅宗的路子？华严的诸种无碍境界。同时,如果,如以大乘空宗为佛家根本义,则似乎禅宗的路子,应为佛家最高和最后的代表？按逻辑的推论,好像会得到这样的结论。但这样一来,就会否定印度原始佛教避苦痛,求解脱。的精神,能否如此说？此问题究应如何看法？特别在历史上,一般佛教徒,甚至像有名的高僧：道安、慧远、玄奘,或于生前,或于命终前,皆祈求往生兜率、净土。如以空宗的理论世间即净土,生死即涅槃；无生死，无涅槃；无佛，无众生。衡之，和这种态度似有矛盾，应如何解释？

（六）按佛家一般的大体的思想，是专注重从时间上看宇宙人生种种问题，因而从"刹那生灭"时间的本质上看，则人生在盲目的奔流中。只有矛盾、痛苦、无常。而在时间的大流上，确建立不起任何价值和理想。所以人生也就得不到任何安顿，任何主宰。所以最后的理想"求涅槃，净土"只是在人的心念上要求打断这个迁流，轮回。而获得"静止"或"寂灭"。在空间方面，也认为一切缘生无自性。所以在时空两面，都打掉任何"实体"的观念。"实体"的观念一取消，自然一切执著也就跟着取消。因而也就取消痛苦而得到解脱。而同时也就随着事物的实在性的取消，也连带取消"理"的实在性。既然取消"实理"的观念，则人类的一切文化、理想、价值，都无从安立。如果说还承认一个价值，那就是最后的"彼岸"或"涅槃"。一个最后的向往。这样，在人生分际中，好像确实无所安顿。和儒家孔子"朝闻道，夕死可矣"、颜子"箪食瓢饮，不改其乐"那种当下随时即得安顿的态度，似有极大区别。特别在佛家系统中，一切文化、理想、价值，好像无法安立，无法说明。此问题太大，真感惶惑，不知应如何理解？

复张公逸书　一九五四年九月廿四日（甲午八月廿八日）

垂询诸端，从佛法本地风光说，只宜痛棒，一齐扫却，于无开口处，还他个本来面目。从世间方便语言道，试如下答，此不过弟个人生活体会所得，不足当雅，更谈不上学问事，粗略之处，尚求指正。

（一）佛教经典中，所述神异奇迹，诚易滋人困乏，弟初学时，亦尝欣其理趣而厌其谲怪，意以一扫为快。自后思之，颇有不然，略综数

端,聊为概述:

(甲)人生境界愈高,则愈趋近于艺术,而远于俗情。有些事象,从俗情论之,殊可异。从艺术角度观之,却可喜也。佛者于人生意境,造诣至高,世间艺术观点,犹未足以企及,诧为神异,抑复何疑。

(乙)印度婆罗门诸教,神话流行极广。佛出正见,一扫其执。但有时观机逗教,亦或有依人所习,方便而说之处。杂入经典,遂为神异,此须智眼善为抉择也。

(丙)亦有依自境界,豳性而谈。吾辈一时悟见不及,遂邃指以为神异者。此非额头具眼,亦至难言耳。佛法虽深广,其所论者,只是平怀而已,本分而已,无他异也。佛住世时,教人以理自悟,诃斥神通,凡以此炫者,非诬罔,即邪道也。

复次,大乘言空,理非断灭,寂寥万化,动用一虚,法尔如是,非有为也。空而不神,是断空矣。《般若》诸经,正深斥此。吾兄以为矛盾者,恐或坐以空为物之病也。此须细辨,不容混淆。

(二)中印诸家,皆从大化流行中悟得,见有深浅而已,于中佛法最彻底,"无住""无著",变之至也。彻底谈变,变即流行义,矛盾义。即不容有所立。有所立,即不足以穷变矣。语谓:"荡荡乎,民无能名焉。"仿佛称旨。昔人喻如投一片石于无底深潭,转转深入,说明境义无穷无尽之意,亦巧譬耳。但佛家与老庄,在人生态度上与方法上,却迥然不同,佛家以戒为基,以定为行,以不思议解脱境界为趣。态度是严肃的,方法是细致的。老庄从流行中见得一些道理,境味清新,迥异世尘。然一味恣放,有小智而无大悲。无大悲故,其智不能不小。若从佛家实际理地说来,恐犹未免为玩弄识神也。此病于庄为甚,似不足学。但后世注《老》《庄》、注《般若》者,却于或有意、或无意间,相互和合,此亦民族文化交流中不可免之事耳。

(三)佛家依世间言语方便,或说真谛,或说俗谛,互彻融通,学者当知。从真谛说,无佛无众生,无世间无出世间,无秽无净,无生死亦无涅槃。从俗谛说，时间无穷，空间无穷，诸佛无穷，众生无穷，烦恼无穷，悲愿无穷，重重相因，条理不紊，因果炽然，世人或执常，或执断，未足以语大道也。亦可因世间执常故，为说真谛；执断故，为说俗谛。二见永消，真俗亦亡。

经教中反复说法，只是破执除缚，令人从根本处寻得个把本，辗转向上去，层次尽多，重重无尽，以为循环论证，失善巧矣。旧略览黑格尔书，于人生过程中，层层转进之理，颇能道出几分，但于根源处无所见，似不免有捏目看天、空花乱坠之慨耳。人生探究道理，原不外"体用""有无"诸大端，层层转进，次第尽多。作一例看，即自陷循环，不能拔出，且厚诬古人矣。吾辈于此，极宜虚心，莫以自信故，反而自薄也。然次第重重无尽之意，仍须确然于无次第处见得，方有受用。不然，茫茫业海，无有了期，亦可畏矣。

（四）佛法中"正观"或"正见"，原是指出一个彻始彻终的宇宙人生的根本态度，此正见云者，切不可作世间的一种学说会，那样，在彻底的佛法来说，只是邪见，非正也。亦可云此之正见，即是生命自体，寂寥无朕，而含容万有。我人平日自觉清明在躬、志气如神时，仿佛少分似之。此不思议解脱自在境界，若以一毫事、物、学说为之方比，即大谬矣。昔人所谓"说似一物即不中"也。从发展的过程上说，依世谛义。小乘超越世间，大乘超越小乘，禅宗是大乘发展的必然路子，华严的理事无碍、事事无碍境界，复是禅的发展的必然路子也。从逻辑上说，发展必然如此，历史的递嬗演化，亦是如此。但从禅到华严的一段，尚在历史演进过程中，如何在人生真实体现，犹待后人努力耳。从重重超越的人生路程上说，一切世间乃至出世间种种文化、理想、价值，不能不因其本身次第被超越，被否定，而次第一一失却依傍。但倒转过来说，诸法全收，一一自存，其在本位上的座标上的分限，纵谓时间，横谓空间。分际价值，而亦无碍也。如是而构成一个主伴圆融的重重无尽境界。如是而可说为寂然冲漠、而万象森罗的无边性海也。

会得真俗互融,空有交彻,尽管有人说"无佛无众生",有人却求生兜率,求生极乐。莫作死句会。何曾碍来,兄善思之。

佛家在实证,不在言说,剿绝情思,方有少分相应。憧憧往来,深陷世坑,谁肯决然自拔者哉。吁!可慨也乎。

复张公逸 一九五四年九月廿六日(甲午八月三十日)

昨书奉答匆匆,意犹未尽,略作补充,并求指正。

世间有一种真道理,必有一番真精神,庶几千秋不磨,万劫长新。不然,春花秋月,悦意一时而已,是不可不辨也。然在体会过程中,睿照独悬,审辨几微,重重艰辛,勉有会心,亦非易事也。佛法真实处,尤须在生活实践中得来,造次于是,颠沛于是,乃见亲切。仅向文字边解,逻辑边求,充量至极,犹是识情中事,未足以会古贤深衷也。

生命意趣,至于圆融无碍,自是神妙独得。然圆融二字,定从壁立万仞中得来,始是真实把本。不然,业海茫茫,头出头没,沾沾世智,一味向名利得失边了却平生,梦幻生涯,自罔而已,大可悲也。

佛法在决裂生死网,为生命辟开新境。世间情欲难除,即无可望,此中无少通融地,当人自择而已。逻辑为理智从入之门,佛学在所不废。若论向上一着,却用它不着也。道理活泼泼地,充塞天地间,古人俯仰中,触着一句一境,随在可悟。后人理论细密,似乎说得圆了。于逻辑上,亦似无可疵议。而出格丈夫,寂焉寡见。偏重解路,转塞悟门,可恃而不可恃之间,宜资吾辈深省者也。

小乘学者,洞见世间生死迷网,故尔决裂俗情,以出为快,孤怀独往,略无顾恋,此等精神,勇猛清绝,至堪佩服。只以厌世情深,趣寂心切,于空取证,而未彻法源底。知体而不知用,佛所诃为焦芽败种者也,法相宗倡"真如不能随缘"。遂将生死、涅槃折成两片,犹存此病,未尽说法善巧故，贤首判为大乘始教，非私见也。《般若》诸经，正救小乘空病，重重引譬，叫人莫于二地声闻地、辟支佛地。取证，意可知矣。读《般若》而不通方便，或犹不免以"缚"为"脱"者，可慨也夫。

复张公逸 一九五四年九月廿八日（甲午九月初二日）

兄前函垂询，佛家从时空破除实体的观念后，世间一切文化、理想、价值，似乎都无法安顿为疑，弟前函于此点答而未详，兹略补充，统求指正。

佛家依世谛语言方便设施，说明道理，兼及体用，并不偏废。如《中论》偈云："诸佛依二谛，为众生说法：一以世俗谛，二第一义谛。"又云："若人不能知，分别于二谛，则于深佛法，不知真实义。"真俗贯彻，晓然通畅，所谓一切世间文化、理想、价值，从用上说，恰如分际，各各安立，不坏因果；从体上说，原自一毫着它不得也。阳明曾言，金屑虽贵，入眼不得，已喻此旨。谈文化价值，原是从用上说，非体上事也。然体用实交彻而互融。不知其为一，无以泯归本际；不知其为二，未免侥统真如矣。此须善辨，方解深趣。《般若》处处谈空，然复反复叮咛，以不知方便为诫。不知方便，便观空取证，趣入二乘寂灭海中，无复利生妙用，空而不神，所谓焦芽败种之类，正般若学者所痛斥者也。《般若》诸经，为阐明此旨，教诫、引喻，无所不至，甚至教人宁作凡夫，莫证二乘。兄试寻思，当可不疑。

宇宙生命，寂寥万化，神变无方，自身原是一无限体，兄所谓人生分际者，即此无限体，从时空中所显示之有限而已。而人生分际中，依其各各不同的文化、理想、价值，复形成无量分际。此中层次，随似繁复万端，无可究极，而仍宛然条理，的然因果，学者所宜究诘、明析者也。自无限的整体言，大化流行活泼泼地，原是"无住""无著"的，此之谓圆融；自有限的分际论，却是于原来无住无著中，有所见、有所立，各各境界不同，分际互异，由是千差万别中，建立其文化、理想、价值，而世间无边行布以兴。"圆融""行布",交彻互融,"有限""无限",摄入无尽,辉映重重,万德齐彰,是谓无边性海。此中从体上说,一法不立;从用上说,亦一法不坏也。吾兄似只见到佛家一法不立的一面,而未详及一法不坏的另一面,故滋惑耳。<small>佛法为众生著有故,确是多说真谛。习般若而不得方便者,易生误解,亦是常情,但因此或走向般若真义的反面去了,却不可不慎也。</small>

世间一切文化、理想、价值,原是层层相因的。从其自身说,原自——就其自分位上,——形成具有轨则性的系统;从其关联处说,彼此相互交流,相互影响,亦无有一始终不变的定型可言,否则无以语社会进化矣。从此点观一切世间文化、理想、价值,是动态的、是不定的。佛法说它为空,亦是从其变化不居、因缘所生而言,指出不能是永恒的本性而已。至其一一在时空分际上所表现的存在与价值,并不否认也。克实说来,佛法破世间时空的实体观念,目的正在于令人生能够从有限的分际间,透入到宇宙生命无限的实体中去,人人一一从自己分位上,顿下还它个本来面目。从如是的基础上,显示出即性之相,从如是的即性之相上,显示出一切世出世间,重重无尽,不可说、不可说的千差万别的"文化""理想""价值"来。万用繁兴,而冲漠无朕,摄入无尽而因果宛然,即体即用,即圆融即行布,交彻互融,万德齐彰,如是而一一成就其主伴圆融的无边性海。从万德齐彰上说空,从冲漠无朕上说有。如是空,如是有。它的内容是丰富的、复杂的、圆融的、具足的、活泼泼的,若以单一的思想形式,拙笨的字句文义会,斯亦失之辽矣。

再说个比方,宇宙生命的实体,喻如是个地球,于中一切文化、理想、价值等等施设,譬如地球上的许多经纬线度,地球经常是在无住无息的运行。学者们划定了许多经纬线度,在实际生活应用上是十分有益的,但毕竟是假设,而不是本体,因此,如果有人觉得经纬线度是假设的,因而主张废除不用,自然是十分愚蠢。但如另外有人,因过于重视经纬线度在生活上的实际功用,倒转过来,否认地球,亦不免于笑话矣。这个比喻是方便的,自然不是恰恰说到好处,仅可作为帮助了解佛法对于体用或者性相问题的一些看法而已。

《般若》经中,观空不证,义趣深微,要在力行自究,实非浅言可喻。至于吾人在日常生活实践中,儒家所谓"坦荡荡",所谓"素其位而行""行其所无事",所谓"左右逢源""无入而不自得"之趣,亦庶几近之矣。

复张公逸　一九五四年十月一日(甲午九月初五日)

弟于佛法,只是从生活实践中,偶得一二体会,不足以言学,更不足为他人说也,迭承垂询,惭愧无容。

佛法端的处,原是于千言万语中托出个无言境界,令人悟入自分本地风光实体中去。若依言语分别说世出世间,重重相因,层次无穷,每一依时空建立之社会文化与其思想体系,即自形成一个层次,量如河沙,岂能一一描写得尽。学者大本既明,纲目斯张,睿智高悬,自能分析剖别,亦不劳一一别论也。古德所谓"但得本,莫愁末",即此意耳。

般若摧惑而出体,华严因体而显用,传承龙树,弟私宗之,而实不胜其望高钻坚、瞻前忽后之慨。尚在初学地,已眼未明,焉敢为人作解。兄疑:依于佛法,一切世间文化、理想、价值,将无法安顿。从般若说,一法不立,本无安顿。从华严说,主伴圆融,亦不待安顿也。弟前函于"一法不立"中,同时说及"诸法全收"。兄复以为疑无证据。一法不立意,般若尽之矣。而"一法不立"密意,实即"一法不废"。"不立""不废",性相交彻,大用繁兴。试详华严无碍境界,主伴同彰,摄入无尽义,诸法全收一语,不又确然可证也乎。

从惑着的人生,进而探求永恒的生命,以打破现况,意境已是高着一层。佛家却不是求"永生",而是彻法源底,了证"无生"。意境微妙,尤非一般所企及也。世情不解,竟以为反人生而诬斥之。倘是其说,斯滔滔业海中,将以头出头没、随缘无明为得计矣。断向上路,塞自悟门,亦可哀哉。

佛法是人生的积极向上义,释迦称大雄,其中并不含衰颓的意思可知,前已为兄言之,小乘之趣寂,孤怀独往,与一般迷恋世情者,可成为一强烈的对比。大乘法相学者,虽与小有别,然说"真如不能随缘","众生有阐提",犹存"此""彼"岸之别。自仍以寂灭为终极义也。"诸法从本来,常自寂灭相。"吾辈岂能于中增减些子。然向后大乘学者,毕竟以悲为主,六度万行,尘尘刹刹,自舍身命,救护一切众生,而行所无事,是不以枯寂为止者矣。至如《华严经》说,世出世间,种种人物,种种相状,皆是法身大士。而世界无尽,众生无尽,烦恼无尽,悲愿重重,无尽无尽,因果该彻,摄入无穷。向之以趣寂成佛为究竟者,乃转为不了义矣。兄试思之。

兄复疑佛家仅存一灵明恻之心即可乎?此宋儒谤佛唾余也。以兄之明,意或不在此,而弟有感焉。古德有云:"大事未明,如丧考妣;大事已明,如丧考妣。"夫大事已明,而犹如丧考妣者,何耶?兄稍味之,必有所见矣。而弟复重有慨焉。夫"灵明"者,智之事也。"恻"者,悲之事也。吾心果真能"灵"能"明",于理何所不彻!吾心果真能"恻"能"恻",于事何所不行!吾且朝夕以此心之不够灵明、不够恻恻为大愧也。兄若于意为轻,不疑过欤?秋风微凉,寄语珍摄,不一。

复张公逸 一九五四年十月五日(甲午九月初九日)

经云:"一切圣贤,皆以无为法而有差别。"论云:"以有空义故,一切法得成。"空是佛法根本义,通世出世间,依"无著""无住"而显,此中是精进意，向上意，意趣深微。习般若而通方便善巧者，庶几少分相应，层次无穷，未可以小智片言会也。昔有禅者，辞师，外出参访，师赠别言曰："有佛处不得住，无佛处急走过。"亦可谓善说法要矣。

"无住""无著"，是从"有限的身心世界"透入到"无限的宇宙实体"中的一个关捩子。孔子在川上曰："逝者如斯夫，不舍昼夜。"此中活生生地画出个无住无著的自在生命境界来。东西语言有别，圣者会心处，宜无二致也。"住"与"著"，即是生命的停留处，亦即生命自时空中所显示的限际。从这个生命停留处，一一世间"文化""思想""社会"以之建立，一一形成一个体系，一个层次。自其本身言，亦是体，亦是用，亦自具足。从大体言，毕竟只是圆融行布中的一个次第，未足以极体尽化也。佛法从性相的本源处谈空，故必以无住无著为行，显示大用也。

《正蒙》亦言："凡天地法象，皆神化之糟粕耳。"吾人终日谈文化，谈理想，谈价值，每易不自觉地将自己划定在一个"有住""有著"的生命层次中，而难以自拔，不亦有执糟粕而遗神化之病者乎。是可深思也。

"无住""无著"，是生命独立义，自由义，向上义，精进义，健行义。因而，它是大雄、大智、大行、大悲、大愿的。穷劫涉有，严土熟情，无所依傍，无所怖畏，亦无际限。能如是会、如是行者，庶几可以少分知大乘空义。不然，众盲摸象而已。断断之辨，孰能得其真哉？

复张公逸　一九五四年十月十四日（甲午九月十八日）

前函垂询关于佛法诸端，适值病体十分不舒，今者小愈，复抒鄙见，统祈指正。

函中所举者，有些是史实上的问题，年来弟于佛法，只是从一些生活实践中，勘验自家身心，于此殊少注意，且孤陋寡处，文献多阙，未能悬虚作答。其余有关义理方面的,仅从自己肤浅体会处,提出一二,为兄参考。此中亦不能说是在学术上解决了些什么问题,只是针对着问题的一些个人态度与看法而已。

佛法以菩提心为根本,三法印为纲宗,"四谛""十二因缘""六波罗蜜",乃至"究竟菩提",其大略也。于中"四谛""十二因缘",统摄小乘,较偏于一己的解脱。然为此学者,必须于"生灭""寂灭"两边,判得截然分明,方能断然摆脱一切世情,一意孤往,扭断无始时来业惑苦轮,而得解脱。此中以伏除我执为要道。虽偏在一己的解脱,然实有见于理,但不圆满、不广大而已。未可以世间私意一辞贬之也。世之所谓私意者,为己名闻利养,为己声色享受耳。小乘行者,于此等处,舍弃不遑,唯恐浼焉。是所谓圣之清者耳。能以世间所谓私意者加之乎?六波罗蜜是大乘法,观空而不证,超越小乘,胜进向上,众生为本,悲愿为行,穷劫涉有,舍自身命,严土熟情,万劫不倦,而行所无事,此其所以为大与难也。而人生世间,若于"生灭""寂灭",不能截然见得分明,斯无以项望小乘。不能深味小乘寂灭旨趣,则于大乘真义,恐亦不免有茫然者矣。

从生命的精进向上义说,世间是一层次,小乘出于世间,自另是一个层次。大乘之于小乘,复是一层次也。同层次中不同的"思想""学术""文化",可以交涉互融。异层次的,却只能作纵的贯彻。而不能作平的融洽也。历来作文化调和论者,于此中分际,多似未判得分明,用力虽勤,终觉捍格。兄前函举卫元嵩事,可作一例。周武于世法中,可谓一英主,而于学实疏,妄思以君主威力,融统三教,终至两败无成,在文化上造成一大损失,在世法中演成一大悲剧,岂初志所料,而愚不可及也。卫元嵩者,逢意相投,奚可取耶?兄以其请造延平大寺一事称之,亦或过矣。次如宋儒于为学精神中,实吸取许多小乘意思在内,故与汉唐诸儒相较,不免偏在枯寂一边,其中尚有历史时代原因,弟仅从理路一面说。于小乘寂灭道理,会心不深,复急于排斥,此事从建立民族思想文化说,是一事;纯粹从学术文化相互融贯说,别是一事。不宜混滥也。将小乘精神强纳于世法中,不免坏世间相。复执世法以难小乘,小乘亦坏也。生命的层次与分际,未判分明,思想文化因而辗转纤缠不已。后之为融贯学者,鉴于前事,或亦有所深思明诚者欤!

佛证一切种智,始是觉行圆满。自兹以下,所谓十地菩萨,说法如云如雨,犹是梦中佛事,此殆未可以言尽也。众生虽同真际,而各各证理途中,千差万别,亦是理所当然,未足异也。复次,真证理者,自受用境,甚深微妙故,于心行处,已觉是粗,言语更粗,竭尽枢机,未足以传神理趣也。而立教不得不假言语,以资通途,持此不尽不实之具,具谓工具,以言语为立教之工具也。思状难思难议之神,充类至极,止于描摹,貌似而已耳。况受教者,复是一一自成差别,而不能尽得言意者乎。虚心求之,已是蔽多不胜,况有时意气或杂行乎其中,师资传承,至于千流万别,诤论无尽,亦必然之势也。此于世间一切学派与其后自身流别之争,莫不如是。佛法落在世间,亦有宜然也。佛法自诸部执,以至大空大有之诤,自其各各立教处看,自有差别,乃至相互排斥。自其相融处看,亦无不脉息相通也。此中从行证上说,仍在当人会归己分,自勘自解,至于作为学术上的分疏,却须依赖许多环境条件,世间欲成一事,必须因缘和合,方可水到渠成。此如充足的人才,充足的文献,充足的时间,充足的经济乃至适当的幽静研究处所等等,乃可从事。非率尔可办也。至于各宗判教的说法,从其自宗说,亦各自成理,各自圆满。但换一角度或层次看之,不免又显然别是一番道理。依华严说,真如性海,原是无限圆融,无限行布,重重摄入,无尽无尽,主伴各各同时互融,成为一大缘起。则欲以吾人粗劣的心行与语言,为此中下一判语,不亦戛戛其难乎!弟尝窃论人生为学之要,须有两大先决条件:一者,睿智高悬,庶于古贤深衷,知所遥契;二者,胸怀坦荡,庶几千流万派,得所融摄。此二皆于己无验,斯惟有于仰止景行间,自惭自勉而已。

佛于众生,如一子想,哀怜矜悯,无所不至,虽十恶众生,苟有一念悔心,回向菩提,十方三世一切诸佛,已为欢喜赞叹,共作诚证,而嘉慰之矣。慈母之于独子,方其误陷歧途,以至种种罪戾时,是何等心情。及其一念回心,还母怀抱,悲涕自忏时,又是何等心情。此中岂有为世法礼数、刑政留余地者哉。经云:"若一众生,称一佛名,即能消无量罪业。"当以甚深悲怀,作如是观,庶可心胸豁然,不至疑其仁而无当也已。

复张公逸 （1954年)十二月一日即甲午十一月初七日

　　示书,深见委婉之情,感喟而已!
　　夫为探本源、证性命之学者,非如理工科技之事,有形可取、有象可求者也。知及仁守,存诚不渝而已。《易》谓之有孚,释谓之启信。自博学、明辨以至笃行,彻上下以行乎其中者,此也。信吾心之自诚明,无或掩焉。信吾心之自怛恻,莫容已焉。学者学于此,思者思于此,辨者辨于此,证者证于此而已。虽理事之交,千条万绪,一以贯乎其中者,确然无或易也。自宇宙万象,以至吾身之微,莫非此理流行,果可以二之乎哉? 夫学,所以广吾知也。信,所以证吾行也。知之真挚处即是信,信之诚到处即是行。与此确见其真,确行其实,乃可以屹然所以为人,参天地、贯古今而无疑。然则学与信之事,果可以截然为异者乎? 歧而异之者,自家生命析成两片,世有学非所信、信非所行者矣。巨子名家,高文鸿著,炫于寰俗,博利取名,所谓病于夏畦者,我乃敬而远之,何敢有辞,若以为学,斯非知言者也。
　　众生蒙昧,从入有门,或得之于仲尼,或得之于龙树,因缘无量,各各不同,而未或碍也。泊其至也,万流群溪,朝宗于海,浑沦无际,吾心之全体大用,挺然明见,释迦自释迦,孔子自孔子,亦何与焉。而推源思本,古今敬师之挚忱,盖有同然者矣。情出由衷,事非造作,无从以之为过、为不及也。道理平看是一事，敬爱师承，别是一事，义各有当，不容淆乱。如孔门七十子，非皆于道理不能平看者也。其于尼甫，直以为出类拔萃、生民未有者矣。此而不疑，而独疑我致爱致敬于释伽、龙树之学者，何耶？盖亦有间矣。

熊公为学高抗，其与弟同者，有不待拍而合者矣。此则古今之所共会，而未可以言传。其未契处，尚待切磋，亦不得循人情以为强合也。公于《新论》一书，经营至苦，平生学力，尽瘁于斯。高明独到处，自成家说，足以并列前修无愧。而孤诣之情，矜视过甚，势至于夺群说、漠今古，无当于物育道行之盛，未免高明而自蔽者矣。弟敬其人，思为弹正，自有衷情，而公不耐思、不为谅也。呜呼！哀鸾九天，赏音其谁？

吾兄来教，似以独学自了为不足者。茫然四顾，德孤无邻，求为不止于自了而已者，岂可得哉，岂可得哉！年来独力于举世不屑之学，荼苦如饴，曲肱蔬饮，自有可乐，仰视俯畜间，与日俱促，斯有深愧者矣。曰：天生藐躬，使行乎拂逆造次之中，以见于一缕未绝之学，忻然领受，抑何憾焉。古之人有处之者，存顺没宁而已矣，岂以穷居大行为间者哉？兄于是宜自反也。回互深情，委婉心长，兄意自多。然或未中于刚健之道，存乎几希毫厘之辨者，愿兄时时惕厉在念也。辱在知交，敢于尽言，至祈垂察不一。

复张公逸　（1954年）十二月五日即甲午十一月十一日

伯子湘中经营贸易，趣濒绝境。牵蔓所至，弟病中弋弋，月租生活之资，恐亦同受影响。天扼我以病，困我以生，锻我于烈焰洪炉之中，将以观其平生所学焉。敢不忻然领受已乎！颜氏箪瓢之间，乐且安焉。我学于颜，不知其几千万里也。而外缘之扰乃有甚焉，呜呼！亦知其所自勉者矣。天寒，因思远道，近来喘疾不为累否？

复张公逸　一九五四年十二月七日
（甲午十一月初十三日）

夫为儒释之学者，须于圣哲精诚为人处，见得分明，信得笃实，方从一切生活实践中，拼将自家身心，彻证一回，于此得个入处，始服前人灼然见性者，不吾欺也。此是古德相传为学真血脉，吾辈后学，当以此为师法也。思辨之学，在所不废，四地菩萨勤学诸明可知，而非徒以思辨为事者也，学以证己者也，理得于心而言泯于意矣。彼徒以思辨为学者，逻辑严明，体系周密，巧汇众义，自成家说，足以独步高瞻，俊杰一时。而斧斤留痕，终无以得见天地本然之妙。于己有所未明，有所未证，用思逞辨，机锋相错，戏论而已矣。毫发之谬，动成颠倒，此复吾人从学者，所宜时自警诫者也。

弟欲融古今于一炉，疏其脉络，共为贯通，以见物育道行之盛，而未能也。为此学者，须于宇宙生命体源，了了证知，方许着力，复未能也。愤悱在躬，孳孳无间，如斯而已矣。茫然四顾，德孤无邻，世缘难知，苟天悯其愿，或见小成。而才力所限，充其所至，不过筚路蓝缕而已耳。闳通集成之功，岂敢望哉！岂敢望哉！

复张公逸　一九五四年十二月廿四日（甲午十一月卅日）

熊公以数十年精研苦思之功，于生命源头实有所见，但神游云间，不能下窥以深入于生民疾苦，则亦难以通隐情、闳大愿矣。公欲有立于仲尼之学,而二千余年汉宋以来儒者,率指以为奴而斥之,以此为摧陷廓清手段,意或快矣。以此释历史文化,处处成断流绝港,将何以为消息取通者乎！公高明自信,孤意独往,无以涵容众有,以见物育道行之盛,此中思为弹正,卒难尽言,以是所见分歧,恐一时不易契合也。天寒,兄体不适,宜多珍调,学在身证,尽心而已,亦不尽所欲言也。

注:此函已见与熊十力论学书简。

复张公逸　一九五五年一月五日(甲午十二月十二日)

近复参看《般若》与《大易》二书,于两家为学分歧处,豁然如有所判。释者实见到儒家所未见；而儒家着力处,释者却不曾理会也。以此试为脉络层次,一一若合符节,忻慰之情,不由自已。儒与老,同出而异用。用不同故,儒与释若为近,老与一些西洋学派复近也。此中一时许多意思,不及从容写出就正。学主易简,庶几妙合本然；刻意求通,或劳而病矣。晚来飞雪,晨起窗眺,一片琉璃世界,不觉与吾心朗朗共明彻也。

复张公逸　(1956年)一月九日即乙未十一月廿七日

示书敬悉,并赠书刊,收到,谢谢。

尊意拟将年来所涉隋唐佛学材料,汇集成编,至表赞同,作为史料提纲类书,至少可便初学检寻之需。如明藕益《阅藏知津》,亦不过走马看花之笔,而后之读者,或已得其赐矣。至于精著成家,别是一义。望兄不以之自为牵拘耳。

世间事理繁简互乘,主客形分,畸重畸轻之际,便尔天地悬殊。倘脉络可寻,图骥具在,亦可以游目骋怀也乎。生逢盛世,当自幸也。

日来天气陡寒,室中零度,盂水成冰,无力设炉取温,拥被蜷伏而已。熊公久不晤,往来过远,病躯不耐驰驱故耳。

一月九日

附启:般若义趣,甚深难见,贪瞋具缚者流,宜有泥云之隔。斯其所论,但自传神而已。可以无讥也。能所分立,摄此归彼,释子谓之见取,诃为法执。般若曾有与于斯欤？若在德山、临济之门,直与痛棒趁出矣。世无知言,斯学终晦不觉,为兄一赘陈之。

复张公逸 （1958年)二月十日即丁酉腊月二十二日

兄函示"所信"与"所见"不同为言。释家无此惑也。所信者,人人同具大光明如来宝藏。所见者,无始以来,无明覆心,迷妄生死,不能证得。古今中外,史册所载,耳目所彰。世界一屠场,人生皆刍狗,不亦侈且哀乎？释尊悲此,舍父母妻子之爱,弃国家王子之尊,雪山苦行六年,豁然证得。乃曰:"奇哉！一切众生皆有如来智慧德相。但以妄想执著[1],不能证得。"此后一切经藏,无不从同体大悲中流出,吾千载下读其书,仰怀法恩之深,婆心之重,恰如浪子万里孤荡无依之中,抬头忽见亲娘,万斛热泪,悲喜交至之情,不足喻也。世人多轻弹佛氏空义,不知般若意也。观空而不证,穷劫涉有,严土化情,此是何等胸襟,旷古迂学之徒,能梦见欤？经言空者,所谓生死；不空,是大涅槃。拨云雾而大明当空,破生死而万德圆证。云雾不能拨而谓明本在空,迷妄不曾破而谓万德常彰,理则或可,而岂学者之事？其谁欺？欺天乎？儒者观有不谈空,是护疾而忌医也。无始迷暗,不经一番虚空粉碎,终如世间所见,拖泥带水,累物物化之流,憧憧往来,行尸走肉而已[2]。

谁能真知妙有者哉？呜呼，真可悲矣！熊先生深于《易》，即"生"而真，形色天性[3]，体用不二，境界极高，吾所深服。然于世情，毕竟大远隔在。不信者无论矣。此处错认，酒肉菩提，无忌惮之徒，将纷纷造恶，陷在泥犁而不自知。不亦至可哀欤！为学次第，首当刊落声华，摄用证体，雷鸣于寂然无动之中[4]，体用不二义，将不言而自见矣。坏因而论果，于我如浮云。我知孔子当尊，然誓以身心奉释迦者，兄试详之，当得其故。

尊函疑于"所信"与"所见"不同，当亦可以由此而得一解也。如何？迩来天气放晴，病躯稍舒，转眼又是腊月三十日到来[5]。去圣时遥，学无诚证，但以自悲复自勉耳。

静白　一九五八、二、十、丁酉腊月二十二日

自注：

[1] 妄想执著四字，意思深深，非真于参究者，无法会得。若以凡情测圣智，辜负古人多矣。
[2] 吾书至此，不禁泪涔涔下。
[3] "形色天性"，是悟后句。凡夫迷相流转，断言形色不即天性。此须分晓。
[4] 姚江之门，双江、念庵，终是入理正途，无王学末流之病。
[5] 禅宗警策句。

复张公逸　(1960年)三月十日

手教敬悉，惠书亦到，缓日当遵示择要一读。此间连朝阴雨，兼以家叔之逝，触动哀思，每觉头脑昏痛不已，勉自静调，当不致成大病耳，伏祈释念。

示书仍嘱为华严宗要写些东西，期望之忱，至感至感。华严宗古德著述不少，若只望文消义，略加匠心，钞写成书，不足为难，此亦无聊

与张遵骝论佛学书

甚矣。若汇通今古，评章诸家，作为批判式的论述，较有义趣。弟虽有意于此，然以目前学力水准而论，实远不及也。写华严尚不算难。华严说缘起大有，颇易契当世机。而佛法说大有，不能不说大空。大空依于般若，此不易为世人论耳。一般人对佛法，不免多所误解。谈佛学不能不涉及哲学。如今谈哲学，首先便须判断：这是唯心的呢，还是唯物的？而佛学自然被归纳在唯心范围，其实是不够深思的。

佛法说"智"依"如"生，"如"因"智"显。如体恒古常存，是第一性；智依如生，还于如；如因智照，相用毕显。故智虽依如生，还为如主。如为智体，深广难测；智依如生，因如成用，发展无穷。所谓"无不从此法界流，无不还归此法界。"法界，谓如体也。无不从此流、无不还归此者，智用也。体用双流，交互无尽，能简单的说是唯心吗？佛法的根本义，在于转"识"成"智"，以"智"证"如"。千经万论，不外乎此。在佛法中，"识"与"智"虽同属于思维性质，但是严格划分的。识是属于个体的、有局限性的主观范畴，通过个体的意识，可以构成他自己的世界观，也可以构成他自己的主观世界，但这决不是真实的。"识"没有转化成"智"，决定不可能得证于"如"。依识所见的，纵然也森罗万象，变化无穷，但这只是主观幻构的表象，只能是虚伪的、梦幻泡影的东西，至多也不过是比量境界，既未能亲证于如，终究说不上有什么真实价值的。康德曾提出意识的界限问题，从佛法看，如果他所论指的意识正是佛法所说的"识"，那可以说是康德的卓见。然而康德毕竟无见于佛法的"智"，遂不得不把事物说成两橛，陷于不可知论了。黑格尔说即用即体，似乎说得比较逼近。他曾讥笑康德学说是个无本尊的大伽蓝殿，这个批评可以是确切的，然而黑格尔自己毕竟还没有通得过康德所建立的大伽蓝殿，他所见到的那个本尊，虽也金碧辉煌，近前谛观，恐尚不免有几分毛猴气味也。佛法说有，是妙有，是活泼泼的有，这是指具体的事物形象而言；说空是真空，是指与妙有相应的抽象理念而言。真空是就理一方面说，妙有是就事一方面说，空有双融，也就是理事无碍。在具体的事物里可以说生生不已。至于抽象的理体,只能是一切事物的共同理则的概括,它是贯彻在一切事物之中,统摄一切事物理则,而为万法所同趋。它既是事物的抽象的理体,自然只能为万法所朝宗,而不能产生什么具体的东西来。有的儒学大师因此便讥笑佛法说的无生不及儒家的生生不已,这是概念的混淆。抽象的理念而能生,那佛法岂不等同于黑格尔的唯心主义了。类似这样的问题还很多,若不事前一一分解明白,非但不足以论华严,抑且不足以谈一般的佛学常识也。

弟久病之余,不觉日就衰朽,年来因腰子病影响血压,低压110,高压180。也有些影响心脏,医生说心脏杂音很显著。日常在家,须应付一些琐屑杂事,安静养病也难,凝神读书用思更不易,有时泊然兴归寂之念,此是大休歇处,然不舍众生,释尊谆诫,故复自勉住世耳。康德有言:"高临吾顶者灿烂之星空,存乎吾心者道德之理则。"后人似乎把顶上的东西看得过重,心中的东西看得太轻了。睿思物理,固是敲门砖子,若不经此中存养出些端倪来,恐终无以优游圣域也。然而无有乎尔,则亦无有乎尔!匆复,不一。

弟静白　三、十

与师友论学书简

致应慈上人　甲午十一月初五日（1954 年 11 月 29 日）

古德教人读《华严》，曰："此字字入般若门也。"今者弟子读《大般若经》，却见得字字入华藏界矣。窃以：《般若》乃密说《华严》，《华严》是显说《般若》。显密融通，体用无间。龙树之学，不在是欤？而亦弟子放舍身命处也。中心之乐，未足言喻，为师一陈。敬祈慈正，并叩禅悦无量。

与蒋维乔先生　辛卯十月二日（1951 年 10 月 31 日）

得《慈湖家记》，读《己易》。直抉自性，破注疏家藩篱，颇喜之。慈湖得旨于象山。评慈湖者，辄病之曰禅。嗟夫！人何为而学？明理已耳。禅而能明此理矣，宗之可也，抑何病乎？自学者徒尚割裂派别，忘却己躬下事，偏比驰尚，情识纷然，其有已哉！慈湖有《易传》一书，求之未得,先生如知其有印售者,幸赐教。

主编按:家父在《三十自述》中写道"岁六月,始谒武进蒋竹庄先生门,习静坐法,蒋师习儒习释,并有心得。所传静坐,即远近以'因是子'名者是也。师今年亦古稀,道貌清健,弃冕卧云,盖怡然有不待于外者。"可见家父识蒋师在1942年,在此后的十余年中,他们相交甚笃,十分投契,练打坐、谈儒释、析《周易》、讲《盂兰》,乃父之良师益友。

吾曾多次随父造访蒋宅,通常是在这座日式建筑的三楼(假三层)静坐室论学谈天。然印象最深者是在1956年春夏之交时:晨起,父嘱吾随其外游,吾欣喜。父说:"汝行事毛糙,坐卧不宁,吾随蒋师谒嘉定文庙及古猗园,汝随行。慎言,近看大师行止,学之。"这位长辈便是蒋维乔先生。父谓:"因是子,高人也!"是日在我家四友聚齐出行,见蒋公短发戴圆型眼镜、着长衫布鞋,身型健硕、手扶竹杖、足履轻快,哪似八十几岁老人?俨然仙风道骨,言行幽默风趣。他摸着我的头说:"汝瘦弱,吾幼时还不如你,将来随吾健体。"父亲嘱我深谢。我们在嘉定谒文庙、赏竹雕、游古猗,度过了一天的文化之旅。他们在文庙论孔,说:"朝闻道,夕死足矣,此乃夕死之所!"皆抚掌大笑。他们每人定制一个嘉定竹雕,嘱一个月后取货,父亲定的是"南海观音"笔插,后一直摆放在书桌上,直至文革才失去。在古猗园的游艇上,他们开始吟诗作对,兴尽方归。

及长,方知蒋公(1873—1958)乃民国闻人,字竹庄,江苏常州武进县人。青少年时主张"不主故常,而唯其是从之"而号因是子。他自幼体弱多病;20岁中秀才;至28岁时患肺结核咯血,于是谢绝世事,苦练静功85天,贯通小周天,诸病痊愈。并与章太炎、蔡元培为友。曾参加民国教育部的筹建,任秘书长;1922年任江苏教育厅厅长。1925年出任东南大学校长;1929年后历任上海光华大学哲学系教授、中文系系主任、教务长兼文学院院长等职。蒋公皈依佛教,法名显觉。曾追随谛闲法师、太虚法师,并从持松法师修习东密,1947年(75岁)从西藏的贡噶上师学习大手印法。五十年代初，蒋公在上海市公费医疗第五门诊部开办了中国第一个气功门诊，并赴北京中医研究所等处讲授医疗气功课。曾广泛研究哲学、生理、心理、卫生诸书，及至晚年，犹手不释卷。

1958年蒋公已86岁。一天，得知儿子受到不公平对待，旋即转身上了练功小楼，寂然坐化。我当时稚龄不知此事，及至1960年，家父于蒋公忌日在家中设灵位，嘱我叩祭，方知原委。父亲说："高人、达人、闻人自有他做人的难处，蒋师绝尘而去，又添异人之举，常人如何能知其详？"（在述哥八十寿秩论文集中，《蒋维乔前期静功思想析论》一文，记叙作者和述哥聊天，有关于家父随蒋公学静坐感悟"他心通"的记载，谨记之。）

与蒋维乔先生　辛卯十月十二日(1951年11月10日)

读《周易折中·启蒙》，起首图书，不得入处，便觉有开卷茫然之慨。偶自旧书堆中，得江慎修《河洛精蕴》，玩索渐有意思。其错综往来，变化万端，曲尽大化流行之妙，可谓至矣！然读《易》，当于一画前参消息，方是真实受用处。否则，纵炫奇妙，亦不过如小儿堆积木、耍七巧板戏耳。故佛法般若，终是探源立本之地也。此层若透过，则观《易》乾道变化，直与华严事事无碍境界相类。东圣、西圣，其揆一也。以人天目仲尼者，未免小之矣！

与蒋竹庄先生　甲午六月十一日(1954年7月10日)

释迦教法，唯自证知。学不至于"言语道断，心行处灭"，悉门外事也，复何诤乎？世之滔滔者，以教论，且绝学无忧矣；以宗论，禅复何有焉？识情莽莽，衣食相逐，竞为是非，谁作纲维？不亦大可哀欤！

道一而已，无内非外，无外非内也。方便言说，提引学人，内之、外之，泯归一际可也。不知味者，执外者外矣，执内者亦何莫非外焉，尚言辞之过也。反躬自究，必有知非者矣，于我何有焉？故不为增益戏论也。次第门中，有世间禅、有出世禅，然皆不免功勋，非达摩之所宗传也。而自释迦以降，亦并行不废。人根或殊，应药或异云耳。昔有问儒释道异同于大珠禅师者，师曰："大机用之则同，小机执之斯异。"可以为一语的破矣。

师告近讲智颛《童蒙止观》，曾方便引论世间关于身心调摄之说，而论者以为外道，非之，几至轩波。可笑也。夫吾之为学，证之以己身心，证之以释迦教理，果外乎？果不外乎？而外也，将无以契释迦教理，亦无以自证身心。而不外也，斯外者自外之，于我何有焉？师莞尔而无与诤是也。虽然，人非乡愿，孰能免于俗议哉？清风明月，内省而安，斯可矣，是又一解也。

注：有某僧首者，公然散播，责蒋公为外道，后由赵朴初居士出面主持调和，责令该僧当众向蒋公道歉，方平息此风波。

与蒋竹庄先生　甲午十二月二十日（1955年1月13日）

枣柏、清凉，皆究易学，疏论经旨，间或取焉，立意与诸儒异，而方便彰其大用云耳。盈天地间者，气也。自学者观之，条然贯通，有理存焉。言理气之至妙者，或几于道矣。自宗门视之，竿头未出，犹然世间而已。故未深知夫世间者，难与言出世也。盖有玩弄光景，未离神识，自以为趋于真如性海者矣。毫厘千差，学至难言，惟自凛然，策勉而已。

　　近读《周易折中》一过，酌参他注，虽所得甚少，而兴味已浓。其中主义理者，时多廓然意趣。而只顾自成家说，则或不免于离经别弹。而究象数者，刻意之求，亦多泥于小道，斯亦难乎其为学矣。彼此捍格，终难贯通，思为玄搜广证，书多不供，况浩瀚数百家注，肯綮何存。先生此中精研数十年，深味艰苦，倘蒙略示途径，俾知循序以求，象数参考，扼要之书，尤盼垂教，幸甚，幸甚。深冬寒重，尚多珍调。

与蒋维乔先生　甲午七月初三日（1955年8月20日）

　　昨来谒候，值师为人讲《盂兰盆经》，且将依法作供，欣逢胜事，堪以为幸。夫孝之道，人之基也。佛子原依此一片真忱以至菩提。而论者，多以出家为轻弃人伦诃之。滔滔从事佛者，亦多自弃人伦，以为天人之道小之，鼠唧鸟空，不知纷纷呶呶，作得何事也？则《盂兰》一经，亦真堪当一棒喝矣。目莲，佛子之孝者也，方其初证得通，见母饥渴，亟奉供养。供养不得，号泣白佛之际，只见自身甘旨孝养之不足，未尝有一念其亲之过也。以此至性，以此肫诚，乃能道应本师释迦，乃至十方诸佛，同垂悲悯，多生父母，同得解脱。《诗》所谓："孝子不匮，永锡尔类"者，得非是之谓欤？千秋佳话，传为典谟，后之儿孙，中元依制供佛及僧，回向自身父母，法乐无边，乃至一切众生，同生安养是矣。而或习于故事传闻，昧昧然自期于贤僧，比亲于三涂，斯则贡高生慢，深陷泥犁，而不自知，则盂兰亦成炭火矣，不亦大可哀欤。又《大乘理趣六波罗蜜经》云："多生父母，由爱我故，累在泥涂。"此义尤足引人深味悲思也。秋来燠热万分，师皓首不解凉息，而为众说《盂兰经》，修盂兰法，邂逅相投，心怀感念，率陈鄙意，敬就教正。困病之中，无可力愿以从，附奉人民币乙元，聊当随喜，并祈垂慈摄受，至祷，至祷。

与张忠孙伯　辛卯中秋前夕(1951年)

奉书,慰甚。《观要》因集前贤,自无解悟,辱蒙奖饰,益滋惭悚。长者学广见博,虚己以问不能,引掖后学,令无藏拙,感益甚矣。佛法东来吾国,隋唐之际,法顺大师作《法界观门》,为华严创宗,云华继之。自后贤首、清凉,师资辈出。华严经教,遂如日丽中天,为我国吸收外来文化,放一大异彩,弥足珍也。近人亦吸收西化,与吾隋唐先民比,无论译事师资,甚不足喻。治佛学者,应依般若,般若以二空显。由来不善学空者,鲜不自坠于虚无渺渺之地,弗能复拔,而又杂之以世俗,乱之以神奇,其义愈晦。为人类言,为学术言,不亦甚可慨欤!《观要》依唐诸贤作,汇比成书。宛然次第,思为习贤首者示一徯径。旨观既明,次习华严诸经论,庶不讶教义浩瀚而却步也。长者垂鉴。试先《读法》及《杂记》,次《五蕴》,次《略疏》。其中于有空、空色诸义,多取玩索,久而融洽于中,然后习观门。堑壕既拔,长江大海,有沛然莫止之趣矣。因荷垂询,自忘谫陋,率尔之陈,长者幸哂存焉。

济中以湖水名,秋日亢爽,当有佳兴,相望道远,无以从游杖履,乡念何如。晚上月肠胃突出血,卧养渐止,已可无虞。而体力因之益大损,恐短时犹不易复也。伏案不耐多书,草对,不一。

唐慧镜居士致意欲相见,书此答之　甲午十月廿日 (1954年11月24日)

释尊遗经,古德垂教,卷帙万千,何可尽穷。然佛法实无多子,只要人自明本分而已。识得生死本来空,了与不了,亦剩语耳。若论向上,千圣难传,知有此事,自肯自证,非人之所能为也。照障深智浅,自愧不遑,相见无事,徒益枝辞。况净名千句,不如一默,从是思之,且以不往不来之为愈也。伏祈垂督不一。

寄长子述先家书

按：1949年长兄述先和堂兄冠先结伴赴台求学，行前家父匆匆用钢字题写："诚为做人之本，拙为应事之本。勤学深思，弘毅任重。而谦谦君子之德、尊仁亲贤之义，尤盼三致意焉！述儿有台北之行，题此以勉。"在此收集了1950—1955年家父寄述先家书共30封，后因两岸关系日趋紧张，逐步中断了彼此联系，思念情骤终难函达。其中一封1954年中秋《寄述先家书》因已收入"与熊十力论学书简"一章，故本章仅录29封家书。

一

冠先、述先：

前函谅达，余左肾结石，平日了无痛苦，故不及知，知时（月初便中见血，X光检查始发觉）成形已大，决意刲治，据医者言，危性极微，但从此需有一长时间修养耳，望释念。

尔辈方在少年，宜多读书，博览古今中外成说，精思析微，积年累月,理渐渐明,志渐渐立,庶几知所以为人,知所以应务。不然,炫于事态缤纷,途摭耳食,自以为是,其实不过俯仰由人,芸芸自扰而已！笛卡尔论治学以疑为始,佛陀研究人生,亦务先去知见,凡此皆为学入门之方,不可不慎。不然,此亦一是非,彼亦一是非,入者主之,出者奴之,终身无一是处,以此而言求真知,求实学,难矣！

学问之途,不仅书本;求学之途,不止课堂;耳闻目见,日常生活所触,思之思之,分而究之,综而考之,无一处不是也。亦在平素用心之道何如耳。苹果落于牛顿之首而有所思,余子则食之矣。水壶沸于瓦特之前而有所思,余则烹茗而饮之矣。凡此引推,皆为类证。然非谓书籍可置不读,以其传递积累前人苦心孤诣之学说经验也。课本亦不可不求,以其为筑基之方,由此而可进于研求古今成说也。若夫就事寻理,论之,断之,是之,否之,斯有待于为学之风度素养已。史乘宜讲求,由此可窥见古今中外事物沿革,然浩瀚万卷,言论异趣,孟子有云:"尽信书,则不如无书。"寻思抉择,亦存夫其人也。尔辈质仅中材,然学龄期中,孜孜以求,积累年月,虚怀讲问,或非无望,若驰心于外途,尚表面矜浮,则非我所知矣！勉之,思之。

范仲淹有云:士当"先天下之忧而忧,后天下之乐而乐"。前人气度,何等磅礴。然非先有所学,有所识,语此亦徒见狂妄耳。人生孳孳以求,终始服膺者唯一真理,而其不绝努力者,厥惟如何方能提高一般文化生活水准,增进人类幸福而已。舍此皆外道也。近人兢心名利,蝇蛆粪投,不可以已。方之孟子所谓"后车千乘,侍者数百,得志不为"之意,相距几何？语云:"不经一番寒彻骨,怎得梅花扑鼻香。"愿尔辈勉力为学,于此三致意焉！

刲治修养期中,恐难作书。家人均好,望保重身体。马伯父母及诸伯并致意。即询

健好

炎夫　五、十、病中(1950年)

二

述先：

半年余，始得腊月廿七一书，勉慰远念，此于蕴为尤甚，中秋后一日曾寄一书，知达览否？

函告体重 48 公斤，似不见健硕，少年正是发育成长时期，过此即无能为力，希好好注意饮食运动，尤宜善自调豫身心，此亦为学之一端也。又告好研哲史，并依阮宗二伯指导，甚慰。二伯为学与人，都有精到，望善事请益。自知年幼识浅，便是进阶，尚宜切实涵养谦光，凛然不足，亲近修德讲学之贤者，托交直、谅、多闻之学子，如此师友夹持，更自笃实砥砺，用力既久，庶几知所以为人与学之方矣。不然，傲心微萌，私见潜生，因循苟且，遂无可望。昔人年届耄耋，犹自兢勉德业，力争上游，深思其故，自不敢不戒慎也。生身中华，师心哲史，则于祖先相传数千年儒者之学，当知一究。理邃于《易》，哲、本。行见于《春秋》，史、用。所当察耳。次取黄梨洲氏宋明诸学案，体味游衍，略见前人切己为学之方。史学可先略读《资治通鉴》，王氏船山《读通鉴论》，并参味焉。繇此自培史识，鞭辟近己，本末辨明，体究知归，其或庶几乎。本源既立，次及扩充，自后会流知变，一切学说文章，不难旁推类引，研几知通，乃至处世涉身，胥从此中流出，斯有资深逢源之趣，不致过为蔓衍无根之谭，否则纵彰文采，犹然虚诞，亦何益矣。余少多病，为学甚迟，中鲜师友，摸索至苦，一得之言，皆多年涵咏体味，勉有会知。望勿漫尔读过，其或以此质于二伯，当亦心许，函讯不及，并致意焉。

数千年文化泱泱大国，百年来与西来文化相值，鼓激摩荡，推寻不已，乘除其间者，初则朦侗以应，继则遑遽相惊，泥古者无以知今，逐末者渐忘其本，颠顸莽裂，二者之去几何？遂致吾胞，百数十年中，呻吟异国侵凌,痛念莫舒,当思其故矣。夫究其事者必究其理,审其理者必穷其源,为学应如大禹疏河,浚导知理,精勤日至,此又未可以矜燥浅语也,思之!

病后犹难健复,勉以书娱,亦无大苦,但口繁生计堪累,储姐诸表,困绌尤甚,亦将来此依居,团聚固是可喜,难免更艰困些耳。近每餐一菜,和合萝卜、青菜、豆腐,各味同煮,童子间添一二菜,以够营养为主。食之亦别有风味。童子皆习操作,晚饭后团坐温课,禔、任偶或由余选授《史记》一二课,略解义理,尚知用功。余皆健好,蕴亦健壮,可释念。函告生活亦困难,就余所知,如勉稍撙节,应可维持,而至于此者,前时绮习,自当知咎矣。孔子曰:"吾未见能见其过,而内自讼者也。"人能常见己过,常讼己过,且能改之而迁于善,斯或可矣。亦不愿多斥责也,另当勉为张罗济解,此后望知节省自爱,专心向学,不再外骛,养其学、养其品,即所以自养其身也。止轩有言:"此生不学一可惜,此日闲度二可惜,此身一败三可惜。"望时以此省勉。骝伯夫妇至港,经烦照拂,此余契交,可诣教益。

冠先并询进步,蒨兄嫂偕葆华来此度岁,约拟明春返长。并告。

字示　一、廿二、(1951年)

三

述先、冠先并此:

腊月廿八函悉,旧历年中,家人犹有相聚之乐,但饮食之事已极简,所谓平健即是福耳。亦皆念及尔等,颇有佳节茱萸之感!即尔生日,家人亦群食素面,为尔祝福,余可知已。

涵养性德,培植学识,此为毕生事业,所谓学而时习之者此也。所谓学到老学不了者此也,而于少年时期,尤不可忽!然未可以浅浮矜躁语也。警枕书室，十年埋首，勉以中材，可望初基，循序以求，庶几可造。为学之道，真积日久，体究贯通，义理既明，始及扩充，鞭辟愈深，培养渐厚，庶几知所以平实为人之道。不然，逞意兢智，自诩头角，而脚跟不曾落地，总归夸诞虚浮而已。斯不可不常自痛惩力诫也，思之！

学之为言效也，效前贤义理行事，知取法焉。学之为言觉也，自觉其所以为人之道也。涵咏得一分义理，做得一分像人；涵咏得十分义理，做得十分像人。像人不像人，或几分像人，此非人前炫虚之事，要须自证得知，故以慎独为入德之功也。儒家论致平之道，须先教每个人勉力做个人此为立己，儒家又将人与天地并称三才，其能参天两地者，世谓之顶天立地的汉子。次推究人与人间之种种关系，务使恰如其分，例如父慈子孝兄友弟恭。群己相洽，成一融融礼乐之社会。千里相寻，未成理想，然继世之士，师意相传，终不能忘也。五千年文化之国，经史载籍，不乏瑰宝，而涮沙见金，颇赖精神，或珍或敝，亦视子孙贤不肖为转移耳！生身神州，爱吾祖国，则数千年民族文化，将何以继其绪而启其新？中外成说，将何以察其变而会其通？此皆有系于天下忧乐之故，虽终身以之可也。而从学者于古今社会思想，制度因革，必先摒绝好恶，去其私见，平心以求，勉或有得，若徒入主出奴为心，则先已自蔽，盖难以言学矣！思之。《华严经》云："因于众生，发菩提心。"此其心量，何等恢闳，今之滔滔，以一己之荣辱，或少数人之得失为忧喜者，抑末矣！

尔年少负笈远游，余常思之，愧未能朝夕训诲，玉尔于成，辄怀耿耿！然念公公幼年双失怙恃，寒苦万分，未尝教育，十五冲龄，负装步行六百里习艺湘中，一家赖其温饱，此等精神或非尔辈所及，然故事亲切，当可为尔辈体味耳。又以上所谈，容或陈义略高，非尔今日所能了了，此亦非余好为深论，但提纲引导，不得不尔，望自淬勉而已。

余病后迄难健复，然以平日恬淡自甘，故亦无苦，勿念。惟家计堪累，岁末曾托辉伯勉作生活济解，想已洽矣。望善撙节。饮食运动，亦望注意,身体不健壮,即将有百无一用书生之慨矣。切要切要。一月廿二、二月五日两函已览否?衣服尚能合穿否?如需要,可将尺码寄来,可酌为制寄一二套。公公尚健康,蕴及诸孩皆健好,今日皆开学矣。劬劬迩日出麻痘,甚顺利,已将愈,约须休息一些时。淑华初五日生一男孩,母子皆健,顺告。

二月十九日字示(1951年)

蒨兄嫂在此度岁,尚未定归期,冠先函同到悉,又尔等写字太潦草些,有时几难辨认,并知。

四

述先:

卓觊伯为骝伯亲戚,为人诚挚,曩岁余曾识于骝伯家中,今骝伯仍在此教书。因卓太伯母,恳烦照拂,并蒙许诺,太伯母将来晤尔,日后尔学膳零用,可趋酌洽。至望体念艰苦,节省自爱。少小笈游,尤望力摒一切时下浮习,一心一意,埋头读书,朴实自守,涵养岁久,庶期于为学大源大用,有所究明。至于饮食运动,亦要切实注意,慎防肺病,可接种卡介苗,日常服些鱼肝之类亦好。务求身体健强,庶多生趣耳。汉魏之间,扰扰多方,惟管幼安一人力志读书,管宁故事,尔曾读《三国演义》,亦当知之。王船山极称道之,见《读通鉴论》。我亦以为然,尔在学龄,当以斯人为不二模楷也。不然,呈意用智,思露头角,神鹜形驰,德业无继,真可惜矣!知之,思之!年少务怀谦德,于诸长者,诚敬请益,庶寡尤悔。理工诸科有所好否?如选读理工,不妨以力余攻哲史,望郑重考虑,听尔自择可也。住宿以在校为宜,可先与冠哥、徐伯商洽。附录熊十力先生《读经示要》一节,可玩味细读,熊氏有《读经示要》及《新论》等书,多精粹见道之言,携寄不易,可试向牟伯借阅,并代骝伯及余致意。先姐拟于五月廿日结婚，尚未作最后决定。余仍养息中，余人平健，勿念。

颐字　三、三、(1951年)

冠先并祝学业进步。

附录

　　世间各种思想，各种学说，参稽互较，触类引伸，经验益丰，神思愈启，于是而新理发见焉。……宋儒研六经，……预怀屏斥异端之成见，……大抵任胸臆过重，而以博稽众说为外驰，……此其识量所由隘也，《论语》："子曰：攻乎异端，斯害也已。"端者，绪也。异者，思想之发端不必同，诸子百家，各立学派，唯其思想发端处互异，《易·系传》所谓百虑殊途者是也。按西谚有所谓条条大路通罗马 Every way leads to Rome. 好任意诋攻别人者，多由自己所见不够远、不够大。攻者，排击也，古今一切学术，于真理，各有见到之方面，亦各有所蔽，而不得见到其许多方面，故任异端之竞其明，从而观其会通，则必于真理多所发见矣。学者不可自执一端之见，以攻击异端，故《中庸》云："道并行而不相悖。"若攻异端而不相容，则将以自封者自害，此圣人垂戒之深意也。而程朱诸老先生解此章，则以异端为不合正道，遂训攻为治，谓治异端即自害。圣人识量，岂若是狭，与《中庸》之言，明明不合。……夫学术异者，于其谬误，宜予弹正，而不可根本斩伐，不可任意轻诋。汉以来，吾国学人，最缺乏识量，至宋而益隘。汉以后，学术思想，日趋简单，汉唐尚注疏，则群习于是，谓皆纷纷讲求注疏。宋明尚义理，则群习于是。清人张汉学，又群习于是。风气已成，众盲共趋！不知此外更有新天地，此吾国人之劣根性也！……今之所争，不必在汉宋，而更在中西，……后生稍涉西化，力伐中学，……守旧者，恶言西学，此皆由于心量不恢宏，识见不远大，无以见体源，更无以观会通也。吾因论宋儒之果于自画，果于自画，即自是其是，佛家谓之我慢,如此则不肯虚心研会众理,误了求真之本旨,任意轻诋,亦丧却民主风度矣。而深感识量之重要,世有大心之士,当不以余言为河汉也。

以上节钞熊十力《读经示要》,注系余自加。细读。

五

述先:

三月廿日来书云:"总总而生林林而群者,果何自来哉?"试引《金刚经》句云:"如是,如是。如是二字,概括身心乃至宇宙一切,即世离世,不增不减,前后际断,纯亦不已也,细体味之。如来者,无所从来,迎之不见其首。亦无所去,随之不见其后。故名如来。"一义:迥绝无寄,非言所及,非解所到,唯一真实故。二义:一即一切,一切即一;一中一切,一切中一;一摄一切,一切摄一;一入一切,一切入一;一切摄一切,一切入一切。交参自在,重重无尽故。

次就色宇宙间生物、无生物乃至一切有形、有色、无形、无色之类皆属之。空即色之空,非灭色而后空,故空不离色,亦不异色,不与有对,一味镕融,无障无碍,亦名真空,以别于世计之断空、顽空。二义,略为剖析。吾人所见世间事物,自家身心,应平放一切事物中等看,则私意易泯,理易会矣。人一切生物。则生老病死,物一切无生物乃至星云地球,同理。则成住坏空,宇宙通体,刹那刹那,不可想象之极短时间。变易无穷,流行不息。流行故,生生不已,五常首仁,四时首春,可思知其故也。流行则不住,住则腐矣死矣。不住故无常,旧科学家计物质最后因素为原子,原子不可再析再变,即为常为我。近说已知非是。且现代物理学家穷物之理,毕竟无物可得;心理学家究心之极,毕竟无心可寻。并可与此意参证。无常故无我,无我故空。明紫柏大师云:"心不自生,生必由尘;尘不自显,显必由心。心尘无性,则无生现前;无性心尘,则缘生不废。"经云:"因缘所生法,我说即是空。"此空迥照,不与诸法事事物物。为伍,亦不离色而在,宇宙体用流行,原是一片生机,活泼泼地,所谓鸢飞鱼跃,海阔天空者也。世人不察,执无常为常,私身心为己,痴情莫解,贪嗔纷驰,祸乱相寻,苦难愈增,无常者仍无常,不住者犹不住,望空挥拳,抑何益矣！此释尊所以悯众生、悲颠倒也。思之！《华严法界观门》所谓："观色无不见空，观空莫非见色，无障无碍，为一味法。"深通斯旨，其细味焉。《法界观门》一书，唐杜顺和尚造，文简义精，可称千古绝唱，自后贤首大师著《华严经探玄记》，清凉大师著《华严疏钞》，益畅其旨。余于观门，时咏于心，近病中作《观海钩玄》一文，思启初机，缓或可能寄阅。

复次，儒家言《易》，通有二义，曰变易，曰不易。变易者，明其流行，刚健不息。既流行矣，则必有其所以流行者在，故不易之义所当知也。而"不易"非别有在也，即"变易"之中而灼见焉。程《传》所谓"至微者理，至著者象，体用一源，显微无间"者也。《中庸》谓："《诗》曰：'德輶如毛，毛犹有伦。''上天之载，无声无臭'，至矣！"王阳明句云："无声无臭独知时，此是乾坤万有基。"并可于此细味。体超言思，难为形象，古人所谓："说似一物即不中。"反复涵咏，唯自证知耳。

复次，体用虽明，不成两橛，而其非一之旨，亦宜辨明，否则依人葫芦，终嫌优侗，知其不二。而后知其不一，义。非一非二，究极无言，此中真意，详说为难，会得于中，自明机用耳。朱熹语云："此个道理问也问不尽，说也说不尽，头绪尽多，须是自去看，看来看去，自然一日深似一日，一日分晓似一日，一日简易似一日，只是要熟。"

来书又云："迩来思考问题，辄夜不能眠。"果能如此用功，何愁此理不能贯彻。读书知疑，亦是进境，古人为学，所谓大疑十八，小疑不计其数，观理如剥笋，层剥层新，不至水落石出不止也。然亦有道焉。孔子谓："以思无益，不如学也。"又曰："学而不思则罔，思而不学则殆。"操心过急，欲速不达，几不贻孟子揠苗助长之讥矣。古德有言："恰恰用心时，恰恰无心用，无心恰恰用，常用恰恰无。"此所谓善能自用其心者矣。味之，且取效焉。

释尊拈"菩提心"，孔子拈"仁"字示人。一以自觉觉他，悲智双运为事，一切众生皆有佛性。一以己立立人，仁民爱物为功，人皆可扩其本有善端，齐于尧舜。互可参通。儒家言忠恕，盖个体、群体、主观、客观，双融

寄长子述先家书

互洽之道也。忠者，觉自、立己。恕者，推至于人。敬爱其所在己者，必推此敬、此爱，以至于人。老吾老，及人之老，幼吾幼，及人之幼，则尊其所见所学，亦不敢妄轻人之所见所学矣。万物并育而不相害，道并行而不相悖，此之谓民主。其为人也，常有虚明之怀，常存悲悯之愿，风度恢宏，斯可以观世俗趋驰，而取人为善，与人为善。流风渐至，孝友仁爱之忱，大行于人群相互之间，如理之和，如乐之协，人皆自主，_{自其自在宇宙座标中望他}。复为人伴，_{他在其宇宙座标中望己，则他为主，我为伴}。主伴互涉，圆融一味，_{此意得之于《华严经》，向后有缘，务望一读}。庶几融泄天下共进群龙无首大同之治。古句云："小鸟枝头皆朋友，落花水面亦文章。"此略得其意，或犹未深达其趣也。思之！

虽然，苟千劫锢习犹存，贪嗔痴毒未消，以望郅治，犹缘木而求鱼也。大本既明，治习之方，不可不辨，东圣西哲，千经万论，乃至种种设施，种种制度，无非此中机用，或针砭一时，或烛义千古，见道有深浅，立论有权实，_{此须兼善读史，方能得其脉络，审其背景，察其影响}。默识深通，存乎其人者矣。盖尝论之，天下之事，成于大公，坏于一私，是故公其理，则诸家之学可以会通，_{参会则可互辨而明，否则各持一端，终无以见是也}。公其财，则贪黩侵凌，纷纷息止。公其势，斯无人得执意纵横以为祸于天下也已。此本一言可喻，然而理欲之争胶于中，扰攘之势交于外，教化不行，则末之何者，终亦末之何也已矣！千古贤者所慨在斯，而断断孳孳者亦在斯也。思之！中华民族文化递衍数千载，前人之美，历史可观，晚近二三百年，西学灿盛之中，我适沉沦异族，活力抑挫，无以抗衡宇内，百余岁殷忧重重，思之至痛！苟乾坤不毁，斯文必能继起，融贯东西，针救时弊，为生民前途开一片曙光，共进郅治，则为之国人者，必有知所自勉矣。

病余瘠弱未复，力起作书，聊答所问，其或叙旨未明，幸三复焉可耳。

自在居士四、四、辛卯（1951年）

冠先学业进步！先姐五、廿、结婚，蒨哥约月底来主持婚礼。达拟习农，劬、昭麻痘均愈，复健矣。

六

述先：

尔谓好探研哲理，兹寄与旧藏唐杜顺和尚《法界观》一文，籍供参览，玩理在反复涵咏，久而有得，不可以躁求也。佛法东来，与我国固有文化冲合，遂放一大异彩，贤首之华严，智者之天台，南能之禅皆是也。而贤首实滥觞于法界，则杜祖为之创焉。少年有志为学，自是佳事，身心调豫之道不可废也，知之！

老人四、一七（1951年）

冠先并询学业进步！

七

衍言（注：述先，字衍言）：

五、十四、书悉。佛学之要，在转"识"成"智"，究竟菩提。所问"常"与"无常"，犹是识边两头语，非正见也。解悟尚浅，盼自精进。

试拈清凉《华严疏钞》一节略释其意："佛性者，名第一义空。迥绝无寄，不与"有"对。第一义空，名为智慧。自性光明，遍照法界。所言空者，不见"空"与"不空"。此释第一义空，究极理地，非言所及，非解所到，是谓行境。唯证知故。智者见"空"及与"不空"，"常"与"无常"，"苦"之与"乐"，"我"与"无我"。"智者"至此为一句，双融双照，不落二边。如杜祖《法界观门》云："是故菩萨观色无不见空，观空莫非见色，无障无碍，为一味法，思之可见。"空者，一切生死。不空者，谓大涅槃。乃至无我者，即是生死。我者，谓大涅槃。以上第一义空句，一层。智者一句，二层。空者至大涅槃四句，三层。虽有三层，融镕一味。深思可知。以下乃释中道双融义。应知。见一切空，不见不空，不名中道。乃至见一切无我，不见我者，不名中道。尔所问"常耶"，是常见。"无常耶"，是断见。均落两边，自过可知。菩提心者，自性清净。永明禅师所谓："真心自体，非言所诠。湛若无际之虚空，莹若圆明之净镜。毁赞不及，义理难通。"岂识边两头事可喻耶？深体会之。中道者，名为佛性。以是义故，佛性常恒，无有变易。真俗双观，有无齐照。贤首法藏和尚《心经略疏序》云："夫以真源素范，冲漠隔于筌罤；妙觉玄猷，奥赜超于言象。虽真俗双泯，二谛恒存。空有两亡，一味常显。良以真空未尝不有，即有以辨于空；幻有未始不空，即空以明于有。有空有，故不有。空有空，故不空。不空之空，空而非断。不有之有，有而不常。"思之。无名覆故，令诸众生，不能得见。"清凉澄观云："生死之本，莫过人法二执：迷身心总相故，执人我为实有；迷五蕴——色、受、想、行、识——自相故，计法我为实有。智眼照知，五蕴和合，假名为人。一一谛观，但见五蕴，求人我相，终不可得。"先观色蕴，即是观身。了知坚则"地"，润则"水"，暖则"火"，动则"风"。（印度言地、水、火、风四大为造物之原，相当于中学言五行为造物之原也。西人则分析为原子，可知。）观余四蕴，则是观心，了知领纳为"受"，取相为"想"，造作为"行"，了别为"识"。（此为心理分析，详《八识规矩颂》。）依此身心，谛观分明，但见五蕴，求人我相，终不可得，名为"人空"。若观一一蕴，皆从缘生，都无自性。（"因缘所生法，我说即是空。"空即无自性也。）求蕴相不可得，则五蕴皆空，名为"法空"。是以照五蕴而二空理现，二空理现，则得自性清净，般若现前矣。思之。

佛说"无常""无住"，即灼然可见大用流行矣。流行故，非常。流行故，非断。亦可知也。复次，体故、性故，说常。相故、用故，说无常。即相之性，不坏相而性存；即用之体，不废体而用显。即体、即用、即性、即相，故知"常"与"无常"，原不二也。宇宙不成死体。如世计之常在不动。不成断灭。如世计之生死。则悟心之士，当知翠竹黄花，莫非般若之显现。鸢飞鱼跃，无非此理之流行。所谓"行健不息""日新又新""纯亦不已"者，皆此意也。诸佛如是，我如是，尔如是，一切众生莫不如是。经所谓："华藏世界所有尘，一一尘中见法界。"灯镜交光，辉映重重，深思之，令证现在前也。参学初机，贵办慧眼，不为时空所限。释尊拈花,为正法眼。又有禅和子云:"尽十方虚空,大地山河,是沙门一只眼。"**贵笃行持**,不为名利所移。决志十年廿年,老实用功,庶有相应。若以意识卜度,名为偷心,又名鬼窟活计。玩弄聪明,得少为足。遂无长进矣。戒之戒之。既以"书种"自期,尤须努力着实。须知此非人前夸夸之事也。因记旧日禅堂有句云:"诸佛慧命,在尔一人,尔若不悟,罪归尔身。"藉以相勉。聊资警策。

复次,诸佛菩萨皆以"智""悲"双运,而证菩提。大悲不舍众生,尤为大乘要义。《华严·普贤行愿品》云:"诸佛如来,以大悲心而为体故,因于众生而起大悲。因于大悲,生菩提心。因菩提心,成等正觉。譬如旷野沙碛之中,有大树王,若根得水,枝叶花果,悉皆繁茂。生死旷野菩提树王,亦复如是。一切众生而为树根,诸佛菩萨而为花果。以大悲水饶益众生,则能成就诸佛菩萨智慧花果。何以故,若诸菩萨以大悲水饶益众生,则能成就阿耨多罗三藐三菩提故。是故菩提属于众生。若无众生,一切菩萨终不能成无上正觉。"依此悲愿发心,为学佛正因。舍此,则说食数宝而已。儒家言复仁体,自格致以至明明德于天下,亦略同此意。思之。

为学须善析"体""用",明辨"性""智"。庶不偏倚,东学多探本源,而落于清谈,遂成死体。西学多明辨习用,而穷流忘返,昧厥本初。则西学有时持故成理之论,陷在习坑。以肯定人欲为立论基础。正东学之所弃也。向上提点。出性体,泯人欲。以见此理之流行。如以仁义衡论,东学偏仁,西学偏义。畸轻畸重,遂尔毫厘千里。须知宇宙人生,原是一体。日月经天,何殊今古。但达体明用,冲融一味。斯知所以默识会通之故矣。思之。书谓:"西学辄言进步,言创造。察诸中学,则从不见经传。"云云。恐系耳食之谈。此盖有见于中学之末流,无见于经传之精义也。试读《大易》,玩其行健不息之意。又寻公羊三世之说,又读周濂溪太极无极以至横渠、船山诸人学说,并可参味。但说少分,不如西学之凿耳。何云"不见"耶? 又《易·象》所言来复,并非如世俗循环往返之义。例如一年四季,春夏秋冬,循转有序,但今年的春天绝非去年春天照原又回头也。事例繁多,类比可知。由兹即循环非循环流行大用,亦可见生生日新之机矣,思之。至若华严十世圆融之义,尤绝精妙。向后有缘读《法界观门》《华严十玄》及诸经论,当可味知。叙引文繁,姑略。又"性""习"之辨,《大乘起信论》甚详。此论,贤首法藏有《大乘起信论义记》。憨山德清有《大乘起信论直解》,并可参读。尔处善导寺不知有售否,可试购阅。永明延寿禅师《宗镜录》,商务国学基本丛书本甚廉。并可参读。至佛法空有二轮,性相两宗之旨,难为具论,向后有缘,渐自寻味可也。

  书告致力体用同源,知行合一之旨,甚是。盼勉力。又谓:"于通衢闹市,忽感心境清凉,寂然平静,如入涅槃之境。"须知动静一如,性相原自空寂,古语所谓"动用于一虚之中,寂寥于万化之域。"即动即静,乃至动静二相了然不生,则知味矣,勉之。证悟实际理地而入大定,明道言:"所谓定者,动亦定,静亦定,无将迎,无内外。"依稀近之。佛家之定,由证二空理而得。知之。本无关静坐。惟众生芸芸,多著动相,故令静以救之耳。佛家止观用功之义甚精,能于闲静趺坐亦好。全跏、半跏皆可,身体端正。二手仰掌,右安左上,二大指相拄,平放。眼垂,口闭,齿合,舌抵上颚。背脊端直,两肩齐平,不偏不倚,如是而坐。宽衣松带,从容安详。不宜饱腹,不宜当风。坐前坐后,皆宜散步,舒适筋骨。坐时调息匀气,六尘万缘,一齐放下。善、恶、过、来,都不思量。直观当下念头,憧憧往来,起灭不停,勿执著他,勿随逐他,勿断除他,观照自觉,妄念随起随照,惺惺寂寂,久久纯熟。照至一念不生,前后际断,方与般若有相应分。《华严经》云:"若有欲知佛境界,当净其意如虚空,远离妄想及诸取,令心所向皆无碍。"味之。

  佛法东来,至唐而有慧能之禅,贤首之华严,以及隋初智者之天台。三宗辉映,蔚然华采,而以贤首最为奥广。宋明诸儒多曾习禅,而未深入,于佛家圆顿极旨,未臻了义。思融佛入儒,建立人世间。用意甚善,而于佛家人法二空、缘起无生、即世离世,乃至圆融行布、性相融通诸义,均未彻了融会,起大机用。以至弹谤误解,则惑也。

坏相废用,证入偏空,原非了义,诸儒所议在此,适见其自蔽也。细味前意,向后多参读融贯,可知。慧能提:"佛法在世间,不离世间觉。"清凉且斥执一切空(偏空)废忠孝者为邪见。论学须善识味。若断章取义,死在句下,斯亦不足以为学矣!至社会群己分限,可取《大易》群龙无首与华严主伴圆融诸义互参。极行布而后圆融,极圆融而后行布。重重涉入,自在无碍,可以略识味矣。思之。然诸儒论学,尽多精义,难为殚述。有闲试先读程明道《答张横渠定性书》、王阳明《大学问》以及横渠《西铭》《正蒙》诸篇。熊著《读经示要》及《新论》,钱著《近三百年学术史》,商务本。并可读。惟本期暑假,应先集中精力作升学准备。迨学校考取,此身有托,方可静心读书耳。卓太伯母、贶伯系骝伯恳托,可时亲近问候。学膳必需,有一长者可照拂,何云掣肘。将来如可能远行读书,至少须有奖学金,工读,生活可以自给方可。家庭无力负担费用。舟车贴补,亦可酌洽。如有可能,或略可得助缘。惟如万一币值有动荡之象,宜请教太伯母酌洽,以便将来清还有衡平之道也。先姐婚后,蒨伯父母暨葆妹或来寓此,有函衍元,可参阅。汪家姻伯,四哥哥,郑家大哥哥辉伯传濂兄,可与元哥并烦照应。少年求学,务必处处谦虚请教,庶寡尤悔。调摄身心,矢志为学。一切亲朋俗务,皆宜远离,以免分心。至嘱。与纶书尚九伯,应具衍元、言正名,勿用别号,字勿潦草,否则太不恭敬了。且老年颐养,亦不必累书烦神,或由德发转陈亦可。余大病尚难健复,家计日艰,蔬食饮水,亦甘之矣。

自在老人　辛卯蒲节(五月初五,1951年6月9日)

八

衍言:

蒲节一函,想早及览。初二尔生辰,家人为尔面食祝福。爸爸节日,亦思书勉。皆以病体衰弱,不耐溽暑而罢。秋至一雨,稍生凉意,勉力示此。暑中有温故知新之效否?考试中式否?常运动否?饮食

寄长子述先家书

起居知养生否？健康发育有长进否？身心善调豫否？尚志从学能祛杂念否？

一切学说莫不依于世间，依于人生，谛观体认，而有说明。包括各种哲学的、自然科学的、社会人生的一切理则而言。衡其价值，则因其就本源体认之深浅，宇宙事物流行理则谛察思辨之程度，乃至融贯古今中外学说之能力，于当代自然物质、社会人生种种现象或综合、或分析、而能提出几许具体有力之问题或真灼精湛之见解而定。故为学宜谛思，宜笃实。谛思而后融贯，笃实而后光辉。不可不知也。以意为之者，斯末矣。近人侈言民主精神、科学态度，其实未必然，其义至可采也。虚已为学，谓之民主。翔实证论，谓之科学。不然，人主出奴，一以漏万，为学云乎哉！

儒释之学，如日月经天，杂于世俗，真义日晦，为人类言，甚可惜也。习释氏学者，应以般若为本，般若依二空显。《中论》"众因缘生法，我说即是空"二语尽之矣。世间一切，原是众多因缘和合而成。此生则彼生，此灭则彼灭，相依相互，不可克指有一固定实体。无实体即无自性，无自性即说是空。空而不碍因缘和合之万有，谓之真空。有而无障于因缘和合之自性本无，谓之妙有。有、空原是宇宙人生一事实之两面说法。明于此，庶不执宇宙人生为实有的死体，而大化流行一片活生生境地可见矣。即此大化流行处见寂灭真源，即此寂灭真源依旧大化流行，便是为学到家功夫。详味之，细究之。学佛者，不明空义，始终是门外汉。不善学空，又鲜不流于虚无渺渺之乡矣。知之，慎之。儒者言仁义：仁者理之一，义者分之殊。一体一用，灼然可见。体用非他物，则亦可悟"理一、分殊"无异事矣。味之。孟子合言仁义处最多、亦最显豁亲切。如云："亲亲，仁也。敬长，义也。无他，达之天下也。"又云："仁之实，事亲是也。义之实，从兄是也。智之实，知斯二者，弗去是也。理之实，节文斯二者是也。乐之实，乐斯二者，乐则生矣。生则恶可已也。恶可已，则不知足之蹈之、手之舞之。"真可谓善于能近取譬者矣。读古人书，当深切体会，思解神通。若死在句下，刻意求解，厚诬昔贤者，皆此类劣根种子为之也。天下披靡，为此学者，求之如凤毛麟角,犹不可得。此息尚在,终不忍视千百世圣学自我而亡,则亦尽心焉耳矣。《新论》熊公,闻在埋首写《论六经》一书,能否成愿,未可知。老而不衰,恐数此公一人而已!

衍亨取入厦大农院,秋后将行。衍瑞卒小学业,已来此升中学,依父母居。葆入五年级。衍行初中二,年来身体发育长大,读书亦努力,有进步,常念尔。衍通平平。念劬入一年级,最活泼,最蛮悍,聪明有,耐心无,尚不能写自己名字。昭儿长大,高逾书桌半头,几与念劬相若,最能迎人意,故皆爱之。纶伯夫妇均好,纶伯较往年肥健。祖安健,余平好。衍元就学计画,不知有成否?如行,可请介绍濂君,便通讯也。旧岁曾托辉伯交尔牛角盒子石章一个,未见提及,已收到否?章镌尔名,章面镌《易》书二行,参勉之意耳。

卓太伯母及贶伯常往亲近否?诸长者前务为谦礼。膳学之资,曾领取否?万望竭力撙节,可省则省。饮食除维持身体发育必要营养外,一切交游浮支,务力杜塞。养尔俭德,亦轻予担负也。至嘱至嘱。不然,一旦枯竭,家庭生活,弟妹学业,交受其累,思之。骝伯助尔学膳可能数字中,尚有可能开源之方否?如求些利息。可试向太伯母请教,妥为筹度。或借用一部份为之。仍托太伯母照拂,勿自为处理。一则年轻处事必难得当,二则萦怀恐妨专一求学之志也。饮食之资,略有安排,即当一志埋首读书。对长者须诚恳,切忌虚浮,至要。膳食所费,太伯母如有询问,必从实告。如有一年长者肯关心督导,则是尔之福也。切勿任性自傲。又,文哲之学,意味深长。然不足以谋生,甚至糊口都成问题。今所当知。此后社会中,人各为生,栖栖遑遑,仅得己身一饱。故虽至亲之间,无心亦无力可翼助别人也。如决志哲学,可依精力所许,就兴趣近者,择习一二技术学科。如会计或其他理工机械。庶讲学不成之日,犹有一技谋生活耳。

　　　　　　　　　　　　老人字示 (1951年)八、十二、

　衍元　顺询学业进步!

九

衍言：

　　前周得九月一日来书，甚慰。身体疲困，不耐作书，故迟复。告考试中式，从此读书有定所，便可一志为学，幸勿虚负青春好年月也。读书计划，大致不差。惟盼确立功课进程，庶几能自考核。"日知其所无，月无忘其所能。"古人所训为学之方也。勉之。勉之。

　　第一年可兼读史，以通中外之情，以察古今之故。前人立身涉世之道，可以默识。文化经济演化之迹，可以综览。不可不知也。习外国文字以精读多习为主。语言之道，则在善用环境，斯有事半功倍之趣。孟子所谓齐人傅之，齐人咻之者也。练身体切忌好勇示强。各种柔软操极有益，如能习太极拳，尤妙。但须持久有恒。而身心交养调豫之道，尤当时时体究力行之也。青年发育时期，色情最易为害且烈。尔务为学与德养。当知坚定脚跟，自警自重，不待余谆谆之诫也。

　　前示为学诸函，语多切要。而观尔来书，似不甚经意。负余多矣。试绎读择要钞存，时常翻览。记云："大道之行，天下为公。"此为为人与学基础。以私意行，鲜不蹶败。当慎，当知。儒者体仁，释家首悲。乃至千论百说。凡于本源有所见者，莫不膺怀此公，周示此行者也。见或深浅，机或大小而已。舍此不足论也，知之，思之，勉之。

　　尔自言有见于中庸之意，极好。然或有评尔习于孤傲者。古人有言："不可无傲骨，不可有傲态。"所谓傲者，傲骨乎？傲态乎？慎自省之。由来为学者，多不治生产，疏于人情。作意之偏，亦大病也。戒之。将托辉伯寄尔佛经若干册。《华严》卷多，恐一时不易读，姑存待览。《华严观要》，一小本。是余病中艰辛所集。与隋吉藏大师《八不十门论释》。并盼细研。

(1951年)

十

述先：

语云："不读《华严经》，不知佛富贵。"《华严》教义浩瀚，为一切经典之王，凡为人生探源之学者，不可不究也。流传东土，凡有三译：

（一）东晋佛陀跋陀罗，译成六十卷，谓之晋经。我国智俨云华作《搜玄记》五卷，贤首法藏作《探玄记》二十卷，为之疏释其义。《探玄》一书，尤为要籍。

（二）唐实叉难陀，译成八十卷，对晋经曰唐经，亦称新经。清凉澄观作《华严经疏钞》，今华严疏钞编印会本共四十册。通玄李长者作《新华严经论》疏释其义，并传要典。华严创宗，实为法顺大师。亦称杜顺，为我国华严宗初祖。述《华严法界观门》。以寥寥二千余言而括圆顿奥义。古今绝唱，殆无逾此者矣。故当反复涵咏。熟读详参，则先以《华严观要》一书为入途捷径。义有会通，然后读华严诸经论，庶不致浩漫如海、开卷茫然之慨矣。

（三）唐般若译四十卷，即《华严经普贤行愿》，世称《贞元经》，又称《四十华严》。清凉作疏释义。

华严在中国，亦称贤首宗，法顺开其绪，贤首集其成，清凉乃光大之也。看《华严观要》时，《华严法界玄镜》及《心经蒙钞》二书，并资参释。

《八不十门义释》，隋三论宗主吉藏嘉祥大师著，精义无穷，文句不多，宜细玩思。《维摩经直疏》《六祖坛经》《宗镜录》诸书，均为要点，可细读。亦无须急躁，欲速反而不达也。《摧惑显宗记》，《新论》熊翁近

寄长子述先家书

著,虽评评之作,参考印顺《评熊著新唯识论》。然实借题发抒本怀。熊翁于此书极珍视。余于其论点未尽同。其精辟处,极可引发睿思也。《金刚经讲义》乃江味农老居士毕生精力所萃,文辞浅显,征引繁详,足供初学引进。《大乘起信论直解》亦为入门书。依此发心,庶不差错路头耳。余书各有精义,可随缘流览。各书烦辉伯挂号与尔,当思得来不易。因略为指点,俾尔知所问津之途。昔人唱佛法赞云:"无上甚深微妙法,百千万劫难遭遇。"尔当体念艰辛,时作如是想也。刊落声华,专心学术,体究自心,庶几不芸扰世间,憧憧往来数十年寒暑,毕竟于己份上丝毫没交涉也。勉之勉之。余病体勉能支持,尚能力起读书。余平健,惟姑母以子宫癌在此就医,恐已不治之症。不禁辛酸黯然。

(1951年)十月廿四

附佛书目录一纸。

十 一

衍言:

中秋后十日复函,想入览。近烦辉伯寄尔华严佛经等大小99册及本月廿四函略示各佛书提要。华严经教浩瀚,一时恐难卒读。可先详研《华严观要》《八不十门义释》,书小文少,易熟读玩思,勉之。《金刚经讲义》《大乘起信论直解》二书,可入门径,不妨先览。《摧惑显宗记》系熊翁新著,熊极珍视。其议论精辟处,自可引发睿思。亦希详读一过。其论佛家以生灭、不生灭截成两片之说,与我观点不同。曾往复多次辩论。而其倡导儒释,究明本源之愿,则余深敬之矣。今海内治古学、通世故,舍熊翁与陈寅恪先生外,盖难其人。斯文一脉,寝见末微。为人类言,可慨哉。佛书书目附廿四日函,辉伯与尔。得书后,当生珍重想、不易得想,庶几不负我婆心耳。尔既有志斯文,又有读书环境,则宜刊落声华,专心学术,埋首参究,庶无虚愿。自来为学稍有成就者,莫不如此,三国管宁其选也。眩境逐外之流,其不失者尠矣。

余抱病年余,迄难健复。而抗怀先民,读书不衰。藐躬明德,其在我者,未敢一息泯也。祖康健,堪慰。余皆平健。姑母近来就医,断为子宫癌第四期。镭锭难治,医院不收。起居尚无大苦。姐弟骨肉,一别数载,谛思至苦,见时方觉略慰,而有诀别之虞,不敢明言,黯然悒悲。生世滔滔,浮沤縻常,搔首问天,不知涕之何从也。纶伯去长,生意萧条。伯母与庆、葆仍居此。动荡之中,别离之事,亦家家家常耳。衍元常通信否?彼近函告,曾向辉伯借二百港元,为尔添衣。余当设法筹还。家境艰难,望尔摒绝浮华,崇尚俭朴,力志读书耳。思勉之。昔人学道,有四字诀:曰法、学习之志愿与学习计划。曰财、学习期间,资生之道。家境艰难,恐难帮助。望尔力持节约以及从工读方面着些想念。古人苦学故事可借鉴也。曰侣、交友之道,宜有明师,宜有诤友。不如我者,宜有恢宏容涵之量。若自以为了不得,即是自绝自弃之道也。曰地。选择清静环境,一志读书,嚣乱挠志,则所当辟,要以完成为学初心而已。志学则亦以满愿为本。志不立,学不成,无以为也。

(1951年)十月廿九日

养身之法:

调豫身心,祛除杂虑,一;

参加运动,不是争强斗胜。柔软操,如太极拳之类最好,二;

注意生理、病理常识,饮食营养,三。

十 二

言览:

群经者,元元慧命所托,非惟珍视,且当恭敬,不可慢渎。悲怀悯至一切众生，则慈心爱物，于行第一。不然，凡所倡言，皆成虚语矣。儒家亦言"亲亲而仁民，仁民而爱物。"仁至于虫蚁之微，犹有恻恻不忍之意，其情始溥，其义乃周。昔濂溪窗前草不除，见与自家生机一般。是为谛语。于一切有生之属，当如是观，庶尽吾心也。尔负笈在外，蔬食不易尽持，但随缘求饱而已。恣口福，戕物命，不可也。吾少时亦乐与二三好友，餐肴小聚，以为雅兴，然绝无纵情之事。遘时囏屯，见理愈真，悟其不可，乃知古人淡泊一言，真吾师也。味之味之。"清明在躬，志气如神。"能常如此，即是身心交养之道。操存既久，方知处身六合之中，原不碍游心六合之外。蔬食瓢饮，不减孔颜真趣，此乐谛审，默存可知。终日萦心利禄得失之徒，无以语也。书斋读罢，试闲步庭中，或游郊外，时令此身浑然融洽天地，古今中外不能限矣。思之思之。养身之资，自忖必需，酌求贶伯惠济，所请容晤骝伯再说。辉伯尘累稍重，暂勿相烦。十二七书始至，亦稍可慰矣。

贶伯候好不另。佛经所言，谛实不虚。然贵践履，不尚辞说也。附意不尽。

（1952年）三月初一日

十三

述览：

八月廿七书至甚喜，少年为学之道，宜以涵咏自得为宗，虚己研味是趣。本源既立，盈科而进。虽一时未达，亦庶乎其不差矣。勉之勉之。

来书自叙性情，提"威而不猛"，以是不谅于人，过矣。何不先学"恭而安"，恭而安者，自得之本也；威而不猛者，见外之容也。不足于内而形于外，此所斥为色厉而内荏耳，奚取焉。为人当如春风秋月，秋月存皎洁离垢之象,春风得和育生长之机。交友之道,昔贤所谓"尊贤而容众,嘉善而矜不能"。若得如此,庶几有坦荡光明广大包容之量。不然,诡诡之声音颜色拒人千里之外,犹可以取人为善、与人为善已乎。知过必改,诚之诚之。

《华严观要》初列唐杜顺《法界观门》,着墨不多,实彻法源底之作也。余生平最服此书,十年探研,不敢自谓了然,但辄有一回拈起一回新之趣耳。尔既于书中文字,略能解义,由此虚心涵咏,久久自有入处,勉之勉之。然须知睿思文字,只是敲门砖块,华严甚深境界,却不止于言思已也。珍重珍重。

祖传伯旧所托赖,尔学费取资之事,冠曾便道洽及,可询冠径商祖伯,因尔缘疏无凭,余途隔难达,但可曲情相商,恐辞切反无济耳。凡事皆有定缘,无从勉强。辉伯可洽助说,但古道人心,能得几人,亦不能过期矣。家况清平,冠同释念。

自在老人启　九、廿二(1952年)

附钞六月十二日书(略论佛学)

廿九书悉。青年为学,渐见慧解,颇为欣慰。然仍不出心尘影事。学程犹远,时时虚心体验,方有进境。

诸佛境界毕竟空,一切经论,皆是以言显于无言。妙理既融,行起解绝,超言思量,始有会心。一部般若,直显此意,而观空不证,微细微细。毕竟空即是诸法实相。古人喻用功如投一片石于无底深潭,穷劫难测,味之。**毕竟空不碍一切有**。空谓真空,真空即是妙有。觉性平等,无有差别。所谓空寂而了无一物,不受一法,无可修证。虚明而具足万德,妙用恒沙,不假修证也。**依毕竟空体**。行一切有。用。寂焉一尘,泊尔无形,相即无相。无相而相,宛然幻现。此一尘事,试融归己分。思之,验之。**动用万化**,即万化而一寂,绝待以为体;即一寂显万化,森罗以为用。即体即用,交彻无碍。思之。**此非言墨可为之地也**。可从思解入门,不依思解证得。依文傍义者,谓之死于句下。活泼理地,随流识性,原无定法克指教人。释迦说法四十九年,谓不曾说得一字。儒书亦多此意,如《论语》中问仁问孝,孔子随人指示,不拘一辞。学者须识宗旨,始通消息也。虚己体求,默识心通。不为境牵,不为见蔽。戴东原曾谓:"学者当不以人蔽己,当不以己自蔽。"此言可取。操存不懈,久久芬芳。古人为学,类皆风骨屹立,孳孳数十载,仅乃有成。若或逢小休歇处,遽以为得,鲜不错过,宜自警也。我十年前侍母病中,孑然无友,曾绝意参学,略有消息。嗣后垂手入廛,自以为见理不差,掉臂无碍,若非逢蘖困中大病一场,几乎在富贵世缘边际悠悠了却一生,更无进境矣。明紫柏老人有言:"天厚其人,众患煅之,不能欢喜领受,便是薄福种子。"菩萨行六度法,依精进为终始。奋而后启,悱而后发。此为学不二门径也。思之,勉之。

来书言,年事太轻,气终浮游,非能真正内凝。须知悟理豁然,在于一朝知有,而后存养保任,大非一朝之事也。但常知病,常惭常愧,便有进德。终身以之,不可懈耳。由来参学之子,或颖悟资高,流于无行,或笃行苦到,滞于慧解。两失善巧,学俱难成。调摄自勉,亲仁问益,不怠不躁,亦为学之方也。

学训言觉。学之道,觉之道也。觉义有二:一者性觉,即自性清净心也。人人本具,个个圆成。在凡不减,在圣不增。匪涉造作,岂劳修证。二者本觉,即离垢清净心也。垢原非有,因妄而成。于一切世间,不能如实了知,谓之妄,即是无明。由是起种种惑,造种种业,生种种苦。展转如轮,相续无尽,不有大智大行,长劫难脱。了妄即觉,离垢即净。佛家言转识成智,譬如反掌,一运之事耳。清净本然,三世诸佛,一印无二。或者言本体即是功夫,无别功夫。斯乃举一谓性觉。以括二。谓本觉。或言功夫即是本体,别无本体。斯乃彰二以全一。须知体用交彻,如水与波,无有不水之波,亦无不波之水。此是鸢飞鱼跃、活泼理地,死水勿论。永明寿禅师引《中论》云:生死实际,即涅槃际;涅槃实际,即生死际。如是二际者,无毫厘差别,须知生死涅槃原是二。即是交彻也。须知生死涅槃原是一。又一切法皆如,岂妄此谓世间。外有真此谓出世间,即第一义谛,亦云涅槃。真如遍一切处,岂真外有妄。是知真妄常交彻,细味,深思。亦不坏真妄之相。举妄全真,不坏妄;举真全妄,不坏真。融镕隐显,相夺互成。此语吃紧,认真体验。则该妄之真,真非真而湛寂;彻真之妄,妄非妄而云兴。故云当世谛而真谛也。此理如不透彻,可参研《八不十门义释》。永明为宋代第一高僧,有《宗镜录》《心赋注》《万善同归集》诸书行世。皆宜细读。须知依性觉言,觌体毕呈,瞬目谈悟,已是钝机。依本觉言,虽十分功夫,困学力行,原不谬也。复次当知,本觉依性觉而名,性觉由本觉而显。参学之士,时时处处,融归己分,一旦豁然贯通,本觉、性觉,元是方便假名,究竟不可得也。到此地步,不妨拈草吹毛,都显法王全身,任尔说功夫亦得,本体亦得。语默行止,无往而不得。不然,且踏稳脚跟,扎扎实实,痛下功夫,语云:"不经一番寒彻骨,怎得梅花扑鼻香。"珍重珍重。

来书言,一切礼数,皆出自然。孩提知爱长知钦。由此一念扩充开去,大智、大行、大悲、大愿,无穷无尽,率性用事耳。思之。道理说之不尽,悟心仍在当人。一切言句,无非籍资引发而已。理上自得,方是了当。事上自磨,方是坚固也。

经论说理渊致,是文化一大宝藏,但宜善读,若仅作玄妙道理会,却与己分没丝毫交涉。甚或荡荡无著之流,张为怪力乱神之论,相去远矣。复次,读书用功,身心调摄,宜有善巧。读思觉倦,舒意散步,舒其筋骨,畅其胸抱。过为刻苦,反遏睿思,甚至成病,非徒无益,而又害之,甚不取也。陈白沙"静中养出端倪来"一语,由来诟病甚多。若论本分理体,不着言思,何关动静,但众生日用,动扰无宁,摄心归静,以药愈病,白沙言本不错,若执静以为究竟,则大错耳。静坐之法,全趺半趺均可。身体平正,顺其自然。以眼对鼻,鼻对心为准。勿使受风,不可靠背。宽带,舒筋。顺气,调息。勿躁,勿沉。身平意净,但观无念,能所俱寂。莫作功用。作意即驰。初时难忍,久久纯熟。如有境界发现,一切莫理会。但观无念,即不为牵动也。坐前坐后,均宜散步,舒其气机。至于豁然离念,禅悦得味,方与三昧相应。亦勿矜喜。大经言:"若人欲知佛境界,当净其意如虚空。"无量悲愿,繁兴万化,亦行其所无事而已。自矜矜人,乃大迷谬事。试味思之。望专心为学。云水扎驰,劳思无益。

十 四

去岁校雠《小品》《大品》二经,复以余力辑《正法眼藏》,以为应师纪念,兼启初机。书已交邮。想察览矣。病中精力不足,但以淡泊宁静自持,一味凝神,故久不作书,实亦无可说也。

观来书,可见为学不辍,甚慰。然多庞杂无章,则亦未免耳食目撷之辞耳,戒之戒之。夫读书不博,无以广证众理;博而不能约归自心,庸俗之徒耳。亦何取焉。深思之。

昔肇公尝云:"后生虚己怀薄,信我情笃。"来书多肤躁浮浅之言,正中此病不少。夫为学不谦,其何以益;持己不虚,其何以容。则凡所自矜者,终亦自罔而已。不可不慎也。

来书言,不满于性习之分,持论似高,而实大误。若论此事究竟,无汝开口处。若论为学进德之道,性习不分,将何超凡入圣耶?思之,深思之。此着不明,纵尔再聪明伶俐些,必落在昔人所谓"徒数他人宝,自无半毫分"矣。戒之戒之。复次,性习非一亦非二,夫习无自性,当体皆空,故与性非二。然习气不泯,性德不显。故亦与性非一。思之思之。令明了现前也。此二义若明,方能参识。前人尽管说"无声无臭",说"天何言哉",而丝毫无间于其"学不厌,教不倦"之热诚也。思之思之。

○ 至于所云荀孟之间,荀子虽于心性不为无见,然终不如孟子道性善、于本源大体占得地步也。

○ 自性光明,唯证方知。经云:凡有言说,都无实义。执解不舍,终无所成。是故言性以为有者,不免头上安头;以为无者,不免空亡外道。无他,此非言说有无之事也。思之重思之。

○ 来问:释迦何以不一念起执?愚哉其言!释迦未证未悟时,亦与凡夫无殊,随境迁流,念念执著。比其豁尔得省,千劫之修持,雪山之苦行,虚空粉碎,凡情销亡,却叫他云何起执?仲尼十五志学,至于七十从心,已入圣境。若再将童时习俗之事难他,岂不可笑!

○ 佛家常以矿金为喻此事,金在矿中,其性不减。冶成纯金,性亦不增,此就体言。若依用分,则既锻炼之纯金,性。与夹砂习,沙一经镕炉,便销烁无存,喻妄无自性也。之矿金,不啻天渊之别矣。若再问此镕融既成之纯金,何以不再夹矿砂,真成戏论矣。

○《大乘起信论》一心开二门:一者,心真如门,先说明如实空与如实不空之义。次说生灭门,重重开解,令得悟入。而生灭、真如,同归清净一心。尔未用功体会言旨,何得妄评前贤。闻寒假读《宗镜录》,如真用功,当有省悟。

○ 小乘学说自有规模,但立论未尽圆到耳。尔曾研习多少?体会多少?遽以为不通,胆大已极。以后不可为训,自失为学风度。贤首判如来一代时教为:小、始、终、顿、圆。以唯识属始教,亦但言其理未精圆,未尝以为不通也。思之戒之。

○ 丁伯闻迁居,我不知其新址可书矣。

○ 闻君毅先生精研佛理,我未尝晤谈。试因于牟伯通函请益。此致述先。

自在老人　二、廿二(1953年)

十 五

述先:

书至,可见为学不懈。足慰远怀,然性习之辨,全落世解文字,无一颖悟处,于自性分上何有哉!勉之。熊翁《新论》,但是一家之言。法相唯识,未为究竟之论,奚泥也?昔象山言:"虽未识一字,亦当不失做个顶天立地人。"缭绕文字言思阱中,岂有日哉!思之。阳明云:"无声无臭独知时,此是乾坤万有基。"惟有收拾精神,涤虑存养,一旦豁然贯通,打开自家大光明藏,方真见得宇宙内事乃己分事,己分内事乃宇宙事,心同、理同之旨。须知儒释两家为人,皆有亲证事,非止于学说圆到而已也。思之思之。佛家经论如大海,如宝山。饮者满腹,游者满载,而于山海,无少增减。前贤辄于其间,取少分义,建立诸宗,俨然章法,掖提后学,如华严、如天台、如禅、如净土、如法相唯识、如三论,皆是也。尔欲糅合中印西土诸家以成新说,亦无不可。然须先下苦功,实证有得方可。不然,自罔罔人而已。戒之,戒之。来言以为佛经实芜杂。大错。证理之人,直见得宇宙万殊事物,皆成本末条理。何况佛学。若待尔,然后安排来,乾坤早毁矣。此亦骄矜之失,故成语病也。戒之。道在天下,不生不灭,不垢不净,不增不减。昔人言:"建安亦无朱晦庵,青田亦无陆子静。"若了知此理,还有个组中西诸说于逻辑系统之述先否耶?思之,深思之。此关不透,任尔说善说恶,说性智、量智,说性、习,终是坐在黑漆桶中,弄精魂汉也。经云:"但有言说,都无实义。"以学自炫,即谬。人身难得,百年易逝。余闻道迟,数经囏屯,见理愈真。惜千里形隔,无以相向详研,但望深味诸佛毕竟空义,莫从文字口头上错过,斯厚望矣。

裎、任二子学余,辄从为指点。二子谨厚,无浮俗气,虽亦未见悟处,亦难能矣。香港大屿山闻有复仁和尚,数十年禅坐不卧。可试函请益。钞附唐复礼、清凉、圭峰诸师真妄问答偈,为尔"性、习"参研助缘。仍宜熟读吉藏《八不十门》、法顺《真空观》,以发睿悟也。冠函照都悉,甚慰远怀。虽学技科,国文根底,亦盼注意。公公见尔等学有长进,甚喜。当转与蒨伯。家人清平,并释念。望善摄身心,专心学术。

        自在老人　四、廿五(1953年)

（附）

唐复礼法师问天下学士真性、真如。妄习、生灭。偈云：
    真法性本净，妄念何由起？
    许妄从真生，此妄安可止？
    无初则无末，有终应有始。
    无始而有终，长怀懵斯理。
    愿为开秘密，祈之出生死。
（未知真妄交彻，万殊一理。故有两难，云何和合？）

一、唐清凉澄观法师以偈答云：
    迷真妄念生，悟真妄即止。
    能迷非所迷，若得全相似。
    从来未曾悟，故说妄无始。
    知妄本自真，方是恒常理。
    分别心未忘，何由出生死？
（不变随缘，全真即妄。随缘不变，全妄即真。因果交彻，显隐同时。圆明一心，何障何碍。）

二、唐圭峰宗密法师以偈答云：
    本[1]净本[2]不觉，由斯[3]妄念起。
    知真妄即空，知空妄即止。
    止处名有终，迷时号无始。
    因缘如幻梦[4]，何终复何始。
    此是生生源，穷之出生死。[5]

寄长子述先家书

自注：

[1] 真。
[2] 妄。
[3] 《大品般若经》云：诸法无所有，如是有，如是无所有。是事不知，名为无明。
[4] 因缘所生法，我说即是空。
[5] 参读《正法眼藏》中论选十九首。

圭峰又云：学人多谓真能生妄，故疑妄不穷尽。为决此理，更述一番，还答前偈。

> 不是真生妄，妄迷真而起。
> 知妄本自真，知真妄即止。
> 妄止似终末，悟来似初始。
> 迷悟性皆空，空性无终始。
> 生死因迷此，达此出生死。

圭峰和诤篇

> 人心南北异，佛法古今同。
> 不坏真明俗，还因色辨空。
> 探幽唯罔象，失旨并童蒙。
> 有著斯为诤，忘情自可通。

三、利涉法师以偈答云：唐朝人。

> 真法本非真，妄复何曾起。
> 妄不从真生，无妄何所止。
> 既许无初末，宁容责终始。
> 无始复无终，谁当憎斯理。
> 胡不趣无生，乃云祈生死。

四、怀晖法师以偈答云：唐朝人。
　　　　　　法性非垢净，真妄非如理。
　　　　　　去妄复存真，兹妄安所止。
　　　　　　无物本自无，强无无不已。
　　　　　　有始见有终，见始、非无始。
　　　　　　诸法自无性，无性无生死。

五、唐洪諲禅师以偈答云：
　　　　　　真妄本假名，悟妄妄不起。
　　　　　　心源性恒常，恒性非终始。
　　　　　　圣凡旨自玄，玄性玄不已。
　　　　　　法界圆净身，元来复无旨。
　　　　　　佛国无一物，孰懵生死理。

六、唐云华寺海法师以偈答云：
　　　　　　真妄体常如，无灭亦无起。
　　　　　　触目性皆空，毕竟无可止。
　　　　　　如如本不还，岂复云终始。
　　　　　　若存终始见，常懵真如理。
　　　　　　生死即涅槃，何祈出生死。

　　以上一二约不变随缘，真妄交彻答。三四五六约真妄俱寂，理事皆如答。泯相归理，思之。
　　试再详读味《八不十门》及《华严法界观》第一《真空观门》，(《圆觉经》亦可读。)澄虑洗心，令现在前。不出言思窠臼，自弄精魂而已。
　　文字方便，为令众生悟入实相。若更重重执解，展转何穷。皆成

寄长子述先家书

缚病矣。

自在老人　四、廿五(1953年)

十 六

述览：

　　来书，虽言立志读书，而夸辞满纸，无少淡泊渊沉之趣。平日用功，不见得力。苍茫望天，为一悄然。为学非易事也。刊落声华，十年埋首，妄想都息，真体觌呈。此理精深难言，龙树门中四论一经宗旨，详玩可得。近人侈谈活泼而厌空寂，妄论也。佛家三法印：一、诸行无常；二、诸法无我；三、涅槃寂静。无常无我，一以空寂为归。空寂之意，极深极微。杜顺大师《法界观》中，泯绝无寄一门，绰约称旨。向下另有理事无碍、周遍含容之事。如理大用，尘尘灼现。空寂二字，是初学义，亦究竟义。贯彻终始，无尽重重。不可不知。言体用一如者，不错。体不可见，依用而显。故言从日用流行中灼然见体者，亦不错。但须确知用依体立，体为用源。若不能远尘摒虑，扫荡一切名相言思，反躬彻证一回。直如雾里看花，依稀仿佛中，终无亲切真趣也。勉之勉之。西哲为学，名言分析，乃后得智事。本绝言思之地，而求以言思入，不亦邈乎。若真反躬达本，向后言思达意，左取右宜，却无不可。否则庄生所谓，以有涯之生求无涯之知，殆而已矣。尔言于文哲诸科，欲遍尝而后快。却须先识此意。不然，入海算沙，自困而已。夫为学不博，无以参证众理，博尔无所约归，记诵汗漫，宋儒所谓玩物丧志之事耳。俗学而已，抑奚取焉？思之思之。至云"瞬息千虑"，此生灭法耳，须自诫免。不然，身心两不得益，且致病焉。薛文清言："万起万灭之私，乱吾心久矣。今当一切扫除，以全吾湛然之性。"试深味之。观尔为学，终是情俗摒挡不下，故难望颖悟。陈白沙"静中养出端倪来"，可以针砭尔病。且息心静坐看，妙体不能亲证一番，虚言一如，言活泼，罔人自罔而已。世智辩聪，虽有可观，于己躬本分，毫不相干。须敛藏精神，自证为得。**涵养省察之功继之，终生不懈，庶几入德有门**。不然，才捧书本，识得几个墨字，便思出格为人。虚诞无根，譬如春花秋谢，无以语松柏也。可慨也夫！翁注《困学纪闻》卷首"管宁藏邴原"及"贞者元之本"两条，可详玩。

复次，尔言将来有志从事于教育以及著述之事。学成之后，本愿真挚不虚，当可因缘成就。但修己为人，须有一种平怀，春风明月，生趣欣然，自然无入而不自得。尊贤容众，冲怀若虚。见与我合，其贤也，吾尊之。见与我反，其贤也，吾亦尊之。至理微芒，反成(谓相反相成)益彰。若以主奴之见，遽为短长，无以见学者风度矣。至于芸芸之众，本以利为归趋，悲悯而已，不足责也。责之者，内损容量，外成是非。隘矣。从容中道，自得之效也。恃才傲物之士，无以容他，卒至无以自容，将何以见其成己成物之志也夫。滔滔尘海，睚眦相寻，极其所止。古今成悲剧，十方作屠场。苍茫问天，涕泣奚从。此一念之仁，不可以不存。天地之化，不可以不充也。为尔勉之。至于著述，古人所不得已之事。尼甫伤麟，乃订《诗》《书》。孟轲游止，始成七篇。释迦说法四十九年，乃曰："若谓我有所说法者，是为谤我。"东西圣哲，其心遥契，可想见矣。数十年研理烛微，至于学有专长，见有独到，思以存焉，以俟正焉，始可勉而为之。而作辞立论，尤必斟酌入微，纯乎学术之至公，出乎此心之至正，庶寡尤悔。不然，俯仰流俗，与伐异同，主奴之见结于中，是非之争驰于外。圭角未出，其身殆矣，复何以为贯通东西为学成德者乎？诗云"既明且哲，以保其身"者，斯之谓也。思之，勉之。少年茁长之时，身体亦宜着意锻炼，免我劳思。家人清平勿念。余病久衰颓，今后一年，决远尘绝虑，自为调摄。向后望勿来书扰我。道理言说不尽，但自珍重耳。

老人启

癸巳重阳(1953年10月16日)

十七

述览：

日月递易，寒暑往来，每逢令节，极目云飞，远念亲情，辄难自胜。

甚矣哉,"爱别离"之为累也!

年来为学有进步否耶?能胸怀冲远与人和易否耶?能体力强壮身心调悦否耶?能深殖德本埋首读书否耶?能不波波俗中道张三短李四长否耶?

为学直须豁开胸襟,放大眼孔,始济得事。阿那律尊者"观一四天下,如掌中庵摩罗果",伊川谓"尧舜事业只如太虚空一点浮云",此皆证理如实之谈。于此信得过,自然虚怀冲远,无往而不自得。庶不拘拘目前,以为是非得失之地也。读万卷书,研互见理;行万里路,广证见事。本之于吾心之至明,参之于学术之至公。尊贤容众,稽古辨今;涵养省察,鞭辟入微。敬爱一切世间有情,如父母,如兄弟,如姐妹;抒大智慧,行大慈悲,以为幸福和平之道,庶寡尤悔。不然,波波世流,随人俯仰,直是无明业风鼓荡而已!头出头没,岂有已时,可慨也哉。思之!

旧时闻冠身体壮健,学业良好,可慰远怀。尔能筹与共学否?学校环境较大,眼界亦宽,不宜自拘也。西哲多兼理工之长,尔于此途,望勿偏废。此时随为研学,将来晋修之时,或兼习理工,或择与己性之所近或医,或工,或其他技术。专习一种。他日于"学"于"术",并有持长,道穷之日,亦不致唉饭无所耳。此虽不免近于卑论,然实熟思切要之言,望不河汉看过也。思之!祖传伯闻已迁居,近曾通候否?卓太伯母及贶伯亦不妨请益也。

中年而后,体力日衰,惟此中光明确乎其不可泯者,见之愈审,信之益笃而已。佛经见理最为谛实,然非善学与切行者,亦不易知也。宇宙大生命,尘尘刹刹,摄入无穷,言思不尽,向后亦不必来书扰我,盼自珍重,善用功体会耳。家人清平勿念。并祝尔与冠,身体强健,学德增长。

自在老人书于元宵之夕(1954年2月17日)

（附）

慈亲八一诞辰纪念杂记（1954）

今日——甲午春正之十日——为吾母八一诞辰纪念。母乙酉蒲月逝世,弹指十年矣！慈悲音容,刹那思顷,纷至现前,自顾无可为母慰者,慨念而已！

吾姐辛卯冬初来治癌疾,六年离别,忧喜相逢,匝岁之中,寻医访药,奔走无宁日,小愈而大恶,终于不治,壬辰十二月十三日逝吾寓中,命也夫！姐毕生劳苦,未有展眉之乐,今诸甥渐次长成,方期可娱晚景,瞬目前尘,已成梦幻,可慨也哉！

德甥庚寅初秋来此就学,因依余居,匆促复五易岁矣！课余朝夕,与行儿共,随缘提示为学之道,尚知用功。去秋卒业会计学校,勉自糊口,吾姐已不及见,悲夫！其二弟一妹,顷亦来此,筹为转学,各校名额都满,又手续繁碎,难望有成,或者仍回原籍中学读书。诸甥皆亭亭长大,久别一晤,亦可慰怀,然皆少不更事,为吾虑耳。

严亲康强,有玉姨服侍,可安左右,晚弟亦即小学卒业矣。蕴年来操作家务,最为勤苦,而体力强健愈常时。诸儿女一一茁长,读书进步,知爱知敬,一家之中,虽粗衣蔬食,有至情之趣存焉,盖难为俗人喻也。倩兄嫂皆壮健,劳劳商务,不免周折,诸侄率能循序读书,可慰已。

二子负笈远游,每逢令节,目送云飞,怀念难穷！能善调摄身心健愉否耶？能谦怀洁己埋首读书否耶？为学直须豁开胸襟,放大眼孔,始济得事。阿那律尊者"视一四天下,如掌中庵摩罗果",伊川谓"尧舜事业亦不过如太虚空一点浮云",此如理之论,为人心量,到此地步,始见平怀。不然,无明业风鼓荡,牵随世间生死,波波竞得失,断断争短长,俯仰由人,自扰而已！一切物质,成住坏空。一切有情,生老病死。虽移山之力,旋乾之智,有能易此者乎! 则释迦揭示三法印——诸行无常,诸法无我,以归于涅槃寂静,真吾大光明藏中不二法门矣。滔滔尘中,孰为可语者哉! 则亦摩诘居士默然而已矣。

十八

述览:

每逢佳节倍思远人,游学异乡,身心调悦否耶? 神情豁朗否耶? 立志从学,善用其心否耶? 能不自拘于生活小圈圈中扰攘是非否耶? 父母唯其疾之忧,尔与冠,善念之。

宇宙身心,体源唯一,而从入之途,厥有二端:一以德性,二以智力。从人心深处确然不可泯处,悟出良知端倪,扩充至尽,天地同根,人我一如,而造化之奥,可以身证德性之至也。剖物析理,精入微芒,开工成事,与世文明,智力之妙也。彻法究竟,此二互融,二而不二。为学之初,径途须分,不二而二。从佛法言,一为真谛,彻身心造化之源;一为俗谛,彰造化万殊之功。虽真俗融通,体用无碍,而初学用功,须是深体辨明本末次第,不然,侊统与割裂而已矣。二者致病之道不同,其为病则一也。

中学长于尊德性,其道问学者,亦所以尊德性也。大段在体上用功,其有得于是者,廓然一天地,泯人我,以造体源之奥,谈笑之顷,脱然生死,来去自如,此反躬自证为学之效也。清明在躬,志气如神。儒家古今有得于此者,学案之中,斑斑可考。禅宗门下,尤不可以数计,万不可忽。而不善用无分别智者,则入于颠顶侊统,颓废无成,斯东学末流之病也。西学长于道问学,其尊德性亦不出道问学也,大段在用上着力,详析物理,彰明事功,是其效也。而世谛之事,必学而后知,虑而后能，用智分别，能、所不能泯，人、我不能一，纵科技之巧，可夺天工，于自家性命源头，终是了无交涉。凿智愈深，人我相见愈炽。近世工业之兴，科学之效也。国家之形式与威力，亦与之俱增。争竞无宁，祸乱随之。一任用智分别，不知体源，末流之病，亦可想见。夫造体源者，非由无分别智门入不可，不善会无分别意，则其势必流而为颠顶朦昧者矣。通物情者，非由分别智门入不可，用智之凿，则其势亦必流于割裂纷乱者矣。夫体用一如，融镕无间，得于中道者，鸢飞鱼跃，何往不宜。失于中道者，体用两橛，偏废难成。然中学实能济西方之穷，西学亦足补东方之偏。苟有大公之怀，岂无郅治之效。执见横于中，利欲胶于外，尽天下聪明才智，争竞无厌，而腥红遍地，十方屠场，搔首望天，吾无言矣。

儒家肯定人世，但于人心深处，指出德性之真，反躬自证，体验扩充，以入于鸢飞鱼跃的自在境界，从而调融人与人间相互之关系，至于如诗之优美，如乐之和谐，以进世大同，此是道德的，是可以思议的。佛家却须超越此一层次，必须先从自家身心世界，彻究一回，亲证真如，此中境趣，别是一般，迥非世俗人心所可拟议，是超越于世间道德的，是不可思议的。此与西哲所谓不可知者大别，勿附会。强从用上描摹，如华严所说"重重无尽境界"。细读贤首、清凉、李通玄、圭峰诸家论著，可知。然须一一融归自家身心，方有实益，不然说食数宝而已。西方科、哲两门实相互交涉，而为益智有用之学耳。析理剖微，与世文明，功无可议，若证体源，终与中学别是一路，本末须辨，不容混同也。

处世与人之道，宜从忠恕二字，善为体味。尽己之谓忠，推己之谓恕。于己德行有未尽处，未足忠也；以尽己之事苛求于人，而仁爱之意有所壅塞不行，未尽恕也。以此自省，病痛尽多，寡过未能，更何暇议人之疵，责人之未善耶？思之。学有自得者，必是清明在躬，志气如神，蔼然一片春风霁月气象。此中装点不得，瞒昧不得。如有未达，且自静坐涵养出些端倪来。暑假中有暇读《华严疏钞》或《宗镜录》否？《大般若经》尤宜一读，如畏卷数太多，不妨先读什译《大品》及《小品》二经。

斯世于纯理论之学无所取长，科技之事亦不宜偏废。有一技之专，庶可以容世资生。生活有托，则研理治学，纯为自己兴趣之事，亦可以并存矣。思之思之。世道难论，宜无争忤，徒乱精神，无益也。刊落声华，从学术上埋头努力数载，庶不负本愿耳。远游深造，扩自胸目，甚好。惟无可为尔助缘耳。祖传伯旧谊所托，能籍力否？觊伯如何？心长无及，惆怅而已！家中公公以次，皆平善。蕴近学裁剪缝纫。虽经济艰辛，而慈爱融泄之情不减，可慰矣。并告冠释念。

自在老人字　端午节日（1954 年 6 月 5 日）

（又及）

蕴健好，十分怀念你，晨间极高兴的向我说：昨夜梦见了你，身材长得很壮实，很高大，气宇明朗，活泼欢乐。校中读书成绩也很好。别久重逢中，娓娓家常，少长咸聚，有说不尽的人间情趣。醒后梦境，甜蜜如新。你在远方求学，实际上是不是如此呢？于是再三叮咛：希望你好好珍重自己的身体，珍重自己的学业，洁怀自爱，勿与世俗争忤。将来读书成就，希望能在世界学林中，培养几颗仁爱的好种，和平的好花。至于满庭融泄同聚之乐，但不陷于俗世烦恼，想来是应该会自然如愿吧。念之。课余得闲，望告知一些读书生活和健康近况，以解远怀。蒨伯等皆平善，冠释念。

十九

述来函告，性喜诘难析微，年来颇致力西学，将来必仍以中学为归。并举谚语"条条大路通罗马"句,为余慰解。夫人患不自立耳。真志为学,直探本源,融镕内外,抑何东西畛域之有哉!条条大路通罗马者用也,须知举足下足,原未离得长安一步。于此见得确实,始解为学头脑。经年才得一书,喜成二律寄之。少年慧思挺出,犹有莫逆于心者存欤!

学穷内外绝东西,睿智全凭抉隐微。
蠋念方欣真有主,省躬时看习为非。
条条大路通罗马,步步长安见帝畿。
百尺竿头犹努力,痴心父母望柴扉。

古德深怀未易几,东西文化并精微。
须从学术安生命,莫著根尘落是非。
虎室吐辉常皦皦,漆园梦蝶故飞飞。
浮生老去风情减,倦眼平安一雁稀。

扶游老人诗稿 （1954年,甲午）

注:两首诗已见前"诗词偈颂"章。但字词稍有差异。

二 十

述览:

久疏函音,近来身体健好否?读书有些心得否?精神善调悦和豫否?念之,念之。

少年为学,虚怀第一,自博学耆德以至村童野老间,善取之,皆吾师也。坦荡风光里,事理万千,自然平等显现,约证身心,放怀今古,得意逢源,乃有可乐。其或俗虑潜生,境牵神劳,滞情是非,俯仰名利间,抑亦去之辽矣。汉诸葛公有淡泊宁静之诫,洁操从学者,宜知所矜勉也。

岁时易度,今又见尔生辰,庭趋之趣久阙,望月之情每切。叶成一律,聊寄远怀,并嘱珍重焉耳。

余与蒨哥家人皆平善,并告冠释念。顺祝

学业进步

扶游老人　初秋月之二日(1954年7月31日)

(附)

述先生日寄怀一首

小儿常伴老夫名,一着出奇便有神[1]。
拟贯东西传绝学,敢将湖海误平生[2]。
幼安德济三朝美[3],龙树才恢千论明[4]。
黾勉前贤真事业[5],玉壶一片见冰清。

自注:

[1] 童子四岁能象棋,出入多与余俱,朋辈轻其幼稚,或戏与之对垒,辄于不意中,出奇取胜,盖亦往时乐事也。

[2] 为学之道,平怀为上,坦荡风光里,乃能理事通显。少年湖海才情,最易误人,不可不惕省。

[3] 汉魏之际,士俗纷纷。其间学淳德粹,飘然如出水芙蓉,清风和易,韬辉无染,耆艾终老者,幼安一人。

[4] 释尊灭度,数百年间,异论纷起,于中,龙树大士挺出,独抒睿照,阐《华严》,扬《般若》,光芒万丈,百代宗师。

[5] 德淳行美,是真事业;学术精微,是真事业。拘怀名利,俯仰由人,未足与议。

扶游老人稿　初秋月之二日

二十一

述览（1954 中秋。此件已见"与熊十力论学书简"章，本书第 192 页）

二十二

仁爱以为人，笃实以从学。刊落声华，神明内证。观夫易道，如乾之乾乾终日，如坤之括囊无咎。庄敬日强，廓然心通。庶以窥性命之大源，辨智学之纲宗。额头见珠，勉欣小成。繇是而之焉，博闻默识，循序不息，至于贯融古今，疏通中外，斯皆为学本分，抑亦终身从之之事也，岂易望哉。从来颖悟者，多为英气所误，鲜或有成，识海情波，滔滔何穷，一念涉动，牵拘外缘，芸扰终身，无复可观，可概也已。管幼安以潜龙不见成德，诸葛亮以淡泊宁静表志。笃行贞固，千载钦风，后生小子，其知勉夫。

乙未（1955）春节，书为述勉。自在老人。

澈法源底，了证身心，自以佛学为上。而《般若》诸经，复从入之门也。儒者《大易》，亦极精博，二千年余，学者睿智所萃，其于历史文化之故，重要可想。西人之学，科哲同功，互相证明。若从事焉，不宜偏废。如笛卡尔之于解析几何，莱布尼兹之于微积分，康德之于物理，率其著焉者尔。向后深造，于诸科技，择性所近，以为钻研，庶有逢源之乐。且一技见长，资生可托，然后从心为学，了了无碍矣。思之，思之。身体精神，量为调摄，庶几清明熙和气象。家人清平，冠同释念。

二十三

述览：

　　公公已于正月十八日未时安详坐逝。庄严清净，自在解脱，甚为稀有。此平生正直、庄敬持身之效也。我乃从兹孤露，日常侍养不尽，至此通成悲悔。寂室自忏，涕泗潮奔，不知所止。二月初六日依佛制茶毗，将与婆婆合墓，从本愿耳。释迦说四圣谛，谓凡夫迷罔世间，以苦为乐。《大易》三百八十四爻，亦明人生忧患为多。东西圣哲，所见遥契。由来执见持固，身心颠倒诸名闻利养中，难有悟者。缤纷芸扰，睚眦相寻，永无宁日，益苦而已。可悲也夫！大事粗定，哀思繁兴，翘首云望，转念远人，爱别离苦，勃焉众生，挥之难释。上失温清之道，下惭顾复之情，悠悠天地，其有容哉？数十年人身，刹那便逝。契生命源头者，始得真乐处。思与尔远尘离俗，憩游水边林下，栖神冲寂，共证斯趣，其可得乎？念之念之。"父母唯其疾之忧"，况隔远道，系怀尤深。清净为学，调豫养身，乃所望耳。家人清平，冠同释念。

扶游老人　乙未三月朔日（1955年）

（又及）

　　如有自学适当时间，能将《晋译华严经探玄记》《唐译华严经疏钞》，静心息虑一读否？

二十四

　　为学真实，须从自家胸际大光明无尽藏中流出，方见亲切。不然，沿门托钵，拾人残羹馊饭，拼凑成说，资为知解，至于龂龂是非，增长我慢而已。于己本分何有哉!"子贡方人。子曰:赐也贤乎哉?夫我则不暇。"后生虚己怀薄,信我情笃,于此可深思也。世无圣者,岂尽能师?苟知取人为善、与人为善之方,牧童之歌,村妇之言,触目皆道,复奚择焉?前人为学真血脉,须从笃实光辉处,痛下一番功夫,始有少分相应,不然,纵尔能将古今成说,穿会贯通,一口道尽,亦何益矣。而谦光和德,复从入之门也。思之,深思之。清贫研学,不染俗尘,昔贤多见其人,一番真精神,一番真学问耳。羡权欣利,与世滔滔,且夕声华,何足算耶!大乘佛法,因于众生,发菩提心。众生忧苦贫穷,菩提悲愿,斯无厌足,然不先从自家身心彻悟一回,虽有善行,胥归有漏,仆仆尘劳而已。详尔近影,清癯骨出,几难辨识,悯念无端!身心调养,善自注意!注意!注意!_{蕴尤系念叮咛}。不事远游,宁甘淡泊,力学教书,亦自由尔。微薪倘足自养,便不必从事翻译写作,多著述不如多读书,多读书复不如多从自家身心真实受用处深深体验一回也。

老人字　三月初三

二十五

尔年事尚少,况当研学之中,生活复无确切把握,切勿轻论婚娶,一朝家务缠系,油盐柴米之事,便如柳缚在身,无复飘然为学自由分。至于儿女成行,教养无着,则更苦矣。古者男子三十而娶,自今视之,虽未必至当,然就生理成长方面说,就学业或生活经验成熟方面说,亦有相当道理,宜善思之。心境悒郁,未明其故?学思未惬耶?爱情恼身耶?生活困苦耶?远道系怀,难为宽解,望善自拔耳。处世为人,眼界宜有万丈光芒,胸际当如四大海水,方得风怀坦荡,容物容己。不然,浊流滔滔,几何不烦闷自损也。念之念之。明紫柏大师有云:"天厚其人,众患煅之,不能欢喜领受,便是薄福种子。"余平生每逢恼乱,以此自解,辄复释然。但仁爱存怀,清明在躬,所当勉耳。外此何求?为学由己,而由人乎哉?千里契心,便作拈花一笑可也,如何?至于科技之事,不妨研习医学,于己身心调养,可得裨益。倘小有成,又可为人解除病苦,两全之道也。望熟思之。

老人字　三月初五

二十六

述览:

　　深味于"无住无著"义趣,乃能精诚不息,舍故日新。此为学进德之方,所当勉耳。少年虚己怀薄,才识行墨,便诩见知,自划而已,斯可悯也。立志从学,于自身心,宜知珍重。淡泊宁静,终是此中司南。乐处平易,安行大路,庶寡尤悔。佛经:"一切觉者,莫不依净莲华作菩提座。"意味深长。莲华虽处污泥,而恒飘然不染,即俗而真,解脱无碍。人生尘土中,不亦当如是耶! 不然,在山泉清,出山泉浊,境涉山颓,烦恼缚著,无复了期,苦而已矣。公公在日,常信尔与冠能长大成学成人,今公公已长逝矣,旧情如梦,来事如烟,未知尔与冠,果能慰老人愿否耶? 冠似已得安居,可以循序读书。尔年事幼,为学尚未占得地步,宜思所以自全自勉之道耳。念之念之。不望尔辈富贵,但望尔辈能高尚其志,洁怀力学,他日于世界人类和爱幸福园中,缀点得一小花小木,则亦无忝所生矣。思之,勉之。

自在老人　乙未四月,佛诞日(1955年)

　　(又及)

　　尔才资中常,苟力摒声华,一味从学,未必无可小成。而言多矜持自满,略无春风霁月、涵容太虚量度,毕竟小家气。家人清平,释念。

二十七

婚姻，主于真挚之情，久而不迁者也。彼此一生幸福所托，故不可不慎耳。同学志趣相投，性情相悦，出于自然，从而互期终生，斯亦可矣。此是尔己分上事，宜由尔自由自主。千里远隔，岂能有言，善自珍重而已。

自在老人　乙未四月初四日（1955 年）

二十八

少年读书，宜自爱其青春，厚其根底。笃学敦行，虚心潜研。风怀醇谨，独立有容。真积日至，豁焉贯通，庶几卓绝名家，可以见其为学与人。三国管宁，堪供典范，千秋而下，犹仰遗风。以视夫世之贪染尘境，攀缘故旧，憧憧往来，以为酒肉富贵之资，至于自遗其身以及其亲者，不亦大有径庭者乎。昔者南容三复白圭，孔子贤之。见《论语》。清浊流辨，系于几希，后学者于是乎宜知所以自矜慎也。

探研生命大源，自是古今为学根本。此非悲智具足之士，不易为也。颖悟无凭，我执难断，鲜不画虎而类犬。斯不如且于理工医药之中，择其与己性之所近者，治一科，专一技。异日出其所长，诚实为人，易为生活衣食之资。劳而得值，于己可安，于他无损，抑亦可以俯仰而自慰矣。

我平生向学无成，二亲往矣，仰怀深恩，惭怍难名。惟于吾家醇厚遗风，念兹在兹，勉期无坠，冀日趋于朴实平易，读书明理而已。半生困病，屡经刲疗，体元大损。力摒尘累，清静自调，或者可延余生。精力苦短，向后将不复为尔作书，况老生常谈，絮聒徒扰，而未必实有益也。人生数十寒暑,弹指易逝,如何为学做人,在尔自勉而已。

右寄述览。

乙未中秋在望,病翁书嘱(1955年)

二十九

述览:

少年能循序读书,甚佳。但盼清明持躬,无著无染,常能自省勉、自珍重耳。向后深造,宜以科技之学为主,一艺专研名世,庶可自立自存,此是老婆深切语,望不泛观过去也。

我平生研理二十余年,读书差强万卷,于今年光老去,检点所学,十九不出光影门头,至可愧也。中于佛学,用力尝勤,契怀洽旨,始终无间者,亦惟《般若》《华严》二经,实乃穷体极用之谈。撮其要义,一言可尽,曰"本地风光"而已矣。此复难为不知者论也。古今哲理,大抵各凭臆想,自护家说,穷研竭辩,千古龂龂,证验无征,终成戏论。比于缘木求鱼,悔吝生焉,抑何益矣。

宇宙往来,缤纷万象,"慈悲""平等"二义,究是此中准衡。惟"大公"能"慈悲",惟"无私"能"平等"。群生相爱之情,相育之事,有不容已者焉。人寿数十年,恍如隙驹。终极价值,亦惟取证于斯,宜知所自止也。而为人之端,必于"至诚""谦虚"之间,深致意焉,庶几可以为学,可以存身。不然,业海滔滔,奔流何竟,岂所望耶。

乙未中秋月第二日,老人字(1955年)

三十

书至为慰,秋初尔诞日,偶记东坡《水调歌头》"但愿人长久,千里共婵娟"句,神驰久之。我家世传仁厚,祖父母虽逝,而音容遗爱,如在目前,可念也。大伯及我家人皆清平,诸子能循序读书,均有进境。尔与冠负笈外游,无事不劳系怀作书,但盼洁己力学,相互亲爱,调摄身心,善自保重而已。

中秋月之二日(1955年)

传略祭文及族谱序

印经后记(晚年修订稿)

余家先世耕读,恬然园居,不是外求。家人秉习彝则,出入之际,笃守醇厚。先祖父母皆蚤世,余父独在冲年,四壁萧然,遘境困苦。十五岁负装徒行六百里,投亲长沙。习南货业,既而历涉鄂粤,以至歇浦,出入阛阓者,垂五十年。一家生计,勉得温饱。晚岁将归居田园,经筹梓里,稍遂先民老安少怀之志,辄以世乱未能。久寓浦江,盖不得已也。性刚介,崇礼,重儒学。行己清简,而多恤人困苦,人故敬畏之。尝以为学望余,多令读书。余亦浸久成癖,而伏案积岁,略无取材,至愧也。

余母王孺人,谷塘村桃庭公次女。于时谷塘王氏,为邑中望族。既来归,尽去饰弁,灌园汲水,乐之不倦。余与蕡哥、储姊,幼皆荏弱,病至濒死者数。孺人茹苦鞠育,废眠食者恒匝月,而后保全。劬劳深恩,思之怵然,未易以言尽也。母自少奉佛,仁爱肫诚,一出天性。清俭持躬,忍劳任重。于今一家二十余人,而纲纪整肃,内外无间言,实亦懿德潜化,有以致之。晚岁向道益勤,尝与余父同参拈华老人,礼受三皈。一家团圞融泄之趣,又可知已。

昔者孟子以父母俱存、兄弟无故,为人间第一乐,至王天下不可为方。余自惭不肖,独幸父母慈爱,兄弟贤良,乐有甚焉。辛巳之岁,堂上初度古稀,亲朋纷然致词,以为宜有祝嘏之会。值天下鼎沸,二亲蒿目时艰,严斥弗许。余与伯兄默承其意,盖将有待焉。时储姊远居故乡,清节抚诸幼甥。彼此萦结,相望五年而不得见。今复悠悠三载矣。四方板荡,栖遑流离者,犹是也。高楼客思,能无慨乎哉。

今岁甲申仲冬月第十八日,为余父七旬晋二诞辰,余母亦逾古稀一龄。海隅生计日困,以言祝嘏,益非时宜,尤非二亲之所许也。于心不无惓惓焉。会沪城诸君子校刊藏经,窃附印若干种,贻赠亲友,互资参究,俾广流传。且冀以是为二亲康强期颐左券。他年幸值承平,余兄弟姊氏,骨肉重聚,奉娱膝下,以视此一日睠睠之思者,复何如哉。故并记之。

注:此文初作于1944年,附在《重印华严法界玄镜跋》后(已见前"印经序跋"章),此为作者晚年修订稿,因自叙家世,故系于此。

先妣传略

先妣王氏大慈孺人,系出吉安谷塘村桃庭公次女,幼失恃,有至性,善事父,柔婉得继母欢,以著令闻。十八岁辛卯来归,严亲长孺人一岁,椿萱蚤故,家世中落。入门,尽脱弁饰,灌园汲水,操勤习苦,无怨色,无倦容。严亲以衣食奔走四方,孺人敬事后姑,持家井然。姑尝叹曰:"娶妇宜大家子,娴习礼仪,得媳如此,吾无间然矣!"以是乡里宿儒,率以汉桓少君比之。

孺人天性慈厚,悯人而俭己。为善汲汲如恐不及,以是深洽人心。严亲经商湘沪,稍稍起家,主筹中馈,相夫课儿,率孺人力辛勤为之。严亲旧病喘,尤赖孺人尽力调护,数数免于危殆,常至屡夕不眠,憔悴毕见,弗自顾也。数举不育,今仅存者,蒨哥、储姐、静窗三人而已。少皆多病,孺人爱护之勤,无微不至。已皆嫁娶,亦复儿女成行矣。孺人犹抚之如赤子。静窗兄弟感母之忱,亦能膝前尽欢,友爱无间,孺人故乐之。

晚岁天下攘攘,孺人老而忧勤愈笃,遂构瘿疾,初起项右侧,如核桃,不痛不痒,医者以年老不敢施刀剖。又率以为良性肿瘤,不足为害云云,始置之。去岁甲申春间,遽然鹊起作恶,饮食并阻,呼吸仅微,群医束手,家人环侍含悲,备后事矣。夜半,孺人忽自见遍室光明,欣然索饮,滴茗入口,霍然起愈,亦异事也。孺人夙敬奉观世音菩萨,旧岁与严亲同依拈华老人,礼受三皈。今春瘿疾又作,床笫辗转中,忽梦己身抚掌大笑,遂告家人曰:"吾将去矣。"病中三月,念佛不辍,病革,嘱咐家人依佛制茶毗,至乙酉(注:1945)五月二十八日卯刻,女侍方举扇拂暑,孺人张目谓曰:"可去拂拭桌几。"遂于家人环侍念佛声中安详而逝。孺人生逊清同治甲戌年正月初十日辰时,享年七十有二岁。

祭先妣文

己丑(注:1949)暮春,静窗有湘中行,长沙出南城二十里,有地曰马湾,吾先妣之墓在焉。乃洁斋献祭于前,而为之文曰:

频年郁垒,此日低徊,怀慨万端,不知所语。静窗于兄弟行中,最年幼。自初生以至长成,常在母侧。母至慈爱,恻恻天下忧苦,静窗受教深,不敢忘。吾母逝于乙酉,享年七十有二,寿逾中人。然以母仁厚康强之资,使非国难相乘,困疲迁徙,宜不止此。而母去世之日,适为七七纪念。母于夏历乙酉年五月二十八日卯时逝世,时为民国三十四年七月七日,即芦桥抗战第八周年纪念日也。家国之难,痛念双重,畴昔抗战军兴,侍母忧患中,日日刻念胜利,冀得民族复兴,国运鼎盛,以娱晚年。而胜利之日莅临,吾母已于是年先弃人间。通国骚然欢呼腾舞之际,吾方缞麻重丧,独当人世悲喜二事之极。笑不成声,哭不成泪。昏昏然疑真疑梦,弗自辨也。从兹忽忽又五年,方期和平永奠,国家复兴。而兵戈频仍,依旧漫地烽烟,生民疾苦,甚于往时。吾悲吾母之逝不得其时,而又以为得其时也。呜呼痛哉!静窗服勤世间,吾母平日言行训示,铭念于怀,无敢逸懈,知所以立身自爱,以爱我国家,爱我民族,乃至蕲求世界人类和平之道。日月悠悠,道途漫漫,惟有将此身心献诸尘刹,慰母幽灵。伏祈鉴兹馨香,永锡祜被。尚飨。

先妣逝世十周年祭

慈亲弃养于乙酉岁五月二十八日晨,依公元论,值一九四五年七月七日,适当卢桥抗战纪念,家国之难,痛念双重,怵怀怆目,不知涕泪之奚从也。

人生世间,忧患百途,所可慰者,唯吾心深处一念良知之忱,见于母子至情间,虽乾坤坏,天地倾,无以易也,而此几微之爱,亦难遁夫生之离,死之别,恻怛牵怀,无可已者,呜呼悲矣。

斯世人母,靡不慈爱,吾母慈爱,至百倍天下人母,世间人子,时或不肖,而吾不肖,复百倍天下人子。一朝溘离,千身罔及,思之思之。情奔如潮,忧绎如织,难为言也,犹有可赎者乎?愿化吾身为席,供人坐卧;愿化吾身为桥,供人济涉;愿化吾身为灯,供人照明;愿化吾身为粥糜,供人食啖;乃至愿化吾身为坑,供人矢溺。曰:此不肖子无以奉其母,献兹身心于世,聊以自忏云耳,其有悯念者欤!

甲午（注：1954）今日，为吾母逝世十周年纪念，匍匐遗像下，念母音容，悲感云集，默尔无言，但将热泪万斛，痴情一片，恭献母前，祷愿溥天之下，凡百父母子女兄弟夫妇中，至情常自充满，忧患常自远离，乃至群生相爱互处，如诗幽美，如乐和谐，人我无间，幸福同享，是母平生眷眷之望，亦儿朝夕之所念念不敢忘也。呜呼尚飨！

先父逝世记略

先父讳道谦，字理堂。祖籍江西省吉安县清水乡田岸上村人。幼失怙恃，家贫，徒步至湘，投亲习南货业，数十年辛勤，经商湘、粤、汉、沪诸地，一家渐得温饱。先父性刚直，好学，有义方，敬重儒生。晚年信佛，与先母王氏大慈孺人，同依本师拈华老人，顶受三皈，法名大成。先母甲戌年正月初十日辰时诞生，乙酉五月二十八日卯时先逝，享年七十二岁。先父近岁持长斋，日课《金刚》《弥陀》诸经，静坐观心，精勤无间。壬辰冬，禅宗耆宿虚云老和尚莅沪，驻锡玉佛寺，先父以耄耋高年，亲承法味，益坚净信。静窗尝治内典，先父乐与之言，趋庭应对之间，时或彻融在心，则欣然曰："此义我了。"时或未洽，则曰："此义当思。"静窗无知，不过摭拾经典以及古德语句，资为娱亲，先父乃精义入神，笃行自证矣。乙未（注：1955）正月十六日，先父微示喘疾，十七日，程医门雪来诊，以为风恙无妨，高年堪忧耳。十八日晨，先父安详示静窗曰："今者我其解脱已乎。"晌午，复莞尔自语曰："佛前明灯以及斋供皆至矣。"先父素端肃，不苟言笑，家人异焉。已而静窗自外配药归，先父示慰曰：尔体弱，勿过劳，奔走之事，可令景儿为之。时庶母罗氏以牛奶进，先父端碗自饮，饮尽，挥令持去，敛容整衣，泊焉坐化，庄严清净，甚为希有。静窗与家人侍侧，相诫毋扰，尚以老人为片时假寐也，呜呼悲哉！

先父癸酉十一月十八日午时，生于田岸上本村，乙未正月十八日未时，殁于上海寓所，享年八十三岁。先母生子二，蒨窗为长，配媳李氏可生，静窗次之，配媳王氏蕴聪；女一，适赛塘王君藻屏。孙男九人，孙女六人，外孙男女四人。先庶母谭氏，早故无出。今庶母罗氏，生子景书。蒨窗在湘，继承先父旧业。静窗力学持养，以病家居。景书在校攻读。藻屏、储英，已先后病故。蒨窗闻讯奔丧，至时，先父殁已第五日，叩瞻遗容，慈祥庄穆，栩栩犹生，千里家人，相见而哭，悲慰情并，不复知有所语矣。二月初六日，在沪海会寺，依佛制荼毗，遗骨奉至湖南省长沙市南门外约二十里之圭塘北冲马家湾墓地，与先母王氏孺人合葬，灵藏永安，香花世念。蒨窗兄弟，左右侍养无状，从兹孤露，悲悔何从，哀此以记，不知所云。

祭先考文

维乙未年三月二十五日，为显考奉安窀穸之期，不孝男蒨窗、静窗、景书，偕诸家人，谨以香花斋供，至诚而祭。辞曰：

呜呼！我父之逝，端坐泊然，清净庄穆，如入三禅。

智德齐修，脱于情牵，生灭灭已，寂灭现前。

父幼孤穷，困虑万千，居乏庐舍，耕短亩田。

投亲远道，蹈途履穿，从商力学，终日乾乾。

卅载辛勤，始以自全，儿孙群绕，犹累仔肩。

刚正持躬，义理居先，恤贫兴学，欲希古贤。

幻质终穷，人道迍邅，偶绌于世，而得之天。

中心自乐，复何憾焉，乃遗孤露，忧悲苦煎。

悠悠天地，泪如奔泉，从兹形隔，南越北燕。

将胡云继，神凝心传，维兹馨香，一念万年。哀哉尚飨！

传略祭文及族谱序

祭姐丈文

　　民国二十八年（注：1939）二月二十一日，岁在己卯正月初三日。姐丈藻屏以肺病逝于故乡吉城。是举国抗战，兵燹处处，余侍慈亲及妻儿侄辈，僻居滇中，越一月，始得讯。怆怀无及，道路修阻，未能亲临抚棺一痛，乃奉慈命，为文寄吉，亦告于其灵曰：

　　人之生也，贵有情，至其极也，亦以情苦，生离黯然而销魂，死别凄恻以吞声。夫死生者情之常，独身当其境，且于其亲，斯有不能自己者焉，呜呼悲矣！人之生也，常寿六十，上寿百年，嗟夫姐丈，才逾而立，以寿而论，未享中人之常，以世而论，未有言德之业，何为而竟然耶？呜呼悲矣！

　　吾家储姐，十六岁归君。十年育二男，皆蚤死。一女娟甥，今年十三岁，婉顺如小鸟，逗人爱怜，然多病。廿八岁生禔甥，复多病，以是吾姐抚育至勤苦。余偶见之，不禁恻然兴草晖之情也。近六年来，连举三甥，皆男而健，禔甥至是亦渐壮实。家人相望欣慰，迄今别又三年，回首前尘，仿佛梦境，呜呼悲矣！乙丑秋，姐丈夫妇来依余父母居，时余家延师别馆，因与姐丈同学，余方在冲龄，未知书味，背诵文字而已。越二年，遂赋分飞，从兹聚散无常，每劳怀想。乙亥，余就学北庠，丙子夏，以病休学家居，姐丈亦以肺病来沪，就医江湾叶园，余偶候问起居，因得往还。憩养月余，病渐渐愈，姐丈乃不耐医院生活拘束，坚欲返里，余与医者，劝阻不从。又别。丁丑春，储姐以鼻疾来沪就医，匆匆聚二月而归，询姐丈近况，与前无异也。已而卢桥军兴，音书中绝，余复学故，侍母由沪之湘，自湘而滇。万里投荒，离情可想，犹期国运重兴，欢会有日，而噩耗传至，姐丈已溘弃人世矣。嗟夫姐丈，苟非遭逢变乱，何至天涯远离。纵至远离，亦未必缘悭于永诀一面也。嗟夫姐丈,夫何为若是其速？若是不得其时？复何以慰吾母与姐也。呜呼悲矣！

吾家储姐,庄重知礼,慈淑生成,吾平日之所敬也。昔为贤妻,今为良母,柏舟清节,画荻教儿间,吾何以慰之？关山修阻,望而不见,搔首问天,不知涕泪之奚从也,呜呼悲矣！君之窀穸,君家必卜安处,可以永休,它日抗战军胜,和平底定,当趋螺洲吉水间,临风一吊。呜呼姐丈,其有知耶,尚飨！

先姐周年祭文

癸巳（注:1953）十二月之十三日,为吾姐逝世周年忌辰。静窗与诸家人,谨献香花斋茗而告之曰:人之常情,每好言生而恶言死。揆诸实际,娑婆界中,生老病死,递变无常,恻恻情牵,苦不论矣。盛衰生炎凉,忧恼见逼迫,粪投蝇趣,扰攘纷至,可胜算哉。老氏乃云:"人之大患,为吾有身。"言者偏激,抑知生者之未必可乐,而死者亦未为不得其所也。呜呼！

先妣多育,存者仅三,钟怜抚育,每溢常情。余少多病,劬苦尤甚。今幸长成,母已弃养。望云怀泣,可得已哉。吾姐柔顺,夙得母心,举止言笑,亦肖吾母。独世缘不偶,劳困终身。复以天下多故,聚日常少,忆念为苦。母乙酉夏日,死于项癌,八年,吾姐复以癌终其身,命也夫！余少因病失学,稍长,发愤读书,子夜不辍,复恐母知,以巾遮灯,令无使见。他日,母谓人曰:"此儿辛勤向学,宜有所成,但恐自家身体、生活,两不了耳。"今吾辈不免困乏,有时为病累,是则吾母往日所虑,言皆如响。独望为学一端,竟无有验者。悲矣！先祖父德章公蚤世,家贫无立锥,严亲十余冲龄,徒步湘江,投亲习商,数十年辛勤,一家勉得温饱。先妣出谷塘望族,即来归,脱纨绮,习劳苦,久而不厌。

又慈惠与人，人故多以桓少君称之，非溢誉也。得年七十二，仁爱独厚，见人困苦，恻恻不得自己，四方战乱相寻，毕生未见宁日，茧怀沧海，忧思恳至。静窗侍先妣最久，辄窥慈衷，惕然入心，知所以为学自爱，爱我国家，爱我民族，乃至世界人类，愿献身心，以为幸福和平之道。波波人间四十一年矣，有志无实，耻为夸毗，而忧病纷侵，衰相渐至。今悲吾姐，益怀吾母。无常迅速，慈恩罔极，悠悠天地，谁与同忧，盖不复自知其涕泗之滂沱也。呜呼！

褆甥庚寅夏月，就读来沪，因依余居，禰、韶、华、诸甥，亦筹转学来此，尚待主事核许。世缘难测，顺事而已。吾姐灵藏，今已卜吉苏州麒麟山，不久可安窀穸。背峰面湖，景色明秀，左傍灵岩，经声佛号，隐约可闻。吾姐生时，皈依佛法，今幻梦脱尽，宜自豁然知所归处也。呜呼！尚飨。

八修清水刘氏族谱序

清水族谱，七修于民国初际。卅余年来，中土忧患相乘，云扰无宁日。故乡处吉城西南岗峦之间，寖久亦被世运靡敝之。累族之人，纷纷糊口沪湘城市。二十年来，村中兴小学，输义仓，建祠堂，相率倡其事、醵其赀，筹策劳瘁，以观其成，而无以归计谋者，至可悲矣。夫乡之以族聚者，其源必出一本，历世而蕃衍，故有祠堂焉：合其敬，同其爱，婚丧祭祀，宾客往来之礼不可废也。有宗谱焉：厘世系，辨尊卑，明其亲亲长长之义，不可废也。世推俗移，宗法遗意久矣泯息。海通而后，国风丕变，名教坛坫亦复渐失衡持，好古笃行君子忧之。乡者，遐公苗裔，既合同族，倡修遐公谱于长沙矣。戊寅辛巳之间，家君仲父复共建复清水始迁祖潜公祠堂，皆若有力矫流俗之意存焉者，然未足为流俗道也。清水旧文物节义之乡，余所及见者，如金城、诚斋、远清诸老，皆恂恂经学儒师,金、诚二公相继归道山,族谱重修人望,无复如远公者。远公笃至性,重亲族,惓惓而怀之,亦逾十年矣。值卢桥变起,首府西迁,四方播徙,流离八载以来,文物之事无可言者。去岁倭祸底平,远公亟遄归以谱事自任。贻书家君仲父,同筹经费。年来骈胝手足躬亲厘订,已迄于成矣,而索序于余。余幼离乡井,游离于外,三十年矣。故园父老兄弟延首踟蹰,爱而不见,宗谱修编复无与一日之劳,其有言哉?而重有感焉。中夏百年来祸乱相寻,国人推源疵政,求法欧美,以为变通之道,似矣。而颓波所及,至遗其良知本能者而学焉,斯大惑也。逊朝鼎覆,孙公领袖群伦,倡为革命之论,而其演述主义,必以民族为先。于家族之制、忠孝之德,谆谆焉,惟恐失之。信乎其不可及也。远公之于吾族谱若有所契于是欤。其苦心挚挚亦足以垂后矣!序成,谨请于家君仲父,既命可,乃出以正于远公,且以示来者。

中华人民建国之三十五年(注:1946),岁在丙戌初冬,
潜公第二十五世孙义成述于行政院善后救济总署

附录:刘氏世系简表　静窗录存

吉安清水刘氏宗源图

帝尧→累→豕韦氏→唐公→杜伯→隰叔→士蒍→士縠→士会→明→远→阳历十传而至获。→获→清→仁→煓字执嘉,生四子:长曰伯;次曰仲;三曰邦,即汉高祖;四曰交,封楚元王,彭城刘氏之始。→交→富→辟疆→德→向→仮→浚→毅→震→表→琦→铉→伯陵→文字幼彦,居南阳,为晋司徒大保椽,封平邑侯,配魏夫人即南岳紫虚元君,讳华存,生子二:曰璞,曰瑕。→瑕(晋安成太守,留居顺安乡笪桥,是为笪桥基祖)

笪桥基祖瑕公衍派世系

瑕即遐,文公次子,字正长,一字成始,号从远,西洛人,为晋安成太守,留居笪桥,

故为笪桥基祖。夫人邵氏,平原乐安太守邵续之女,瑕尝为石季伦所围,夫人将数骑拔出之。→启 瑕公有子二:长曰肇;启字天与,瑕公次子。→岱→蒂→乔→彦→杰→时济→秦→延 字延年,隋炀帝朝吏部尚书郎补中书舍人,始由笪桥迁居龙云乡下村。→铨→行恕(延公有子二人:曰铨,曰锡。铨有子二:曰行忠,曰行恕。锡有子二:曰行志,曰行思。行思公即禅宗青原思禅师也。)→忱→朝宾→敬→守文→逊→赋→祺→承勋→知栋→继武→仁→崇德→宏→侯→命→潜 始由安福下村徙居清水,是为清水始祖。自瑕至潜,共二十八世。

清水基祖潜公衍派世系

潜→莹→弦→泳→发→涣→澄→善→显→铖→箴乐→超→运→睿识→映昂→真瑛→详谨→悫迹→宗漳→正茂→传经→经达→远传

自潜至远传,共二十三世。

潜

清水村始迁祖,瑕公第二十八世孙,字德兴。宋淳熙元年甲午五月十五日午时生,宝祐四年丙辰七月十三日申时殁,享年八十三岁。宋开禧间始由安福下村徙居庐陵安平乡龙马铺,名其里曰清水。子二:平、字评轩,号冕庵,一名秀发。莹。

→莹

字荣轩,号能庵,一名才甫。宋嘉定十四年辛巳—景炎丁丑,年五十七。贡士,景定二年辛酉解试举,以《春秋》魁乙榜。子三:弦、极、详。极次子翔,字允中,号晴川,名跃龙,元延祐三年丙辰总纂初修清水族谱。

→弦

字贤哿,号韵圃,一名瑞之。宋淳祐十二年壬子—元延祐六年己未,年六十八。贡士。子二:泳、茂。

→泳

字德中,号中峰。元世祖至元十七年庚辰—至正十五年乙未,年七十六。邑庠生。子二:发、庆。

→发

字甲霖,元至大二年己酉—明建文四年壬午,年九十四。子二:涧、涣。

涧,字紫简,号屏湖。元至顺二年辛未—明洪武七年甲寅,年四十四。至正十年庚寅科举人,云南大理府通判同知。今五叶堂是简公支祠。子二:规、矩。矩长子业,字务勤,明永乐廿一年癸卯总纂二修族谱。

→涣

字紫英,号狮源。元顺帝至元三年丁丑—明永乐二年甲申,年六十八。授国子监,任湖广平溪卫参军。子二:韬、澄。今嘉会堂是英公支祠。

→澄

字宏清,明洪武十年丁巳—永乐十一年癸巳,年三十七。子一:善。

→善

字务臧。明洪武三十年丁丑—正统十一年丙寅,年五十。倡建始迁祖祠。子二:显、旦。

→显

字达吉。明永乐二十二年甲辰—宏治三年庚戌,年六十七。子三:钺、器、俞。

→钺

字廷用,号利轩。明景泰五年甲戌—弘治四年辛亥,年三十八。邑庠生。子四:箴乐、箴焕、箴相、箴安。

→箴乐

字怡卿,号慎独。明成化十八年壬寅—嘉庆十八年己亥,年五十二。郡庠生。子三:珽、楚、超。

→超

字迥持,号南山。明正德十四年己卯八月廿四—万历七年己卯七月初三,年六十一。为田岸上村始迁祖。子二:述、运。

→运

字期通,号绍南。明嘉靖二十八年己酉—殁未详。博通经史。子五:睿诚、睿试、睿諴、睿识、睿諴。

→睿识

字韩瞻。明万历十五年丁亥—殁未详。子五:暎曜、暎旦、暎昂、暎昊、暎易。

→暎昂

字小星。明万历四十三年乙卯—清康熙九年庚戌,年五十六。子五:真瑛、真琳、真璞、真玡、真环。

→真瑛

字石郎。明崇祯六年癸酉—清康熙二十三年甲子,年五十二。子二:详谨、详忍。

→祥谨

字慎则。清顺治十六年己亥—雍正五年丁未,年六十九。子二:惪选、惪迹。

→惪迹

字礼三。清康熙三十年辛未—乾隆十九年甲戌,年六十四。子四:宗湛、宗漳、宗沅、宗湘。

→宗漳

字咏青。清康熙五十四年乙未—乾隆四十四年己亥,年六十五。子二:正秀、正茂。

→正茂

字珍奇,号桂园。清乾隆二十九年甲申—嘉庆二十五年庚辰,年五十七。国学生。倡建和乐堂支祠。子二：传任、传经。

→传经

字范九。清乾隆五十五年庚戌—道光十年庚寅，年四十一。儒生。子七：经发、经达、经庆、经礼、经魁、经善、经敏。

一经发

名衍，字绍尧。清嘉庆十六年辛未—光绪二十三年丁酉，年八十七。子四：远心，一名光斗，字德新，号玉泉。远传、远全、远盛。

→经达

字左舜。清嘉庆十八年癸酉—道光二十一年辛丑，年二十九。继子远传，即绍尧公第二子。

→远传

名光耀，字德章，号法曾。清道光二十六年丙午九月二十五日酉时生，光绪十年甲申十二月二十一日巳时殁，年三十九。配张氏，清道光二十五年乙巳十月二十六日亥时生，同治六年丁卯六月初六日未时殁，年二十三。续配罗氏，清咸丰三年癸丑三月初五日亥时生，光绪三年丁丑十月初九日酉时殁，年二十五。侧室贺氏，生殁未详。

罗氏生子二：长安恭，名道谦，字理堂，一字敬刚。次安让。名道铨，字相刚，一字钰生。

附排行五律一章

宗正传经远，安成衍祚长。尚书恢令绪，大乙发清光，

勋奏明良庆，堂开典礼张。钦承怀佑启，继序肇隆昌。

上诗系克迈公手稿。公字乙征，一字子山，号训圃，潜公第十九世孙。清道光中进士。乾隆五十三年戊申—同治七年戊辰，年八十一。

主编按：1966年文革中遭抄家，以上墨宝幸由念劬收藏于大学宿

舍,廿五年后(即1991年)移居香港时带交述先哥,后在述哥六十自述回忆录中首度收入发表。

附先考理公妣王氏大慈孺人生殁纪念

先考:

生:清同治十二年癸酉十一月十八日午时,即公元一八七四年一月六日癸亥日星期一。

殁:民乙未年正月十八日未时,即公元一九五五年二月十日星期四。

享年八十三,生于清水,殁于上海。

先妣:

生:清同治十三年甲戌正月初十日辰时,即公元一八七四年二月廿六日甲寅日星期四。

殁:民乙酉年五月二十八日辰时,即公元一九四五年七月七日。

享年七十二,生于吉安谷塘村,殁于上海福德坊。

附注:

一、理堂公:安恭,名道谦,字敬刚。

娶王氏孺人,谷塘王桃庭公次女,名悟淑。生子二:蒋窗、静窗;生女储英,静窗最幼。侧室罗氏,晚年生子景书。

二、蒋窗公:弥成,字纶书,号宪邦、志忠。

娶李柯森,敛溪李恢甫公长女,生子五:冠先、达先、顺先、守先、庆先(衍瑞);生女五:先华、淑华、季华、明华、葆华。

三、静窗公:义成,字尚书,号定邦、志恕。

娶王椿秀,字蕴聪,吉安县固江镇坊下村东大常王家村辛亥革命名将王忠勇公三女,生子四:述先(衍言)、任先(衍行)、震先(衍通)、念劬(原名履先,字衍诚);生女昭华。

四、储英姑

适赛塘王藻屏君,生子三:宗禔、宗镝、宗韶;生女二:韵娟、韵华。

五、景书公:名晚成

娶上海王爱梅,无子息。

附录一:刘静窗年表

1913年,一岁

11月21日即民国二年癸丑十月二十四日未时,先生诞生于江西省吉安市吉安县浬田镇清水村委田岸上村。

吉安古称庐陵,历代人才辈出,既有欧阳修、周必大、胡铨、杨邦乂、杨万里等名臣文豪,更出了民族英雄文天祥。

清水村位于吉安县城西,距县城60余公里,四面山陵起伏、松柏常青。附近有泸水河向东流入赣江,又有一条石板故道直通湖南衡阳;中间一片盆地,存一洼清水池塘,清澈明镜,普遍种植水稻。据族谱记载,南宋孝宗开禧间(即1205年后),刘氏遐公二十八世孙、吉安清水刘氏基祖潜公字德兴,由安福下村徙居龙马铺,因喜欢此地"溪水之清而卜筑之",名其里曰清水,至今有800余年了。因为山多地少,清水村里一直有外出打工从商、回乡营建祠堂家居的传统,现在村中央层层叠叠的青砖灰瓦房屋,印证了祖辈的勤勉。

清水刘氏祖脉可以追溯至汉高祖四弟楚元王刘交,开彭城刘氏之始；传十三世至刘文，居南阳，任晋司徒大保掾平邑侯；次子刘遐任晋安成太守，成为江西顺安乡笪桥基祖。刘遐传九世至刘延，隋吏部尚书补中书舍人；延有孙行恕、行思（幼年出家，得禅宗六祖慧能亲传，创青原禅门，世称禅宗七祖），行恕传十六世至刘潜，于南宋开禧年间，由安福下村徙迁至清水村，有刘氏宗祠叙伦堂；潜公再传十二世至超公号南山，始迁田岸上村（现为清水村下属自然村，2016年经建设部等七部委联合审批，收入"第五批中国传统村落名录"，拨款保护），有南山公祠；先生是潜公的二十五代孙也。

清水之刘氏基祖潜公和田岸上村迁祖南山公的陵墓规模宏大；刘氏宗祠（叙伦堂）、南山公祠（仁寿堂）的建筑严谨，均按门庭、天井厢房、大堂和宗庙等四进循序建设，高大规范；在刘氏宗祠叙伦堂两侧，书写"忠、孝、廉、节"四个大字，延续刘氏家族之古训；在南山公祠仁寿堂两侧，安放四块题写"进士""翰林""文元"的前清匾额，记叙清水刘氏之书香门第。至今乡里刘氏宗亲严格四时祭奠、民风古朴。

潜公廿三世孙刘远传是先生的祖父，又名德章公，前清国学生。天性纯孝、言行足式、刚方正直、内华外朴，乡里纷争一言折服，抱负深宏、有志不逮，享年仅39岁。先生的父亲安恭，名道谦，字敬刚，号理堂，自幼痛失怙恃，十五岁负装沿石板故道徒行六百里，学徒从商长沙；随后历涉鄂、粤、港、沪间，出入阛阓者垂五十年，成为驰名江南的南货商人。理堂公为人刚正不阿、不苟言笑、豁达大度、热心公益，先后为乡里宗亲修办宗祠义学、兴义仓、修驿路、装自来水、办图书馆，至今遐迩有声于乡里宗亲；他营造的七栋青砖灰瓦的故里至今仍完好整齐。先生之母王悟淑系邑中望族谷塘村桃庭公次女，"天性慈惠、操勤习苦、娴守礼仪、敬事后姑，乡之长者率以桓少君称之"。先生降生之日，双亲均年逾四旬，上有兄蒨窗11岁、姐储英9岁，先生最幼，备受关爱。

家乡的山水人文、名门望族、古祠宗亲和严亲慈母,造就了先生诚信孝悌、修身济世,崇尚民本、乐善好施的大家风范。

1916 年,四岁

先生不慎错服鹿茸,伤及脾肾,咯血尿血,被迫十年寒苦,中药救治。

1917 年,五岁

随父母移居湖南长沙,四方求医。

先生自述:自幼荏弱,"病至濒死者数。孺人茹苦鞠育,废眠食者恒匝月,而后保全。劬劳深恩,思之怵然,未易以言尽"。

先生又述:"余家庭训素严,持己接物,莫不礼尚,无少逾者。余母四十始生余,行辈中最幼稚,多病而好学,以是独得矜怜。而严君色庄辞厉,亦未尝有所宽假。余则规蹈矩守,故处夏如冬,亦笃爱日长温之趣。独书丛之中,辄任余游肆,且需索随许,曾不少制,余得泛览百家,恣意舍取者,盖深受惠矣。"

1925 年,十三岁

秋季,姐丈王藻屏夫妇来长沙探亲,在"延师别馆"的家塾中,先生和姐夫一起同窗读书,两年后姐丈一家回吉安乡里。

1926 年,十四岁

受到膀胱结石的困扰,痛苦之极。

1928年，十六岁

在上海求诊西医。故有"余少淹病，形体瘠癯。年十六七，犹赖慈亲翼抚，劬劳甚深，锺怜益至，不能忘也"之叹。

1929年，十七岁

自幼定亲的未婚妻王椿秀来到上海。

王女士系江西省吉安县固江镇坊下村东大常王家村王忠勇将军之三女。忠勇公早年参加辛亥革命，追随蔡锷、唐继尧护国军讨袁。因不满军阀腐败黩武，回乡热心"护境安民"，不幸遭遇土匪伏击殒命。直至1988年由政府平冤正名为辛亥革命将领、讨袁护国军高阶军官和深孚众望的开明士绅。年后母亲莲氏又逝，一年间痛失父母怙恃，孑身一人来到夫家。先生之母待之如女，使之常怀感激心情，关系十分融洽。

1930年，十八岁

先生做膀胱结石手术成功，经调养迅速康复。

据夫人回忆："先生手术前常因排尿疼痛，满头大汗。疾病影响发育，身高不及于我。此等身体令我担忧。"但先生之母王氏孺人坦言："如手术无功，当收椿秀（夫人之名）为螟蛉女；如顺利康复，则择日婚庆圆房。"后来先生手术成功，一年间，身体康复极快，身高很快超过夫人，阖家欣喜万分。

1931年，十九岁

先生系统梳理自己的学业，准备迎考中学；同时，送未婚妻王椿秀进补习班学文化、英文和风琴,力求提高文化素养。

在上海和王椿秀女士结婚,婚后夫人更名蕴聪。夫人生性敦厚,乐善好施;侍候公婆,乐此忘倦;相夫教子,任劳任怨。深得婆婆信任,倍加怜爱。

1932 年,二十岁

先生考进中学读书(明光公学),从 1932 年至 1935 年的四年间连跳两级毕业,迅速成为上海联校知名精英学生。曾代表学校参加全市中学生演讲比赛,获优胜,由上海市长颁授银鼎;因发表演讲"近代国是十大弊端之我见"享誉学界;继而协办南北学生"沪平国是研习会"崭露头角,创办"沪平学社"当选为召集人;以学社名义募捐救国军款送抗日部队,带头认捐五十银元;又在家成立"定邦国是研讨会",提交著名政论长文《策对》,获市政当局嘉奖。

此年,生一子未留名号,洁白健壮、宁静乖巧,深受全家上下钟爱。

1933 年,二十一岁

儿子满周岁种牛痘,遇庸医,疫苗过量,不治身亡,先生伉俪极为伤悼。

1934 年,二十二岁

8 月 11 日,长子述先字衍言生于上海,极其吵闹,保姆要有节奏敲打木门,才能入睡。

1935 年,二十三岁

先生中学毕业,尊父命学经济学,考取国立北京大学经济系,获江西省政府奖励100银元。

同年12月9日,参加"一二·九"抗日救亡运动游行,担任北京大学旗手。

1936年,二十四岁

因病休学回上海,姐夫王藻屏患肺结核来沪治疗。

1937年,二十五岁

"七七"事变后,随北大、清华和南开等三校迁至湖南长沙岳麓山下,成立长沙临时学校,11月开始上课。

1938年,二十六岁

2月,北大、清华和南开等三校迁至云南昆明,成立国立西南联合大学,先生随校就读。

7月12日即戊寅年六月十五戌时,次子任先字衍行生于长沙。夫人王蕴聪产后三天,就躲地洞避日机轰炸;未及满月,当局下令火烧长沙,每家门前一桶火油,被迫离城逃难;后奉婆婆,携述先和任先二子,先华、淑华二侄女及冠先、达先二侄子跋涉千里,云南寻夫,辗转经月,抵达昆明,依先生择居呈贡。在内陆边隅,重建祖孙三代之蜗居。

1939年,二十七岁

先生之母从湘避乱滇中,未习地气,右腿遂患疯痹,多方求医无效。

是年3月,姐夫王藻屏在江西吉安病故。

1940年,二十八岁

师从李卓敏教授,以优异成绩毕业于西南联大,考取公费留美生。因母患重症,放弃留学机会;奉母取道海防、香港到上海求医治病,遂隐居沦陷区。

1941年,二十九岁

由福禄村西式房搬至福德坊石库门里弄。

1942年,三十岁

春夏中,先生因多思患病,闻丁福保医术高超,登门求医。丁为先生说"不医医、不药药为却病还生宗旨",先生遵行其言,不久病愈。

六月,进谒武进蒋维乔先生(字竹庄,别号因是子),学习静坐法。蒋师传授静坐法,又论说儒释,并有心得。是年又求见范古农居士,建莫逆之交。在两位长者引领下,初览《起信论》,次得江味农居士遗著《金刚经讲义》,渐得悟解般若,契会真如。自后蒋师讲《百法明门》,范居士讲《二十唯识》,先生由是渐悟相宗纲领。

七月中,遇杨式太极拳传人、蕲水陈微明先生,从习太极拳。陈师年过六十,童颜银髯、精神内固;言行慷慨、飘然超世;以儒士习此垂三十载。从此先生涤除杂虑、参契动静,求精太极拳术。

11月21日,既先生诞辰,撰写"三十自述"。

2月17日,即壬午正月初三寅时,三子震先字衍通于生于上海。

1943年，三十一岁

癸未蒲月（农历五月）初，在城南慈云寺拜谒禅宗临济支脉第四十二世传人、华严座主应慈法师，赐法号大照。从此悉心打坐参禅，学研、考证、校勘华严经论，造诣极高。

先生在《重印华严法界玄镜跋》中记录了这次会面："癸未蒲月，初谒师于城南慈云寺，师慈悲摄受，如故相识，以二箧籣，分置东西，具示权实微旨。一承棒喝，不觉有三日耳聋之概。既而从师受杜祖法界观门，昕夕研穷，孳孳靡间，演及一尘不坏而遍法界时，拍案惊叫，叹为希有。至于周遍含容摄入无尽奥义，触露旧境，若归故物。一时悲喜并集，不自知其涕泪之奚从也。"

1944年，三十二岁

先生遵应师嘱，重刊《华严法界玄镜》并作跋；又同黄妙悟居士一起负责校印唐法藏撰述的《华严经探玄记》，参加校勘者有宗慈、慧因二比丘尼，及蒋妙闻、吴文英、孟定常、许善斋、王智月、陈海量、唐敬杲诸居士。

1945年，三十三岁

时年春季完成《华严经探玄记》校勘出版。又会同黄妙悟居士编纂《地藏三经》（三经者：一曰《地藏本愿经》，三卷，唐实叉难陀译；二曰《大乘大集地藏十轮经》，十卷，唐玄奘译；三曰《占察善恶业报经》，一卷，隋菩提登译），是秋出版。

6月28日，即乙酉五月廿八日，母亲王悟淑殁于上海，享年72

岁。慈母谢世,先生万念俱灰,一度拟追随应师出家为僧,遁入空门。9月上海光复,在七旬严父劝说下,幡然有悟。应西南联大老师和同学的推荐,以定邦名出仕,就任中央行政院善后救济总署责任秘书(行政主理)。

同年 11 月 24 日,即乙酉十月廿日寅时,幼子履先字衍诚生于上海。先生追忆母王氏孺人一生劬劳之养育之恩,后四年为之更名"念劬"。

1946 年,三十四岁

担承八修族谱事务,撰写《八修清水族谱序》。因合理调拨善后救济物资,收到新四军军长陈毅的感谢信。

1947 年,三十五

担任善后事业保管委员会简办秘书(代理秘书长兼行政总召)。

1948 年,三十六岁

幼女昭华于 7 月 17 日即戊子六月十一日生于上海。
是年黄妙悟居士完成唐清凉国师《普贤行愿品疏》校勘,先生与同门复承师命,护持出书。

1949 年,三十七岁

先生曾去广州、香港,终因顾念老父在沪,遵循"父母在,不远游"的古训,放弃李卓敏先生劝其留港发展的机会,返回上海。5 月遣长侄冠先和长子述先飞赴广州等候入境证,再坐船到台湾求学。

收到华东军政委员会粟裕的邀请函,出任该委员会工业部秘书处责任秘书、总文书主任、部委委员及联合部委办总召集人(代副部长)。

1950 年,三十八岁

5 月 17 日,在上海仁济医院做右肾切除手术。肾石施术之前夕,在上海仁济医院病室,写下《庚寅遗言》。肾石手术成功,切除右肾,取出结石有棱有角,大如鸽卵。

1951 年,三十九岁

因手术消耗体能极大,扶拐行走,故申请在家养病,留职停薪。茹素食斋,潜心修持。

长子述先考进台湾大学哲学系,师从方东美。长侄冠先留学美国伊利诺斯大学。此间先生与长子述先通信甚密,延续到 1955 年戛然而止。

是年开始和儒学大师熊十力通信论学,交流甚密。

编纂出版《华严观要》,并撰写《华严观要读法》《集华严观要杂记》《再记》和《三记》等文。

在应慈法师的提议下,先生会同黄妙悟居士校雠重刊《小品般若经》和《大品般若经》,并撰写跋文;蒲月发起,仲冬成就。

又刊印《华严奥旨妄尽还源观》《普贤行愿品经疏节录合刊本》《唐裴休劝发菩提心文》《今虚云和尚参禅警语》,并作附记、跋语等。

1952 年,四十岁

12 月间,虚云法师在沪举行祝愿世界和平水陆道场讲经法会,二三十万人参加,收皈依弟子 14497 人。先生率领全家拜谒法师并受摩顶。

12 月,华东军政委员会工业部撤裁并入政务院第一机械工业部,获委任为候任秘书长,因病未到北京就职。养病期间,谢绝上海政协和文史馆聘任。

1953 年,四十一岁

姐储英在沪病故,先生嘱咐甥儿宗褆以遗物易得少许资金,刊印《唐裴休劝发菩提心文》《唐百丈怀海禅师坐禅仪》,并撰写"结缘跋语"。

1954 年,四十二岁

先生撰写《语录数则》。

熊十力移居上海,与先生研讨佛儒,结忘年交。

1955 年,四十三岁

先生撰写《默识随笔》。

父亲理堂公于 2 月 10 日即乙未正月十八日殁于上海福德坊,享年八十三岁,先生极其伤感,撰写了《先父逝世记略》。

时年冬,先生集稿五十余篇,并作《集稿附识》,由夫人负责装订,完成抄本一式四份。

同年长子述先从台大毕业,取得文学士学位。

1956 年,四十四岁

先生集稿的抄本,分送长兄挚友等阅览。在十年动乱中大多流失。

先生病休在家,没有薪金收入。祖遗房产公私合营,折产5%作为每年定息,定息十年。先生深虑生计及子女教育费用,鼓励夫人从业。后夫人参加工作,任职上海南市区小南门房管所管理员,管理三四千户房屋收费维修等业务。

二子任先考进西安交通大学机械系。

1957年,四十五岁

幼子念劬考入上海音乐学院附中专修钢琴。三千琴童报名角逐,经初试、复试和终试,录取20余名,先生始终陪伴鼓励,使念劬脱颖而出。

整风反右运动中,四侄女在清华被错划右派;蒋维乔先生闻知儿子受不公平对待,寂然坐化。

1958年,四十六岁

僧尼还俗,慈云寺改成织物工厂,仅保留后院供应慈法师养老,先生去拜谒应师时,织机轰鸣,不堪其忧。先生代表应师作书委故友张承宗(副市长)转呈中国佛教协会赵朴初居士,始得关注。赵朴初盛赞先生对华严之奉献,深嘉其将显教密宗比作"大车小车"的妙论。

是年在公社、炼钢、打麻雀等大跃进狂潮中,诸儿都撇下书本,下工厂、农村劳动,偌大的中国已放不下一张平静的书桌。先生在家养病,无人照应,如处人间孤岛,自号观漩渡楼主,刻印章表心迹。

长子述先取得台大硕士学位后,由父执牟宗三先生引介给徐复观先生,聘任于台湾东海大学。

1959 年，四十七岁

先生根据应师的比喻，创立"三圈表示法"，比喻"法身、报身、化身"，进而诠释华严宗经典，深入浅出，立意创新。

三子震先考进北京清华大学工程化学系。

1960 年，四十八岁

初春撰写《庚子信笔》，顾名思义为1960年信手拈来之笔，虽谦称为"思想过程之迹痕，非思想结果之确论"，实概括了一生为学的心得精髓。

时年大陆油粮配给，蔬食匮缺。先生仍坚持茹素，每餐仅以面包菜汤为食。因胃溃疡累及心肾，面颊浮肿，拄拐行走。夫人工作繁忙，早出晚归，诸子均在外，常依年仅12岁的幼女昭华照顾午餐。

同年，幼子念劬以优异成绩直升高中专修作曲；先生认为诗歌创作与作曲同理，哲学乃音乐创作理念之先导，用半年时间，为其讲述古今中外诗歌及哲学流派，提出了发展中国交响音乐的哲学思考及创作方向，为幼子日后的音乐家之路指引了方向。

1961 年，四十九岁

先生撰写《示子侄》文，记叙自己的身体境况："去岁秋冬之交，病体垂危，免于死亡与瘫患者才一线耳。今虽仍能照常起居饮食，而气血不贯，上下牵痛，四肢百骸，势如瓦解。尤可厌者，脑后常呼呼作响，使人学思不继。虽复存神自持，恐亦不久住世矣。"并立下遗言："吾将往矣！我子我侄，正当少壮，深望竖起脊梁骨，直立天地间，读世间第一等好书,做世间第一等好人。至嘱。"

时年长子述先与安云结婚,先生作《水调歌头·寄新婚儿妇》寄以祝贺。

1962年,五十岁

终于卧床不起。一日告夫人蕴聪,梦大厦木朽将倾,嘱咐后事,并再三告诫儿辈挺起脊梁骨做人。于4月2日,即壬寅二月二十九日午时辞世。

熊十力先生亲临吊唁,扶案涕零;应慈大师派慈云寺住持妙文法师登门致哀,奉奠仪,抚家属;凭吊致哀的还有蒋天枢、傅奎良等生前友好。学友张遵骝先生从北京发唁电,后奉还保存多年的诗文书信手稿,为日后编辑先生文集奠定基础。

次年,先生骨骸葬于苏州五龙公墓。1966年文革动乱,墓穴被毁,先生手稿、藏书和财物几被抄没殆尽,夫人受惊吓高血压卧病,后联络海外长子述先,得到资撑,颐养天年。直至1987年夫人逝世,先生伉俪合葬于苏州东山华侨公墓三区。

进入21世纪,长子述先出资,在香港中文大学哲学系专设"刘静窗纪念奖学金";在武汉大学孔子与儒学研究中心又设"刘静窗青年教师奖"和"王蕴聪纪念奖学金",寄以哀思。

2017年,由幼子念劬主编、五兄妹共同编校的《刘静窗文存》,由上海古籍出版社出版。

附录一：刘静窗年表

附：刘静窗先生位下齿序表

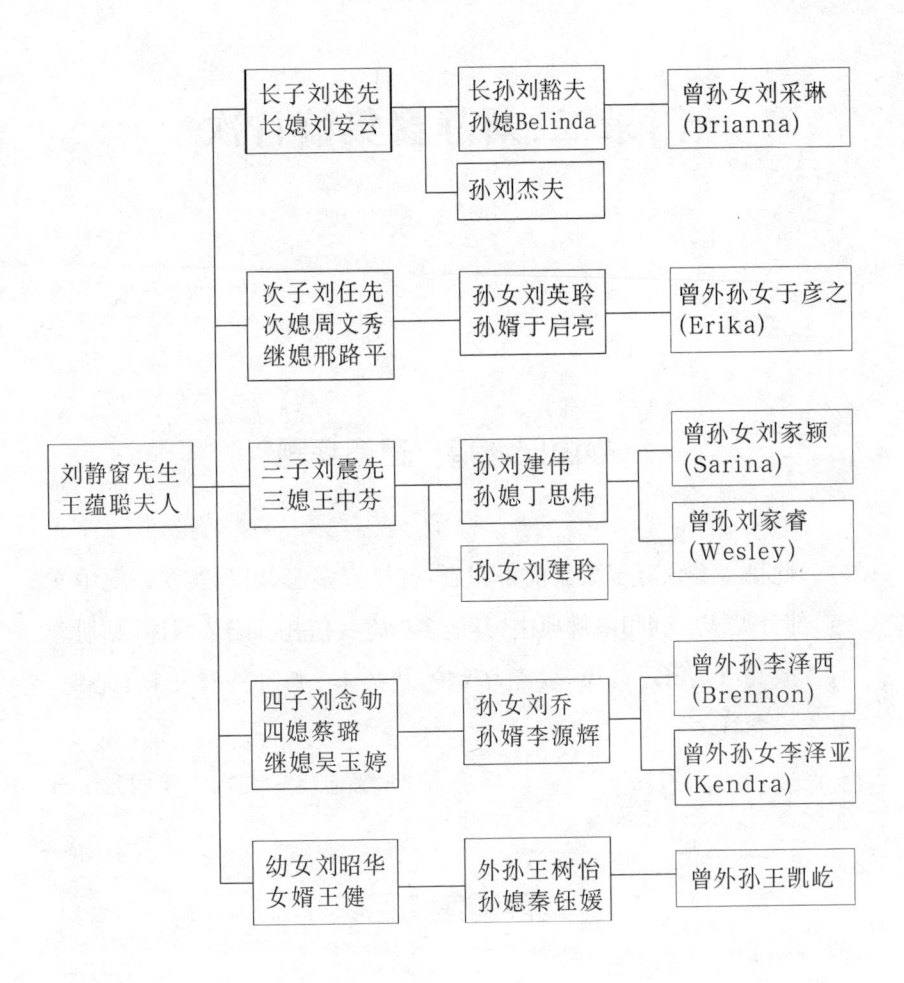

- 刘静窗先生 / 王蕴聪夫人
  - 长子刘述先 / 长媳刘安云
    - 长孙刘豁夫 / 孙媳Belinda
      - 曾孙女刘采琳 (Brianna)
    - 孙刘杰夫
  - 次子刘任先 / 次媳周文秀 / 继媳邢路平
    - 孙女刘英聆 / 孙婿于启亮
      - 曾外孙女于彦之 (Erika)
  - 三子刘震先 / 三媳王中芬
    - 孙刘建伟 / 孙媳丁思炜
      - 曾孙女刘家颖 (Sarina)
      - 曾孙刘家睿 (Wesley)
    - 孙女刘建聆
  - 四子刘念劬 / 四媳蔡璐 / 继媳吴玉婷
    - 孙女刘乔 / 孙婿李源辉
      - 曾外孙李泽西 (Brennon)
      - 曾外孙女李泽亚 (Kendra)
  - 幼女刘昭华 / 女婿王健
    - 外孙王树怡 / 孙媳秦钰媛
      - 曾外孙王凯屹

附录二：刘静窗集稿目次

静窗兄遗稿　遵骝拜题

此稿本系令尊于数年前寄我者，曾捧读多遍，启我实多。此中文字，部分见于所刊印诸佛典中，其他多见寄我信札。当依时序，贴册珍存。故此册仍寄还贤侄等，善为珍护，藉共体令尊种种宏大未了心愿，并志永念耳。

骝志　一九六二年四月十日

刘静窗集稿目次

节录大般若经第四百十一卷譬喻品
华严法界观门书后
重印华严法界玄镜跋
印经后记（附在华严法界玄镜跋之后）

附录二:刘静窗集稿目次

印经后记(注:晚年存稿改订)

校印地藏三经叙

庚寅遗言

观海钩玄

附:废话一束(古禅德语录)

华严观要读法

集华严观要杂记

集华严观要再记

集华严观要三记

书室自警

宋人语录一则略释

书读经示要后

读新唯识论

读论张江陵

书王船山读通鉴论后

书钱谦益文后

书思辨录辑要后

读谭嗣同集

题宋元明儒学案

题木板芥子园画谱赠景书

东塾读书记书后

书杨氏易传

读老后记

先妣传略

祭先妣文

先妣逝世十周年祭

先父逝世记略

祭先考文

地藏忏仪圆满愿文

书大乘理趣六波罗密多经后赠蒨哥

祭姐丈文

校刊小品般若经跋

校刊大品般若经跋

修华严奥旨妄尽还源观附记

普现行愿品经疏节录合刊本叙

刊行唐裴休劝发菩提心文、今虚云和尚参禅警语结缘跋语

刊行唐裴休劝发菩提心文、唐百丈怀海禅师坐禅仪结缘跋语

先姐周年祭文

生日示儿辈

毗舍浮佛偈略释　并序

正法眼藏编余赘语一

正法眼藏编余赘语二

默识随笔

静窗附识

附录三:《华严观要》目次

一　华严法界观门　终南山释法顺集

二　漩澓颂　终南山释法顺撰　大照书

三　般若波罗蜜多心经略疏并序　唐翻经沙门法藏述

四　五蕴观　沙门澄观述

五　应慈上人书示什师般若波罗蜜经

六　应慈上人示扎

七　华严观要读法　大照撰

八　集华严观要杂记　大照撰

九　集华严观要再记　大照撰

十　集华严观要三记　大照撰

注:法顺,华严宗初祖;法藏,三祖;澄观,四祖;宗密,五祖。应慈上人,号拈花老人,称华严座师。大照,应慈上人弟子,即家父刘静窗,辛卯(1951年)孟秋月,时年三十九岁,编纂出版了《华严观要》。

编 后 存 言

刘念劬

一、相约上海，2014 年的夏天

《相约上海，2014 年的夏天》（刘念劬、蔡璐词曲）是我和夫人在 2015 年 2 月为这个难忘的夏天谱写的一支"七十自叙歌"，用以回报是次回沪热情相待的亲戚和新老朋友，曲谱手稿将捐赠上海图书馆中国文化名人手稿馆。

其歌词曰：

喜重逢，相约在 2014 年；如鳟鱼回游，寻觅生命的原点；曾经怒海扬波，又回到夏日的浦江边。

叹离别，遥想二十三年前；如失群孤雁，飞往陌生的海天；俯瞰朦胧上海，湮没在冬季的阴霾间。

啊！归来兮，落叶飞，何处寻回游子梦？

向家乡父老，叩报平安归来，从此心系植根的家园。

编后存言

　　我们虽已年迈,但却将褪色的记忆还原,集稿父亲文存,写下兄妹追踪百年的纪念;

　　我们虽已年迈,但却将尘封的音符再现,重编CD专集,释放心中锁闭多年的心泉;

　　我们虽已年迈,但却将珍贵的以往奉献,青壮积年旧作,成为书馆精心收藏的经典;

　　我们虽已年迈,但却将幼年的志向展现,古稀顽童唏嘘,道尽人间难以倾诉的酸甜。

　　我们何惧年迈? 老骥不输当年!
　　一壶家乡浊酒,勘破凤世人间。

　　啊! 归来兮,落叶飞,何处寻回游子梦?
　　向家乡父老,叩报平安归来,从此心系植根的家园。

　　这首词作是记叙体,头尾讲的是心意,中段道的是实情,讲述了我在上海由7月17日至9月12日的五十天中如有神助,完成了人生古稀之年的四件大事,即:完成父著、出版CD、上图收藏和策划自传。

　　关于完成父著:即指与上海古籍出版社签约编撰《刘静窗文存》,是纪念家父百周年诞辰的大事,签约的过程非常顺利、一拍即合。此事由我的前秘书柳百建君(前上海艺术节办公室副总裁)介绍结识余震琪君(上海音乐出版社副社长),由余介绍引见高克勤君(上海古籍出版社社长),由高举荐刘海滨先生出任《刘静窗文存》责任编辑;这如同一条龙般的首尾相顾,引出了双方的愉快合作与互动。嗣后,我"上海团队"的挚友许晓明君、柳百建君及小女刘乔慨然承担了我方后期的工作;我借此《文存》完稿之编后语,向上述人士深致谢意。

关于出版CD：即指在中唱上海分公司完成《刘念劬音乐作品集》（六张光碟）的制作出版，该集成包涵了我的代表作及当年在沪录制的作品。关于上图收藏：即指该馆中国文化名人手稿馆收藏我的655件手稿及名家字画，助我完成在沪的叶落归根，同时收藏我父兄刘静窗及刘述先的文献，收藏刘氏家谱及史料。关于策划自传：即指《我的艺术人生》（自传），将由上海音乐出版社出版。

因此，2014年夏天的相约上海，是我的丰收季节！我和夫人以这首新作，叩谢我的出生地上海的善待与厚赐，写下了我们的真实的感受，作为永久的纪念。

二、主编思路的断想与随笔

在完成《刘静窗文存》的总校之后，我有必要对整个成书的思路，作一点交代，也许只是一些断想节录和思维踪迹，提供给读者参考：

1. 与读者的互动：向他们讲述历史真实

这是我遵循的最重要的原则，首先是尊重原著的完整性和系统性。但在实际的理解上，却因人而异，天差地别。比如：拿出一部父亲遗稿，不作编辑方向的引导，仅体现一字不差，那是对忠于原作的曲解，这绝对不能编出一部好书；就好比刊出一幅相片，没有任何说明，也无人解读，那么，该相片对摄影者、收藏者和阅读者都失去了本来的意义。因此，对历史真实的还原是立体的：他必须在时代、背景、环境、事件及人物诸方面，尽可能作出介绍，从而令原作得到完整而正确的理解，这才是真正的还原历史；忠于原作的目的，是向读者讲述历史的真实。这是一种现代意识，这便是讲求作者与读者的沟通和互动，将相互间的理解放在重要的位置上，而不是故作深沉状，为深刻而深刻，为学术而学术，结果筑成两者间的鸿沟。

2. 专业精神与身份的互动：不超越自我及现实而存在

《刘静窗文存》是父亲一生遗著的"集稿"，他的学术价值是毋庸置疑的；而编者又是父亲的子女，这更是不争的事实。我以为，子女们在父亲的百年诞辰为他老人家出书，以及家人公推一位身为作曲家的儿子来当主编，决不会形成对专业精神的冲击。这是因为，我毫不隐晦地公开表露这种身份在现实中的存在，就已经有了一种自律的意味！任何一部作品都代表自我，绝对客观的东西不会有血肉，也不存在；唯有让读者知道，我们在编父亲《文存》时，是怀有鲜明的感情色彩的，儿子对父亲的崇敬是天经地义的，不必回避，但这便已是一种对人生的直面，读者自会作出判断。因此，学术性与艺术性的互补，亲情对《文存》的渗透，是一种另类的鲜活！也许，这反而是一种应该保护的特色。

3. 结构与按注的互动：带出阅读的便利及可看性

读一本富学术性的长著是需要耐心的。编者对父亲遗稿的重新结构，是充分考虑了父著编排的专业性和读者阅读的认受性这两个基点。结构是框架，按注是铆钉，遗著的内容便进入了类别和编年的序列，这是我们在编撰时，得到责编鼎力相助而获得的成果。从二校结构的诞生到三校细目的确定，我们用了近三个月时间，不可不谓慎之又慎。

父亲《文存》的结构特色体现在以下两个方面：

第一方面是：以有影响力的文献为座标系，展开向上的追溯和向下的延伸。

这里便要讲一讲《熊十力与刘静窗论学书简》存在的价值了。一开始我们的二校构思仅是将熊刘《书简》放置在父亲《文存》的末尾，作为一部已发表的历史文献，体现一种展览式的陈列。但当我们想清楚《书简》在《文存》中可以有更重大的发挥时，我向原编著者述先哥提出了"不搞书中书"这个概念，将之作为父亲遗稿的一部分收入《文存》，得到了首肯。理由是：熊刘《书简》编于1983年，发表于1984年，作为该书主人公之一的刘静窗鲜为人知，这个历史的空窗亟待填补，假如向上追溯三十年便到了熊刘相识的1951年，如此，父亲的其人其事其文及我们的回忆，均会在"百年钩沉"中露出水面；而向后的延伸便有下一代人同熊公的互动及《书简》所开启的对出一本父著的期待和接力；引出了一个甲子的追忆。由此，《书简》作为《文存》中的一章，显示了其无可取代的作用，这就被用活了，也成为承上启下的枢纽。

第二方面是：分为十章的结构是一个相对合理的布局。

熊刘《书简》引出的结构突破，形成了《文存》的新框架，促成了二校、三校在分类集稿、编年框架上的稳定。如此，才有可能加入鲜活的按注，让艺术性的补充带出生动的学术，尽可能在背景材料方面注入活水，推动读者所需要的深入浅出，提升可看性。

同时，作为别册的《怀念父亲刘静窗》又作为座基，有力地拱卫了父亲《文存》主文的凸显。

结　语

从2013年10月我提出编一本父亲百年纪念文集，从构思、签约，经实际上的五校，到《刘静窗文存》的完成，走过了漫长的路：任哥完成一校主校；震哥完成二校主校；述哥、念劬在震哥协助下完成三校主校；最后由念劬、震先编撰三校完成稿、四校完成稿及会同"上海团队"完成总校（五校），前后历经一年多，伏案工作七个月，饱尝编书的艰难，亦更知珍惜这来之不易的成果。毕竟我们这支老迈的队伍是在用燃烧我们生命的余热去实现父亲的遗愿，靠的是一种精神力量的支撑！其负荷早已超越了我们的年龄和体能的限度，但我们能轻言放弃吗？即便在我们老病缠身时，也不可以失去为人子之道的信念和应有

编 后 存 言

之义。这就像在用父亲的精神去构建一座大厦,这是由我们兄妹继承父亲遗志,用共同的心血所浇铸的宅基,留给后人和世人瞻看,并让他们去继续和完善这其实尚未完成的事业。

念 劬
2015 年 3 月 5 日完稿于西雅图

长兄刘述先于 2016 年 6 月 6 日在台北寓所逝世,未及看到《文存》的出版,成为永远无法弥补的遗憾!他的一生学而不厌、诲人不倦、著作等身、望重学林,悉心致力于重建儒学,成为当代新儒家第三代代表人物,为新儒学开拓了一个更为多元开放的全球面向。生前他以双亲之名在内地设置"刘静窗青年教师奖"及"王蕴聪纪念奖学金",在香港设立"刘静窗纪念奖学金",又以祖父之名在台湾设置"纪念刘理堂先生博士论文奖",嘉惠海内外学子。如今魂归道山,学界痛失一位学问泰斗,但他的治学精神及事业永世长存、流芳千古。

最后请允许我代表刘氏兄弟对上海古籍出版社高克勤社长及责编刘海滨博士深致诚挚的谢意。我们结识于 2014 年,本无渊源,但言谈之中却又带出了渊源:我是父亲挚友复旦中文系蒋天枢教授的家学弟子,尝随蒋先生学楚辞,便同高社长有了同门之谊。而刘博士则因为曾选编《熊十力论学书札》,对家父刘静窗早有一份特殊的情感。本书的出版历时三年,最后得益于高社长和刘博士的亲校,实乃家门之幸。

2017 年 11 月 12 日补记于沪